Jürg-Peter Huber

Peru

Jürg-Peter Huber

PERU

PRESTEL VERLAG

MÜNCHEN

© Prestel-Verlag München
1987
Passavia Druckerei GmbH Passau
ISBN 3-7913-0762-2

Inhalt

INHALT

INHALT

Geschichte
und
Selbstverständnis
der Peruaner

»Wir sind frei ...!«

Am Nationalfeiertag, dem 28. Juli, treten die Kinder in den Schulhöfen zusammen und singen bei aufgezogener Flagge mehr oder weniger rein die Landeshymne. Besonders inbrünstig schwillt der Refrain an: »Wir sind frei, seien wir es immer, und eher soll die Sonne ihre Strahlen vorenthalten, als daß wir den feierlichen Schwur brächen, den das Vaterland zum Allmächtigen erhob!«

Weiter singt der grau uniformierte Chor von »unterdrückten Peruanern ..., verdammt zu grausamer Knechtschaft« und »drei Schreckensjahrhunderten«. Empfinden die kleinen Sänger das Pathos oder ist es bloß anerzogen? Spiegeln die Gesichter etwas vom düsteren Vergangenheitsbild wider, das die Hymnendichtung von 1821 heraufbeschwört?

Einen verschüchterten Eindruck machen die hübschen, quirligen Kinder freilich nicht, doch verraten die vielfältigen Hautschattierungen in den Küstenstädten, daß sich in dieser Weltgegend die Wege der verschiedensten Menschentypen gekreuzt haben: der Europäer, Schwarzen, Chinesen und natürlich der indianischen Ureinwohner.

Neugierig wendet man sich darauf an den wohl aufschlußreichsten Ort peruanischer Selbstdarstellung, das ›Museo Nacional de Historia‹ in Lima. Im Mittelpunkt steht der Befreier Simón Bolívar, ein kleiner, drahtiger, dunkelhaariger Mann mit wachem, aber keineswegs fanatischem oder martialischem Blick, wie die zahlreichen Porträts verraten. Hier seine Waffen, sein Feldbett, dort eine Hose mit Goldfadenverzierungen oder ein Poncho aus Seide und Vicuñawolle, die früher nur dem hohen Inka-Adel zustand. Einmal Bolívar in Napoleonpose – schließlich hatte der Südamerikaner die Kaiserkrönung des Korsen in Paris miterlebt –, einmal in Sterbensallegorien, umgeben von weinenden, barbusigen Damen und vom Himmel her schon durch die Seligen begrüßt.

Doch nicht Bolívar hat Perus »Fesseln der Knechtschaft« gesprengt, sondern der General, der aus dem Süden kam: José de San Martín. Seine Truppen lösten die spanische Kolonialherrschaft in Lima ab, und er verkündete am 28. Juli 1821 auf der Plaza Mayor: »Peru ist von diesem Moment an frei und unabhängig durch den allgemeinen Willen der Völker und die Gerechtigkeit ihrer Sache, die Gott verteidigt.« Im Historischen Museum spielt er allerdings eine Nebenrolle.

Die Kolonialmacht ist hingegen durch die Porträts der Vizekönige vertreten, eine Galerie von vierzig Köpfen, die eher Modegeschichte als Regentenweisheit zum Ausdruck bringen. Die wenigen Jahre, in denen sie jeweils ihr Amt ausübten, bevor sie ihre Karriere am spanischen Hof weiterverfolgten oder auf kastilischen Landgütern beendeten, genügten immerhin, eine Feudalherrschaft zu unterhalten, die peruanische Historiker als das »amerikanische Mittelalter« kennzeichnen. An ihrem Anfang steht – im Museum zu bestaunen – ein plumpes, schwarzes Holzkreuz, »La cruz de la conquista«, das die Eroberer Perus als Legitimation mit sich trugen.

Die nationale Vergangenheitsschau besteht im wesentlichen aus diesem Kreuz, huldigt den Vizekönigen, einem venezolanischen und einem argentinischen General, konserviert Pistoletten und Taschenuhr des umstrittenen Diktators Nicolás de Piérola. Ist das Peru? Setzte sich hier nicht einmal mehr die dünne weiße Herrschaftsschicht ein Denkmal – in republikanischer Zeit, wohlverstanden –, welches das Schicksal des Volkes, seine materielle und geistige Kultur verschweigt?

Es ist schon so: Der weiße Mann hat Geschichte gemacht, die Indianer Archäologie und Folklore, Mestizen und Schwarze nichts, was sich mit Pathos erfüllt vermarkten läßt.

Vielleicht sähe die Geschichte Südamerikas – und Europas – ganz anders aus, wäre im Inkareich nicht der uralte Viracochamythos lebendig gewesen. Der Schöpfergott aus dem Titicacasee wurde als weißer Mann mit Bart überliefert, der Peru schließlich auf den Wogen des Pazifik schreitend verließ. Er werde wiederkehren, soll er verkündet und gleichzeitig vor falschen Propheten gewarnt haben.

Die Meldung eines Läufers, vor Tumbes seien bärtige weiße Männer in seltsamer Tracht mit lenkbaren Holzhäusern gelandet, wurde daher vom alten Inka Huayna Cápac mit Bestürzung und wohl auch zwiespältigen Gefühlen aufgenommen. Wer waren die Fremdlinge? Kam der Gott wohlgesinnt? Oder sollten sich die schlechten Omen der vergangenen Monate als Auftakt zu schlimmen Ereignissen für das bereits auseinanderfallende Reich erweisen?

Die spanischen Galeonen zogen sich nach diesem ersten Augenschein nach Norden zurück, Huayna Cápac starb im selben Jahr 1527 in Quito an der Pest. Seine Söhne erschütterten das in knapp hundert Jahren aufgebaute Großreich durch einen blutigen Bürgerkrieg. Er endete im Brudermord, und bevor der skrupellose Sieger Atahualpa seine Herrschaft in Cusco zementieren konnte, erfuhr er von der zweiten Landung der Spanier 1532. Der Inkakaiser befand sich in Cajamarca. Die Umstände, die zu seiner Gefangennahme und damit praktisch zum Zusammenbruch des Inkareiches führten, werden noch im Kapitel ›Pizarro und der letzte Inka‹ geschildert. Hier sei nur auf die schwer faßbare Tatsache hingewiesen, daß es einer Schar von knapp zweihundert von ihrer Mission durchdrungenen Abenteurern unter dem schlauen, berechnenden, ungebildeten Haudegen Francisco Pizarro gelang, ein perfekt organisiertes Indianerheer von etwa vierzigtausend Mann in einem Überraschungscoup zu neutralisieren, den größten Territorialstaat des alten Amerika aus den Angeln zu heben und eine fast dreitausendjährige Kulturfolge jäh zu ersticken.

Eine Kriegerkaste, die Arbeit als unehrenhaft empfand, beherrschte fortan Länder, die aufgrund umsichtigen Landbaus und erprobter Lagerhaltung Millionen von Menschen Nahrung gewährleistet hatten. Auf den Ruinen der Sonnentempel machten sich Kirchen und Klöster breit; die sagenhaften Schätze der Erde, die über Jahrtausende nur kultischen und ästhetischen Wert genossen hatten, wurden unter den neuen Herren zu einem Ausbeutungs- und Bereicherungsobjekt, das bis in unser Jahrhundert die Degradierung Tausender von Indios zu Zwangsarbeitern in den hochgelegenen Bergwerken zu rechtfertigen schien. Der intensive Landbau im Dorfverband hatte mancherorts den Latifundien von Besitzern zu weichen, die in Städten residierten. Die vorher sorgsam unterhaltenen Inkastraßen verfielen; das Transportwesen wurde trotz der eingeführten Pferde, Esel und Wagen schwerfälliger und unsicherer. Kein Zweifel: Peru erlebte einen Niedergang.

So sehr die Landnahme der Konquistadoren in Südamerika nach Piratenakt aussieht, war man sich in Spanien der Fragwürdigkeit des Unternehmens durchaus bewußt. Nicht anders als eine Regierung des 20. Jahrhunderts ließ der Hof theologische und juristische Gutachten erstellen, freilich erst nachdem die Berichte über Greueltaten in der Karibik und in Mexiko unüberhörbar geworden waren. Noch vor der Eroberung Perus, 1530, erließ Kaiser Karl V. ein Verbot, die Indianer als Sklaven einzusetzen, und bestätigte es 1542 nach einigem Hin und Her. Dem lag eine in den dreißiger Jahren vertretene Beweisführung des Scholastikers Francisco de Vitoria zugrunde, die sowohl den weltlichen Machthabern als auch dem Papst das Recht absprach, fremden Kulturen ihre Staatsformen und Moralvorstellungen aufzuzwingen. Gemäß dem Missionierungsaufruf im Neuen Testament billigte er den Missionaren lediglich zu, von anderen Völkern angehört zu werden. Nur gewaltsame Verweigerung sollte Gegengewalt erlauben, ein Passus, der sich als verhängnisvolles Alibi für goldgierige Abenteurer und als Rechtfertigung für die Gefangennahme des Inkakönigs erwies.

Anstelle nackter Sklavenhaltung (die jedoch für Schwarze bis ins 19. Jahrhundert bestand) trat die ›Encomienda‹, die Pflicht der Indios zu Fronarbeit. In Peru wurde sie in Anlehnung an inkaische Gepflogenheiten ›Mita‹ genannt. Aufgrund der Mita wuchsen Cusco, Lima, verpflegten sich die Kolonialtruppen in Huancayo oder Cajamarca, liefen die Galeonen mit Silber beladen von Callao aus. Die eigentliche Encomienda bestand darin, daß einem Spanier zur Christianisierung, zum Schutz und zur wirtschaftlichen Nutzung Indianer zugewiesen wurden.

Damit waren Mißbräuche programmiert, und die Reaktion der Indios ließ nicht lange auf sich warten. Trotz des märchenhaften Lösegeldes hatten die Spanier den Inka Atahualpa hingerichtet, die goldenen Götterbilder und silbernen Geräte eingeschmolzen und einen König nach ihren Gnaden bestellt. Am 11. August 1533 machten sie sich auf den Weg nach Cusco, nahmen die Inkametropole nach wenigen Scharmützeln unterwegs ohne Widerstand, plünderten die Tempel und begannen mit der Neuordnung des Reichs.

Dazu gehörten vorab Stützpunkte für Truppen und Klerus. Die Spanier waren ja nicht gekommen, um das Land zu bebauen, sondern um Bodenschätze zu fördern und das Christentum zu verbreiten. Wenigen Hundert Europäern standen mehrere Millionen Indios gegenüber.

Cusco lag zu jener Zeit zu sehr am Rande des eroberten Gebiets, so daß vorerst Jauja zum Hauptort erkoren wurde. Doch die Höhe über 3000 Meter behagte den eingeführten Haustieren, besonders den Hühnern, so wenig, daß schon wenige Monate später ein Küstenstandort gesucht wurde. Die zentrale Lage, reichlich Wasser und ein angenehmes Klima bei Meernähe entschieden für Lima. Der Gründung von Ciudad de los Reyes, wie es damals genannt wurde, folgten rasch weitere: Trujillo im selben Jahr (1535), Ayacucho (1539), Huánuco (1539), Arequipa (1540), Chachapoyas am Ostabhang der Anden (1538), Moyobamba (1539). Für diese urbane Kolonisation war ein Gesetz ausschlaggebend, das den Weißen ›Indiens‹ Städte als Wohnort zuwies.

Die Stadtverwaltung, das ›Cabildo‹, war in ganz Hispano-
amerika gleich organisiert und wirkt bis in die Gegenwart
nach. Von Mexiko bis Argentinien standen den regieren-
den Stadträten (›Regidores‹) in der Regel zwei Richter
(›Alcaldes‹) gegenüber. Von der Stadt aus wurden auch die
Encomiendas überwacht, die die Zentren mit Lebensmitteln
versorgten. Zweimal jährlich zur Zeit der Sonnenwende
leisteten die Indios Tribut, während sie formal Besitzer ihrer
Territorien blieben.

Ihre Fronarbeit für die ›Viracochas‹ unterschied sich
kaum von derjenigen für die Inkabeamten. In der inkaischen
Klassengesellschaft war mit der Eroberung nur die Spitze
ausgewechselt worden; dem Inka-Adel beließen die Spanier
zudem die meisten Privilegien. Die ersten drei Jahre nach
der Konquista in Peru verliefen daher ohne Zwischenfälle,
erlaubten den Eroberern, die Besatzung zu verstärken und
die zivile Verwaltung und Rechtsprechung einzuführen.

Während Francisco Pizarro als Generalkapitän die Hauptstadt Lima ausbauen ließ, wandelten seine drei Brüder Cusco
um. Der Dekorationskönig Manco Inca lebte unter Hausar-
rest in seinem Palast und schien sich mit der ihm zugewiese-
nen Repräsentationswürde zu begnügen. Als Anhänger und
Verwandter des unglücklichen Huáscars hatte er in den Europäern Verbündete gegen Atahualpa gesehen und erkannte
ihre wahren Absichten erst in seinem Nobelgefängnis.
Schließlich köderte er Hernando Pizarro mit Massivgoldsta-
tuetten, die er jedoch selbst beschaffen müsse, wurde an
einem Apriltag des Jahres 1536 hoffnungsvoll auf freien Fuß
gesetzt und verschwand im Urubambatal.

Drei Wochen später wurde das Ergebnis seiner Aktivitäten deutlich – als ein Heer von hunderttausend Indios Cusco
umzingelte, die Festung Sacsahuamán besetzte und unverzüglich die Stadt angriff. Brandpfeile verwandelten die
strohgedeckte Siedlung in ein Flammenmeer; aufgestaute
Zuflüsse wurden in Überschwemmungen umgesetzt – in
Cusco herrschte das Chaos. Wohl gelang es den Spaniern,
die Festung zurückzuerobern, wobei Juan Pizarro tödliche

Verletzungen erlitt. Vier Entsatzregimenter aus der Küsten-
region wurden von den Truppen Manco Incas unterwegs
abgefangen und vernichtet. Im August 1536 stürmten 25 000
Quechua-Indianer Lima – und wiederum wurden sie in erster
Linie das Opfer ihrer eigenen strengen Hierarchie: Mit dem
Tod ihres Anführers Quizu Yupanqui zogen sie sich demora-
lisiert in die Sierra zurück.

In Cusco brandete Angriff um Angriff gegen die noch
neuen Stadtmauern. Die Belagerung dauerte mehrere Monate, ohne daß es zur Entscheidungsschlacht gekommen
wäre. Schließlich breitete sich unter den Indios Hunger aus,
und die Mehrheit von ihnen war gezwungen, die Felder zu
bestellen. Anfang 1537 kehrte zudem Diego de Almagro der
Ältere von seiner anderthalbjährigen enttäuschenden Expedition nach Chile zurück. Die Truppen des alten Waffenge-
fährten der Pizarros waren zwar vom Marsch durch die
Atacamawüste zermürbt, veranlaßten das Indianerheer dennoch zum Rückzug.

Anstelle eines Freudenfests brach in Cusco nun ein Bürgerkrieg aus. Aufgrund eines königlichen Schreibens bean-
spruchte Almagro die Regierungsgewalt in der Inkahauptstadt. Hernando und Gonzalo Pizarro – die diese eben unter
großen Verlusten und Entbehrungen verteidigt hatten – waren keineswegs bereit, ihre Kompetenzen abzutreten. Was
Manco Incas Heer nicht schaffte, gelang dem Chile-Ent-
decker: Er eroberte die Stadt und nahm die Pizarrobrüder
gefangen. Aufgeschreckt zog Francisco Pizarro dem Rivalen
entgegen, erreichte jedoch vorerst nur die Freilassung Her-
nandos. Mit dem Schiedsspruch eines dazu berufenen
Mönchs konnte sich Almagro nicht zufriedengeben. Schließlich kam es am 6. April 1538 zu einer Schlacht bei Cusco –
zum großen Ergötzen der auf den umliegenden Hügeln
zuschauenden Einheimischen. Die Anhänger Almagros
mußten sich geschlagen geben; ihr beliebter Anführer wurde
wenige Wochen später – obwohl bettlägerig – auf dem
Hauptplatz hingerichtet.

Den Pizarros brachte solche Unversöhnlichkeit wenig

Glück: Hernando mußte den Mord – so wurde die Tat in Spanien verstanden – in heimatlichen Gefängnissen abbüßen (was ihm immerhin ein hohes Alter bescherte); der Eroberer Perus, Francisco, fiel am 26. Juni 1541 in Lima einem Attentat zum Opfer. Die Mörder waren Almagristen.

Dies blieb nicht die einzige blutige Auseinandersetzung, die sich die spanischen Kolonisten leisteten. Erst in den sechziger Jahren wurden die Verhältnisse stabiler.

Seit Ende 1542 besaß das eroberte Gebiet den Status eines Vizekönigreichs. Es umfaßte das ganze westliche Südamerika; Lima war seine Hauptstadt. Spanien war bestrebt, die Neue Welt voll in sein Herrschafts- und Rechtssystem zu integrieren. Den Abenteurern und Haudegen sollten Beamte der Krone sowie Vertreter der Kirche folgen. Seit 1524 war der Königliche und oberste Indienrat (›Consejo Real y Supremo de las Indias‹) die höchste Verwaltungsinstanz für Amerika und Schaltstelle zwischen König und Kolonien. Er erließ Verordnungen, rüstete die Flotten aus, ordnete den Finanzfluß und funktionierte als Appellationsgericht. Die Regierungsgewalt in Übersee lag indessen bei den Vizekönigen. Sie repräsentierten den König, wurden von diesem ernannt und gehörten deshalb fast immer dem Hochadel an. Eine weitgehende Garantie gegen bare Willkür boten die ›Audiencias‹, eine Kollegialbehörde, die bei wichtigen Stellenbesetzungen mitentschied, Stadtordnungen und die Einhaltung der Indianerschutzgesetze überwachte und schließlich Verwaltungsbeschwerden zu beurteilen hatte.

Dieser ganze Apparat mußte sich erst einmal einspielen. Als im Mai 1544 der erste Vizekönig von Peru in Lima eintraf, erwartete ihn nicht eitel Freude. Er hatte die neuen, schärferen Indianergesetze zu vertreten und tat das weniger mit Fingerspitzengefühl als mit Sturheit. Kein Wunder, wehrten sich die Encomenderos dagegen und suchten einen Anführer, der ihre Anliegen notfalls auch in einem Waffengang verteidigen würde. Sie fanden ihn in Gonzalo Pizarro, der im heutigen Bolivien eine Encomienda betreute. Als die aufrührerischen Kolonisten endlich in der Hauptstadt

eintrafen, nahmen die Mitglieder der Audiencia den unglücklichen Vizekönig gleich selbst gefangen und verfrach-
teten ihn nach Panama. Er floh dort, sammelte königstreue
Truppen in Kolumbien und Ecuador, stand im Januar 1546
einem Heer Gonzalos gegenüber und verlor bei Iñaquito
Schlacht und Leben. Kurz darauf fühlte sich ein Hauptmann
aus Bolivien zur Wahrung der königlichen Interessen berufen, doch auch er wurde am Titicacasee zurückgeschlagen.

Die Krone ließ sich den selbsternannten Gouverneur nicht
bieten und sandte als Generalbevollmächtigten Pedro de la
Gasca nach Peru. Er verstand es, durch Amnestieverspre-
chungen viele Siedler auf seine Seite zu ziehen, und sicherte
sich die Seeherrschaft. Im entscheidenden Gefecht bei Anta
liefen Pizarros Streiter massenhaft zu den überlegenen königlichen Truppen über; Gonzalo wurde mit seinem genialen
Feldherrn Francisco de Carbajal festgenommen und noch
auf dem Kampfplatz als Hochverräter hingerichtet.

Einige Historiker sehen in diesem Ausgang des Zwists
eine verpaßte Chance für eine freie Kolonisierung Südamerikas. Ob die Indios ohne die habsburgischen Schutzgesetze,
mit einer weniger strikt eingeschränkten Landnahme besser
weggekommen wären, muß im Hinblick auf das Schicksal
ihrer nordamerikanischen Verwandten bezweifelt werden.

Standen die internen Auseinandersetzungen um die Macht
im Goldland auch im Vordergrund, gab es doch für die
Europäer einen gemeinsamen Grund zu leiser Beunruhi-
gung: Im entlegenen Bergland zwischen den Flüssen Urubamba und Apurimac überlebte ein Inkazwergreich unter
den Nachkommen Manco Incas, der 1544 in seinem Refugium durch einen flüchtigen Anhänger Almagros getötet
worden war. Als Herrscher im bis heute noch nicht sicher
lokalisierten Vilcabamba folgte ihm Sayri Túpac nach, der
sich 1557 auf Verhandlungen mit dem Vizekönig Andrés
Hurtados de Mendoza einließ und – geblendet durch Geschenke und Ehren – einen Kapitulationsvertrag unterzeichnete. Sein Bruder und Nachfolger Titu Cusi Yupanqui hielt
sich nicht daran, führte den Guerillakrieg gegen die spani-

schen Eindringlinge weiter und gängelte sie bis zu seinem
Tod. Seinem Sohn Túpac Amaru stand ein neuer Vizekönig,
Francisco de Toledo, gegenüber. Entschlossen, den Demüti-
gungen der Krone ein Ende zu bereiten, rüstete er in Cusco
ein Expeditionsheer von 250 Mann mit indianischen Hilfs-
truppen aus, sich seiner Waghalsigkeit wohl bewußt. Eine
nach der anderen Inkabastion fiel; zur Wintersonnenwende
1572 stürmten die Spanier Vilcabamba und nahmen den
jungen König gefangen. Trotz der Fürsprache mancher
Geistlicher wurde der letzte Inka auf der Plaza de Armas zu
Cusco am 24. September hingerichtet.

Das ›amerikanische Mittelalter‹

Das schwarze Kreuz im Historischen Museum erinnert
daran: Die Heidenmission war eine der Hauptaufgaben der
Konquista. Getauft und mit der letzten Ölung versehen,
wurde der Inka Atahualpa erdrosselt, im Namen der Dreieinigkeit zerstörten die Spanier die alten Tempel.

Ordensleute begannen mit der Missionierung. Sie fiel
nicht eben schwer; der Gott der Weißen hatte sich als mächti-
ger erwiesen als das Pantheon um die Sonne. Rasch und
willig ließen sich bald viele Indios taufen und hörten das
Evangelium an.

Die Erfolgsmeldungen der eifrigen Geistlichkeit mochte
die Kirchenstatistiker begeistern – der Kampf um die Seelen
fand um so heftiger im Alltag statt. Religiöse Riten hatten
seit jeher den Lebensrhythmus der Indianer bestimmt –
warum sollten sie sich nun plötzlich die Opfer an Fluß- und
Berggötter abgewöhnen, auf den Rat des Orakels oder auf
die Rauschmittel verzichten, die ihnen und ihren Ahnen
besondere Einsichten und Verbindungen mit der jenseitigen
Welt vermittelt hatten und die den Christen des Teufels
galten? Warum bloß sollten die Toten keine Chicha ins Grab,
keinen Mais und keine magischen Symbole mehr mitbekom-
men? War es klug, die Fruchtbarkeitszeremonien zur Aussaat
oder Ernte zu unterlassen?

Wir wissen heute, vierhundert Jahre später, daß die alten
Götter noch immer existieren hinter der Fassade katholischer
Glaubenspraktiken, daß Zauberei und Wahrsagerei weiterle-
ben, daß die Chicha, das Maisbier, noch genauso reichlich
fließt. Pachacámac und die Jungfrau Maria, heidnische und
christliche Nothelfer haben sich gewiß schon lange miteinander arrangiert – ihre säuberliche Trennung ist lediglich ein
Problem der Menschen, vor allem eins der Kirche, die auf
Rechtgläubigkeit beharrt und zu wissen meint, was richtig
sei.

Der Klerus hat in Peru wacker gestritten. Die Franziskaner inszenierten gleich einen gewaltigen Bildersturm, dem
bis um 1600 die meisten bekannten Tempel zum Opfer fielen.
Die Steine finden sich in Kirchen wieder; Idole wurden
zerschlagen oder eingeschmolzen, wenn sie aus Edelmetall
bestanden, und zu spanischen Münzen geprägt. Nicht immer
war das Sakrament der Taufe höchstes Ziel der Diener Christi, sondern der Mammon; auch in Kutten steckten Abenteurer. Wenige Jahrzehnte nach der Eroberung Perus ergänzten
weltliche Priester die Ordensleute, und die Kirchenspitze
drängte mehr auf Qualität. Kenntnis der Indiosprachen
wurde vorgeschrieben, ein vorbildlicher Lebenswandel ver-
langt. So entstanden bald zahlreiche Grammatiken und Wör-
terbücher des Quechua und Aymará, und manchen Ordens-
geistlichen sind exakte und einfühlsame ethnologische und
anthropologische Studien zu verdanken. Gleichzeitig pflegte
die Inquisition mittelalterliche Engstirnigkeit und Barbarei.
Davon blieb die indianische Bevölkerung jedoch verschont.

Bis Mitte des 17. Jahrhunderts wandelte sich Peru in ein
vielschichtiges Gesellschaftsgebilde und Rassenmosaik um.
Nach Kolonialrecht bestanden zwei Staaten, ein indianischer
und ein spanischer. Kompliziert wurde die Sache durch die
Mischrassen, die seit Anfang der Konquista entstanden. Die
Eroberer verbanden sich mit Indianerinnen und zeugten
Mestizen; die als Sklaven eingeführten Schwarzen vermisch-
ten sich mit Weißen zu Mulatten, mit Indios zu Zambos.

Die Oberschicht bildeten die Weißen. Höchstes Ansehen

genossen vom 17. Jahrhundert an die Abkömmlinge der
Konquistadoren. Dazu kam die ohnehin meist adlige hohe
Kolonialbürokratie. Im Gegensatz zu den eigentlichen Spaniern nannten sich die in Peru Geborenen ›Kreolen‹ (›crio-
llos‹). Während ihres Aufstiegs im 18. Jahrhundert legten
sie sich lange Reihen kastilischer Adelstitel zu, stellten heral-
dische Nachforschungen an und achteten auf die Reinheit
des Blutes.

Gewöhnliche Verwaltungsbeamte, Ingenieure, Kaufleute
bildeten eine Mittelschicht. Das ›gemeine Volk‹ im Staat der
Spanier bestand aus heruntergekommenen Weißen, in der
Mehrzahl jedoch aus Mestizen, die ihr Leben als Kleinhändler, Landwirte und Handwerker fristeten. Ihr Anteil an der
Gesamtbevölkerung stieg stetig; im heutigen Peru sind sie
die Mehrheit. Lange lastete auf ihnen der Ruf der Illegitimi-
tät, die Verachtung des Kolonialbürgertums wie die der
Indios. Immerhin bot ihnen diese Stellung eine gewisse Mo-
bilität.

Auf der untersten Stufe standen die schwarzen Sklaven,
die vor allem zur Feldarbeit auf den Haciendas an der Küste
eingeführt wurden. In den Städten dienten viele von ihnen
in den Kreolenhäusern.

Die Gesellschaft der Indianer spiegelte weitgehend die
spanische wider, wurzelte aber auch in der vorkolonialen
Ordnung. Die Nachkommen der Inkas genossen wichtige
Privilegien: Sie waren von Tributleistungen und Fronarbeit
befreit und durften ebensowenig in Encomiendas eingeglie-
dert werden. Ihr Status berechtigte sie, den Titel ›Inga‹ zu
führen.

Ausgezeichnet waren auch die Häuptlinge, die Dorfvorsteher (Kaziken) und ihre Nachkommen. Sie durften ein
›Don‹ vor dem Vornamen, Waffen und europäische Kleidung tragen sowie hoch zu Roß erscheinen. Auch sie wurden
nicht zu Frondiensten herangezogen, doch im Staat der Spanier hatten diese indianischen Hidalgos nichts zu suchen.

Zu den bekanntesten Begriffen aus Abenteuerromanen
über Südamerika gehört die ›Hacienda‹, der große Gutsbe-

trieb mit prächtigem Herrschaftshaus, feurigen Pferden und
Dutzenden von Peones. Seine Entstehung läßt sich aus der
kolonialen Gesetzgebung nicht so leicht ableiten – die Encomiendas verliehen doch den Spaniern nur Nutzungsrechte.
Dennoch erhielten verdiente Kämpen Ländereien zum
Dank; teils wurde Land vergeben, das dem Inka gehört
hatte, teils wurde es den Indiogemeinschaften abgekauft,
oft einfach besetzt. Bis zum 17. Jahrhundert schrumpfte die
Indianerbevölkerung, und verlassene Territorien fielen an
die Krone, die sie wiederum an Siedler verkaufte. So entstanden mit der Zeit die Latifundien. Die Großgrundbesitzer
konnten sich oft auf indianische Arbeitskräfte stützen, die
sich auf diese Weise der gefürchteten Fronarbeit zu entziehen
suchten, aber nur die eine Abhängigkeit mit einer anderen
vertauschten. Solche Haciendas entwickelten sich häufig zu
eigentlichen Wirtschaftszentren und dehnten gesetzeswidrig
ihren Einflußbereich auf Indianerterritorien aus. Klagen der
Kaziken gegen solche Lokalpatriarchen verliefen allzuoft im
Sand.

Die Spanier hatten Getreide und Haustiere eingeführt,
doch zur Selbstversorgung reichte es ihnen nie. Weizen
mußte aus Spanien, später aus Chile und Argentinien impor-
tiert werden. Wein und Olivenöl blieben vorerst ein Monopol des Mutterlandes; die Küstenhaciendas produzierten anfangs vor allem Häute für den Export. Die sorgsame Kultivierung des Bodens, die raffinierten Bewässerungssysteme
der Inkazeit gingen verloren, verfielen; es wurden weniger
Nahrungsmittel produziert als früher – die Indios lernten
den Hunger kennen.

Freilich konnte sich die junge Kolonie teure Importware
leisten: Die Minen gaben genug her. Nachdem die Schätze
der Inkas eingeschmolzen und verschifft worden waren,
wurden die Goldminen Kolumbiens ausgebeutet; sie er-
schöpften sich um 1550. Dem folgte das ›Silberne Zeitalter‹ –
nachdem man das Edelmetall über Quecksilber zu gewinnen
verstand. Die reichsten Gruben befanden sich im heutigen
Bolivien und ließen rasch die größte Stadt des Kontinents

entstehen: Potosí. Hier war um 1600 alles zu kaufen, was
Europa damals an Luxus bot, allerdings nicht für die Berg-
leute. Das Quecksilber zur Amalgamation förderte man in
Huancavelica.

Der Glanz von Potosí verblaßte schon ab 1630. Fünfzig
Jahre später wurde die Münzstätte nach Lima zurückverlegt.
Den gehobenen Lebensstandard konnten sich die weißen
Peruaner nur schlecht abgewöhnen – Importüberschüsse
und Zahlungsschwierigkeiten gehören also zur Wirtschafts-
tradition. Denn neben dem schrumpfenden Bergbau bestanden bloß Gewerbebetriebe für den Eigenbedarf, als wichtigste Textilmanufakturen auf der Basis von Wolle und Baumwolle. Solche Beschränkung lag keineswegs an der Ein-
fallslosigkeit der Kolonisten, sondern an den Schutzgesetzen
des Mutterlandes, das eifersüchtig seine Monopole vertei-
digte. Selbst der Handel innerhalb Amerikas lag exklusiv in
den Händen der Kaufhäuser in Sevilla und Cádiz. Handels-
verträge, Frachtbedingungen, Hafenadministration und
Zollwesen wurden durch die ›Casa de la Contratación de las
Indias‹ in Sevilla, ab 1717 in Cádiz, behandelt; sie warb auch
die Schiffsoffiziere an und stellte Seekarten zur Verfügung.
Erster Ausbildner – ›Piloto mayor‹ – war kein geringerer
als der Florentiner Entdeckungsreisende Amerigo Vespucci.
Erst im Frieden zu Utrecht, 1713, mußten die Spanier den
Engländern zähneknirschend eine Handelskonzession für
Südamerika einräumen.

Ende des 17. Jahrhunderts begannen die Kreolen den Bin-
nenhandel anzukurbeln, indem sie die Bezirksstatthalter
(›Corregidores‹) zu Großverteilern von Gebrauchswaren
wie Werkzeug, Kerzen, Seife, Tuch oder Hüte für die Indios
machten. Die Sache artete bald in Zwangsverkäufe zu bizarr
überhöhten Preisen aus – bezahlten die Einheimischen nicht
mit Geld, über das sie kaum verfügten, gab man sich mit
Naturalien zu reduziertem Tauschwert zufrieden. Die Corregidores bereicherten sich mühelos an diesem System, konnten ihren Landbesitz ausdehnen, während die Indios in immer tiefere wirtschaftliche Abhängigkeit und Not gerieten.

Hatten die Kreolen das Königliche Fünftel auf Bodenschätzen und den Zehnten auf Agrarprodukten an die Krone
zu entrichten, dazu verschiedenste wohlbegründete Gebüh-
ren, trugen die Indianer bei alledem die Hauptlast am Gedeihen der spanischen Kolonie. Sie bezahlten dorfweise Steuern
an die Kaziken, anfangs ausschließlich in Feldfrüchten und
Wolle, vom 18. Jahrhundert an in Geld; sie schürften unter
Lebensgefahr die begehrten Metalle aus dem Fels, bearbeiteten für weiße Siedler den Boden, hatten ohne Entgelt Straßen
und Brücken wie zur Inkaepoche zu unterhalten und verrichteten im Frondienst öffentliche Arbeiten in den Städten.

Es kann nicht erstaunen, daß unter diesen Verhältnissen
Aufstände ausbrachen – eher, daß sie nicht zahlreicher waren. Die erste größere Erhebung seit dem Sturm auf Vilcabamba ging aus dem Dschungel Ostperus hervor. Juan San-
tos Atahualpa, der sich, wie sein Name ausdrückt, auf Inka-
vorfahren berief, wiegelte von 1742 an Stämme der
Waldindianer am Rio Perene gegen die Missionsstationen
der Gegend auf. La Merced wurde zerstört, worauf die
Spanier Strafexpeditionen entsandten, die jedoch regelmäßig
an den Schwierigkeiten der Topographie, an der Rückzugs-
taktik des Gegners und am ungewohnten Klima scheiterten.
1752 wagten sich die Guerilleros in die Anden vor, doch
gelang es ihnen nicht, Andamarca einzunehmen. Atahualpa
soll um 1760 friedlich gestorben sein, worauf seine Anhänger
die Waffen an den Nagel hängten.

Weit folgenreicher und weniger beschaulich endete die
nächste Rebellion, die ihre Nahrung unverkennbar in der
Misere der Einheimischen fand. José Gabriel Condorcanqui,
aus dem Apurímactal stammend und an einer Kazikenschule
in Cusco erzogen, erlebte als Gemeindevorsteher in der Nähe
von Cusco hautnah die Nöte seiner Mitbewohner. Viele von
ihnen standen in Frondiensten zu Potosí oder wurden in
die Versorgungskolonnen abbeordert. Don José war selbst
Maultiertreiber und führte mit über dreihundert Tieren ein
Transportunternehmen. Von 1770 an begann er, mit den
zuständigen Kolonialbehörden zur Verbesserung der Zu-

stände Verhandlungen zu führen, wies, um der Sache mehr
Nachdruck zu verleihen, seine Abstammung von der Schwester des letzten Inkas nach und nannte sich fortan Túpac
Amaru. Er bewarb sich um die Markgrafschaft von Oropesa,
reiste nach Lima, um den Distrikt Tinta vom Frondienst zu
befreien. War es die Arroganz der Macht oder auch das
Sendungsbewußtsein des Indiobürgermeisters, die die Mission scheitern ließen? Die Kolonialbürokratie und Sach-
zwänge ließen jedenfalls alles beim alten bleiben, und Túpac
Amaru sah sich auf den Weg der Gewalt verwiesen. Er
begann nun, Aufruhr zu schüren, und nutzte seine Maultier-
züge zwischen Cusco und Puno zu Konspiration und Waffen-
schmuggel.

Zündender Funke wurde das harte Regime des (spanischen) Bezirksstatthalters von Tinta, Antonio de Arriaga.
Condorcanqui, anfangs mit ihm befreundet, nahm den Cor-
regidor auf Druck der Bevölkerung am 4. November 1780
gefangen, verurteilte ihn zum Tod und ließ ihn wenige Tage
später vor einer großen Menschenmenge hinrichten. Darauf
erklärte er die Mita für abgeschafft, die Ausbeutung durch
die Spanier für beendet und die Negersklaverei für aufgehoben.

Solche großen Worte waren nur mit Waffengewalt zu
verteidigen, und den Anlaß dazu boten die Spanier schon
zwei Tage später. 1200 Mann – in der Mehrzahl königstreue
Indianer – waren sofort von Cusco aufgebrochen, um die
Erhebung niederzuschlagen. Sie erlitten eine katastrophale
Niederlage. Ermutigt, aber schlecht ausgerüstet, zog Túpac
Amaru Anfang 1781 mit Zehntausenden von Indios und
Mestizen vor Cusco, weitere Aufständischenheere schlossen
sich an. Doch es gelang ihnen nicht, die alte Hauptstadt
einzunehmen, und Túpac Amaru kehrte in seinen Distrikt
zurück, um seine Stellung wenigstens auf dem Land zu
festigen.

Dazu blieb ihm allerdings nur wenig Zeit. Der Vizekönig
Agustín de Jáuregui hatte den Ernst der Situation durchaus
erkannt und rund 17 000 Soldaten in Marsch auf das abtrün-

nige Gebiet setzen lassen. Die entscheidende Schlacht fand am 5. und 6. April dort statt, wo der Gott Viracocha schon aufmüpfige Indios gezüchtigt hatte. Wieder blieb der ›weiße Mann‹ Sieger. Túpac Amaru floh mit seiner Familie, wurde in Langui jedoch verraten und an die Spanier ausgeliefert. Zu seiner Hinrichtung schienen nur mittelalterliche Scheußlichkeiten gut genug: Folter, Vierteilung, Verbrennen – nachdem der unglückliche Rädelsführer auch noch die Ermordung von Frau und Sohn hatte mitansehen müssen. Geschehen in Cusco am 18. Mai 1781, während zahlreiche Messen für den ›verstockten Sünder‹ gelesen wurden.

Ausnahmsweise hatte das wahrhaft abschreckende Beispiel nicht den gewünschten Erfolg – die Rebellion hielt an. Ein anderer hatte sich den Namen Túpac Amarus ebenfalls als Programm zugelegt: Diego Cristóbal. Er hatte Cusco mitbelagert, war von spanientreuen Indianertruppen besiegt worden, dehnte nun Widerstand und Verweigerung auf das ganze Altiplano um den Titicacasee aus. Diesmal stellten sich die Indianer dem spanischen Heer nicht offen, sondern zermürbten es in zahlreichen kleinen Attacken. Unfähig, das Hochland militärisch wieder unter Kontrolle zu bringen, offerierten die Spanier Amnestie und Friedensverträge. Die Waffenstillstandsabkommen erwiesen sich jedoch als Finte. Unter einem Vorwand wurde Diego Cristóbal Túpac Amaru später festgenommen, am 19. Juli 1783 abgeurteilt und getötet – als letzter seines Namens. Um die 100 000 Menschenleben soll die Verteidigung der spanischen Kolonialmacht damals gekostet haben; das südliche Hochland Perus blieb auf Jahrzehnte hinaus ausgelaugt, das indianische Selbstbewußtsein bis zur Gegenwart gebrochen.

Der Weg zur Freiheit

So hart die Kolonialbehörden gegen die Rebellen auch durchgegriffen hatten, versuchten sie doch, die indianische Bevölkerung etwas zu entlasten und besser zu integrieren. Erstmals wurden Schulen für Indio- und Mestizenkinder eröffnet. Der Weg zur Freiheit oder die Emanzipation, wie peruanische Historiker die Epoche zwischen 1780 und 1820 nennen, konnte jedoch nur von einer anderen Gesellschaftsschicht vorbereitet werden, den Kreolen.

Die Loslösung der Vereinigten Staaten von Amerika vom englischen Mutterland 1776 blieb im Süden des Kontinents nicht unbeachtet, und der Einmarsch napoleonischer Truppen in Spanien 1808, der in der Besetzung Madrids und der Abdankung zweier Könige gipfelte, zeigte schonungslos die Verletzlichkeit der einstigen Großmacht. Die Postulate der Französischen Revolution vernahmen auch die Peruaner. In diesem Zeitgeist und unter dem Eindruck der blutigen Ereignisse im Altiplano wurde mehr oder weniger scharfe Kritik geübt. Trotz des aufklärerischen Gedankenguts von Gleichheit und Menschenwürde schlossen die wenigsten dieser Schriften die unterprivilegierte Urbevölkerung in ihre Visionen mit ein; die Emanzipation wurde bei allem zur Schau getragenen Patriotismus eine Angelegenheit der Weißen, eine Auseinandersetzung zwischen Spaniern und Kreolen.

Interessengruppen gegen die koloniale Monarchie wurden die Jesuiten, 1767 des Landes verwiesen, sowie Kaufleute, die durch Abschaffung der Monopole und durch Freihandel zu profitieren hofften. Diese Kreise konnten mit der Unterstützung verschiedener europäischer Nationen rechnen, die neue Märkte erschließen wollten.

Auslöser für separatistische Gehversuche war die Gefangennahme des spanischen Königs 1808 durch die Franzosen. Schlaue Antiroyalisten schlugen sich nun auf die Brust und erklärten mit falschem Bedauern, wie sehr sie doch mit der Krone verbunden seien und deren Interessen nach dem Wegfall des Lehnsherrn nun selbst wahrnehmen müßten. So bildeten sich Regierungsjuntas in Quito, La Paz und Chuquisaca, dem späteren Sucre. In Peru verhinderte der energische Vizekönig José Fernando de Abascal solche Aktionen. 1813 setzten seine Soldaten die Ansprüche Spaniens in den Autonomistenzentren durch.

Der Vertreter der Krone am Südatlantik war hingegen weniger erfolgreich; in Buenos Aires hielt sich die separatistische Junta und sann auf Wege, den Spaniern ihre Herrschaft zu versauern. Eine Schlüsselrolle spielte das Hochland mit dem Schwergewicht der Bevölkerung, den Minen, den wichtigen Paßübergängen. Von 1810 an lieferten sich daher Republikaner vom La-Plata-Gebiet und königliche Heere in Bolivien zermürbende und verlustreiche Gefechte, wobei die Argentinier eher die Oberhand gewannen. Erst 1815 durchkreuzte eine schwere Niederlage ihre Pläne. Damit hatte Vizekönig Abascal die äußere Bedrohung ebenso entschieden zurückgewiesen wie mehrere Verschwörungen in Lima und Aufstände in Cusco, Tacna und Huánuco. Am gefährlichsten waren die revolutionären Umtriebe, die 1814 von der alten Inkahauptstadt ausgingen: Sie strahlten nicht nur nach La Paz, Arequipa und Ayacucho aus, sondern vereinigten in ganz ungewohnter Weise Angehörige aller Rassen und Schichten. Manche Historiker meinen heute, daß damals die Chance zu einer echten Emanzipation der peruanischen Gesellschaft im Keime erstickt wurde.

Die politische und militärische Fortüne José Fernando de Abascals ließen Peru zu einem Vilcabamba des ganzen Kontinents werden, zur Bastion eines Regimes, dessen Zeit abgelaufen war. Das spanische Weltreich war längst zur Mumie geworden, für mittelalterlichen Feudalismus schien kein Platz mehr.

Das Vizekönigreich Peru brach schließlich wie ein Kartenhaus zusammen. Der argentinische General José de San Martín, der vorher etliche Jahre in Spanien gedient hatte, beschloß, Lima von Chile her und mit der Seeherrschaft einzunehmen. Von Mendoza aus überschritten republikanische Truppen im Januar 1817 die Kordilleren, wenige Wochen später konnten sie in Santiago die Unabhängigkeit ausrufen.

Mit chilenischer Unterstützung rüstete San Martín die Eroberungsflotte aus und vertraute ihre Leitung dem schottischen Admiral Lord Thomas Cochrane an. Nach zwei Erkundungsfahrten und Störmanövern vor Callao lief am 20. August 1820 die Befreiungsarmee – viertausend Argentinier und Chilenen – von Valparaíso aus und landete am 7. September an der Paracashalbinsel. Die Verteidiger flohen von Pisco nach Ica, ergaben sich nach kurzem Gefecht. General Arenales unternahm einen Abstecher in die Sierra, rief in Tarma die Unabhängigkeit aus und schaffte die Tributpflicht der Indios ab. Flottenkommandant Cochrane kaperte in einem Handstreich die Fregatte ›Esmeralda‹ im Hafen von Callao und raubte damit das Prunkstück der spanischen Flotte. An der Nordküste folgten einige peruanische Städte dem Beispiel Guayaquils und lösten das Band zur Krone.

Verhandlungen zwischen dem royalistischen General José de La Serna, der sich eben zum Vizekönig hatte erheben lassen, und San Martín blieben ohne Ergebnis. Schließlich entschied die Hafenblockade: Die Spanier verließen unter schweren Versorgungsmängeln die Hauptstadt und verschanzten sich in den Anden. Da der Bürgermeister einen Banditenüberfall befürchtete, bat er San Martín um eine geordnete Besetzung Limas. Am 15. Juli 1821 war die Monarchie in der ›Stadt der Könige‹ zu Ende, drei Tage später war Peru formell unabhängig.

Diese Befreiung war so schnell über die Bühne gegangen, daß man dem Erfolg nicht so recht trauen konnte. Bei allen wohlgemeinten Verordnungen des ›Protektors‹ San Martín – etwa Aufhebung von Fron- und Tributspflicht, Aufruf zu einer konstituierenden Nationalversammlung – steckte der Wurm in der Sache: Die Kreolen wußten gar nicht, was sie eigentlich wollten. Die Gruppe der Unzufriedenen entpuppte sich nur zu bald als elitärer Kreis, der sich mit durchweg egoistischen Zielen um die Macht balgte. Die Ära der ›Caudillos‹ brach an.

San Martín unternahm wenig, die junge Nation militärisch zu sichern, äußerte gelegentlich verworrene monarchistische Gedanken, und eines Tages verließ ihn sogar die Flotte, weil angeblich der Sold ausgeblieben war. Selbst die Begegnung mit dem Befreier des nördlichen Südamerika in Guayaquil,

Simón Bolívar, brachte weder revolutionären Schwung noch staatsmännische Visionen, sondern Enttäuschung. Die beiden Generäle, von deren Gespräch nichts Genaues bekannt wurde, verstanden sich nicht. Zwei Monate später, nachdem der erste Kongreß zusammengetreten war, legte der Protektor sein Amt nieder und kehrte nach Chile zurück. Er überließ damit die entscheidenden Befreiungskämpfe seinem venezolanischen Kollegen.

Der frisch gegründete Kongreß vermochte sich wohl für die republikanische Staatsform zu entscheiden und verabschiedete am 12. November 1823 eine liberal beeinflußte Verfassung, doch die Regierungsjunta erwies sich als schwach. Solange königstreue Heere das Hochland beherrschten, mußte sich solche Ohnmacht besonders negativ auswirken. Eine halbherzig geführte Offensive von Moquegua aus endete als Fiasko und führte zum ersten Staatsstreich: Die Militärs erkürten ihren Kandidaten Riva Agüero zum Präsidenten und demütigten damit die legitime politische Gewalt, den Kongreß. Der neue Machthaber wagte eine zweite Expedition in den Altiplano, die zu einem noch größeren Debakel geriet und weitere Führungskämpfe auslöste. Am Rande der Anarchie verfiel der Kongreß immerhin auf den Gedanken, Bolívar um Hilfe zu bitten.

Der ›Libertador‹ wurde in Callao am 1. September 1823 begeistert empfangen. Schwierigkeiten folgten jedoch Schlag auf Schlag: Verlust der Festung Real Felipe an die Spanier durch Verrat; Zurückeroberung Limas durch ein Regiment der Krone, was Bolívar zum Ausweichen nach Pativilca zwang; ein die Fronten wechselnder Präsident; weder Sold noch Verpflegung für die Truppen. In äußerster Not vom Kongreß zum Diktator ernannt, erkrankte der General an Tuberkulose.

Die Umstände zwangen zur Eile: Bevor sich die im Hochland verteilten royalistischen Truppen – etwa 18 000 Soldaten – vereinigen konnten, mußten die republikanischen Kräfte einzelne Divisionen angreifen. Eine erste Attacke bei Junín setzte die vizekönigliche Kavallerie außer Gefecht.

Die entscheidende Schlacht erfolgte ein Vierteljahr später, Anfang Dezember, bei Huamanga, dem heutigen Ayacucho, als sich 9000 Royalisten und 6000 Republikaner gegenüberstanden. Beteiligt waren allerdings nur etwa 500 Spanier; ihr Heer bestand mehrheitlich aus Indianern, die bei der ersten Attacke auseinanderliefen und nur schwer zu reorganisieren und motivieren waren. Nach zwei Verhandlungstagen unterzeichnete der Vizekönig La Serna die Kapitulationsurkunde und verließ Peru drei Wochen später mit über 300 repatriierten spanischen Offizieren. Nur der Kommandant der Festung Callao weigerte sich zur Übergabe – es sollte mehr als ein Jahr dauern, bis die Republikaner auch diese traditionsreiche Bastion beherrschten.

Weitere Weichen vermochte Simón Bolívar nicht zu stellen. Seine Vision einer Andenkonföderation mit einem Präsidenten auf Lebenszeit fand nur für kurze Zeit Eingang in die peruanische Verfassung. Sie kontrastierte auch seltsam zur Politik, ›Alto Peru‹ vom ehemaligen Vizekönigreich abzutrennen und das eher künstlich erscheinende Bolivien daraus zu bilden. Steckte dahinter der Gedanke, Kolumbien und Venezuela, das einstige Neugranada, gegenüber dem früheren Schwerpunkt der Kolonie zu stärken? Oder war es die römische Devise des ›Teile und herrsche‹, an die sich der ›Libertador‹ hielt? Denn selbstverständlich sah Bolívar sich selbst in dem Führungsamt auf Lebenszeit. Eine Meuterei in Kolumbien zwang ihn, Peru zu verlassen – die junge Nation mußte nun auf eigenen Füßen stehen.

Sie stand unsicher auf wackligem Boden: ausgelaugt durch die Versorgung der Heere, mit einer unvermittelt an die Macht gelangten Kreolenschicht, die ohne administrative Erfahrung, jedoch erfüllt von Geltungsdrang und persönlichem Ehrgeiz war. Der unbedacht zugelassene Freihandel zeigte böse Konsequenzen: Bessere, billigere Fabrikate aus Europa verdrängten die Erzeugnisse der Indios und Mestizen vom Markt und zwangen Zehntausende von eben ›Befreiten‹, sich auf Haciendas anzudienen. Die Minen lagen ohne spanische Ingenieure brach, die Straßen verkamen.

In diesem verkleinerten neuen Staatsgebilde rückten sich die Menschen nicht näher, wie man es hätte erwarten können, sondern trieben auseinander, weil der einigende Gedanke, ein der neuen Zeit angemessenes politisches Konzept sowie eine integre, fähige Führung fehlten. Die Emanzipation war eindimensional geblieben; von der Gesellschaftspyramide der Kolonialzeit war lediglich die Spitze entfernt, im übrigen blieb alles beim alten: eine Hierarchie wie gehabt, Privilegien der Klasse, Rasse und – das war neu – des Geldes.

Macht leitete sich in der Folgezeit weniger von den ungewohnten Institutionen des Kongresses und der Verfassung ab, sondern von kurzfristigen und stets wechselnden Interessenkoalitionen innerhalb der Oberschicht sowie der jeweils mobilisierten Streitkräfte. Stabilität gewährleisteten am ehesten autoritäre, konservative Caudillos, die der Oberschicht zur Vermehrung ihres Wohlstands dienten. Aus den Wirren unter wirtschaftlich mißlichen Bedingungen ragen deshalb nur wenige charismatische Präsidenten wie Ramón Castilla (1845-1851 und 1855-1862) heraus. Geordnete Nachfolge war die Ausnahme, Putsche blieben die Regel.

Kurzsichtigkeit und Abenteurertum beschränkten sich nicht nur auf die eigene Führungsklasse, sondern suchten Prestigezuwachs und Ablenkung von internen Schwierigkeiten auch jenseits der Grenzen. Peru und Bolivien fanden sich zu einer kurzen, durch den Mestizengeneral Andrés de Santa Cruz erzwungenen Ehe zusammen (1836-1839), der sich Chile widersetzte und die in blutigem Bürgerkrieg auseinanderbrach.

Parallel dazu herrschte eine Mißwirtschaft, die nicht nur auf unproduktivem Heeresunterhalt beruhte, sondern vor allem auf unverhältnismäßigen Importen, leichtfertiger Vermarktung der eigenen Ressourcen und zum Teil schlicht auf der Veruntreuung öffentlicher Finanzen. Ehrgeizige Projekte wie die Gewinnung von Guano, Salpeter, Gummi oder die Konstruktion der Eisenbahnlinien platzten nach wenigen Jahrzehnten wie Seifenblasen und hinterließen Schuldenberge und Resignation. Gerissenen europäischen und nord-

amerikanischen Geschäftsleuten gelang es alleweil, die peruanischen Potentaten mit schönen Worten und klingender
Münze zu blenden und zu übervorteilen. Preiseinbrüche auf
den Rohstoffmärkten ließen schon im vergangenen Jahrhundert die Minenbesitzer und Hacenderos zittern. Und als
Ersatz für die einstigen schwarzen Sklaven – 1854 freige-
sprochen – wurden chinesische Kontraktarbeiter für die
Zuckerplantagen eingeschleust. Ein Zehntel von ihnen überlebte nicht einmal die Überfahrt.

Traumatisches Erlebnis dieser zweiten Hälfte des 19. Jahrhunderts war weniger der spanische Übergriff auf die Gua-
noinseln Chinchas, den Peru 1866 siegreich zurückwies, als
vielmehr der ›Salpeterkrieg‹ mit dem südlichen Nachbarn
Chile. Das Nitrat wurde in der Atacamawüste, auf bolivianischem Territorium, durch chilenische Unternehmungen abgebaut. Der Konflikt um die Devisenquelle, um Konzessionsgebühren, wurde nicht lange diplomatisch behandelt:
Im Februar 1879 besetzte Chile das fragliche Gebiet. Aufgrund eines geheimen Beistandspakts mit Bolivien und be-
einträchtigt durch die chilenische Düngemittelfabrikation,
mußte Peru im April in den von La Paz eilig erklärten Krieg
eintreten. Ein Debakel der Bundesgenossen folgte nun dem
andern. Nach einem Fiasko bei Tacna zog sich das bolivianische Rumpfheer still ins Hochland zurück und überließ die
Peruaner dem Schicksal. Von den Vereinigten Staaten angeregte Verhandlungen im Oktober 1880 scheiterten. Eine
chilenische Marineoffensive zerstörte etliche Häfen im Norden Perus und bereitete die Besetzung Limas vor. Nachdem
die in unverantwortlicher Hast rekrutierten und miserabel
ausgerüsteten Milizen in blutigen Straßenkämpfen überwunden worden waren, defilierten die siegreichen Chilenen zur
Plaza de Armas der Hauptstadt, räumten Museen und die
Nationalbibliothek und ernannten einen Marionettenpräsi-
denten. Widerstand leistete nur der spätere Staatschef Andrés Avelino Cáceres, indem er in der Sierra Truppen rekrutierte und einen zweijährigen Guerillakrieg mit wechseln-
dem Glück begann.

Endlich wagte einer, der einflußreiche General Miguel Iglesias, die Dinge ohne falsches Heroentum beim Namen zu nennen: Ein Krieg sei derzeit gegen Chile nicht zu gewinnen, die Besetzung höhle Peru noch vollständig aus, und Friedensverhandlungen seien unumgänglich. Der Kongreß schloß sich letztendlich dieser Meinung an. Der demütigende Vertrag von Ancón wurde Ende März 1884 ratifiziert: Peru mußte auf seine Südprovinzen Tarapacá und Arica verzichten.

Erste Konsequenz danach: ein Bürgerkrieg. Guerillaoberst Cáceres zwang Iglesias zur Abdankung. Seine zweite Präsidentschaftszeit endete wiederum in inneren Wirren, aus denen 1895 Nicolás de Piérola als Regierungschef hervorging. Damit hörte die bisher ununterbrochene Staatsführung durch unglaubwürdig gewordene Generäle auf. Bis nach dem Ersten Weltkrieg leiteten Zivilisten aus der Kreolenaristokratie die Geschicke des Landes.

Devisenbringer war seit der Jahrhundertwende der Kautschuk. Doch der Reichtum aus dem Dschungel des Amazonastieflandes provozierte Grenzzwischenfälle mit den Nachbarländern Ecuador, Kolumbien und Brasilien. Es blieb ausnahmsweise beim Säbelrasseln. Dagegen weckte die allzu populistische Regierung von Guillermo Billinghurst das Mißfallen der Aristokratie. Eine Verfassungsreform, die dem Volk hätte unterbreitet werden sollen, rief die Militärs aus den Kasernen und beendete das legitime Regime. Eine Modernisierung der Verfassung gelang jedoch Augusto Bernardino Leguía in seiner zweiten, elfjährigen Amtszeit bis 1930. Der Diktator (ab 1920) ließ Parteien zu, setzte Arbeiterschutzgesetze durch und legalisierte die Indiokommunen, andererseits förderte er den Kapitalzufluß aus Nordamerika. Damit wurden Minen modernisiert, auch von ausländischen Konsortien übernommen. In diese Epoche fällt die Entstehung der Sozialistischen und der Kommunistischen Partei sowie der Aufbau der durch Víctor Raúl Haya de la Torre begründeten APRA (Alianza Popular Revolucionaria Americana). Unzufriedene Militärs aus Arequipa putschten Leguía

aus seinem Amt; der herausragende Politiker starb im Gefängnis, eine der hoffnungsvollsten und glücklichsten Peri-
oden in der Geschichte der Republik war vorbei. In rascher
Folge wechselten wieder militärische und zivile Regierungen, die den neuen Problemen – Bevölkerungsexplosion,
verstärkte Zuwanderung von Indianern und Mestizen in die
großen Städte, Ausbreitung der Massenmedien, wirtschaftliche Umschichtungen – nur allzuwenig Zeit zu widmen vermochten. Energisch wurden grundsätzliche Reformen – des
Bodenbesitzes, Erziehungswesens, der Förderrechte an Bodenschätzen, der Mobilisierung der Indiobevölkerung – unter der Militärdiktatur Juan Velasco Alvarados angestrebt.
Die 1968 bis 1975 regierende Junta verstand sich als revolutionäre Bewegung, die trotz viel guten Willens an den wirtschaftlichen Rahmenbedingungen und teilweise an überstei-
gertem Technokrateneifer scheiterte. Ein bezeichnendes
Symbol für den Umgang mit der jahrhundertelang gedemütigten Indiobevölkerung ist die Anerkennung des Quechua
als offizielle zweite Landessprache 1975.

Damit sind freilich weder die sozialen Probleme gelöst,
die den Nährboden für die linksextreme Guerillabewegung
in den Zentralanden liefern, noch die inflationsfördernde
Diskrepanz zwischen sinkenden Weltmarktpreisen für Roh-
stoffe und fieberhaft steigenden Ausgaben für Importwaren
beseitigt. Peru ist heute – wieder unter einer Zivilregie-
rung – mehr denn je verschuldet und muß sich peinliche
Vorschriften des Internationalen Währungsfonds gefallen
lassen.

Die populistische Militärregierung Velasco Alvarados hat
insofern weitergewirkt, als eine Mehrzahl der Mestizen-
schicht und manche Indiogemeinschaften sich als Bürger zu
verstehen lernten und das in den Wahlen von 1985 ausdrück-
ten. Doch Demokratien sind labil in Lateinamerika, und
Waffen sprechen häufig das letzte Wort, wenn Argumente
und Staatsräson fehlen. »Nunca se sabe« – man weiß halt
nie.

Überprüft man den kernig-republikanischen Hymnus anhand der Geschichte, entpuppt er sich eher als Wunschbild
denn als Realität. Das nationale Pathos lebt vom Abzug der
Spanier. Die alten Abhängigkeiten sind jedoch nur zum Teil
aufgelöst und allzu oft durch neue ersetzt. Eine Nation, die
ihr Idiom kastilisch nennt und ihre Lebensgrundlage noch
immer in Bergwerken und Haciendas sieht, die die hochge-
lobte Freiheit anderen Südamerikanern und die gründliche
Wertung ihres großen kulturellen Erbes fremden Forschern
verdankt, hat es nicht leicht, eine so vielschichtige Vergangenheit und komplexe Gegenwart zu bewältigen. Noch immer sind Abgrenzungen wichtig: um Hoheitsgewässer, öl-
reiche Dschungelregionen, die Gemarkungen alter Indiokommunen, um die Kontrolle neuer ›Pueblos Jóvenes‹ –
weiteren Wucherungen der ausufernden Metropole. Noch
immer zieren die Namen fragwürdiger Heroen – vor allem
aus dem Pazifikkrieg – und eitler Potentaten die Schilder der
meisten großen Avenidas, verklären pompöse Denkmäler
verkappte Bruderkriege. Noch immer stellen Kreolen die
Mehrheit im Parlament – ein seltsamer Kontrast zum Stra-
ßenbild. Und noch immer tragen Indios die traditionelle
Tracht, während Mestizen die Weißen nachahmen, die sich
ihrerseits an europäischen Modejournalen orientieren.

Weiter flutet bunte, glitzernde Konsumware aus Übersee
auf die Märkte – nicht mehr aus Madrid und Sevilla, London
oder Paris, vielmehr aus Japan, Taiwan, Hongkong. Und
im Strudel der Geldentwertung bietet sich die universelle
Kraftwährung des großen amerikanischen Bruders als Krük-
ke an: der Dollar.

Die Unabhängigkeit hält sich in Grenzen: volle Aktions-
freiheit für wenige, Konsumfreiheit für eine Minderheit,
Armut für viele. Und mit ›Inca Kola‹, einem giftgelben
Gebräu, schafft man noch kein Nationalbewußtsein. Eher
mit Machu Picchu, der Dreisternesehenswürdigkeit, die fast
jeder Peruaner dem Touristen mit Inbrunst ans Herz legt.

Die Werbestrategen des Vatikans erkannten den Wert dieses Symbols. Sie setzten den ersten Papst auf peruanischem
Boden mit der Spritzpistole perfekt in Szene, indem sie auf
frühkoloniales Gedankengut zurückgriffen: Als Riese mit
erhobenen Händen grüßte Johannes Paul II. auf dem Plakat
hinter der Inkastadt hervor.

Viracocha kam im Jet zurück.

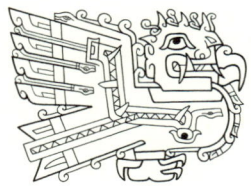

Die vorkolumbischen Kulturen
im Überblick

Die Schlüsselfigur zur peruanischen Hochkultur steht im Archäologischen Nationalmuseum in Lima: ein verwirrendes mannshohes Relief, mehr Ritzzeichnung eigentlich, die zunächst abstrakt erscheint; erst nach einigem Schauen erkennt man stark stilisierte Einzelheiten – Schlangenköpfe, Krallen, seltsame Schwingen und furchterregende Reihen von Reißzähnen, endlich zwei weit auseinanderstehende Augen –, das Bild eines Monstrums. Die Raimondistele, ein flacher Granitquader, stammt aus Chavín de Huántar. Ein Bauer fand sie im vergangenen Jahrhundert bei Landarbeiten, schleppte sie in sein Haus und verwendete sie, die plane Seite nach oben, als Tisch. Der schreckliche Gott scheint es ihm nicht übelgenommen zu haben.

Die Anekdote ist bezeichnend für den Umgang der Peruaner mit Zeugnissen ihrer Vergangenheit. Gehörte es für sie stets zum guten Ton, einmal in Europa gewesen zu sein, waren es umgekehrt Europäer und Nordamerikaner, die sich für die Indianerkultur interessierten und sie ernsthaft erforschten. Erst in diesem Jahrhundert begannen peruanische Archäologen und Anthropologen ihren Heimvorteil zu nutzen. Der italienische Naturwissenschaftler Antonio Raimondi erkannte im Eßtisch des Campesinos ein Monument von besonderem Wert und veranlaßte seine Überführung nach Lima, wo es bei der Industriemesse von 1872 neben dem pathetischen Historiengemälde Luis Monteros zu Atahualpas Tod sowie einer raffinierten astronomischen Uhr die kulturelle Hauptattraktion bildete und die gute Gesellschaft das Gruseln lehrte.

Seither haben Generationen von Gelehrten an dem Ungeheuer herumgedeutet, das vielleicht zur Zeit Homers in den

Raimondi-Stele

Stein gehauen wurde. Es stellt zweifellos den ersten großen, als Person empfundenen Gott Perus dar. Und er prägte die vielfältigen Ausdrucksformen altperuanischer Weltanschauung so nachhaltig, daß seine Attribute immer wieder, wenn auch abgewandelt, auftauchen – bis hin zum nüchtern erscheinenden Imperium der Inkas.

Es verkörpert absolute Macht, dieses Mischwesen aus Mensch, Jaguar und Raubvogel. In den Händen hält es zwei Szepter – Federn oder die lebenswichtigen Maiskolben? Das Haar und Elemente des riesigen Kopfputzes münden in viele

Schlangenköpfe. Ein Wesen der Erde und des Wassers wie der Luft, des Urwaldes wie der Gebirgshöhen. Doch es ist ein furchterregender, mitleidloser Gott, der nicht Hoffnung verspricht, sondern Gewalt und Tod. Betroffen fragt man sich, unter welchen Voraussetzungen denn diese Horrorvision entstanden sei, die unzählige zähnefletschende Dämonen im ganzen Land zeugen sollte.

Die Chavínkultur

Die Chavínkultur scheint, wie die bisherigen Ausgrabungen ergeben haben, ohne formale Entwicklungsstufen gleich in voller Perfektion aufgetaucht zu sein. Ihr Zentrum, Fundort mehrerer Steinidole, ist Chavín de Huántar mit seiner Tempelanlage, peripher gelegen und ohne Spuren einer größeren Siedlung, welche die offensichtliche kultische Bedeutung widerspiegeln würde. Verwandte Züge fanden sich vorwiegend in Küstenkulturen derselben Epoche: Reliefs, Wandmalereien, Gewebe mit schreitenden oder fliegenden Raubkatzenmenschen; Keramik mit den typischen Linienkonturen, die Wesen mit aufgerissenen Mündern.

Um 2000 v. Chr. waren verschiedene Indiogruppen in Peru seßhaft geworden und hatten begonnen, Mais, Bohnen, Kürbis, wahrscheinlich auch Baumwolle anzupflanzen; Keramik ist seit 1900 v. Chr. belegt (Kotosh). Erste Stadtanlagen aus dem Chillóntal (El Paraíso), dem Supetal (El Aspero), dem Casmatal (Las Haldas) – alle an der Küste – sowie Kotosh, bei Huánuco, in der Sierra, wurden um 1600 v. Chr. gegründet.

Schreckensbilder sind aus dieser Epoche jedoch nur aus Sechín überliefert: über hundert Steinritzungen weniger mit Äxten bewaffneter Priester oder Krieger und zahlreicher im Ausdruck der Agonie präzis festgehaltener verstümmelter Opfer. Alle weisen die gleichen Gesichtszüge auf wie die Köpfe von Chavín: runde Schädel, Knollennase. Erinnerungen an eine Schlacht oder Menschenopfer? Das zweite ist wahrscheinlicher.

Denn obwohl die Kultivierung von Nutzpflanzen mehr Sicherheit und eine bessere Ernährung bot, waren die Menschengemeinschaften mancher Unbill ausgesetzt: Überschwemmungen, Dürre, Erdbeben, Epidemien, Schädlingsplagen. Für Jagen und Sammeln, wie das ihre Ahnen auf einer älteren, der jungsteinzeitlichen Kulturstufe seit Jahrtausenden getrieben hatten, war Peru zu dieser Zeit wohl schon zu dicht besiedelt, und vor allem bestanden in der Küstenwüste außerhalb der Flußoasen wenig Ausweichmöglichkeiten. Was lag da näher, als die bei Naturkatastrophen offenbar zürnenden Götter bei wachsender Bevölkerung durch Opfer zu besänftigen? Es ging darum, das ökologische Gleichgewicht wiederherzustellen.

Städte- und Tempelbauten weisen analog zur Alten Welt auf eine führende Priesterkaste hin, die den Kontakt mit den übersinnlichen Mächten pflegte und die Riten der Gemeinschaft leitete. Diesem Zweck dienten seit grauer Vorzeit Drogen. Der starre, nach oben gerichtete Blick abgebildeter Schamanen und Götter weist darauf hin; auf einem Chavín-relief schreitet der Raubkatzen-Vogel-Dämon mit einem mescalinhaltigen San-Pedro-Kaktus einher; Gefäße zur Herstellung von Daturaaufgüssen und Bestecke zur Kokaaufbereitung sind in Peru seit der Zeitenwende häufig. Manche, vielleicht die Mehrzahl der künstlerischen Manifestationen beruhen zweifellos auf Halluzinationen und sind daher unserem nüchtern analysierenden Verstand nicht leicht zugänglich. Doch wenn man sich erst einmal von der irritierenden Exotik durch eine meditative Betrachtung löst, merkt man plötzlich verblüfft, daß sich etliche Bildinhalte bloß stilistisch von der Schattenwelt eines Hieronymus Bosch oder Matthias Grünewald unterscheiden.

Der Chavínstil ist allerdings so eigenwillig mit seinen überaus komplexen, wuchtigen, aber immer sehr genau gearbeiteten Formen, daß die Frage nach Vorbildern oder Berührungspunkten bei anderen Kulturen naheliegt. Als erster wies wohl der deutsche Archäologe Max Uhle auf Ähnlichkeiten mit altmexikanischen Monumenten hin. Tatsächlich sind fratzenhaft dämonische Züge sowie Schlangen- und Raubkatzenmotive in beiden Regionen des Kontinents einigermaßen gleichzeitig vorhanden. Doch führen oberflächliche Ähnlichkeiten leicht ins Spekulative. Gegenwärtig am breitesten unterstützt wird die Hypothese, beide Hochkulturen seien von den ecuadorianischen Küstenkulturen des dritten vorchristlichen Jahrtausends, etwa Valdivias, beeinflußt worden. Solche befruchtende Küstenschiffahrt leuchtet durchaus ein. Ob hingegen gewisse Stilelemente der Valdiviakeramik über altjapanische Seeleute aus der Yomonkultur nach Südamerika gelangt sind, ist trotz der Pazifikfloßfahrten Thor Heyerdahls umstritten.

Die Chavínkultur mit ihrer Ausstrahlung auf das ganze heutige Peru gilt als die Basis aller späteren Regionalkulturen und Imperien in diesem Raum. Die Archäologen sprechen daher von einer Formativphase. Es sollten nur zwei Epochen von ähnlich umfassender Wirkung folgen, die der Huaris und die der Inkas.

Hochkulturen an der Küste

Der Chavínstil hält sich nach den bisherigen Erkenntnissen nur bis etwa 200 v. Chr. In dieser Zeit blühen am Pazifik Lokalzentren auf, die von den Motiven her zwar Gemeinsamkeiten besitzen, aber doch deutliche Eigenarten entwikkelten.

Die Topographie der ›Costa‹ begünstigt solche Eigenständigkeit: Wie kurze grüne Bänder unterteilen die etwa dreißig Flußoasen den langgezogenen Küstenstreifen. Zwischen benachbarten Tälern liegen im besten Fall zwanzig, manchmal weit über hundert Kilometer barer Wüste. Die Unwirtlichkeit dieses Landes und die Gefahren der Reise mochten den Verkehr nicht eben begünstigen. So entstanden kleine Oasenreiche, von denen einige Zeugnisse einer erstaunlich reichen Kultur hinterlassen haben.

Ihre Grundlage war die Landwirtschaft, die aus Mangel an Anbauflächen intensiv betrieben werden mußte. Das hieß die kleinen Felder wie Gärten betreuen. Und da die Wasserführung der Flüsse schwankte, auch von Jahr zu Jahr variierte, lag es nahe, Sicherungen einzubauen: Rückhaltebekken zur Milderung von Dürren, Dämme und Bewässerungskanäle. Die Siedlungen wurden, um kostbaren Grund für die Äcker freizuhalten, am Wüstenrand, leicht erhöht, überschwemmungssicher angelegt. All das erforderte eine Planung, Organisation, Kontrolle und vor allem Gemeinschaftsleistungen. Alles deutet darauf hin, daß sich hier eine Hierarchie wiederholte, wie wir sie aus Ägypten oder Mesopotamien kennen: Priester, Krieger, Verwalter, Handwerker und Ackerbauern.

Die meisten Zeugnisse dieser Kulturen – Vicús, Mochica, Paracas, Nasca – stammen aus Gräbern. Und zweifellos sind Grabbeigaben ein Attribut der oberen Schichten. Doch Mausoleen im Stil des Alten Orients oder Zentralamerikas wurden nicht errichtet. An fehlenden menschlichen und materiellen Ressourcen kann es nicht liegen, denn Monumentalbauten wuchsen durchaus aus der Wüste. Sie dienten indessen immer religiösen Zwecken oder allenfalls der Verteidigung.

Die Handwerkskunst Chavíns wurde in den meisten Bereichen weiterentwickelt: Architektur, Keramik, Metallbearbeitung, Textilfertigung. Seltsamerweise zog sich eine Muse vorläufig zurück, die der Bildhauerei. Lag es am spärlichen Material in diesem Landesteil? Oder waren die einschüchternden Idole weniger gefragt?

Der Raubtiergott droht zwar weiter, wird oft fliegend oder mit Menschenköpfen als Trophäen dargestellt. Doch zeigen Keramik und Metallarbeiten nun auch die Sonnenseite des Lebens, die Umwelt, alltägliche Freuden und Leiden. Besonders die Töpferei von Vicús und Mochica, an der Nordküste Perus geschaffen, dokumentieren Lebensform und materielle Kultur: Menschen mit ihren individuellen Zügen und Emotionen, Gesunde und Kranke, Krüppel, Trauernde und Liebende (Kopien der unverhüllt erotischen Szenen finden reißenden Absatz bei den Touristen), Handwerker bei der Arbeit, Krieger, Jäger, Tänzer, Musikanten; Häuser und Tempel, Tiere und Nutzpflanzen. Manchmal ist das Diesseitige mit mythischen Wesen vereint; die Kulturen drücken ein umfassendes kosmisches Weltbild aus.

Am breitesten belegt ist die um Moche (bei Trujillo) zentrierte *Mochicakultur:* Sie drückt sich am differenziertesten in der Keramik aus, doch sind auch Gewebe und Metallarbeiten überliefert. Und die beiden Adobepyramiden der kleinen Hauptstadt gehören zu den imposantesten Monumentalbauten Amerikas. Moches Hochblüte fällt in die ersten Jahrhunderte unserer Zeitrechnung; die Oase wurde wahrscheinlich im 8. Jahrhundert von den Huaris erobert.

Eine seltsam intensive und zugleich heitere Keramik zeugt von der *Vicúskultur,* die bei Piura praktisch gleichzeitig bestand. Ihr Entdecker, Ramiro Matos Mendieta, spricht von einer »tellurischen Kraft«. Architekturzeugnisse fehlen, doch verraten Gefäße in Hausform ihren Stil. Alles Material, darunter sehr schöner Schmuck, stammt aus Gräbern; eine zugehörige Siedlung wurde bisher nicht gefunden.

Relikte der Toten, nicht der Lebenden, künden auch von der *Paracaskultur* an der südlichen Küste. Hunderte von Gräbern am Cerro Colorado lieferten – in der Trockenheit der Wüste und der Finsternis der Gruften ideal konserviert – die beeindruckendsten Gewebe Altamerikas. Sie umhüllten in Kauerstellung bestattete Tote. Ruhten sie im Anfang der Epoche, seit etwa 500 v. Chr., zu mehreren in riesigen Tonurnen, wurden ihnen ab Christi Geburt eigentliche Totenstätten gewidmet, wo sie direkt in der Erde vergraben wurden. Die Archäologen unterscheiden demnach zwischen ›Paracas-Cavernas‹ und ›Paracas-Necropolis‹. Im Kapitel über die Halbinsel Paracas wird davon noch einmal die Rede sein.

In diesem Totenreich wimmelt es nun wieder von Mythenwesen, und der zähnefletschende Raubkatzenvogelgott hat die Seelen in die Unterwelt begleitet. Das mondsichelförmige Messer, den ›Tumi‹, in der einen Hand, einen abgeschnittenen Menschenkopf in der anderen, schwirrt er durch den Hades – nicht mehr minutiös in Stein gegraben wie in

Chavín, sondern flächig, in leuchtenden Farben auf Tuch. Und manchmal ziehen Tränenspuren über sein Gesicht.

Manche Skelette verraten chirurgische Eingriffe, vor allem Schädelöffnungen; runde, quadratische, bandförmige Löcher in den Kalotten, die vom bösen Geist besetzt waren. Auch Verformungen, die jahrelange Bandagen erfordert haben müssen, kommen öfters vor.

Wer waren die Menschen, die mit solchem Aufwand Leichenkult betrieben? Wir wissen es nicht. Verbindungen zur gleichzeitigen, etwa um 600 erlöschenden *Nascakultur* sind wahrscheinlich. Ähnliche Motive weisen darauf hin wie auch die Webtechniken. Immerhin haben die Nasca auch Zeugnisse ihres Erdenlebens hinterlassen: Städte – ihr Zentrum wird in Cahuachi vermutet –, Schmuck und vor allem eine wunderschöne mehrfarbige Keramik mit stilisierten, ausdrucksstarken Bildern aus dem Alltag wie der Mythologie. Die Bewohner der Hochebene pflegten wie die Mochica den Ackerbau, legten dafür Anbauterrassen an, Kanäle und Aquädukte, bauten Pyramiden und Paläste.

Der Raubtierdämon herrschte auch hier. Sollte er etwa im Flug die riesigen Scharrbilder in der Wüste sehen, an denen Wissenschaftler in aller Welt seit Jahrzehnten herumrätseln?

Die Küstenkulturen führten, wie viele Kriegsszenen beweisen, keineswegs ein kontemplatives Leben in ihren Oasenidyllen, sondern lagen trotz der breiten Wüstenpufferzonen mit den Nachbargemeinschaften nur allzuoft in Fehde. Vielleicht spielte dabei auch der Bedarf an Sklaven eine Rolle. Nasca jedenfalls dehnte seinen Einfluß bis nach Ayacucho aus und vermischte sich dort mit einer anderen Hochkultur: Tiahuanaco.

Tiahuanaco-Huari

Am Titicacasee war in den ersten Jahrhunderten unserer Zeitrechnung eine organisierte und bevölkerungsreiche Gesellschaft herangewachsen, die vom Kartoffelanbau und der Zucht von Lamas und Alpacas lebte und wahrscheinlich

Aymará sprach. Trotz der weiträumigen extensiven Wirt-
schaftsweise und geringen Hinweisen auf Wohnsiedlungen
war am Südende des Sees ein städtisches Kultzentrum entstanden, das auf ganz Peru ausstrahlen und mit seinen Mythen das Geschick dieser Weltgegend wesentlich mitbestim-
men sollte.

Zentrale Figur des Frieses vom Sonnentor in Tiahuanaco

Den Kern dieser Mythen bildet die zentrale Figur am
berühmten *Sonnentor von Tiahuanaco,* wenige Kilometer
jenseits der Grenze auf bolivianischem Gebiet. Es ist *Viracocha,* der Weltenschöpfer. Trotz einer Zeitspanne von nahezu
tausend Jahren und einer Distanz von ebensovielen Kilometern verkörpert er eine Renaissance der Chavínkultur. Mehr
noch als die wuchtige, eckige und stilisierte Linienführung
erinnern die Attribute des Gottes an das Monstrum von
Chavín: zwei Szepter mit Vogel-, Schlangen-, ein Strahlen-
kranz aus Pumaköpfen, der Gürtel mit Trophäen. Doch
obwohl die Figur Herr über Leben und Tod symbolisiert,
trägt sie menschliche Züge. Menschenhände halten die Insignien der Allmacht, der Mund droht nicht mit Reißzähnen,
und unter den Augen verlaufen – als geflügelte Pumas darge-

stellt − Tränenbahnen, Zeichen des Regens, der Fruchtbarkeit.

Diese neue Auffassung der höchsten Instanz spiegelt eine
erstaunliche Wandlung im Selbstverständnis dieser Menschen in bezug auf ihre Umwelt wider: Sie sehen sich nicht
mehr ohnmächtig einem gnadenlosen Ungeheuer und hem-
mungsloser Naturgewalt ausgesetzt, sondern − indem sie die
Naturkräfte nutzen − von einem humaneren Wesen geleitet,
dem sie Eigenschaften von sich selbst zuzumessen wagen.
Wenn diese ›Aufklärung‹ auch nur langsam in spätere Regionalkulturen eindrang und Dämonen weiterhin das Weltbild
der Indiovölker Perus ausfüllten, wäre doch ein Inkaimperium ohne diese Neukonzeption nicht denkbar.

Stilelemente aus dem Titicacaseegebiet erreichten zuerst
die Südküste, dann Teile des Altiplanos, bis sie auf die Nascakultur bei Ayacucho trafen. Hier verschmolzen die beiden
Kulturen allmählich im aufstrebenden Zentrum *Huari* und
breiteten sich so in den folgenden Jahrhunderten als zweite
umfassende Zivilisationsschicht nach Chavín über ganz Peru
aus. Sie äußert sich vor allem in der Keramik, die von
teilweise naturalistischen Großformen allmählich zu abstrak-
teren, oft geometrischen Mustern gelangte, ein Stil, der sich
ebenso in der Webkunst und der Skulptur durchsetzte.

Der Grund für das langsame Dahinwelken der Tiahuana-
co-Huari-Kultur etwa vom 10. Jahrhundert an ist nicht bekannt. Erwies sich die Metropole Huari mit schätzungsweise
50 000 Einwohnern als Belastung für ihr Umland? Bedrohten
Stämme aus der Selva die störungsanfällige Agrargesellschaft? Ließen Erdbeben die utopisch anmutenden Städte
veröden?

Die späten Regionalreiche

Wieder blühten Regionalreiche an der Küste und im Hochland auf, wie sie einer nachgerade festen politischen Tradition entsprachen; Kleinkönigtümer mit genau umrissenen
Hierarchien. Huaris Urbanismus wirkte nach: In den Anden,

bis an den Rand des Amazonasbeckens, entstanden Städte,
Zitadellen, die zum Teil erst in den letzten Jahren wiederentdeckt wurden. Sie weisen auf häufige Auseinandersetzungen
hin. Einer dieser Stämme im südlichen Hochland, die Chancas, sollte im 15. Jahrhundert seine ehrgeizigen Nachbarn
zu höchsten Anstrengungen provozieren – die Inkas. Das
bedeutendste Regionalreich dieser Epoche entwickelte sich
jedoch an der Nordküste: das der *Chimú*.

Ihre Vorfahren sollen mit Flößen in peruanische Gewässer
gerudert sein, darunter der legendäre, häufig dargestellte
König Naymlap. Sie brachten die Bewässerungsanlagen der
Mochica zu neuer Blüte und errichteten zwischen Oase und
Meer die größte bisher bekannte Stadt des vorkolumbischen
Peru: Chan-Chan. Streng ummauerte Viertel – noch heute
leicht erkennbar – trennten die verschiedenen Klassen dieser
wohlhabenden Gesellschaft; raffinierte Kanalsysteme gewährleisteten üppiges Wachstum. Pyramiden wurden zu Ehren des Schöpfergottes Aiapaec und der Mondgöttin Shi
erbaut, das Kunsthandwerk florierte. Die Töpferei stammt
zwar überwiegend aus Massenproduktion, wurde in Formen
gegossen, begeistert jedoch durch ihren Reichtum an Motiven. Ihr Markenzeichen ist ein kleiner Affe an Henkeln oder
Gefäßkörpern, die oft schwarz gebrannt sind. Wirkt die
Keramik auch imitiert und weniger ausdrucksvoll als die der
Mochica, erreichte dafür die Metallbearbeitung der Chimú
einen neuen Höhepunkt in der Geschichte Perus. Gold,
Silber und Kupfer wurden in mannigfaltigen Techniken zu
Schmuck, Zierbechern oder etwa den symbolträchtigen
Zeremonialmessern, den Tumis, verarbeitet, welche mei-
stens die Figur des Naymlap ziert.

Doch auch die Chimú beschränkten sich nicht auf Ackerbau, Fischerei und die schönen Künste im Zeichen ihres
Gründervaters, sondern eroberten bis ins 15. Jahrhundert
nach und nach alle Flußoasen der nördlichen Küste von
Tumbes bis Huaura. Beeindruckender Markstein dieser Ex-
pansion ist das südliche Bollwerk Paramonga. Aber auch
dieses hielt dem Druck der erfolggewohnten Inkaheere nicht

stand – um 1460 mußte der Chimúkönig dem überlegenen Gegner die Oberherrschaft überlassen.

An der zentralen Küste hielten sich eigenständige Kulturen: Chancay etwa, dessen Gräber seltsam archaische Tonidole und magische Stoffpuppen enthielten; die Adobestadt Cajamarquilla im Rímactal; das überregionale Kultzentrum Pachacámac mit einem großen Tempel für seinen doppelköpfigen Gott und einer berühmten Orakelstätte; Chincha mit den Anlagen La Centinela, Lurín und Tambo de Mora. Die Chincheros spielten eine besondere Rolle in diesem Vielvölkergefüge: Sie waren Händler, die Lamakarawanen in die Sierra und eine Balsaflotte für die Küstenschiffahrt bis Ecuador unterhielten. Neben weiblichen Idolen und geometrisch verzierter Keramik fand man bezeichnenderweise auch Maße, Gewichte sowie münzenähnliche Wertobjekte. Die Region von Chincha und Ica wurde durch die Inkas erobert. Die Festung Chuquimancu hielt über vier Jahre stand; nur mit gewaltiger Verstärkung gelang es den Truppen aus Cusco, den ungewohnten Widerstand zu brechen. Im allgemeinen zogen sie es vor, die fremden Territorien mit Diplomatie ihrem Imperium einzugliedern und die lokalen Machthaber als Statthalter zu belassen.

Die kurze Hochblüte der Inkakultur

Die südamerikanische Hochkultur mündet spät in ein Großreich, das nicht nur als Zivilisation dominiert, sondern den ganzen Andenraum bis Kolumbien und Nordargentinien auch wirtschaftlich, politisch und militärisch einigt.

Tahuantinsuyo, das Reich der vier Weltgegenden, wie es die Inkas nannten, ist allerdings nicht organisch gewachsen. Es gründet auf einer knapp hundert Jahre dauernden Machtpolitik – in historischen Dimensionen gesehen nicht mehr als ein Strohfeuer. Dazu gehörte gewiß das straff geführte Heer, entscheidender war aber wohl der Wille, dieses Reich zu schaffen, und Ideen, es effizient zu verwalten. Solches Sendungsbewußtsein wurzelt in den von den spanischen

Chronisten überlieferten Mythen. Ob die Inkas sich als Nachkommen des legendären Geschwisterpaares Manco Cápac und Mama Ocllo empfanden, das aus dem Titicacasee gestiegen war, um Cusco zu gründen und die Barbaren den Landbau und die häuslichen Künste zu lehren, oder der vier Brüder Ayar, von denen nach langer Irrfahrt Manco Cápac, der erste Inka, mit Frau und den drei Schwägerinnen als Reichsgründer übrigblieb – alles deutet auf die Rolle des auserwählten Volkes hin, welches die Dynastie zu spielen gedachte. Diese Botschaft trugen ihre Feldherren zu den Brudernationen, wenn sie ihnen den Sonnenkult geboten und – ähnlich wie es später die Spanier mit ihren Andachtsstätten taten – die Tempel der Lokalgötter niederrissen und Sonnenheiligtümer errichten ließen.

Tatsächlich spricht vieles für einen wenig grandiosen Anfang des Inkageschlechts. Noch im 13. Jahrhundert bestand es aus einem Häufchen Bauern in der Gegend von Cusco, und man schätzt, daß Manco Cápac über einen Flecken von vielleicht fünfhundert Quadratkilometern gebot. Bis Anfang

Inka Viracocha
Aus der 1938 wiederentdeckten Chronik
des Guamán Poma de Ayala, Enkel des 10. Inka

des 15. Jahrhunderts gelang es den Inkas, sich als Führungs-
schicht eines lockeren Verbandes quechuasprechender
Stämme der weiteren Region zu etablieren. Diese Konföderation entsprach dem Durchschnitt der etwa zwei Dutzend
Regionalstaaten im peruanischen Andenraum. Somit wirkten nicht weniger als acht der dreizehn überlieferten Inkakaiser als simple Stammesfürsten und keineswegs als ver-
klärte Sonnensöhne.

In den dreißiger Jahren des 15. Jahrhunderts drangen die
Chancas in das Inkaterritorium vor und trieben es an den
Rand des Zusammenbruchs. Als sie sich gar Cusco näherten,
floh der greise König Viracocha mit seinem designierten
Nachfolger in die Festung Chita. Sein zweiter Sohn hingegen
ließ sich nicht vertreiben, sammelte die verbliebenen Streitkräfte, wies den gegnerischen Ansturm ab und zwang die
Chancas zum Rückzug. Der Adligenrat übertrug ihm darauf
die Königswürde – als Pachacútec, ›Mann, der die Welt
veränderte‹, bestieg er den Thron.

Der Name war ein Programm. Um ähnlichen Überraschungen wie der gehabten vorzubeugen, sicherte der neue
Inka zunächst seine Region militärisch ab, rekrutierte Truppen und reorganisierte das Heer. Dann eroberte er den Altiplano bis zum Titicacasee, im Norden bis über das heutige
Cerro de Pasco hinaus. Der bewiesene Mut, die Überlegen-
heit der Krieger aus Cusco, verbunden mit der Milde, die
Pachacútec gegenüber den Besiegten zeigte, bewirkten, daß
sich manche Stammesgemeinschaften freiwillig der Oberherrschaft der Inkas unterstellten. Noch während ihnen
Statthalter der Inkas neue Gesetze und Techniken beibrach-
ten, weiteten die Feldherren Pachacútecs das Imperium bis
ins heutige Ecuador aus. Der nächste Sohn der Sonne, Túpac
Yupanqui, stieß weit gegen Süden vor, eroberte den größten
Teil Boliviens und das nördliche Chile. Innerhalb von fünfzig
Jahren war damit aus einer Provinz ein Großreich geworden.

Die wenigen Jahrzehnte bis zur Ankunft der Spanier
brachten nur noch geringfügigen territorialen Zuwachs und
dienten vielmehr der inneren Konsolidierung.

Die überragende Leistung der Inkas liegt in der Organisation ihres Imperiums. Die geradezu militärische Präzision
und Effizienz, mit der sie in der kurzen Zeispanne eines
Jahrhunderts das riesige Gebiet mit einem Netz von Straßen
und Relaisstationen erschlossen, Produktion und Lagerhaltung steuerten und registrierten, Garnisonen und Städte
bauten, läßt sich in der europäischen Geschichte nur mit
dem Römischen Reich vergleichen. Auch in Südamerika
bestand die einigende Kraft aus einem starken mobilen Heer,
in einem weitverbreiteten religösen Kult und einer aner-
kannten Verkehrssprache, dem Quechua.

Diese rationale Eroberkultur spiegelt sich augenfällig
in den grandiosen Monumentalbauten wider, die heute Touristenmagnete sind. In den exakt behauenen, zu gewaltigem
Mauerwerk gefügten Bausteinen drückt sich der Wille aus,
Sicherheit zu erringen und Bleibendes zu schaffen. Es ist die
Tragik dieser Kultur, daß sie gerade dieses Bedürfnis nicht
erfüllen konnte und an ihrer starren, autoritären Gesellschaftsstruktur scheiterte. Denn – darüber sind sich die Historiker einig – der Keim zum Zerfall des Imperiums war
vorgegeben, die Spanier wußten das lediglich kaltblütig zu
nutzen.

Die Größe des Inkareiches manifestiert sich in der beeindruckenden Architektur am deutlichsten, doch auch Textilkunst, Metallbearbeitung und Keramik standen auf hohem
Niveau. Das gesamte Handwerk wurzelt unübersehbar in
den überlieferten Technologien. Als letzte und am weitesten
verbreitete Indianerkultur hinterließen die Inkas mehr Zeugnisse ihres Alltags als alle ihre Vorgänger, und nur über sie
gibt es unmittelbare Berichte. Nicht alle Konquistadoren
hatten es bloß auf Gold abgesehen; einige schrieben mit
unverkennbarem Staunen über Bauten und Sitten der unbekannten Indiozivilisation, recherchierten Geschichtsdaten
und Mythen.

Die Optik dieser Chronisten ist sehr unterschiedlich. Verkörpert etwa der Seefahrer Pedro Sarmiento de Gamboa den
überzeugten Haudegen im Dienste Christi, der im Inkanat

eine barbarische Tyrannenherrschaft sieht, verrät die
›Crónica del Perú‹ von Pedro Cieza de León ein beinahe
wissenschaftliches Engagement sowie eine erstaunliche Tole-
ranz gegenüber den fremden Lebensformen. Bleibt der Enkel des zehnten Inka, Felipe Guamán Poma de Ayala, in
seiner in holperigem Spanisch, dafür unerhört lebendig illu-
strierten, erst 1938 wiedergefundenen ›Nueva Crónica y
buen Gobierno‹ indianischen Wertvorstellungen treu, be-
schwört Garcilaso de la Vega die Wurzeln seiner Mutter,
einer Ñusta (Inkaprinzessin), aus dem väterlichen Spanien
herauf: Mit dem legitimen Titel ›Inca‹ geschmückt, rechtfer-
tigt er in seinen ›Comentarios Reales‹ in vollendeter epischer
Form des 16. Jahrhunderts die Eroberung seiner Heimat –
ein Intellektueller, der sich mit beiden Welten arrangierte.

Der 16. November 1532, auf den die Gefangennahme des
Sonnensohnes Atahualpa fiel, markiert zwar einen entscheidenden Einschnitt in der Geschichte Perus, den Anschluß
an die europäische Zivilisation, welche das Geschick der
Welt zunehmend bestimmen sollte. Das Datum bedeutet
jedoch nicht den Untergang eines Volkes, sondern bloß den
Austausch einer Oberschicht. Die Inkaherrschaft wurde dem
Volk ebenso aufgesetzt wie die der Spanier. Sie war nur
Episode – das ist der Hauptgrund für das Scheitern der
wenigen ernstgemeinten Aufstände gegen die Kolonialmacht. Für die Mehrzahl der Bevölkerung blieb der Alltag
im wesentlichen vom unveränderten Rhythmus der Urahnen
bestimmt: Regenzeit und Trockenzeit, Aussaat und Ernte.
Noch heute sind für viele Peruaner Mais und Kartoffeln,
Bohnen und Pfefferschoten die Lebensgrundlage wie vor
Jahrtausenden – eingebettet in alte magische Riten. In der
Sierra herrscht ein Fatalismus, als fordere das Monstrum
von Chavín noch in der Gegenwart seine Opfer.

Was hier nur kurz und schlaglichtartig beleuchtet wurde,
die dreitausendjährige Kulturgeschichte Perus, besteht in
Wirklichkeit aus einem verwirrenden und äußerst lückenhaf-
ten Mosaik. Jahr für Jahr gibt der Boden neue Teile dazu
frei. In den letzten zwanzig Jahren wurden wichtige Regio-

nalkulturen wie Vicús oder das chavinoide Garagay entdeckt. Wo, wie in diesem zweiten Beispiel, sogar die Hauptstadt Lima unerwartet reiche Geheimnisse enthüllt und Alt-
bekanntes neue Rätsel aufgibt, wo viele Relikte noch auf eine
systematische Untersuchung warten und die Grabräuber den
Archäologen stets vorauseilen, wo die Erforschung der vorkeramischen Epoche noch in den Anfängen steckt und sich
unter dem üppigen Kleid des Bergurwalds ganze Städte
abzeichnen, da sind noch manche Überraschungen, einige
Sensationen und bestimmt Korrekturen am Landesporträt
zu erwarten.

Die Küste

Der Pazifik und seine Kinder

Es war im Juni am westlichsten Punkt Südamerikas, bei Talara, nur viereinhalb Breitengrade unterhalb des Äquators. Die Sonne brannte, doch vom kaltblauen Pazifik her wehte eine Brise, die die Wellen zu weißen Gischtreihen kämmte und uns fröstelnd in die Windjacken schlüpfen ließ. Auf ein Bad verzichteten wir leichten Herzens, hielten uns dafür an Gegrilltes aus dem Meer. Das war unsere erste Begegnung mit dem Humboldtstrom.

Belebender Humboldtstrom

Der Strom schafft eine Saison. Man, das heißt die gute Gesellschaft, fährt um Weihnachten, im Januar, Februar ans Meer. Selbst wenn sie bereits da wohnt. Während sich die Strände Limas mit den einfachen Stadtbewohnern füllen, die vollgepferchten Bussen entquellen, setzen sich die wohlhabenderen Mitbürger ins Auto und suchen Erfrischung in Nord und Süd. Richtig: Erfrischung – denn da ist nicht die lauwarme, ölige Brühe der Karibik, sondern Wasser um knappe zwanzig Grad. Der Wind läßt einen sogar im Sommer die Sonnenschutzcreme vergessen, was sich in Kürze mit Verbrennungen rächt.

Peru grenzt über 3000 Kilometer an den Pazifik. Auf Europa übertragen und Lima mit Genf gleichgesetzt, würde diese Küstenlinie von Nordwales bis nach Apulien, Italiens Sporn, reichen. Und die Sonne, die von Peru aus gesehen im Stillen Ozean untertaucht, läßt ein Drittel des Erdballs unter ihren Strahlen wegdrehen, bis sie auf derselben Breite auf eine größere Landfläche – Neuguinea und Australien – trifft.

Kein anderes Meer erinnert so sehr an die Ursuppe, aus der alles Leben stammt, wie der alle Landmaßstäbe sprengende Pazifik. Wenn die Brandung grün aufschimmert und die Fischer mit tonnenschwerer Beute einlaufen, wenn die Pelikane über die Wellenkämme streifen, Muschelschalen und Tang ans Ufer schwappen, gewinnt man den Eindruck von unerschöpflicher Fülle und Fruchtbarkeit. Sie steht in krassem Kontrast zur Küstenwüste. Wind und Wasser haben dem Land ihren Stempel aufgedrückt – zwei archaische Landschaften berühren sich hier.

Für beide ist der Humboldtstrom verantwortlich. Dem deutschen Naturforscher Alexander von Humboldt fiel die kalte Meeresströmung auf seiner Südamerikareise zwischen 1799 und 1804 auf. Die Strömung ist eine Folge der Passatwinde, die in Äquatornähe tief über die Ozeanfläche streichen und damit von Westen wehende Höhenwinde ausgleichen. Während diese über Südamerika absinken und dabei an Feuchtigkeit verlieren, steigen kalte Tiefenwasser auf, die – um den Kreislauf zu schließen – Wassermassen aus dem antarktischen Meer heranziehen. Sie fließen den Küsten Chiles und Perus entlang und biegen, durch den Landvorsprung der Sechurawüste abgelenkt, wieder in die Passatzone ein.

Dieses kalte, sauerstoffreiche Wasser bietet einer Fülle von Mikroorganismen ideale Lebensbedingungen. Sie stehen am Anfang einer langen Nahrungskette, die über Zooplankton und die riesigen Sardellenschwärme zu Großfischen, Seevögeln, Robben und schließlich auch zum Menschen führt.

Diese Großzirkulation funktioniert im allgemeinen mit der Zuverlässigkeit eines programmierten Rührwerks. Selbst die jährliche Haltepause zur Zeit des höchsten Sonnenstandes, um Weihnachten also, stellt sich fast wie auf Knopfdruck ein. Dann flaut der Passat für einige Wochen ab, und Nordperu wird von warmen, tropischen Wassern umspült, zu Ehren des Christkinds ›El Niño‹ genannt. Und in der Regel zieht sich das Kind mit Anstand zurück und macht dem Humboldtstrom wieder Platz.

Manchmal, etwa einmal pro Jahrzehnt, spielt es jedoch

verrückt und wächst sich zum todbringenden Ungeheuer aus. Mit der Nordwanderung der Sonne setzt dann nicht der Nordostpassat brav ein, um das übliche Strömungssystem wieder anzukurbeln, sondern West und Ost vertauschen die Rollen: Südamerika wird zum Tiefdruck-, Australien und Ozeanien zum Hochdruckgebiet. Peru bekommt nun im Zuge der Westwinde tropisch-warme Wassermassen statt antarktische vors Haus geliefert. Daran vermögen sich allerdings nicht einmal kältescheue Badefreunde lange zu erfreuen, denn die Folgen dieser Umkehr sind katastrophal: Die sonst ausgetrockneten Flußbette verwandeln sich unter heftigen Regengüssen in reißende Schlammströme. Das ökologische Gleichgewicht des Meeres gerät durcheinander: Die Sardellenschwärme verschwinden, die Seevögel suchen ihre Nahrung anderswo oder verhungern zu Zehntausenden. Dann säumen – wie 1983 – verwesende Kadaver die Strände. Und die Fischer kehren mit leeren Netzen von der See zurück.

Peruanische Schulbücher verkünden den Kindern, daß zu ihrer Nation ein Zweihundertmeilenband des Pazifik gehöre, ein Areal, das der halben Landesfläche entspricht. Diese Lehrbuchmeinung ist völker- beziehungsweise seerechtlich nicht unumstritten. Sie entspringt wie in anderen Staaten der Hoffnung auf ergiebige Ölvorkommen im Kontinentalsockel. Die Schelfzone ist hier allerdings nur etwa hundert Meilen breit. Der Abfall zu Wassertiefen von 6000 bis 7000 Metern markiert dabei einen Unruheherd erster Ordnung.

Der Perugraben, der sich südwärts im Atacamagraben fortsetzt, ist nichts anderes als eine der Nahtstellen, an denen der Erdball mehr schlecht als recht zusammengekittet ist. Hier grenzt die Nascaplatte, die bis zu den Osterinseln reicht, an die südamerikanische Kontinentalscholle. Die ›Flickstelle‹ ist wie jede andere eine Schwächezone, die sich in Erdbeben und vulkanischen Erscheinungen manifestiert. Letztere äußern sich in Peru eher angenehm als heiße Quellen, die schon der Inka-Adel zu heiteren Kuraufenthalten nutzte. Die Erschütterungen, die die wie riesige Eisberge

auf zähflüssigem Magma treibenden Erdkrustenstücke verursachen, wenn sie gegeneinanderstoßen, versetzen dagegen
die Menschen alleweil in Schrecken. Zu oft waren solche
untergründigen Zuckungen der Kolosse verheerend; zerstörten Städte und Häfen, forderten Tausende von Menschenleben.

Seewege und Seeräuber

Die ersten Spanier, die der südamerikanischen Westküste
entlang südwärts segelten, waren angesichts des öden Land-
strichs wenig begeistert von Peru. Und wäre die Schar Pizarros in Tumbes nicht auf ein Indianerdorf gestoßen, in dem
es goldenes und silbernes Gerät gab, wäre die Geschichte
Perus vielleicht anders verlaufen.

Strömungen und Windverhältnisse boten den Galeonen
große Schwierigkeiten. Manche Kapitäne zogen eine
Pazifiküberquerung der Fahrt nach Peru vor. Von April
bis Oktober war es fast unmöglich, gegen die konstanten
Südostwinde anzukommen. Und im Nordwinter riskierten
Reisende von Mexiko her Stürme. Unter günstigsten Bedingungen dauerte diese Fahrt zwei Monate.

Dennoch entwickelte sich zwischen den beiden spanischen
Vizekönigreichen ein Handelsverkehr. Wichtigster Dreh-
punkt an der Route von Huatulco, im 16. Jahrhundert der
Haupthafen Mexikos, oder Acapulco nach Callao war
Panama. Hier wurde der größte Teil der Flotte gebaut – mit
aus Spanien herangeführten Hilfsmitteln –; hier wurden die
Waren vom Atlantikhafen mit Pferden über die Landenge
zum Pazifikhafen transportiert. Diese Route erwies sich als
wesentlich billiger, schneller und sicherer als die Umsege-
lung des Kontinents um das Kap Hoorn. In den ersten
Jahrzehnten der Kolonie stand die Einfuhr von Waffen,
Werkzeug, Kleidern, Saatgut und Zuchttieren für Peru im
Vordergrund. Bedeutende Zwischenstationen auf der Pazi-
fikstrecke waren Manta (Ecuador), Puna (im Golf von
Guayaquil); in Peru dann Paita, von wo die meisten Schiffe

direkt Callao ansteuerten, dessen sicheren und weiten Hafen
die Seeleute schätzten.

Peru lieferte dafür Quecksilber nach Neuspanien. Denn
als das Amalgierungsverfahren zur Silbergewinnung bekannt wurde, verfügte das Silberland Mexiko über keine
eigenen Quecksilberlager. Unter spanischem Staatsmonopol
wurde das in Ledersäcke abgefüllte Flüssigmetall nach Norden verfrachtet, bis ab Ende des 16. Jahrhunderts Potosí die
gesamte peruanische Produktion schluckte.

Der Reichtum der Stadt in ›Oberperu‹, dem heutigen
Bolivien, förderte sogar eine Zeitlang direkten Seehandel
mit den Philippinen, die Spanien nach Magellans Weltumse-
gelung annektierte. Das Inselreich lieferte Luxusgüter wie
Seide, Porzellan, Gerät für den Alltagsgebrauch, sogar Eisen
zu günstigeren Preisen als das Mutterland in Europa. Die
wenigen schlauen Kapitäne genossen die günstige Marktlage
allerdings nur einige Jahre, bis die Krone das Geschäft
schlichtweg verbot. Vereinzelt gelangte auch chinesische
Ware nach Peru; angeblich sollen sich sogar indianische
Bürgermeister in Seide gekleidet haben.

Der Reichtum, den Perus Silberminen lieferten, zog Seeräuber wie Licht die Mücken an. Besonders dankbar war für
diese allerdings die Karibik, deren Inseln ausgezeichnete
Schlupfwinkel boten und die den spanischen Erzfrachtern
zwangsläufig als Korridor diente. Als besonders verletzlich
erwies sich Panama, wo die kostbare Ladung auf dem Landweg vom Pazifik zum Atlantik wechselte. Hier gelang den
Flibustiers manch guter Fang. Trotz dieser geradezu konven-
tionellen Bereicherungsmöglichkeit unternahm der engli-
sche Meisterpirat Francis Drake an der Westküste Südamerikas direkte Beutezüge, raubte 1579 bei Callao gleich ein
ganzes Schiff und machte sich über den Pazifik davon. Dieser
weite Fluchtweg konnte ihn nicht verdrießen, nachdem er
schon sozusagen durch die Hintertür, über das Kap Hoorn,
in den spanischen Machtbereich eingedrungen war. Im 17.
und 18. Jahrhundert plünderten neben britischen auch hol-
ländische und französische Korsaren peruanische Hafen-

städte, und mehrmals bedurfte es der vizeköniglichen Flotte, um die Eindringlinge abzuwehren. Mit elf Schiffen belagerte Jacques L'Hermite 1624 Callao fünf Monate lang, und wohl nur der natürliche Tod des Piraten bewahrte Limas Hafen vor einem Überfall. Solche Blockaden bewirkten immer schmerzliche Versorgungslücken.

Bis ins 19. Jahrhundert hielten die Drei- und Viermaster den Interkontinentalverkehr in Gang. Um die Jahrhundertmitte übernahmen Dampfer unter englischer Flagge den Postverkehr am Humboldtstrom. Panama blieb Umschlagplatz zwischen Atlantik- und Pazifikflotten bis zur Eröffnung des Kanals 1914. Das aufwendige Projekt, das viele Opfer forderte, kam eigentlich zu spät, wurde durch die Luftfahrt überholt. Linienschiffe nach Peru gibt es heute nicht mehr.

Der Stille Ozean hat Perus Wirtschaft mehrmals stimuliert: zum Handel, Abbau von Guano, zur Fischmehlproduktion. Und heute bringen die Ölbohrtürme im Schelfbereich der Nordküste Gewinn. Bleibt nur zu hoffen, daß der Badetourismus nie europäisches Ausmaß annimmt.

Welche Rolle der Pazifik für die Frühgeschichte Südamerikas gespielt hat, verliert sich im Nebel der Zeit. Die Haupteinwanderungswelle paläolithischer Jäger und Sammler kam jedenfalls vor etwa 40 000 Jahren über die damals zugefrorene Beringstraße. Ob andere Asiaten auf dem Seeweg an die Westküste des Kontinents gelangten, ist schwer nachzuweisen, doch ebensowenig auszuschließen. Grundsätzlich bieten die Meeresströmungen günstige Voraussetzungen dazu, und Glück mochte vielleicht technische und nautische Unvollkommenheiten wettmachen. Wenn schon die pazifische Inselwelt von Südostasien aus über Melanesien und Mikronesien besiedelt wurde – weshalb sollte nicht einzelnen der große Sprung gelingen? Der Franzose Paul Rivet sah sogar die Möglichkeit, daß Australier Südchile über die Antarktis erreicht haben könnten.

Handfestere Hinweise gibt es für Fahrten in die Gegen-

richtung, also von Peru aus in die Südsee. Thor Heyerdahl
steuerte das nach alten Vorbildern erbaute Schilffloß Kon-
Tiki 1947 erfolgreich von Callao aus nach Polynesien. Die
Fahrt bestätigte Indizien für Expeditionen der alten Peruaner: Süßkartoffeln auf den Äckern der Inselbewohner –
ein Grundnahrungsmittel, das nicht aus Asien stammt –,
vor allem indessen die geheimnisumwobene Vergangenheit
der Osterinsel. Überlieferungen wurden durch die Archäologie erhärtet: Der erste König, Hotu Matua, soll aus einem
großen unwirtlichen Land im Osten gekommen sein; Totoraschilf und die uralte Darstellung eines Binsenboots, wie
sie heute noch an der Küste Perus und auf dem Titicacasee
treiben, weisen auf das benutzte Transportmittel hin. Die
ersten Mauerwerke und Statuen gleichen der Steinbearbeitung Tiahuanacos; der Sonnenkult und eine weinende Gottheit verraten peruanische Kultur.

Nur selten bleiben so konkrete Zeugnisse zurück. Wir
müssen annehmen, daß die Welt mehrfach neu entdeckt
wurde, daß immer wieder Vertriebene, Unzufriedene, Abenteurer zu ›neuen Ufern‹ strebten – und mehrheitlich
scheiterten: spurlos in der Weite des Ozeans verschwanden.

Lima, die ›Stadt der Könige‹

Nur zögernd enthüllt sich die peruanische Metropole aus dem Dunst, den das landende Flugzeug durchdringt. Der erste Eindruck ist der einer gelbgrauen Häusermasse, die zwischen kahlen Bergen weit in die Wüste hinauswuchert. Bloß wenige Hochhäuser künden davon, daß sich hier eins der großen Zentren des Halbkontinents ausbreitet. Niemand weiß nur annähernd, ob es vier, fünf oder sechs Millionen Menschen birgt; jedenfalls hat sich die Bevölkerungszahl in den vergangenen zwanzig Jahren mehr als verdreifacht, und Grenzen des Wachstums sind nicht abzusehen.

Wer hier altspanischen Charme erwartet, wird gewiß enttäuscht. Der Reisende wird heute mit der exotischen Farbigkeit und dem Elend einer aus allen Landesteilen überschwemmten, in ihrer Infrastruktur völlig überforderten Stadt konfrontiert, die unter dem Dunst der ›Garua‹, dem winterlichen Nebel, und den Dieselabgaswolken asthmatisch zu überleben versucht. Wurden einst die neuen Vizekönige in einer pompösen Landpartie von Callao aus zu Pferd nach Lima geleitet, wo ihnen symbolhaft die Schlüssel überreicht wurden; zockelte man bis in die vierziger Jahre unseres Jahrhunderts mit der Bahn vom Hafen ins Zentrum – vorbei an stattlichen Landgütern und fruchtbaren Gärten –, führt nun die Expreßstraße vom Flughafen durch quadratkilometerweite Armenquartiere, deren rosa-, grün- und gelbgetünchte Fassaden nur notdürftig die Existenzsorgen der Bewohner überdecken. Lima ist nicht mehr die ›Perle des Südens‹, die ›Perle des Pazifiks‹ oder die ›Gartenstadt‹, wie sie bis ins 19. Jahrhundert verzückt genannt wurde; chronische Mißwirtschaft und lawinenartiges Wachstum haben sie zuviel Substanz gekostet. Mag man auch den Verlust des

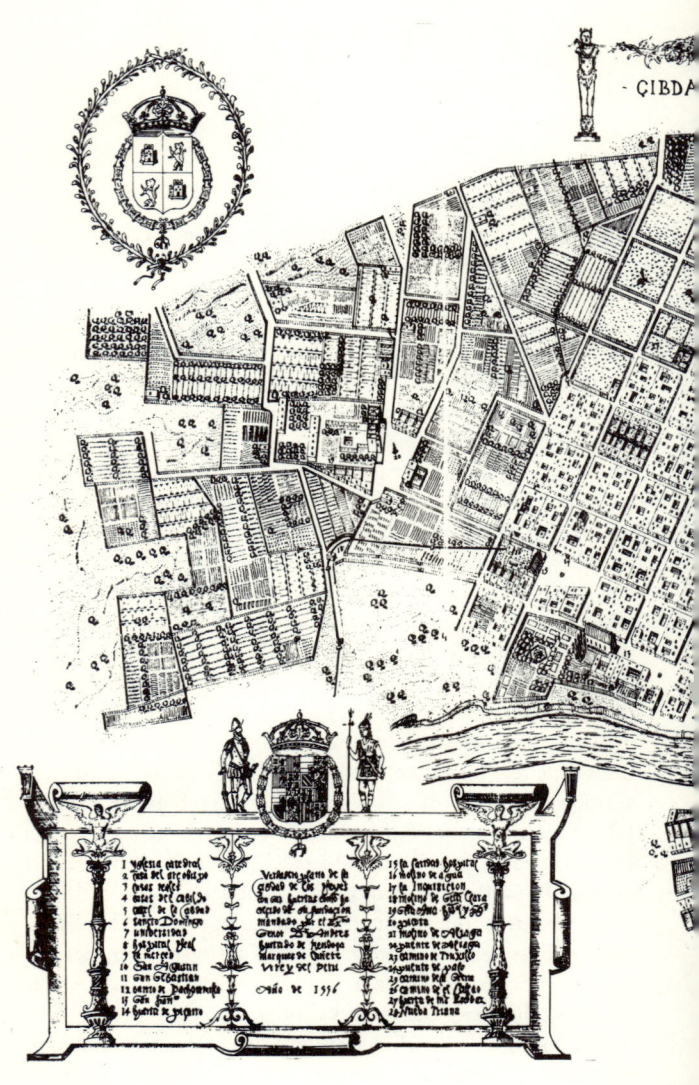

ÇIBDA

1 yglesia cathedral
2 casa del arçobispo
3 casas reales
4 casas del cabildo
5 carçel de la çiudad
6 sancto Domingo
7 universidad
8 hospital Real
9 la merçed
10 San Agustín
11 San Sebastián
12 camino de Pachacama
13 casa sant ...
14 huerta de ...

Verdadera pianta de la
çiudad de los Reyes
en sus latitudes como se
çercade de fundaçion
mandado por el ...
Gran Don Andres
hurtado de mendoça
marques de Cañete
virey del Peru

año de 1556

15 la sierras ...
16 molino de agua
17 la Inquisiçion
18 molino de Gran Cara
19 ...
20 ...
21 huerta de Añaço
22 puerte de Santiago
23 camino de Trujillo
24 puente de palo
25 camino del Çerro
26 camino de el Callao
27 huerta de las Çabra ...
28 huerta Ytava

Stadtplan der ›Ciudad de los Reyes‹, Lima, aus dem Jahre 1556

E LOS REYES-

kolonialen und aristokratischen Stilgefühls, der raffinierten Lebenskunst jener Minderheit bedauern, die den Wüstenort zur ›Perle‹ reifen ließen, so darf man die Vitalität, den Erfindungsreichtum, die Improvisationsgabe und das indianische Element der jüngsten ›Mestizisierung‹ nicht unterschätzen. Aus dem schmucken europäischen Ableger ist die facettenreiche Agglomeration eines Völkergemisches geworden. Oder wie es Mario Vargas Llosa in einem Aufsatz ausdrückte: »Dafür ist es heute wirklich die Hauptstadt von Peru, da nämlich alle Menschen und sämtliche Probleme hier vertreten sind.«

Vom Dorf zur Metropole

Das lag freilich nicht in der Absicht der Gründer. Die spanische Kolonialherrschaft legte Wert auf klare Hierarchien und eine saubere Trennung von Weißen und Indios. Und als Lima am Dreikönigstag des Jahres 1535 zum neuen Mittelpunkt des so überstürzt eroberten Reiches erkoren wurde, war das eine recht willkürliche Ortswahl. Wohl war die Nähe des Hafens für die Verbindung mit dem Mutterland wichtig, doch zeichnete sich das Rímactal gegenüber anderen Küstenoasen keineswegs besonders aus. Die Kundschafter Pizarros schätzten das reichliche Wasser sowie Holz für den Hausbau. Banale Grundlagen also für die ›Stadt der Könige‹, die wenig fein praktisch aus der Gosse entstand. Zuerst steckten sich die Konquistadoren die Grundstücke für ihre Wohnstätten ab und legten das traditionelle Schachbrettmuster fest. Dem Namen Lima stand indessen weder das spanische Wort für Feile oder Dachbalken Pate – Objekte, die in dieser Aufbauphase zweifellos unentbehrlich waren –, ebensowenig die Bezeichnung für eine Zitrusfrucht, sondern – phonetisch bös' verstümmelt – der lebensspendende Rímacfluß.

Lima erwuchs sozusagen aus Dreck: Lehmmauern, durch Holzskelette gestützt, bildeten die normalen eingeschossigen Häuser, nur für Repräsentationsbauten verwendete man Backsteine. Zierelemente waren damals die Holzbalkone, hölzerne Fensterrahmen und -brüstungen, eisenbeschlagene Tore in andalusisch-maurischer Tradition. Die Fassaden leuchteten in ockerfarbenem, weißem oder rosa Anstrich.

Ein Stadtplan von 1556 zeigt die ›Ciudad de los Reyes‹ an den Rímac geschmiegt, den zwei Holzbrücken überspannen. Wie aus der Vogelschau überblickt man den Quadratraster des jungen Verwaltungszentrums: Flachdachquader mit Patios, wie sie noch in der Gegenwart weite Teile südamerikanischer Siedlungen ausmachen. Bis zu sechs Blocks sind vom Hauptplatz aus südwärts überbaut; einige Ordenskirchen und Klöster stehen bereits, ein Spital; das Haus der Inquisition ist eben im Bau. Weitere Grundstücke sind zwar vermessen, tragen aber noch Wiesen und schattenspendende Bäume. Hundert ›Cuadras‹ umfaßt die Stadt zu dieser Zeit, unregelmäßige Feldfluren mit Reihen von Obstbäumen schließen sich an.

Noch kann es Lima an Bedeutung und Pracht nicht mit Cusco aufnehmen, wie Pedro Cieza de León meint, obwohl er zugibt: »... es gibt gute Häuser und einige sehr elegante mit ihren Türmen und Zinnen, und der Platz ist groß und die Straßen breit ...« Fünfhundert Häuser zählt der Chronist Agustín de Zárate im Jahr 1555 und weist auf die gegenüber Spanien wesentlich größeren Grundstücke hin. Wenig begeistert vom Lima des 16. Jahrhunderts scheint Garcilaso de la Vega: »... von weitem gesehen ist es häßlich, weil es keine Ziegeldächer besitzt; da es keinen Regen gibt, macht man die Dachbedeckung aus Matten von sehr gutem Stroh, das es dort hat. Darüber werfen sie zwei oder drei Finger breit Lehm, die ausreichen, die Sonne abzuwehren.« Der Inkasproß war von Cusco her freilich anderes gewöhnt.

Seinen Dorfcharakter verlor Lima erst ab Mitte des 17. Jahrhunderts, nachdem die Silberproduktion von Potosí und andere Minen auch Handel und Gewerbe angeregt hatten. Nicht daß es sich nun in eine Industriemetropole verwandelt hätte. Was über den alltäglichen Bedarf hinausging, importierten die Vertreter der Krone mit leichter Hand. Spanier und Kreolen residierten, verwalteten – und kamen zu Geld. Der Reichtum spiegelte sich schließlich in Palästen wider und in einer Wohnkultur, die sich an europäischem Luxus orientierte – eine Tendenz, die sich bis in unser Jahrhundert hinein fortsetzte. Wohl wetterte der Klerus gelegentlich gegen die verbreitete Verschwendungssucht, war aber zumeist daran beteiligt. Denn trotz üppiger Lebensführung stand der kirchliche Kult im Mittelpunkt der gesellschaftlichen Aktivitäten. Etwa fünfzehn Prozent der weißen Bevölkerung waren Mönche und Nonnen – die meisten von ihnen vielfach mit den sündigen Genießern verwandt und verschwägert. Es herrschte eine merkwürdige Symbiose von Lebenskunst und Mystizismus: Neben Festlichkeiten und Theater blühte das Erbe der vier peruanischen Heiligen, die zwischen 1600 und 1606 Nachbarn in Lima waren. Unter dem in Spanien geborenen Erzbischof Toribio de Mogrovejo, 1726 heiliggesprochen, wirkten in drei verschiedenen Klöstern Martín de Porras, Francisco Solano und die Santa Rosa de Lima. Religiosität und pralle Diesseitigkeit widersprachen sich im barocken Lima keineswegs.

»Paradies der Frauen«

In diese Epoche fällt das Versteckspiel, welches das schöne Geschlecht zur Verwirrung der Männerwelt, eingeschlossen die zahlreichen faszinierten Berichterstatter, zu spielen beginnt: Die standesbewußten Limeñas nehmen den Schleier. Sie drapieren das schwarze Tuch so, daß nur ein Auge freibleibt. In dieser ›Tapada‹ gehen die Frauen jedoch nicht nur zur Messe, wie es Zucht und Ordnung geboten hätten, sondern – so stellen es sich die Herren jedenfalls vor – zu verschwörerischen, intimen und galanten Zusammenkünften. Wo dieses eine Auge voller Ironie blickt und zudem von einer scharfen Zunge begleitet ist, da ist es um die Fassung des starken Geschlechts vollends geschehen. Es fühlt sich verschaukelt, entblößt und von unbändiger Neugierde umgetrieben. Die Tapada wird deshalb mehrmals verboten – mit der fadenscheinigen Begründung, sie sei zu

Verbrechen mißbraucht worden. Sie tauchte jedoch immer
wieder aus der Verbannung auf und hielt sich mit kurzen
Unterbrechungen bis in die ersten Jahrzehnte der Republik.
Ernst Wilhelm Middendorf, der deutsche Arzt und Peru-
chronist, berichtet um 1885: »Vor vierzig Jahren saßen die
Tapadas noch jeden Sonntag in Reihen auf den Bänken der
Alameda nueva und verfolgten mit ihren spöttischen Bemer-
kungen die Herren … Während der ersten Verwaltung Castillas (1845-1851) hielten sie bei den Sitzungen des Kongresses die Tribünen besetzt und pflegten durch kecke Bemer-
kungen und Ausrufe die Verhandlungen zu bekritteln.« Sie
waren »… berühmt wegen ihrer Schönheit und Eleganz,
sowie ihrer witzigen Unterhaltung, standen aber zugleich im
Rufe großer Leichtfertigkeit«. Immerhin dämpft Middendorf bis in die Gegenwart verbreitete Phantasien mit medizi-
nischer Nüchternheit: »Man ist bei uns gewohnt, von dem
heißen Blut und dem feurigen Temperament der Südlände-
rinnen zu sprechen, als ob die tropische Hitze wie ein Blase-
balg die Flammen der Leidenschaften anfachte. Das verhält
sich nun in Wirklichkeit anders. Die Hitze erzeugt vor allem
Faulheit, und diese ist eine Macht, der sich auch die Liebe
nicht zu entziehen vermag …«

Dieses verspielte und zugleich bigotte Lima nährte das
charakterisierende Sprichwort: »Paradies der Frauen, Fege-
feuer der Männer, Hölle der Dummköpfe.« Denn das
schlimmste war, der Lächerlichkeit anheimzufallen. Die Gesellschaft verzieh durchaus Affären, Ehrenhändel, ja selbst
Bankrott und Armut; nie aber Langeweile und Tölpelhaf-
tigkeit.

Trügerische Erde

Dieses schmarotzerische Lima, das von der Ausbeutung der
Minen, der Initiative der Hacenderos und vor allem vom
harten Tagewerk der Indianer und Schwarzen lebte, veränderte sein Gesicht mehrmals von Grund auf. Seine Geißel
waren Erdbeben. Fast jede Generation hatte gelernt, daß der
Boden unter den Füßen so sicher nicht sei, wie es schien,

und die Schrecken ächzender Wände, schwankender Häuser, unter Staubwolken berstender Mauern erfahren. Am 20. Oktober 1687 um vier Uhr früh bäumte sich der Grund auf, schüttelte sich die Erde wie ein Tier, das aus dem Wasser steigt. Die Gebäude fielen wie Kartenhäuser zusammen, Staub verdunkelte das Tageslicht, zurück blieben Ruinen. Ebenso in der Nacht des 28. Oktobers 1746. »Keine Beschreibung vermag ein Bild des Entsetzens zu geben, welches die Bewohner ergriffen hatte«, äußerte hilflos ein Zeuge. Nur zwanzig von etwa 3000 Häusern blieben intakt; die Getreidemagazine Callaos waren durch eine ungeheure Flut weggeschwemmt worden; die Bewohner durchlebten endzeitliche Vorstellungen. Der damalige Vizekönig, José Antonio Manso de Velasco, ritt durch die Straßen, um den verstörten Bewohnern Zuversicht einzureden und die Rettungsarbeiten persönlich zu leiten.

Man erwog damals ernsthaft, Lima an den Berg San Bartolomé zu verlegen, wie Luís Godin, Professor der Universität San Marcos, in einem ausführlichen Gutachten zu den Erdbebenschäden empfahl. Der Stadtrat entschied sich nach langem Hin und Her doch für den Wiederaufbau am alten Standort und folgte nicht dem Beispiel Guatemalas. Lima auferstand nach altem Muster aufgrund der geretteten Pläne, Skizzen und aus der Erinnerung der Architekten – wie um die Katastrophe vergessen zu lassen. Sogar die Befestigungswälle wurden erneut hochgezogen, obwohl die große Zeit der Seeräuberei längst vorüber war und nicht wiederkehren sollte.

Es war dieses der trügerischen Erde zum Trotz rekonstruierte Lima, dessen Ruhm und Glanz selbst auf Europa übersprang, dessen Kirchen als prächtig gerühmt, dem außerordentlich viele Privatpaläste nachgesagt und ein besonders kunstsinniges Theaterpublikum bescheinigt wurde. Eine Stadt des Müßiggangs und ewigen Sonnenscheins – die Realität muß keineswegs mit dem Mythos übereinstimmen. Ein Winter, der nur Nebelschleier statt Schnee und Kälte bescherte, galt im alten Kontinent alleweil als paradiesisch.

Die Limeños liebten die schönen Künste; am vizeköniglichen Hof verkehrten Dichter und Schauspieler, Maler und Musikanten, und der Kapellmeister des Erzbischofs konnte sich nicht über Desinteresse beklagen. Mit dem Thronwechsel im Mutterland, als nach dem Spanischen Erbfolgekrieg mit Philipp v. von Anjou ein Bourbone die Krone übernahm, fanden französische Kulturelemente auch in den Vizekönigreichen Eingang. Mit wenigen Jahren Verzögerung schwenkte die Musik auf damals modische italienische Melodik um, und die metaphernschwere Barockliteratur erfuhr eine Läuterung durch französisches Denken. Logik und Witz verdrängten obskures und langatmiges Philosophieren, überstrahlten dröge Moral. Von 1750 an wirkte ein Mailänder als Kapellmeister in Lima, der nicht nur die Liturgien inszenierte, sondern dem begeisterten Publikum Vivaldi und Corelli in Konzerten bescherte. Zum Höhepunkt der europahörigen Stadt wurde das Operngastspiel eines italienischen Ensembles im Sommer 1814.

Über Jahrhunderte hinweg war dieses glanzvolle Lima eine Stadt der Weißen, die etwa die Hälfte der Einwohner ausmachten, umgeben von Schwarzen und Mischlingen als dienstbare Geister. Die Indios lebten auf der anderen Flußseite, jenseits der Stadtmauern. Während der Wirren der jungen Republik änderte sich trotz der formalen Gleichberechtigung der Rassen tatsächlich wenig am überkommenen Siedlungsmuster. Auch blieb die Einwohnerzahl seit Mitte des 18. Jahrhunderts einigermaßen konstant, pendelte zwischen 50000 und 60000 Menschen. Erst ab 1840 setzte ein rasches Wachstum ein: 1876 erreichte Lima die Hunderttausendgrenze und wurde damit im statistischen Sinn zur Großstadt.

Diesen Sprung verursachten vor allem die Chinesen, die ab 1854 als Kontraktarbeiter die aus der Sklaverei entlassenen Schwarzen ersetzten. Zehntausende von jungen Männern aus dem Reich der Mitte wurden auf die Haciendas an der Küste verteilt, wo sie für Essen, Unterkunft und die Kosten ihrer Überfahrt arbeiten mußten. Als sich die Zukkerproduktion wegen der tiefen Weltmarktpreise gerade nicht lohnte, wurden sie auf Gedeih und Verderb entlassen. Manche von ihnen suchten ihr Glück in der Hauptstadt; wer ein wenig Geld gespart hatte, eröffnete einen Laden, eine Garküche, eine Wäscherei.

Lima taumelte in der zweiten Hälfte des 19. Jahrhunderts von einer Wahnvorstellung in die andere. Der Abbau von Guano, die Aufnahme des Eisenbahnverkehrs nach Callao und nach La Oroya sowie weitere ehrgeizige Erschließungspläne gaukelten blendende Zukunftsaussichten und Anschluß an den Weltmarkt vor. Die Hoffnungen wurden indessen nur allzu rasch und radikal durch Bankrotte, Skandale, Korruption und Bürgerkriege zerstört. Die Abwicklung der Wallschleifung etwa ist bezeichnend für den Geist der Gründerjahre in Lima: Der Eisenbahnkönig Henry Meiggs, ein Nordamerikaner, der unter zweifelhaften Umständen Kalifornien fluchtartig verlassen hatte, verpflichtete sich zum Abbruch und ließ sich für diesen ›unentgeltlichen‹ Dienst zum Gemeinwohl lediglich das gewonnene Land überschreiben. Seine Verkaufserlöse dafür überstiegen jedes vernünftige Verhältnis in bezug auf die Kosten für diesen Auftrag. Immerhin lag andererseits der Staat bei dem Schienenmonopolisten arg in der Kreide.

Der Mythos vom glanzvollen Lima lebte trotz allem weiter. »Die Bewohner Limas haben für den Fremden etwas Anziehendes, denn sie sind weitaus die gebildetsten und duldsamsten Leute in Peru. Lima ist das Mekka der Republik, und wenn man auch nur zu Besuch in einer der vornehmen Familien weilt, bekommt man dadurch eine gewisse gesellschaftliche Stellung. Geistesgaben, Schönheit und Freigebigkeit wirken zusammen, um einem Fremden den Aufenthalt angenehm zu machen. Schöne Männer mit vornehmer Haltung sprechen Französisch und Englisch ebenso geläufig wie Spanisch. Die Damen der Stadt tragen die neuesten Pariser Moden mit ebensoviel Anmut und Geschmack

wie die schönsten Europäerinnen. Die Schönheit der Lima-
nerin ist ganz eigenartig. Sie hat nicht die naturfrische, blühende Anmut des Landmädchens, sondern ein blasses, oliven-
farbiges Gesicht, reiches, schwarzes Haar und große, leuchtende Augen. Sie ist witzig, lebhaft und anmutig; sie kann sich
ziemlich gewandt in mehreren Sprachen unterhalten; sie ist
durch und durch weiblich und ebenso eifrig in der Religion
wie erpicht auf weltliche Vergnügungen.«

So berichtet Geraldine Guinness um 1910. Und noch
1923 charakterisiert Otto Bürger in einer Landeskunde für
potentielle Einwanderer Lima als »reinlich und schmuck,
voll von Blumen und Bäumen des Südens«. Bloß Herman
Melville sieht hinter der fast manischen Exotik eine düstere
Seite, die des Winters, wenn er Lima in ›Moby Dick‹ die
»denkbar fremdartigste, freudloseste Stadt« nennt, »da sie
den weißen Schleier genommen hat, in dem das Grauenhaf-
tere beschlossen liegt«. Die milchig-graue Trübe der Küstenstädte zwischen Mai und Oktober kann tatsächlich Depres-
sionen heraufbeschwören.

Mario Vargas Llosa, der Romancier, erlebte Lima als
»noch eine kleine, sichere und verlogene Stadt«. Nach über
einem Jahrzehnt in Europa – die Erfüllung des ewigen
peruanischen Traums – hat er die Metropole, die er haßte,
als er in der Jugend in sie verpflanzt wurde, zu seinem
Domizil gewählt. Allerdings ohne vorbehaltlos Frieden mit
ihr geschlossen zu haben. In einem Aufsatz hält er 1984 den
enormen Wandel der Hauptstadt in den vergangenen dreißig,
vierzig Jahren fest: »Im Gegensatz zu meiner Generation
erfahren heute in Lima die Kinder aus der Mittelschicht die
Realität des Landes schon beim Fensteröffnen. Heute sind
die Armen überall, als fliegende Händler, Vagabunden, Bettler, Straßenräuber. Mit seinen fünfeinhalb oder sechs Millionen Einwohnern und seinen enormen Problemen – Abfall,
mangelhaftes Transportsystem, Wohnungsnot, Kriminali-
tät – hat Lima viel von seinem Zauber verloren. So etwa das
koloniale Viertel mit seinen vergitterten Balkonen, seiner
Ruhe und dem lärmenden Karneval ...«

Vor allem hat die aufgeblähte Metropole ihren Charakter
verloren. Eine Minderheit ihrer Bewohner stammt von Limeños ab. Die Menschen strömen aus Arequipa und Puno
herbei, aus Cusco und Huancavelica, Ancash und Piura.
Die Hauptstadt ist ein Spiegelbild der landesweiten Vielfalt
geworden. Manche alteingesessene Familien und Freunde
der ›guten alten Zeit‹ bedauern die ›Andisierung‹, die das
Stichwort zum 450-Jahre-Jubiläum von 1985 bildete. Der
Anthropologe Julio Cotler, Leiter des renommierten
›Instituto de Estudios Peruanos‹, erblickt dagegen den Auf-
bruch in eine neue Zeit, da zum erstenmal in diesem Land
eine Integration der verschiedenen Rassen stattfinde und
bürgerliche Werte wie etwa das Hausfrauendasein als pure
Statusdemonstration unter dem Aufstiegswillen der
›Provinzler‹ ausgehöhlt würden.

Es ist bestimmt nicht architektonische Schönheit, die uns
immer wieder mit Herzklopfen nach Lima zurückkehren
ließ, sondern diese Lebendigkeit, die selbst den häßlichen
Neubauten und dem zerstörerischen Verkehr eine menschliche Dimension verleiht.

Plaza de Armas

Das Herz Limas schlägt in Randlage. Plaza de Armas, Waffenplatz, heißt es wie alle Herzen lateinamerikanischer
Städte, doch so martialisch tönt es erst seit dem 19. Jahrhundert. Die frühen Republikaner liebten das so. Die spanischen
und kreolischen Chronisten hingegen sprachen stets von der
Plaza Mayor – getreu dem Vorbild Madrids.

Limas Plaza de Armas ist etwas Besonderes, das Macht-
zentrum des Landes, früher das viel weiter reichende des
Vizekönigreichs. Wo sonst, wenn nicht hier, soll Peru in
Ordnung scheinen? Also wird der Platz fleißig gewischt,
von Bettlern und fliegenden Händlern freigehalten, und der
Belag ist nicht eingebrochen wie bei den meisten Gehsteigen
der Innenstadt. Peruanische Besucher knipsen sich gegenseitig im Sonntagskleid vor der Kathedrale, dem Regierungs-

sitz, auf dem die rotweiße Flagge in der Meeresbrise flattert, oder dem zierlichen Bronzebrunnen in der Platzmitte, von dem aus das Land vermessen wurde.

Keins der Gebäude ist sehr alt. Immerhin entspricht die Anlage noch ziemlich genau den Plänen der Konquistadoren. Sie hatten sich Grundstücke in Flußnähe abgesteckt und ihre bescheidenen Häuser durch Indios darauf errichten lassen: Francisco Pizarro auf dem Areal des Regierungspalasts, sein Bruder Hernando auf dem des heutigen Rathauses. Und die erste Kirche erhob sich auf dem Grund der Kathedrale. Das alles wirkte damals gewiß weniger urban, als die Darstellung Poma de Ayalas mit ihren Türmen und Kolonnaden suggeriert, zwischen denen Soldaten, Reiter, Lastenträger sowie zwei Paare Hand in Hand den Platz bevölkern, während im Zentrum am Galgen ein Gehenkter baumelt. Ein Wildwestfilm trifft die Wirklichkeit von damals sehr wahrscheinlich genauer. Die Vizekönige, die im Haus Francisco Pizarros als legitime Nachfolger des Generalgouverneurs residierten, legten erst mehr Wert auf Repräsentation, nachdem die Kolonialherrschaft einigermaßen konsolidiert schien. Dabei blieben sie allerdings vorsichtig – über zwei Geschosse hinaus ließen auch die kühnsten Emporkömmlinge ihren Ehrgeiz nicht wachsen, denn die rumorende Erde behielt stets das letzte Wort. Der vizekönigliche Palast blieb vorerst eingeschossig. Enttäuscht darüber äußerte sich 1569 der neuangekommene Vizekönig Francisco de Toledo: »Baufällig, armselig und flach«, war sein Urteil; dennoch verbrachte er über ein Jahrzehnt darin, ohne viel daran zu ändern. Ein Erdbeben von 1586 zwang zum Neubau. Die Arbeiten sollen sich über mehrere Jahrzehnte hingezogen haben, während denen die Stellvertreter der Krone im Kloster San Francisco Gastrecht genossen. Der von der Renaissance inspirierte Palast des ausgehenden 16. Jahrhunderts erfuhr später manche alters- und erdbebenbedingte Verjüngungskuren. Ein Foto von 1875 dokumentiert einen niedrigen Gebäudekomplex, der an den Zuckerbäckerstil vieler Kasernen im Land erinnert. Ernst Wilhelm

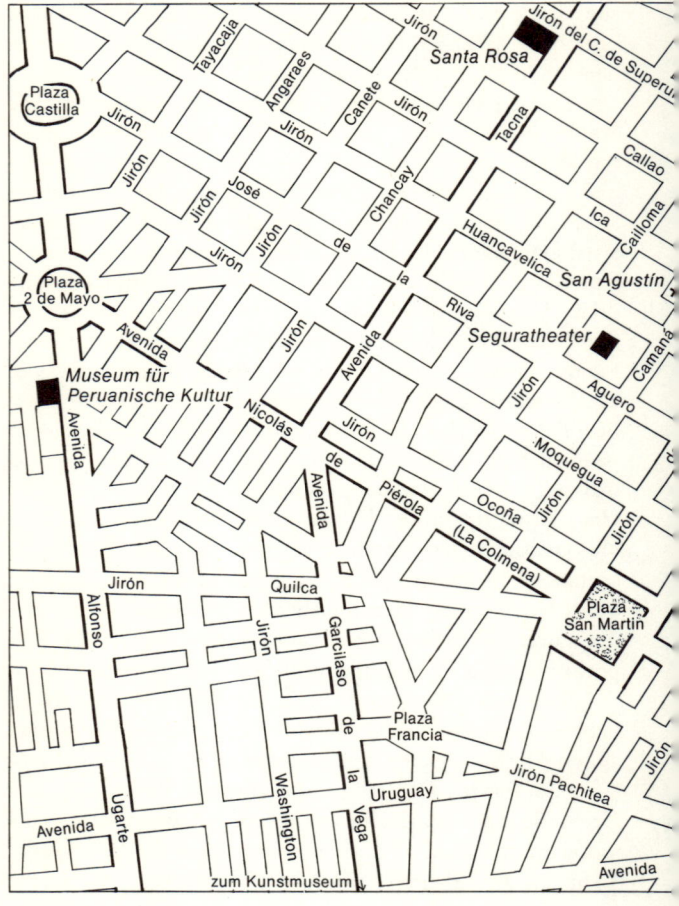

Middendorf sah darin nichts Palastartiges. Die Fassade war neu; die frühere »war ganz baufällig und so unregelmäßig, daß sie sich kaum beschreiben ließ, und zudem wurde sie durch eine Reihe von niedrigen, schäbigen Läden, unreinlichen Kaffeelokalen und Schankwirtschaften verunstaltet«.

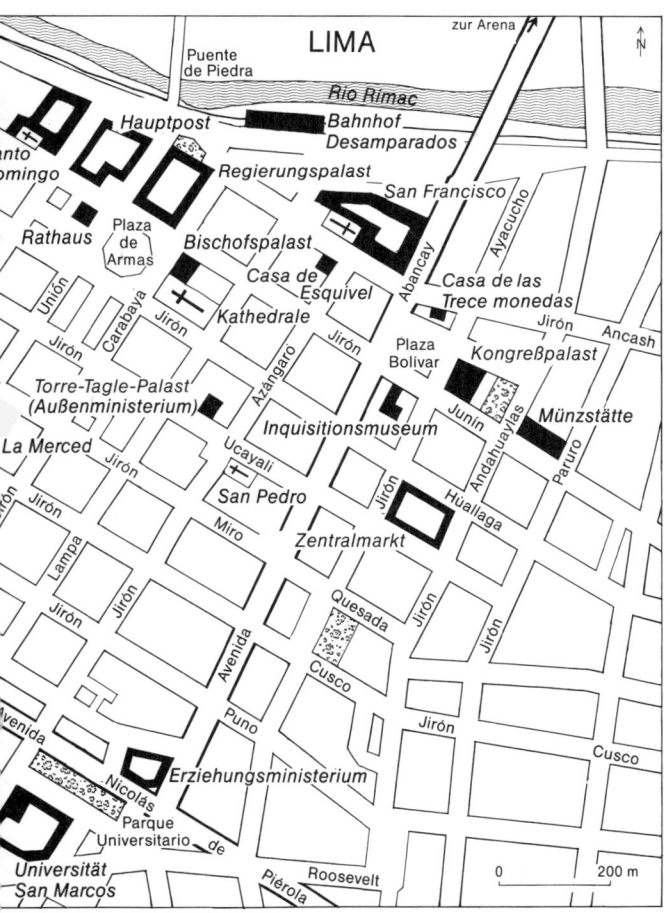

1885 brannte diese Front nieder, und wieder erfolgte ein
›Facelifting‹.

Der aktuelle **Regierungspalast** stammt aus dem Jahr
1938 und bezeugt eine Epoche wirtschaftlichen Auf-
schwungs und der entschlossenen Realisierung anstehender

Aufgaben wie Ausbau der Panamericana oder elementarer Sozialversicherungen für Arbeiter. Die Residenz des Diktators Oscar Raimundo Benavides nahm das gesamte Planquadrat auf der Nordseite der Plaza de Armas ein und hielt sich an historische Vorbilder: ein bißchen Wiener Belvedere, ein Hauch vom Louvre, ein barockisierender Zentralbau, der einen speziellen Paradeplatz einschließt. Dort stehen rotbehoste Wachen stramm – in den Landesfarben selbstverständlich – und zelebrieren schneidige Ablösungen.

Spendeten noch vor zwanzig Jahren Bäume wohltuenden Schatten, entflieht man der Mittagssonne heute am besten unter die Arkaden des Rathauses, in die Kathedrale oder in eine der gediegenen, mit verschiedenen Sondersteuern belasteten Straßenbars.

Das **Rathaus**, ›La Municipalidad‹, imitiert den Kolonialstil bloß, und schlecht dazu. Denn der Neubau von 1945 sprengt die traditionellen Proportionen, und auf den viel zu großen Balkonen kann man sich schwer sensationslüsterne Damen hinter Schleiern vorstellen. Der Standort hingegen ist authentisch: seit alters her wurde hier die Stadt verwaltet. Die Alcaldes, mit festen Kompetenzen ausgestattet, regierten nicht immer zum Wohlgefallen der Vizekönige, Generäle, Diktatoren und Präsidenten um die Ecke.

Mit ihrer ersten Behausung hatten die Stadtväter Pech gehabt – sie fiel buchstäblich auseinander. Nach mehreren Provisorien zogen sie 1556 in die frühere Villa Hernando Pizarros um. 1571 erhielt die Verwaltung einen Turmaufsatz, dessen Uhr bis in unser Jahrhundert die verbindliche Zeit Limas anzeigte. Dieses zweite Rathaus überstand wohl das Erdbeben von 1687, fiel aber der Katastrophe von 1746 zum Opfer. Das Nachfolgehaus, ein Zweckbau mit dem unvermeidlichen Uhrturm, diente über die Epoche der Unabhängigkeits- und Bürgerkriege hinaus. Ernst Wilhelm Middendorf berichtet, daß schon vor hundert Jahren Lotterien in Lima stattfanden. Mit den Erträgen aus dem Glücksspiel wurden die Spitäler finanziert. Und an einer Ecke der Municipalidad wurden damals in einem großen schwarzen

Gußeisenofen die zerlumpten, ausgedienten Banknoten verbrannt.

Im Archiv dagegen ruhen die Dokumente längst vergangener Regierungsentscheidungen, darunter die Gründungs-
urkunde der Stadt. Zwei längliche Haken bezeugen den
Willen Francisco Pizarros; den Namenszug setzte jedoch ein
Sekretär dazu – der Gouverneur konnte nicht schreiben.

Zwischen Rathaus und dem Glaspalast der Hauptpost
steht seit dem 18. Januar 1985 als Fremdkörper ein Monolith
in der Form eines schlecht behauenen Hinkelsteins. Er trägt
die Inschrift: »Wanka aus Granodiorit, grundlegendem andi-
nem Gestein. Würdigung der Stadt Lima an Taulichusco den
Alten, den letzten ihrer eingeborenen Regenten.« Eine späte,
verschämte Huldigung der ›Stadt der Könige‹ an die ursprünglichen Landeigentümer, die sie genau 450 Jahre zuvor
entrechtete.

Die Ostflanke der Plaza de Armas ist unübersehbar der
Kirche vorbehalten. Die Machtzentren bilden ein perfektes
Hufeisen: An den Präsidentenpalast schließt sich, rechtwinklig versetzt, die Residenz des Erzbischofs an. Ein wunder-
schöner Kolonialbau, denkt man und muß auch hier enttäuscht zur Kenntnis nehmen, daß die maßvolle Renaissance-
fassade und die prächtig geschnitzten Holzbalkone in
unserer Zeit, 1924, wiederauferstanden. Geschichtstreuer
und mit weniger künstlerischer Freiheit allerdings als die
anderen öffentlichen Gebäude am Platz.

Die **Kathedrale,** lange die wichtigste Kirche Südamerikas, leuchtet seit kurzem in Schönbrunnergelb; die Kosme-
tik erfolgte im Hinblick auf den Papstbesuch im Februar
1985, dem ersten in einem halben Jahrtausend loyaler Gläu-
bigkeit.

Bereits am Gründungstag der ›Stadt der Könige‹ legte
ein Diener Jesu den Grundstein für ihre Hauptkirche. Ein
schmuckloser Bau entstand, der den Ansprüchen der Bewohner nur kurz genügte. Als Jerónimo de Loayza durch den
Heiligen Stuhl die Erzbischofwürde zugesprochen erhielt,
bemühte man sich um ein würdigeres Gotteshaus. Doña

Francisca Pizarro schenkte Land zur Erweiterung; schließlich erhob sich darauf die 75 Meter lange Kathedrale in
andalusisch-gotischem Stil. Doch selbst sie vermochte das
Selbstverständnis der Kolonisten als Vertreter der
›Katholischen Könige‹ Spaniens und Missionare der Neuen
Welt nicht auf Dauer zu befriedigen. 1564 entstanden Pläne
für einen Monumentalbau nach sevillanischem Vorbild, die
sich jedoch in Vorskizzen und statischen Berechnungen er-
schöpften. Immerhin wurde noch vor der Jahrhundertwende ein dreischiffiger standesgemäßer Dom in Arbeit genommen. Erdstöße zwangen zu Reparaturen, Geldknapp-
heit zuweilen zum Baustop. Denn nicht alle Vizekönige und
Kirchenfürsten dieser Epoche zeigten eine gleichermaßen
offene Hand. Trotz mancher Widerwärtigkeiten und obwohl
noch Türme, Chorgestühl und sogar der Hauptaltar fehlten,
wurde die Kathedrale 1622 geweiht. Als einziger der peruanischen Heiligen erlebte Martín de Porras diesen Festtag.
Die Religiosität der Epoche erlebte darin ihre Krönung.
Doch nur eine Generation sollte sich an der Pracht erfreuen –
das Erdbeben von 1687 ließ den größeren Teil der Gewölbe
zusammenbrechen.

Haderten Klerus und Ordensleute eigentlich nie mit der
himmlischen Gerechtigkeit, die ihre Bemühungen und
Werke von Jahrzehnten immer wieder in Staub zerfallen ließ

Lima

1 Wache vor dem Regierungspalast

2 Kathedrale

3 Erzbischofspalast

4 Hauptpost

5 Nebel-Impressionen im Winter

6 Der Inka-Tempel Pachacámac,
  eine der heiligsten Stätten Altamerikas

7 Wohltuende Unterbrechungen des langen Wüstenstreifens
  zwischen Anden und Pazifik bieten die grünen Flußoasen

und alle ihre Opfer mit Hohn zu strafen schien? Gewiß wurde die Katastrophe zum Anlaß für Episteln gegen Wohlleben und Frivolität der Zeit, wurde die Inquisition wieder eifriger betrieben.

Unbeirrt baute man jedenfalls den Dom wieder auf. Der nächste Schlag folgte 1746: Was die Erschütterung des Untergrunds noch stehen gelassen hatte, zerschmetterten die einstürzenden Glockentürme.

Der gebürtige Österreicher Johann Rher sollte die Rekonstruktion leiten. In neuer Schönheit und ungebeugtem Stolz sollten die ›Ciudad de los Reyes‹ und ihre Kathedrale aus den Trümmern auferstehen. Der Architekt hielt sich ans Gewesene, nur wuchtiger, gedrungener und standfester sollte die Kirche des Erzbischofs werden. Die Weihe im Juni 1755 wurde von der glänzendsten Prozession in der Geschichte Limas eingeleitet. Die Türme wuchsen jedoch erst knapp vor der Jahrhundertwende zu bescheidener Höhe empor.

Der Innenraum vermag nicht zu erwärmen; dieser Barock ist finster und bedrückend. Auffallend reich ist das Chorgestühl des frühen 17. Jahrhunderts, und in der ersten Kapelle rechts vom Eingang her weckt der Glassarg mit den angeblichen Überresten von Francisco Pizarro sowie Ausrüstungsstücken seiner dreizehn Kommandanten Interesse. Ernst Wilhelm Middendorf sah die Mumie in einem »sargartigen offenen Kasten von gewöhnlichen Brettern«.

Ein kleines Museum zeigt die Kirchenschätze: Vortragekreuze, Meßgewänder, Liturgiegefäße – Silber aus Potosí wie am Hauptaltar.

Das klösterliche Lima

Die Zeiten haben sich geändert: Nicht mehr das Geläut zu Messen und Andachten bildet die poesievolle Geräuschkulisse Limas; heute legen knatternde, brüllende Motoren einen konstanten Lärmteppich. Erst im Morgengrauen, wenn auch Fernseher und Transistorradios schweigen, sind Laute

vernehmbar wie in vergangenen Jahrhunderten: Schnarchen, Hundegebell, Hahnenschrei aus den Hinterhöfen
(selbst im Zentrum der Millionenstadt) und eben heller
Glockenschlag.

Die Klöster, die lange das Bild Limas prägten, überleben
still und zwischen Geschäftsbauten verborgen. Eigentlich
haben sie ja stets mehr abgewiesen als eingeladen mit ihren
hohen Mauern und trotz ihrer karitativen Dienste mehrheitlich den Rückzug gepflegt.

Die meisten entstanden bereits in den ersten Jahrzehnten
des Vizekönigreichs in geringem Abstand zur Plaza Mayor.
Das größte und traditionsreichste bleibt **San Francisco.**
Nach dem zweiten Häuserblock östlich des Regierungsgebäudes öffnet sich ein kleiner Platz, gebildet durch die blendendweißen Fassaden des ehrwürdigen Klosters und seiner
beiden Kirchen. Die barocke Anlage beruht auf der Konventsgründung um 1555. Zu dieser Zeit erhielten die Franziskaner nämlich indianische Fronarbeiter für ihr Bauvorhaben zugewiesen. Für die Vorzugsbehandlung durch den Vizekönig öffneten sie ihre Pforten häufiger und bereitwilliger
als andere Orden: Manche Ratssitzung und mitunter auch
weltmüde Höflinge fanden hier Gastrecht. Vom ursprünglichen Renaissancekomplex ist kaum etwas übriggeblieben
außer dem Grundlagenplan. Die Anlage aus dem dritten
Viertel des 17. Jahrhunderts ist wohl die harmonischste Limas – wurden doch das Kloster wie die beiden Kirchen San
Francisco und Soledad in einem Zug erbaut, und wunderbarerweise hielten beide den schlimmsten Erdstößen stand.
Das Innere der Hauptkirche verrät den maurischen Einfluß
in den Stuckornamenten von Tonnengewölbe und Kuppel.
Trotz des Lichts auch hier: kühle Beherrschtheit. Der Klerus
in Peru scheint nicht gerade viel Wert darauf gelegt zu haben,
die Menschen froh zu stimmen.

Das Kloster steht zu Besichtigungen offen. Bezaubernd
ist der üppige Garten des Kreuzgangs – eine Oase nach dem
brodelnden Verkehr draußen in den Straßen. Die ›Sala de
Zurbarán‹ birgt einen Apostelzyklus, dem spanischen Mei

ster zugeschrieben, und ist Ausgangspunkt zu einer reichhaltigen Sammlung religiöser Kunst. Besonders sehenswert sind die Liturgiegewänder, üppig mit Spitzen besetzt, aus dem 17. und 18. Jahrhundert. Nekrophilen bietet San Francisco Einblick in die Totenwelt: Unter Führung gelangt man in die Katakomben unter der Kirche, erst 1951 wiederentdeckt, wo sich in Schächten und Nischen Tausende von Totenschädeln und Gebeinen häufen.

Francisco Pizarro persönlich wies seinem geistlichen Betreuer Vicente Valverde, der bei der Überrumpelung des Inkakönigs Atahualpa eine Schlüsselrolle gespielt hatte und dafür erster Bischof Cuscos wurde, den Bauplatz für ein Dominikanerkloster zu. Der Spaziergang dahin, von der Plaza de Armas nur einen Straßenblock nach Westen durch den Jirón del Conde de Superunda, vermittelt, soweit das die Autoschlangen zulassen, einen Hauch des alten Lima. Die Holzbalkone – besonders schön an der Plazuela de la Vera Cruz – stammen allerdings aus dem 19. Jahrhundert. Interessanter als die klassizistische Kirche **Santo Domingo** ist der Konvent. Der eine Hof ist mit Azulejos, den typisch iberisch-maurischen Fayencefliesen, geschmückt; sie stellen das Leben des heiligen Dominik dar; der zweite, hintere Hof ist ein verwunschener Garten zur Kontemplation. Beim Kapitelsaal führt eine Treppe hinunter zu den Gräbern der beiden peruanischen Heiligen Martín de Porras und Rosa de Lima.

Der Mulatte Martín – seine Mutter war eine freie Schwarze aus Panama –, geboren 1579 in Lima, lernte den Apothekerberuf, nachdem er als Laienbruder in das Kloster eingetreten war. Hier wirkte er als Krankenpfleger bis zu seinem Tod 1639. Sein Geschäft betrieb er in aller Bescheidenheit so geschickt und mit soviel Anteilnahme, daß er als legendäre Gestalt im Volksmund lebendig blieb, 1837 durch den Heiligen Stuhl selig-, 1962 durch Papst Johannes XXIII. schließlich heiliggesprochen wurde.

Im Gegensatz zum tätigen Christentum Martíns lebte die Dominikanerin Rosa in völliger Abgeschiedenheit. In einem

entlegenen Teil des Klosters fertigte sie sich 1614 als Acht-
undzwanzigjährige aus Backsteinen eine winzige Zelle, wo
sie mit einer Nachtigall zusammen Jesus, den Herrn, besun-
gen haben soll. Etwa: »O Jesus meiner Seele / Wie gefällst
du mir unter Blumen und Rosen und grünen Ölbäumen«
oder »Nachtigall / Vögelchen Nachtigall / lobpreisen wir
den Herrn / preise deinen Schöpfer / ich meinen Retter!«

Nur drei Jahre verbrachte die Mystikerin so bis zu ihrem
frühen Tod. Und da ihre Präsenz ein Christusbild zum Weinen gebracht haben soll, wurde sie noch im selben Jahrhundert kanonisiert und zur Patronin Amerikas und der Philippinen erhoben. Seltsam, daß diese zurückgezogene Kreolin
Isabel Flores de Oliva in unserer ruhelosen säkularisierten
Zeit unverminderte Verehrung genießt. Im Sanktuarium
Santa Rosa, das 1671 zu ihrer Heiligsprechung gegründet
wurde, stehen die Peruaner, darunter zahlreiche Jugendliche,
andächtig vor der Zelle, dem Bethäuschen, dem Brunnen
der Einsiedelei und werfen als Zeichen der Fürbitte Münzen
sowie Wunschzettel in den Schacht. Und keine andere Prozession in Lima vermag so viele Gläubige zu mobilisieren
wie die zu Ehren der heiligen Rosa am 30. August.

Weder die Verweltlichung des Lebens seit der Unabhängigkeit noch der unverkennbare Materialismus der modernen Großstadt hat die Limeños der katholischen Lehre wesentlich entfremdet. In einer Umfrage 1985 befürworteten
zwar zwei Drittel der Befragten in Opposition zum Stand-
punkt des Vatikans Verhütungsmittel zur Geburtenkon-
trolle; drei Fünftel jedoch glauben an eine himmlische Gerechtigkeit, und knapp mehr als die Hälfte der Bewohner
Limas geht regelmäßig zur Messe. Spontane, geradezu einge-
drillt wirkende Volksfrömmigkeit beobachten wir staunen-
den Europäer etwa im alle Sinne strapazierenden Straßenver-
kehr, wenn ältere Fußgänger wie Buspassagiere sich beim
Anblick einer Kirche oder Kapelle stereotyp bekreuzigen.
Kein Wunder, daß der Besuch des polnischen Stellvertreters
Christi die Bevölkerung tief bewegte und kaum kritische
Stimmen zu hören waren.

Von Klöstern, Kirchen und dem Stadtgrundriß als Ganzes abgesehen, zeugen nur wenige weit verstreute Bauwerke von der spanischen Kolonialzeit in Lima. Gleich hinter der Plaza de Armas, am schmutzigen Rímac, glaubt man sich momentlang in ein kastilisches Landstädtchen versetzt: Die wuchtige Brücke über den Fluß, **El Puente de Piedra,** verbindet seit 1610 das Zentrum mit dem Stadtteil Rímac und war damit Haupteingang und -ausgang für den Verkehr nach Norden. Wandert man von hier aus durch den Jirón Ancash zum Kloster San Francisco, stößt man an der Ecke zum Jirón Azángaro auf die **Casa de Esquivel,** die unter dem zweifelhaften Make-up späterer Renovierungen die Patina von nahezu vierhundert Jahren verbirgt. Zeitweilig litt das Haus unter dem Gerücht, ein portugiesischer Jude habe Anfang des 17. Jahrhunderts schwarze Messen darin abgehalten. Heute dient es als ›Casa de cultura‹.

Eine Cuadra weiter, jenseits der Verkehrsarterie Avenida Abancay, verbindet sich koloniale Ästhetik mit gehobener kreolischer Gastronomie: Die Casa de las Trece Monedas vermittelt aristokratische Wohnkultur des 18. Jahrhunderts.

Der nahe **Kongreßpalast,** Tag und Nacht von unfolkloristischen Einsatztruppen mit Maschinenpistolen bewacht, ist ein verwöhntes Kind der dreißiger Jahre: pathetisch und zu groß. Die Plaza Bolívar davor trug früher einen weniger republikanischen, dafür anrüchigeren Namen: Platz der Inquisition. Das Haus des Schreckens diente seit dem 17. Jahrhundert der »heilsamen Nahrung der gesunden und reinen Lehre«, wie Pater und Chronist Limas Bernabé Cobo meinte. Das Sanctum Oficium wurde 1569 in Peru eingeführt und betraf grundsätzlich nur die Weißen. In den Flammen des ersten Autodafés auf der Plaza Mayor ließ am 15. November 1573 ein französischer Einsiedler sein Leben unter dem Verdacht, ein lutherischer Ketzer zu sein. Ging es anfangs tatsächlich nur um Glaubensinhalte, weiteten die Richter in Kutte ihre Macht zunehmend auf die Verfolgung weltlicher

Delikte und Abweichungen von der sittlichen und gesellschaftlichen Norm aus, wobei sie nicht selten mit den zivilen
Behörden in Kompetenzstreit gerieten. Das Prozedere spot-
tete jedem Rechtsempfinden: Die Angeklagten kannten die
Ankläger nicht, besaßen keinen Anspruch auf Verteidigung,
konnten das Urteil nicht anfechten und wurden – im Museo
de la Inquisición bis zum Brechreiz zu sehen – mit verschiedensten Folterinstrumenten grausam zu Geständnissen gezwungen. Solche Praktiken förderten Willkür und Denunziantentum, schufen ein Klima des Terrors. Die Verfassung
von Cádiz hob die unwürdige Institution erst 1812 auf. Im
folgenden Jahr, als der Erlaß Peru erreichte, stürmte das
Volk die Casa de la Inquisición, plünderte Gefängnisse und
Archive und verbrannte haufenweise belastende Dokumente. Das Haus diente fortan als Versammlungsort des
Senats – wenn Militärs und Diktatoren das Parlament nicht
gerade aufgehoben hatten.

Der Reiter mit fliegendem Mantel auf der Plaza ist Simón
Bolívar, der Befreier. Die Statue ist dem Zeitgeist entspre-
chend ein europäischer Kunstimport: in Rom modelliert, in
München gegossen, 1858 zu feierlichen Worten und großen
Gebärden enthüllt.

Weiter dem Jirón Junín entlang, die Auswucherungen des
Zentralmarkts streifend, gelangt man zur **Münzstätte** des
Vizekönigreichs: ein niedriger neurenovierter Palast, kein
koloniales Original allerdings, sondern in den siebziger Jahren des vergangenen Jahrhunderts in traditioneller Manier
umgebaut. Eine erste ›Moneda‹ entstand hier bereits 1565;
nur sieben Jahre später wurde die Prägestätte jedoch an die
Quelle des Reichtums, nach Potosí, verlegt. Erst als dort
die Silberförderung auslief, produzierte Lima wieder die
prächtigen Escudos und Reales. Zeitweise erhielten Private
das entsprechende Regal. Heute betreibt selbstverständlich
der Staat die inflationäre Geldausgabe, mit etwas Glück
kann man Beamte am Morgen seelenruhig die benötigten
Metallbarren ausladen sehen.

Die Münzen trugen auf einer Seite traditionsgemäß ein

Silhouettenporträt des herrschenden Königs, auf der anderen das Wappen Spaniens mit den Säulen des Herkules. 1863 wollte man die royalistischen Erinnerungen auch in diesem Bereich tilgen und ersetzte die Reales durch Soles, die bis 1985 gültige Münzeinheit (heute: Intis). Diese ›Sonnen‹ glänzten bis vor wenigen Jahren golden. Jedes Geldstück zeigt das Emblem Perus: ein Lama, den Chinarindenbaum und, darunter, ein Füllhorn mit Münzen. Es symbolisiert den Tier-, Pflanzen- und mineralischen Reichtum des Landes.

Ein weiterer Pfeiler kolonialperuanischer Kultur befindet sich am Ende der Avenida Abancay, markiert durch das Hochhaus des Erziehungsministeriums: die **Universität San Marcos.** Hinter der gefällig-introvertierten Fassade auf der Westseite des überaus lebendigen Parque Universitario verbergen sich nur noch die Administration, wenige Hörsäle und die archäologische Sammlung der ältesten Universität Amerikas. Keine zwanzig Jahre nach der Eroberung, 1551, verabschiedete Kaiser Karl v. das Gründungsdekret. Vorbild sollte die Hohe Schule von Salamanca sein. Das erste Kollegiengebäude befand sich an der Plazuela de la Inquisición; erst im 18. Jahrhundert verband sich San Marcos mit dem früheren San-Carlos-Kolleg am aktuellen Sitz. Glänzendste Fakultäten waren die der Theologie, der Medizin und der Rechte. Längst hat die ehrwürdige Institution ihren engen Rahmen gesprengt. Als ›Ciudad Universitaria‹ existiert sie weit draußen an der Avenida Venezuela weiter – in rasch und zu billig errichteten Allerweltsbauten, die ebenso rasch vergammeln.

Die kosmopolitische Geschäftsstraße ›La Colmena‹, mit der sich der umstrittene Diktator Nicolás de Piérola ein Denkmal schaffen wollte, läßt noch etwas vom Lima der Jahrhundertwende erahnen, als der Kautschukboom wenige auserwählte Architekten pariserisch bauen ließ. Der Straßenzug prägt damit aber schon das ›moderne Lima‹ – von der Stadt der Vizekönige kündet hier nichts mehr. Dazu schlägt man besser den Weg durch den Jirón Ucayali zur Plaza de Armas ein. **San Pedro** verrät allerdings kaum etwas vom

Glanz des einstigen Jesuitenkollegs, das zur barocken, an Blattgolddekor reichen Kirche gehörte. 1638 fertiggestellt, widerstand sie nicht bloß dem Erdbeben von 1687, sondern zeigte sich auf wunderbare Weise damit verknüpft. Tage zuvor begann eine unscheinbare Marienstatue zu weinen, beruhigte sich nach genau 32 Schweißausbrüchen am Tag der Katastrophe und wird seither als ›Nuestra Señora del Aviso‹ verehrt. San Pedro ist die letzte Ruhestätte einiger Vizekönige und eine beliebte Traukirche der Hautevolee.

Einen Block weiter, auf der anderen Straßenseite des Jirón Ucayali, residiert das **Außenministerium** in einem Palast des frühen 18. Jahrhunderts, der von weitem durch die prächtigen, orientalisch anmutenden Holzbalkone auffällt. Maurische Ornamentik ziert den Abschluß des barocken Mittelteils sowie Tore und Pfeiler des Arkadenhofs. Dieser Sitz der Markgrafen Torre Tagle galt selbst im reichen Lima zur Hochblüte als ungewöhnlich üppig. Der Patio kann besichtigt werden; eine vizekönigliche Prunkkalesche vermittelt etwas von dem Ambiente jener Epoche und ist nicht etwa für das diplomatische Korps gedacht.

Mehr limeñischen Geist als Lima selbst bewahrte bis vor wenigen Jahrzehnten der untere Stadtteil, ›Abajo el Puente‹, das Rímacviertel. Tatsächlich steigt man über die berühmte Steinbrücke zur anderen Flußseite hinunter – nicht mehr um den Cerro Cristóbal zu erklimmen und die Aussicht zu genießen, wie es frühere Reisende taten, sondern um einem Stierkampf im Stadion von Acho beizuwohnen oder das Vizekönigliche Museum im stilvollen **Rokokopalais Quinta de Presa** zu besichtigen. Hinter der aristokratischen Wohnkultur in der vom Versailler Trianon inspirierten Villa soll die Leidenschaft des alternden Vizekönigs Manuel de Amat für die junge Schauspielerin Micaela Villegas stekken, meint der Volksmund und weist der Quinta de Presa hartnäckig die Rolle eines Liebesnestes zu. Die Liaison ist unbestritten, die überlieferte Erinnerungsstätte hingegen nicht authentisch. Das französische Palais ließ sich 1760 der spanische Graf Pedro Carrillo de Albornoz errichten; die

wirkliche ›Casa de la Perricholi‹ stand an der Ecke Copacaba-
na-Madera, wo heute eine Brauerei prosaisch vor sich hin
dampft.

Für die junge Kreolin bedurfte es mehr als Schönheit, um
in der delikaten Rolle der vizeköniglichen Geliebten nicht
den Intrigen der spanischen Höflinge und des Klerus zum
Opfer zu fallen, nicht zuletzt, weil sie durchaus nicht auf die
Bühnenauftritte verzichten wollte. Die offiziöse Verbindung
provozierte etliche Skandale; 1773 soll dem Stellvertreter
der Krone im Theater der eifersüchtige, grimmige Ausruf
»Perra chola« (Mestizenhündin) entfahren sein, was prompt
zu einer Unterbrechung der Beziehung führte und der damals Fünfundzwanzigjährigen den unsterblichen Beinamen
eintrug. Don Manuel ließ ihr zuliebe die Alameda de los
Descalzos, die malerische, ursprünglich zum Barfüßerkloster
gehörende Promenade, um den Paseo de Aguas erweitern.
In den Bassins sollte sich die Anmut der Angebeteten widerspiegeln, die Wasserspiele sollten sie unterhalten und entzücken.

Die Affäre, die Amerika bewegte, endete mit der Rückkehr Amats nach Spanien 1776. ›La Perricholi‹ entwickelte
sich in ihrer Heimat zu einer großen Interpretin der Heldin-
nen Calderóns und Lope de Vegas. Sie starb 1819 in Lima.

Rímac war damals das Quartier des einfachen Volkes, der
Mestizen, Schwarzen, der fahrenden Händler, Kleinkrämer,
der Kaschemmen und – der **Arena.** Seit 1767 wurden auf
der Plaza de Acho Stierkämpfe abgehalten – vorher diente
die Plaza Mayor dazu. Die erste Corrida fand nur drei Jahre
nach der Stadtgründung die Aufmerksamkeit des Publi-
kums. Die Quadrillas wurden üblicherweise von Spaniern
angeführt, vereinzelt kamen Schwarze und Zambos zu Mata-
dorenruhm. In Rímac genossen sie natürlich besondere Verehrung.

Ein Gemälde des Augsburger Künstlers Johann Moritz
Rugendas von 1844 zeigt das Kunterbunt auf dem ›Puente
de Piedra‹ am späten Nachmittag: verschleierte Kreolinnen,
einen berittenen Priester mit breitkrempigem schwarzem

Hut, forsch reitende Damen, zwei Negermädchen auf einem Esel, einen Maultiertreiber im Hochlandponcho, der Häute zum Markt bringt; zerlumpte Cholos mit schweren Lasten auf dem Rücken, den bettelnden Krüppel, im Straßenstaub sitzend; am Brückengeländer lässig einige Kreolen in Frack und Zylinder. Die Dichte und Vielfalt der Menschen vor den Barocktürmen Limas ist dieselbe wie heute, nur die Verkehrsmittel sind moderner, die Trachten verändert. Und stammten die Straßenhändler und Ausrufer vergangener Jahrhunderte hauptsächlich aus Rímac – die Bäcker mit ledernen Brotkästen am Geschirr des Maultiers; die Milchfrau, die sich mit quiekenden Schreien ankündigte, während ihre Behälter in hohen, engen Körben zu beiden Seiten des Pferdes baumelten; die Frucht- und Eishändler, jeder mit seinem unverkennbaren Signal –, so karren die ›Ambulantes‹ von heute ihre Ware von weit draußen in die verstopften Straßen der Altstadt hinein. Die Menschen in den ›Pueblos Jóvenes‹, zehn, zwanzig Kilometer außerhalb des Zentrums, in diesen weitflächigen, grauen Lehm- und Strohmattensiedlungen, die wie Flechten die Wüste überziehen, müssen früh aufstehen, um einige Soles zu verdienen.

Das Verdienen als Zudienen hat Tradition. Den Lebensrhythmus der Stadt diktierten im kolonialen wie im republikanischen Lima die gutbürgerlichen Häuser. Schloß der Mayordomo morgens um sieben das Haupttor auf, schlüpfte schon bald der Koch herein, um die Fleischbrühe für das ›Almuerzo‹ aufzusetzen und das Frühstück vorzubereiten. Und während die Damen des Hauses vermummt zur Messe eilten, lieferten die Mischlinge und Farbigen aus Rímac und den umliegenden Dörfern die Lebensmittel an. Um elf Uhr wurde das ›Desayuno‹ eingenommen, ein Gabelfrühstück aus Suppe, Fleisch, Eiern, einem Nachtisch wie etwa gebratene Bananen, Kaffee oder Tee – eine vollständige warme Mahlzeit also, bloß ohne Wein. Am Nachmittag gingen die Herren ihren Geschäften nach, während die standesbewußten Frauen den gesellschaftlichen Umgang pflegten. Die Hauptmahlzeit wurde um halb sieben serviert, nun mit Wein,

wenn auch oft mit Wasser gemischt. Für Festessen war nur
die französische Küche gut genug. Der gute Ton erlaubte
nur den Herren den nächtlichen Ausgang zu Klubbesuchen;
dem ›schwachen Geschlecht‹ blieben Konversation und Ge-
sellschaftsspiele in der heimischen ›Sala‹, dem großen zentralen Aufenthaltsraum, vorbehalten. Etwa um Mitternacht
erlöschten im alten Lima die Petrol- und Gaslaternen.

Das moderne Lima

Erst in unserem Jahrhundert ist Lima zu dem unendlich
scheinenden Häuserteppich geworden, der sich lückenlos
über das Landdreieck La Punta (Callao), Cerro San Cristóbal,
Chorrillos legt und stetig weiter in die Wüste ausfranst. Die
modernen Verkehrsmittel ließen die Dörfer um Lima zu
Vororten zusammenrücken, einige davon wie San Isidro
oder Miraflores haben sich zu eigenständigen Zentren neben
der Altstadt emanzipiert.

   In der einstigen ›Ciudad de los Reyes‹ haben sich die
Schwerpunkte in den vergangenen hundert Jahren etwas
verschoben. Obwohl die Plaza de Armas noch immer Mittelpunkt von Staat und Kirche repräsentiert, hat sich das Stra-
ßenleben, der Einkaufsbereich, nach Süden verlagert. Nicht
mehr auf dem ›Puente de Piedra‹, dem Übergang nach
Rímac, ist der Volksauflauf konzentriert wie zu Zeiten des
Genremalers Francisco Fierro (1809-1879), sondern auf die
›Unión‹, den Parque Universitario, die Avenida Abancay
und rund um den Zentralmarkt.

   Die Verhältnisse haben sich auf merkwürdige Weise
verändert: Während die Wohnbevölkerung im Zentrum Limas stetig abnahm, schwoll der Zustrom von Straßenhändlern in den letzten Jahren drastisch an – zum Leidwesen der
Ladeninhaber mit teuren Mieten. Die beschäftigungslosen
›Provincianos‹, die ihren Traum vom besseren Leben in der
Hauptstadt zu verwirklichen suchen, scheinen in der Altstadt
die geballte Kaufkraft des Landes zu vermuten.

   Der Dauerjahrmarkt beginnt schon im Jahrhundertwende-Glastempel der Hauptpost, wo zwischen den chronisch langen Warteschlangen unzählige Kleinhändler die passenden Utensilien anbieten – Kugelschreiber, Briefumschläge, Papier. In den Nischen der Galerien warten weitere Verkäufer auf Kundschaft. Nirgends im ganzen Land findet man eine größere Auswahl an Ansichtskarten als hier. An der Westseite des Postgebäudes geht der Schreibwarenmarkt nahtlos in den Haushaltssektor über und wandelt sich zum Rímac hin in den Kunsthandwerkermarkt ›Polvo Azul‹.

Die Plaza de Armas selbst wird vom schnöden Kommerz mühsam freigehalten; um so vielfältiger ist das Angebot in der Haupteinkaufsstraße Limas, dem **Jirón de la Unión.** Seit wenigen Jahren für den Fahrverkehr gesperrt, bildet er die Bühne für ein Welttheater des Verkaufens. Die renommierten Ladengeschäfte, Ziel einer ausgewählten Klientel, bilden lediglich die Kulisse für einen permanenten Ausverkauf von Ramsch aus aller Welt – von Spielwaren bis zu Wundersalben, von Lockenwicklern bis zur Videokassette. Zu Hunderten stehen Frauen, Männer und Kinder aufgereiht vor improvisierten Ständen oder hocken vor einem Tuch, auf dem sie ihre Kostbarkeiten ausgelegt haben. Zwischen diesen ›seßhaften‹ Straßenhändlern schließlich suchen die fliegenden Marktschreier willige Opfer.

Wer kauft denn all das Zeug, fragt man sich unwillkürlich. Der geduldige Beobachter registriert bescheidene Umsätze; immerhin bleibt eben doch etwas Bargeld in den meist nur allzu leeren Taschen der ›Ambulantes‹ zurück.

Ein Bummel durch die von Polizisten überwachte exotische Welt des Feilschens nimmt alle Sinne gefangen, was unachtsamen Gringos leicht zum Verhängnis werden kann. Denn die Meister der Langfingerzunft fühlen sich in diesem Menschengewimmel und einem Ambiente konzentrierter Gewinnsucht so wohl wie Fische im Wasser.

Fast so selbstverständlich wie das Einkaufen ist für manche Einheimische ein kurzer Abstecher in die Kirche **La Merced,** deren altargleiche Barockfassade aus dem architektonisch ziemlich charakterlosen Straßenzug heraussticht.

Das Kloster beherbergte vor den großen Erdbeben die Gräber mehrerer Konquistadoren, und während der Unabhän-
gigkeitskriege wurde die Heilige Jungfrau von La Merced
in unsicherer Zeit vorsichtshalber zum Marschall der Patrio-
tenarmee erkürt. La Unión mündet nach wenigen Straßen-
blocks in die mondänste Geschäftsstraße Limas, die schon
erwähnte **Colmena.**

Zu deutsch heißt das Bienenkorb – der Spitzname scheint
auf die Menschenmenge gemünzt, die an den Boutiquen,
feinen Restaurants, Reise- und Fluglinienagenturen sowie
den beiden Fünfsternehotels ›Crillon‹ und ›Bolívar‹ vorbei-
flaniert. Offiziell trägt die Avenida den Namen des städte-
baulich besonders aktiven Präsidenten Nicolás de Piérola,
der 1895 bis 1899 regierte. Tatsächlich wirkt Lima – abgesehen von den neuen Wolkenkratzervierteln im Südwesten –
nirgends so weltstädtisch wie hier. Besitzt die Plaza de Armas
trotz der Neubauten durchaus kolonialen Charakter – in eine
der größeren Provinzstädte verpflanzt, würde sie wohl kaum
auffallen –, erinnern La Colmena und die **Plaza San Martín**
an europäische Metropolen. Dieser weite Platz mit seinen
hohen, über Arkaden errichteten Mansardenhäusern und der
mächtigen Reiterstatue des ›Libertador‹ José de San Martín
in der Mitte verrät den abendländischen Stil der Jahrhundertwende.

Während der Kolonialzeit war diese ›Cuadra‹, dieser
Block bebaut; der detailtreue Ernst Wilhelm Middendorf
erwähnt noch um 1880 keinen offenen Raum an dieser Stelle.
Selbst hier, am Brennpunkt des ›weißen‹, internationalisti-
schen Peru, sind die Ableger des Mestizenmarktes unübersehbar – billiges Kunsthandwerk, Lotterielose, Zeitungen,
Comicheftchen, Telefonchips gehören zum Angebot; hinter
Kolonnadensäulen wispern seltsame Gestalten dem Fremden »Kokain« ins Ohr, und die Eiswagen und Süßigkeiten-
händler neben den schönen Wasserbecken genießen Hochbetrieb.

Die Fiktion von Europa endet auf beiden Seiten der Colmena in bunter Exotik. An der schönen **Plaza 2 de Mayo**

achtet man im Gewühl der Straßenhändler kaum auf das
in Paris gefertigte Denkmal an die erfolgreiche Abwehr
spanischer Kriegsschiffe vor Callao am 2. Mai 1866. In der
Inschrift wird die Unabhängigkeit und die Einigkeit Amerikas gepriesen – eine verbale Solidarität, die im Pazifikkrieg
zwischen Chile, Bolivien und Peru nur allzubald zerbrach.

Nirgends sind die Kontraste des Landes wohl so konzentriert wie am **Parque Universitario:** San Marcos, die älteste
Universität des Kontinents, gegenüber dem himmelstreben-
den Betonturm des streng bewachten Erziehungsministeriums; die modernen Reisebusse der führenden Transportunternehmen neben den maroden, düstere Dieselwolken aus-
puffenden Vehikeln lokaler Betriebe; gepflegte Bars
mediterranen Stils neben chinesischen Garküchen; propere
Angestellte, Geschäftsleute und ausländische Rucksacktou-
risten zwischen Indios und Mestizen, die hier wieder alles
anbieten, was mobil ist. Dreiräderkarren sind zu fahrenden
Verkaufsständen umfunktioniert, die Berge von Orangen,
Trauben, Mangos, Avocados enthalten; die Händler hocken
träge unter dem mitgeführten Sonnendach. Andere haben
eine Grillbude eingerichtet oder offerieren warme Gerichte,
›Anticuchos‹ etwa, die Fleischspießchen mit Stücken vom
Herz, oder ›Chupes‹, dicke, nahrhafte Suppen. Um das Mini-
sterium lauern Schreiber auf Kundschaft, bereit, die Anliegen einfacher Mitbürger vorschriftsgemäß auf amtliches Papier zu tippen; ebenso vor dem Banco de la Nación. Am
Straßenrand werkeln Uhren-, Schuh- und Schlüsselmacher
in knapp quadratmetergroßen Werkstätten; Schneider sitzen
vor uralten Tretmaschinen, nähen unbekümmert um Verkehrslärm und Gestank. Der Parque Universitario selbst
ist neuerdings mit Eisengittern umzäunt, um ihn nicht zur
Latrine verkommen zu lassen; an den Ecken und aus Mauer-
nischen rinnen dennoch viele kleine Bäche, während schick
angezogene Mädchen auf Stöckelschuhen über das schmierige Pflaster stelzen. Von den Busterminals an der Avenida
Grau bis hinauf zum Zentralmarkt in der Nähe des Kongresses zieht sich das Heer der ›Ambulantes‹.

Der ›**Mercado Central**‹, zwischen den Jirones Huallaga und Ucayali gelegen, verkörpert vollends einen peruanischen Mikrokosmos. Auf mehreren Geschossen wird alles für den täglichen Gebrauch mehr oder weniger kunstvoll präsentiert, säuberlich nach Branchen geordnet und von Polizisten kontrolliert: Fleisch und Fisch – Meerschweinchen, Krebse, Muscheln –, Gemüse, Obst, Milchprodukte, Oliven, Wein, Blumen, ferner unzählige ›Non-food‹-Artikel von Wäscheklammern über den Schulbedarf bis zu Kleidern und Werkzeug. Während uns Europäern dieser Bereich von jedem Kaufhaus her vertraut ist – manches importieren wir wie die Peruaner aus Japan, Taiwan oder Hongkong –, gibt es unter den Landesprodukten viel Exotisches zu bestaunen: Kartoffeln in allen Farben – Südamerika ist ja die Heimat der wertvollen Knolle –, vielerlei Bananen, darunter rote, violette und nur fingerlange; kiloschwere Papayas, Baummelonen mit saftigem, überaus magenfreundlichem Fleisch; runde pfirsichgroße, golden glänzende Naranjillas, deren Schale man einfach aufbricht, um die säuerlich-erfrischende Fruchtmasse herauszuschlürfen; Granadillas, die köstlichen Granatfrüchte; die unscheinbare Knolle Camote, eine Süßkartoffel; Bohnen in allen Farben des Spektrums – es gibt immer wieder Neues zu entdecken.

Rings um den Zentralmarkt drängen sich die ambulanten Händler in die Nebenstraßen, so daß die klapprigen, zum Bersten besetzten Busse kaum durchkommen. Selbst in diesem Chaos herrscht eine gewisse Ordnung, indem sich Gleichartiges aneinanderreiht. Auf dem rissigen, löcherigen Asphalt dagegen häufen sich die Abfälle – Bananenschalen und Mangokerne, Kohlblätter, Bohnenhülsen, Papierfetzen – und verströmen im Südsommer mit den Dämpfen aus den Abwasserkanälen einen gar unfeinen, dafür um so intensiveren Geruch.

Ein verschnörkeltes Holztor an der Südseite der Markthalle läßt an japanische Toriis denken, und tatsächlich betritt man hier das Asien Limas. So war es schon vor hundert Jahren, wie Ernst Wilhelm Middendorf berichtet: »Das

Hauptquartier der Chinesen sind die Läden der Markthalle und die daranstoßenden Straßen. Auf der südlichen und östlichen Außenseite des Marktes gehören ihnen fast alle Läden zu, und in dieser ganzen Gegend herrscht beständig ein widriger Geruch von Opiumrauch.«

Diese Rauschgifthöhlen sind offiziell schon lange verschwunden, auch ist die chinesische Präsenz weniger augenfällig als vor wenigen Jahrzehnten. Wohl gibt es noch etliche Kolonialwarenhandlungen in den Jirones Andahuaylas, Paruro und Ucayali mit unzähligen geheimnisvollen Päckchen und Spezialitäten in den Schaufenstern, doch die preisgünstigen Restaurants sind rar geworden, manche wurden in andere Stadtteile verlegt.

Eine Herzkammer des modernen Lima schlägt an der **Plaza Grau,** einem Eckpunkt der vizeköniglichen Festungsstadt. Hier, beim Wohnturm des Sheraton, strahlen einige der Hauptverkehrsadern nach Süden und zum Meer hin aus. Die riesige Statue in der Mitte des gigantischen Platzes verherrlicht in Admiral Miguel Grau den ›Helden von Angámos‹, einen außerordentlichen Strategen und kühnen Seemann in dem für Peru wenig ruhmreichen vierjährigen ›Salpeterkrieg‹ gegen Chile. Der Tod des Kommandanten mit dem Untergang des peruanischen Flaggschiffes ›Huáscar‹ 1879 war eine wichtige Vorbedingung für die folgenden Debakel im Landkrieg und die Besetzung Limas durch chilenische Truppen. Heute scheint der Seeheld geflissentlich über das Automeer hinwegzublicken.

Der Park nebenan sowie der Gebäudekomplex, der unter anderem das Kunstmuseum beherbergt, sind Ausdruck des kurzlebigen Guano-Wohlstands. Den Neurenaissancepalast baute 1872 ein italienischer Architekt nach Plänen des Schriftstellers Manuel Atanasio Fuentes (1820-1890) für eine große Industrieschau, mit der Peru dem Volk seine Modernität beweisen wollte.

Von der Plaza Grau an meerwärts erweist Lima sich als Gartenstadt: die Avenidas in der Mitte von Bäumen geteilt, die Quartiere von Parks durchgrünt, die endlos scheinenden

Reihen zweigeschossiger Wohnkuben in kleine, repräsentative Vorgärten sowie intime Patios eingebettet. Doch die Blätter- und Blütenpracht der Bougainvillas und Flammenbäume, der Rosen und Palmen, der Bananenstauden und Limonenbäumchen erfordert geduldige und ausdauernde Gärtner, außerdem viel Wasser. Sie sind ja alle der Wüste abgerungen.

Miraflores und Callao

Rund zehn Kilometer trennen Lima vom wichtigsten modernen Zentrum der Agglomeration. Nach der Fahrt durch die weite Zone der zartbunten Häuschen und charmanten Gärten tauchen die Wolkenkratzer von **Miraflores** wie Fluchtburgen auf. Manches Geschäft, manche Bank ist den Residenzen der Oberschicht gefolgt; mancher Hotelturm lebt von den Devisen wohlhabender Ausländer, die das unregierbar gewordene alte Zentrum mit seinen verfallenden Bauten, den kaputten Gehsteigen, dem Unrat und dem Gewimmel der fliegenden Händler gerne mit dem mondänen, heiteren Stadtteil am Pazifik vertauschen, wo die Meerbrise an den Tischtüchern schicker Cafés und Restaurants zupft und die neuesten US-Hits aus sämtlichen Lautsprechern dröhnen. In Miraflores manifestiert sich am reinsten die weltoffene Seite Perus sowie ein ungebrochener Fortschrittsglaube, der manchem Europäer etwas naiv vorkommen muß. Besonders die wohlhabende Jugend zelebriert hier unbefangen kalifornischen Lebensstil, mag das Verhältnis Perus zum großen Bruder im Norden noch so verkrampft und problembeladen sein.

Die sorgfältig gestylten Boutiquen an der Avenida Larco und ihren Nebenstraßen enthalten stets den letzten modischen Schrei; die umworbene Kundschaft kann sich in den Buch- und Zeitschriftenhandlungen an den einschlägigen Magazinen aus aller Welt inspirieren, seien es Kleider, Surfen, Autos oder Computer.

Uns Touristen werden nicht nur (sehr teure) Zimmer mit Meersicht angeboten, sondern erlesenes Kunsthandwerk und verlockende Antiquitäten. Freilich darf man die Preise nicht mit denen der Handwerkermärkte vergleichen, wo man um kleine Mitbringsel feilscht. Wer erstklassige Ware sucht, findet sie in Miraflores bestimmt.

Das Großstadtambiente verliert sich nur wenige hundert Meter vom dreieckigen Platz der ›Virgen Milagrosa‹ entfernt in weiteren Häuschenreihen und Paradiesgärten. Aber selbst im Zentrum ist das Wohlstandsgetto nicht perfekt: Im Park ruhen Bettler, halten Indiofamilien aus mitgebrachten Töpfen Mahlzeit – während in der Nähe Geschäftsleute am importierten Martini nippen.

Ein viel älterer ›Vorort‹ Limas und mit dem Regierungsviertel längst zusammengewachsen ist **Callao.** Seit Jahrhunderten dient die Halbinsel der Hauptstadt als Hafen – die weite Bucht im Norden La Puntas, vom offenen Meer zusätzlich durch die Insel San Lorenzo geschützt, galt den christlichen Seefahrern als eine der sichersten der Welt. Seit 1671 mit Stadtrechten versehen, war Callao öfters der Schlüssel zur Beherrschung Limas, wenn nicht gar des Vizekönigreichs. Es stand jedenfalls stets im Mittelpunkt freibeuterischer Interessen, lockten doch hier der Silberreichtum der Kolonie und die Abgaben für die Krone. Hier betraten die Vertreter des Königs von Spanien jeweils erstmals den Boden ihres immensen Verwaltungsbereichs, bevor sie von den lokalen Behörden vor die Tore der Residenzstadt geführt wurden, unter einem Triumphbogen ihren Eid mit dem Meßbuch in der Hand ablegten und beim Kreuz des heiligen Jakob schworen, die Rechte Limas nicht anzutasten. Darauf erst fand der feierliche Einzug statt mit federgeschmückten Indios voran, spanischen Musketieren, Reitern und Hellebardenträgern.

Callao sah also die Mächtigen kommen und gehen, empfing die Seeleute aus aller Welt und war letzte Bastion Spaniens in Amerika. Das Fort Real Felipe, 1774 angelegt und noch heute die Landzunge dominierend, hielt über ein Jahr der Belagerung der Republikaner stand, bis am 22. Januar 1826 – viereinhalb Jahre nach der Unabhängigkeitserklä-

rung – der Festungskommandant sich bedingungslos und
ausgehungert ergab. Der letzte Vizekönig, José de La Serna,
hatte Peru schon ein Jahr zuvor verlassen.

Das Meer, Callaos Reichtum, entpuppte sich als sein Verhängnis in der Schreckensnacht vom 29. Oktober des Jahres
1746. Das schwerste Erdbeben, das Peru je erlitten hat,
versetzte auch den Ozean in Aufruhr. Kaum verebbten die
Erdstöße, wich das Wasser an den Horizont zurück, um
als unwiderstehliche Flutwelle »mit entsetzlichem Brausen«,
wie ein Augenzeuge berichtete, den Hafen anzuspringen und
die ankernden Schiffe wie Nußschalen an Land zu werfen.
Eine Fregatte kam erst in Bellavista zum Halt, drei Kilometer landeinwärts. Nur zweihundert von mehreren Tausend
Einwohnern sollen die Flut überlebt haben; Callao war eingeebnet.

Es galt nie als feiner Ort. Die Chalacos standen stets im
Ruf besonderer Derbheit und Rauflust. Zum Hafen gesellten
sich im 19. Jahrhundert die Fabriken. In Callao wohnte das
Proletariat.

Das autonome Stadtdepartement bewältigt noch heute
drei Viertel des nationalen Seeverkehrs und zählt rund eine
halbe Million Einwohner. Neben den Arealen der Handels-
wie auch der Kriegsflotte südlich der Rímacmündung, den
langgestreckten Lagerhallen, Benzintanks und Werftanlagen
sowie den einfachen Wohnquartieren der Hafenarbeiter
überlebten in La Punta etliche Villen der frühen Republik.
Die Landspitze im Ozean ist mit ihrem Promenierquai ein
beliebtes Ausflugsziel.

Real Felipe, Symbol des ›amerikanischen Mittelalters‹,
verwandelte sich in ein Museum – folgerichtig für Uniformen und Waffen.

Als Passagierhafen ist Callao heute bedeutungslos; auf
der Bahnlinie zwischen Hafen und Lima rumpeln nur noch
rostige Güterzüge. Doch Perus Tor zur Welt liegt nah. Der
internationale **Flughafen ›Jorge Chávez‹**, bei weitem der
wichtigste des Landes, verzeichnet mit über zwei Millionen
Fluggästen allerdings nur gut die Hälfte der Kapazität

Wiens, ein Viertel derjenigen Zürichs oder gar ein Neuntel
der Frankfurts. Trotzdem soll in der Wüste eine großflächi-
gere Anlage zur Entlastung entstehen. Der Namenspatron
Jorge Chávez ging in die Geschichte der Luftfahrt als un-
glücklicher Alpenüberquerer ein. Auf dem Weg von Brig
nach Domodossola kam seine einmotorige ›Blériot‹ an einem Septembermorgen des Jahres 1910 nach halbstündigem
Flug vom Weg ab und zerschellte.

Weit ehrgeizigere Pläne verfolgte 150 Jahre zuvor der
Visionär Santiago de Cárdenas, indem er die Luftreise von
Lima nach Cádiz anstrebte. 1761 veröffentlichte er die Studie
›Nuevo Sistema de Navegación por los aires, sacado de las
observaciones de la naturaleza volatíl‹ (Ein neues System
der Navigation durch die Luft, gewonnen aus Beobachtungen der natürlichen Flugwesen). Trotz ausbleibender Flug-
praxis trug ihm solches Sendungsbewußtsein den Beinamen
›Santiago der Flieger‹ ein.

Wer Perus Landschaften ›überfliegen‹ beziehungsweise
auf engstem Raum kennenlernen möchte, kann das im
›Parque de las Leyendas‹ tun – so etwas wie ein Märchen-
land. Mit viel gutem Willen wurden hier die drei Hauptregionen des Landes – Küste, Sierra und Selva – mit typischen Pflanzen, Tieren und Hausformen im kleinen wieder-
gegeben. Von der ursprünglichen Absicht ist leider im
Tumult des Kinderspielplatzes und mit der Ausweitung zum
eher schäbigen Zoo nicht mehr viel zu merken.

Peru in Museen

Gewiß kann nichts das Reisen ersetzen, läßt sich weder ein
Indiomarkt noch der Geruch des Regenwaldes oder die
dämpfende Wirkung der Höhe imitieren. Doch in diesem
großen Land, in dem Spanien, Frankreich und die Bundesrepublik Deutschland zusammen Platz fänden, weiß man Museen zu schätzen, die einem regionale Besonderheiten in einer
Gesamtschau näherbringen.

Die meisten und bedeutendsten Sammlungen befinden

sich in Lima. So wie die Metropole Güter und Menschen aus den Provinzen saugt, reißt sie die Zeugnisse vergangener und aussterbender Lebensformen an sich. Für Kultur hält sie sich ohnehin allein zuständig.

International renommierteste staatliche Sammlung ist zweifellos das ›**Museo Nacional de Antropología y Arqueología**‹ im Stadtteil Pueblo Libre. Der bescheidene Bau an der provinziell und intim wirkenden Plaza Bolívar läßt seinen unermeßlichen Reichtum kaum erahnen. Tatsächlich platzt das Museum, dem Jahr für Jahr Hunderte von neuen Objekten zufließen, aus allen Nähten. Um 1930 eingerichtet, können die wenigen tausend Quadratmeter Ausstellungsfläche längst nicht mehr mit der Flut neuer archäologischer Entdeckungen Schritt halten, so daß die Exponate sozusagen nur die Spitze eines Eisberges bilden, dessen Hauptmasse verborgen bleibt. Man kann nur auf den Neubau hoffen, der noch etwas weiter zum Meer hin, im Stadtteil Maranga, geplant ist.

Trotz der unsichtbaren Schätze in den Kellern und Außenlagern des Museums und trotz der staatsschädigenden Nachtarbeit der ›Huaqueros‹, der Grabräuber und Fledderer im ganzen Land, bietet es eine schwer überschaubare Fülle von Zeugnissen des vorspanischen Peru.

In der Vorhalle empfängt das Monster von Chavín die ahnungslosen Touristen, Schlüsselwesen altamerikanischer Mythologie. Wie ein stummer Wächter geleitet die Stele Raimondi den Besucher in die so fremdartige und ferne Welt dieser Hochkulturen.

Eine Vitrine in der westlichen Galerie führt zu den Anfängen menschlicher Existenz auf diesem Kontinent zurück: roh geschaffenes Steinwerkzeug zum Zerstoßen, Schneiden und Hauen. So plump, daß man sich fragt, ob es nicht Zufallsprodukte der Natur seien. Bei den Faustkeilen aus Chivateros, nicht weit von Lima, erkennt auch der Laie an zahlreichen Abschlagskanten den Formwillen von Handwerkern, die vor rund 12 000 Jahren wirkten. Obwohl sich die Archäologen erst in jüngster Zeit für die Vorgeschichte

Perus zu interessieren begannen, weil auf diesem Gebiet
materiell wenig Spektakuläres zu erwarten war, sind bereits
aus verschiedensten Landesgegenden Funde bekannt: Von
Lambayeque bis an die chilenische Grenze ließen die nacheis-
zeitlichen Jäger und Sammler Spuren zurück. Als besonders
ergiebig erwies sich die Höhle von Lauricocha bei Huánuco,
4000 Meter über dem Meeresspiegel: fünf Meter tief vermochte der Entdecker Cardich in den fünfziger Jahren
Schicht um Schicht mit Werkzeugen und Knochen von Beu-
tetieren freizulegen, darunter vollkommen gehauene Feuer-
steine. Man vermutet in den Höhlen eine Zufluchtstätte
dieser frühen Nomaden. In Toquepala, dem Kupferberg-
werk der Grenzprovinz Tacna, porträtierten ihre Zeitgenossen sich und die Tiere, die sie jagten.

Nun, Faustkeile sind in Europa auch zu sehen, und so
wird sich der zeitbewußte Besucher bald den auffälligeren
Zeugnissen der Hochkulturen zuwenden. Die Säle tragen
zum Teil ihre Namen; im übrigen läßt die Beschriftung viel
zu wünschen übrig.

Die *Chavínabteilung* bietet mehr als die Hauptfundorte
selbst, Chavín de Huántar miteingeschlossen. Von dort stammen die runden Dämonenköpfe, welche die Tempelmauern
zierten. Etliche sind Kopien von Originalen, die 1945 in
einem Erdrutsch verschwanden. Der Archäologe Julio Tello
hatte sie in merkwürdiger Voraussicht anfertigen lassen. Die
Steine geben jedoch manche Rätsel auf: Was bedeuten ihre
Größenunterschiede? Sollten die Tiermenschenfratzen
Gläubige abschrecken oder böse Geister? Symbolisieren sie
Opfertrophäen, wie die toten Augen vermuten lassen, oder
dienten sie als Galgen, wie eine Skizze Poma de Ayalas
zeigt? Doch woher sollte der Chronist des 16. Jahrhunderts
Praktiken seiner schriftlosen Vorfahren kennen, die über
zwei Jahrtausende zurücklagen?

Eine anschließende Halle birgt eine der beeindruckendsten Kostbarkeiten Chavíns: den Tello-Obelisken. Wieder
steht der Betrachter ziemlich hilflos einem verwirrend komplexen zweieinhalb Meter hohen Fabelwesen gegenüber, des-

sen Anatomie nur schwer zu ergründen ist. Vielleicht würde man es unter Drogeneinfluß besser verstehen und die Rituale erahnen, in deren Mittelpunkt es wohl stand. Das Monster scheint gegenüber der Raimondistele eher aufwärtszufliegen als zu schreiten. Peruanische Gelehrte um Federico Kauffmann Doig meinen darin trotzdem den Jaguar-Vogel-Gott wiederzuerkennen, während der Nordamerikaner John H. Rowe und seine Schüler einen Kaiman mit mißratenem Fischschwanz sehen. Pflanzen- und Tiermotive verleihen manchen Körperteilen Symbolcharakter und lassen sich vielfältig interpretieren. Vielleicht beabsichtigten Künstler und Priester genau das. Wirkt eine Gottheit, welche die Natur in ihren unzähligen Aspekten verkörpert, nicht besonders überzeugend? Kein Wunder, erweist sich der ›Kaiman‹ schließlich auch als Zwitter.

Chavín de Huántar und Condorhuasi, Garagay, Ocucaje, Pucará – der chavinoide Stil ist aus den verschiedensten Landesteilen vertreten und erweist sich als dominierende Kultur der Epoche zwischen 1200 bis 200 v. Chr. Wie der Betrachter leicht bemerkt, sind hier Motive und Techniken entwickelt, die in späteren Werken häufig wieder auftauchen.

In der Chavínabteilung befindet sich als Außenseiter das seltsame Lehmrelief der gekreuzten Hände. Es zierte die Nische eines Bauwerks in Kotosh bei Huánuco, das in den sechziger Jahren sorgfältig untersucht wurde. Seine Funktion bleibt unklar. Sein Alter: fast viertausend Jahre.

Die Schwerpunkte des Museums für Anthropologie und Archäologie liegen bei den klassischen Küstenkulturen von Moche, Nasca und Chimú. Besticht die überwiegend magisch-religiös motivierte Keramik Nascas durch ihre klaren, stilisierten Zeichnungen und leuchtende Erdfarben, faszinieren die Figurengefäße der Mochica und ihrer Nachfolger Chimú durch die Breite der dargestellten Lebensbereiche.

Überaus naturalistische Porträtköpfe stellen uns die Träger der *Mochicakultur* vor: Würdenträger, Krieger, Gefangene, Musikanten, Kranke, Krüppel. Die Gesichter von Hasenschartigen oder der lachende Blinde – aus der Zeit des

Frühmittelalters – berühren über die Jahrhunderte hinweg und trotz fremdartiger Lebensformen unmittelbar. Die unbefangenen erotischen Darstellungen, Eßwaren, Hausmodelle, gesellschaftliche Anlässe vermitteln – immer in der Keramik festgehalten – eine scheinbar heitere, genußreiche und mit der Natur verbundene Welt. Doch ihre Schattenseiten sind in den Vasendokumenten ebenso unübersehbar: opferheischende Götter, züchtigende Priester, gewappnete Krieger. Von suggestiver Kraft ist etwa die Tragmaske mit den Zügen eines Jaguarmenschen: Zum dunklen Holz kontrastieren das Weiß der aufgesperrten Augen und der furchterregenden Zähne grell. Zweifellos diente die Maske bei blutigen Zeremonien.

Nicht minder grausam ging es offensichtlich im *Nascareich* zu. Auch hier gehörte das Köpfen zu den wichtigsten Ritualen – die Trophäen baumeln in den Händen, am Gürtel, am Kopfputz des schnurrbärtigen Katzengotts. Manche der großartigen Tücher, in denen hochstehende Tote bestattet wurden, zeigen ihn fliegend und mit heraushängender Zunge. Die Darstellung von Feldfrüchten nahm bei den Nasca noch breiteren Raum ein als in der Mochicakultur – vielleicht weil ihr Gedeihen in der Wüstenhochebene noch stärker vom Erfindungsgeist der Bewässerungstechniker, der Umsicht der Ackerbauern und dem Wohlwollen der Götter abhing als an den Küstenflüssen.

Die Nascakeramik besteht weniger in Figuren als in Malerei. Die Leuchtkraft der Erdfarben verleiht den schematisch gezeichneten Motiven eine überaus intensive Ausstrahlung. Die Töpfer haben offensichtlich den Webkünstlern oder -künstlerinnen über die Schultern geguckt.

Zu den Kostbarkeiten des Museums gehören einige der schönsten Tücher aus *Paracas*. In den ersten Jahrhunderten unserer Zeitrechnung gefertigt, steht in diesen Totenhüllen immer der fliegende Katzengott, Herr über Leben und Tod, Mittler zwischen Diesseits und Jenseits, im Mittelpunkt. Unter den Variationen des Mischwesens mit Menschen-, Puma-, Geier- und Reptilienzügen fällt ein Gewebe auf, das — eckig schematisiert — eine reine Katze darstellt, die wiederum mehrere Katzen in sich birgt. Nur die menschlichen Trophäenköpfe an Bart- und Schwanzende verraten den Dämon, der die Vorstellungswelt der alten Peruaner beherrschte.

Neben den großen Umhangtüchern, ›Mantos‹, gibt es verschiedene kleinere Stücke zur Bekleidung der Toten wie den ›Unco‹, eine Art Hemd, die ›Uncucha‹, ein kleiner Poncho, oder die ›Falda‹, ein Tuch um die Hüften. Diese Bezeichnungen stammen aus dem Quechua und wurden dort für ähnliche Kleidungsstücke der Inkas gebraucht. Technisch gehören die Paracasstoffe zum raffiniertesten, was die Webkunst weltweit zu bieten hat. Die Garne sind oft gemischt: Baumwolle und Leinen mit den Haaren von Lama und Vicuña.

Wer die zweite panperuanische Kultur, *Huari,* genauer kennenlernen will, kann das nirgends umfassender tun als im ›Museo Nacional de Antropología y Arqueología‹. Die Keramik wirkt etwas roh gegenüber derjenigen des Mochica- und des Nascareiches, enthält aber interessante graphische Elemente, welche die Verschmelzung von Hochland- und Küstentraditionen anzeigen. Manche Becher und Plastiken erinnern an heutige Volkskunst; sie besitzen trotz der einfachen Form und einer gewissen Plumpheit Anmut und Leben.

Von hohem künstlerischem Niveau ist dagegen die mehrheitlich anthrazitfarben gebrannte *Chimúkeramik.* Mehr noch als ihre Vorgängerkultur der Mochica verrät sie eine in der Tier- und Pflanzenwelt verwurzelte Mythenwelt, in der Affen, Frösche, Krabben, Fische, Wasservögel neben Puma und Kondor die Hauptrolle spielen. Wie ein Markenzeichen ziert ein kleines Äffchen an Henkel oder Ausguß viele Figurengefäße.

Mehrere Räume sind schließlich den *Inkas* gewidmet. Hier ist der Anteil an Gebrauchsware, Alltagsgerät zwangsläufig höher als bei den älteren Gemeinschaften, was die einfachen Dekors zum Teil erklären mag. Erinnern einzelne Stücke an Tiahuanaco- oder Huarikeramik, zeigen formvollendete kleine Amphoren die Geistesverwandtschaft mit der zeitlich wie räumlich fernen Vicúskultur. Tier- und Pflanzenmotive sind auch hier vorhanden, vor allem das Lama kommt zu seinem Recht als wichtigstes Haustier der Sierra. Mythologie und Religion dagegen erscheinen nebensächlich – oberste Gottheit war schließlich die Sonne. Waren sie und ihr Stellvertreter auf Erden, der Inka, kein Thema für die Künstler, oder zerstörten die Spanier konsequent alle Objekte, die den heidnischen Glauben berührten?

Detailliert geben die Zeugnisse aus dem Tahuantinsuyo Aufschlüsse über Alltag und Brauchtum der Indios. Neben Haushalt- und Ackerbaugerät, Schmuck und Waffen sind vor allem die ›Quipus‹ interessant. Die seltsamen Schnurgebilde dienten, wie bereits die Chronisten des 16. Jahrhunderts als Augenzeugen berichteten, als Schriftersatz für die straff organisierte Verwaltung. Die Wollschnüre enthalten Statistik – jede drückte Zahlen aus je nach Art und Stellung der Knoten. Man vermutet, daß die Färbung die Zähleinheit ausdrückte, also ob etwa Vieh, Getreide oder Soldaten bezeichnet waren. Im Gegensatz zu den eigentlichen Zahlwerten sind diese Chiffren jedoch unklar, genauso wie die Bedeutung von Verzweigungen oder Hilfsschnüren. Es erstaunt, daß keiner der Spanier sich das System erklären ließ und einen Schlüssel dazu lieferte.

Peru galt stets als Kulturraum ohne Schrift. Die Archäologen sind davon nicht mehr so überzeugt wie noch vor wenigen Jahrzehnten. Denn neben den Quipus sind Zeichensysteme überliefert, die eigentlich nur der Informationsvermittlung gedient haben können. Einzelne Gelehrte sehen schon in den Bohnen mit präzis schematisierten Fleckenmustern, die Gefäße und Tücher von Paracas oder Moche zieren, einen Code. Andere vermuten in Tontafeln mit gleichmäßigen Vertiefungen Rechenbretter. Noch mehr zu denken geben jedoch die ›Tocapo‹, mit geometrischen, sich unregelmäßig wiederholenden Symbolen durchwirkte Tücher. Einzelne Zeichen erscheinen auch auf Keramikstücken der Inkazeit. Gegen vierhundert sind bekannt, darunter die Vier, die Acht, das Z, Kreuze und Rauten.

Bei Schriftstücken in unserem Sinn hätten sich die Gelehrten schon lange um die Entzifferung bemüht. Da diese Zeichen aber überwiegend Überwürfe, ›Uncos‹ schmücken, nahm kaum jemand die Begriffe ernst, die der Bonner Professor Thomas Barthel seit Anfang der siebziger Jahre einzelnen Zeichen zuwies. Der Amerikaner Burns sieht in einigen Tocapo sogar eine Konsonantenschrift, die gleichzeitig die Ziffern definiere.

Sicher ist, daß die Piktogramme geringen praktischen Wert besaßen und keine Verbreitung fanden. War es vielleicht eine Geheimschrift der Priester? Verzeichnis heiliger Formeln, wichtiger Vorratslager? Wir wissen es nicht.

So verläßt man das berühmteste Museum Perus fasziniert, mit unzähligen Eindrücken und etlichen Rätseln befrachtet. Auch viele Besuche und Lektüre immerzu deutender Literatur vermögen die peruanische Vergangenheit nicht restlos zu erhellen. Rastlos wird gegraben, geplündert; tausendfach wird die Totenruhe verletzt, doch die Geheimnisse bleiben. Sie umgeben uns mitten in der Großstadt, hinter spanischer Fassade, in den Gesichtern der Menschen verborgen, in deren Adern das Blut der Chavín, der Mochica oder Inkas fließt. Wie wollen wir Touristen dieses Land kennenlernen, wenn es den Spaniern während Jahrhunderten fremd blieb?

An mehreren Orten läßt sich der Eindruck aus dem Nationalmuseum für Anthropologie und Archäologie vertiefen: im Rafael-Larco-Herrera-Museum im selben Quartier mit dem Schwerpunkt auf Mochicakeramik; der Privatsammlung Amano in Miraflores mit außerordentlich schön und ›verdaulich‹ präsentierten Schätzen der Nasca-, Chimú- und Chancaykulturen; im Museo Banco Central de Reserva in der Nähe des Torre-Tagle-Palasts, das fast ein Monopol auf die auffallend formschönen Vicúsfiguren aus dem Norden des Landes besitzt; die wertvollste Ergänzung bietet wohl das Goldmuseum im südöstlichen Vorort Monterrico.

Das ›**Museo Oro del Perú**‹ – trotz des offiziösen Namens
eine Privatsammlung – beherbergt Kleinkunst, die zum Teil
weltberühmt geworden ist und nicht zuletzt ganze Briefmar-
kenserien füllte. Mit dem stolzen Eintrittspreis erkauft man
sich einen Blick auf die Schätze, die den spanischen Plünde-
rern entgingen: die Goldmasken aus Nasca und Chimú,
Silberbecher der Inkas, Pokale der Huarikultur, feinste Kno-
chenritzungen im Chavínstil und – als Prunkstück – einen
Tumi aus Lambayeque, der über den Raub seines legendären
Gegenstücks aus dem ›Museo Nacional de Antropología y
Arqueología‹ hinwegtrösten soll. Unfaßbar, daß jenes Juwel,
das in Imitationen jeder Größe die Andenkenläden füllt,
einfach eingeschmolzen wurde, um ein Kilo Gold zu gewinnen. Oder wird das Meisterstück aus Lambayeque eines
Tages doch nach manchen Irrwegen auf dem Kunstmarkt
auftauchen?

Den Griff der halbmondförmigen Silberklinge bildet das
Porträt Naymlaps, des legendenumwobenen Gründervaters
der Mochica. Im Profil als Falke dargestellt, soll er nach der
Überlieferung mit einer Flotte von Balsaflößen mit vielen
Konkubinen und Begleitern aus nördlichen Gewässern her-
gekommen und an der Mündung des Lambayequeflusses
gelandet sein. Nach seinem Tod hätten ihn seine Nächsten
heimlich begraben und dem Volk erzählt, plötzlich seien ihm
Flügel gewachsen, mit denen er sich in die Luft geschwungen
und davongemacht habe. Worauf die bestürzten Vasallen
alles liegenließen und sich auf die Suche nach dem ent-
schwundenen Herrn machten.

Diese Geschichte mag den Vogelkopf Naymlaps erklären.
Das Gesicht und die Haube des Idols entsprechen beim Tumi
des Goldmuseums weitgehend dem gestohlenen National-
kleinod, doch wurde hier der Körper nicht ausgearbeitet
und es fehlt ihm die vollendete Harmonie.

Der Tumi, dieser Zwitter zwischen Axt und Messer, ist
typisch für Nordperu. Die ältesten Nachweise stammen aus
der Vicús- und der Mochicakultur. Und seine Verwendung
zeigt eine mondförmige, grünlich korrodierte Klinge im

Goldmuseum: Zwei Vogelmenschen, wohl verkleidete Priester, halten einen Mann mit ergeben geschlossenen Augen
fest, und der eine setzt den Tumi gerade auf Herzhöhe an,
um die Brust zu öffnen.

Selbst das ›Museo de Arte‹ verfügt über eine archäologische Abteilung, die einen Überblick vermittelt. Im übrigen
wird hier nun das koloniale und republikanische Peru vorgestellt, was leider schon die einzige Orientierungshilfe in
dem konfus angeordneten sowie mangelhaft und willkürlich
dokumentierten Museum sein kann. Die Wanderung führt
vom Eingang rechtsherum durch Kunsthandwerk der vizeköniglichen Epoche zu den vorkolumbischen Kulturen,
die linksherum von zeitgenössischer Kunst über Wohninte-
rieurs des 19. Jahrhunderts zu den Malschulen der Kolonialzeit.

Die zum Teil spiegelbesetzten Prunkrahmen umfassen
durchweg christliche Motive – Heilige, das Böse besiegend,
streitbare Engel in Hut und Stiefeln, die Büchse zur Hand
und mit Spitzenmanschetten geschmückt. Flandrische Renaissance mischt sich mit indianischer Volkskunst; in europäischen Landschaften gedeihen tropische Früchte, aus nie-
derländischen Dörfern blicken Indiogesichter. Goldstern-
chen und reichstes Spitzengewebe kleiden die heilige
Jungfrau, und die himmlischen Heerscharen sprengen als
spanische Ritter daher. Die Mestizenkünstler der Quito- und
Cuscoschule zaubern Unschuld und volkstümlichen Liebreiz
in die strengen Vorbilder.

Zeigt die Malerei des 17. und 18. Jahrhunderts noch diese
Symbiose von abendländischen und indianischen Vorstellungen, zeugt die republikanische Kunst von einer paradoxen
Abhängigkeit von den europäischen Kulturströmungen.
Aus der Masse gefälliger Akademie- und Porträtmaler stechen nur zwei als ›peruanisch‹ heraus: Francisco Laso (1823
bis 1869) mit mythisch überhöhten, teilweise an Böcklin erinnernden Szenen aus der Welt der Mestizen und José Sabo-
gal (1888-1956), dessen Sierramotive zum erstenmal in der
peruanischen Malerei ernsthaftes Interesse für die Urein-

wohner verraten. Sein ›Alcalde de Chincheros‹ ist ein Indio – im Gegensatz zu Lasos ›Indio Alfarero‹, zu dem offensichtlich ein Mestize Modell gesessen hat, oder dem seinerzeit bewunderten Historiengemälde Luis Monteros, welches das Begräbnis Atahualpas idealisiert: den Inka in oliver Blässe auf dem Totenbett, einen wohlgenährten Priester, der die Totenmesse liest, klagende Frauen, die dem Sohn der Sonne in den Tod folgen möchten und von gepanzerten Kriegern an den Haaren zurückgehalten werden. Man weiß, daß Montero diese ›Indianerinnen‹ in Italien mit einheimischen Statistinnen malte. Die romantische Geschichtsfälschung schmückt heute das Treppenhaus des Museums. Und im Foyer grüßt – 1,50 Meter hoch und aus Kunststoff – Filmheld E. T.

Der einzige Ort, der Einblick in die vielfältige Alltagskultur der neueren Zeit gewährt, ist das ›Museo Nacional de la Cultura Peruana‹ an der Avenida Alfonso Ugarte. Es stellt Volkskunst, Kleidung und Gebrauchsgegenstände aus den verschiedenen Landesteilen vor.

Einige Hoffnungen hegt der Besucher in bezug auf die naturkundliche Sammlung, das **›Museo de Historia Natural‹**. Sie gehört zur Universität San Marcos, vermittelt aber leider nur einen willkürlichen und unvollständigen Eindruck der Flora und Fauna Perus. Die Insektenwelt etwa ist überhaupt nicht vertreten, manche Exponate drohen bei der geringsten Erschütterung in einer Staubwolke zusammenzufallen, und die wenigen präparierten Säugetiere leiden unter akutem Haarausfall.

Man mag sich trotzdem am Tití, dem handgroßen ›kleinsten Affen der Welt‹ ergötzen (Cebuella pygmea) oder an einem wenig größeren Vetter mit imposantem Kaiser-Wilhelm-Schnauz (Sanguinus imperator); es gibt einige wunderschöne Vögel; die reichhaltigste und für Lima eben doch naheliegendste Sammlung betrifft die Meeresfauna. Neben der Vielfalt an Krustentieren beeindrucken etwa monströse Schildkröten (Chelus fimbriata) oder der aus 800 Meter Tiefe stammende anderthalb Tonnen wiegende mühlsteinähnliche Sonnenfisch.

Der Ökologiesaal im Untergeschoß erfüllt zwar nicht hohe ausstellungstechnische Ansprüche, bietet aber in geraffter Form Einblick in die Lebensbedingungen an der Küste, in den Anden und im östlichen Tiefland, informiert über Ernährung, Krankheiten, Todesursachen und ihre Häufigkeiten sowie die eben erst realisierten Umweltgefahren. Denn vor denen ist auch das im Vergleich zu Mitteleuropa zehnmal dünner besiedelte Peru nicht gefeit.

Die Umgebung Limas

Im limenischen Winter, wenn der Küstennebel auf das Gemüt drückt und die feuchten fünfzehn, sechzehn Grad einen frösteln lassen, wirkt ein Ausflug nach **Chosica** Wunder.

In der Kleinstadt rund 900 Meter über dem Meer trifft sich die gute Gesellschaft zum Sonnenbaden. Denn Chosica ist praktisch immer nebelfrei: Villen, Bungalow-Hotels, Schwimmbäder und gepflegte Restaurants lassen die ›Garua‹ vergessen. Hinter dem Ort türmen sich bereits die Randketten der Anden.

Die einstündige Fahrt durch das Rímactal bringt die Begegnung mit dem antiken, vorkolumbischen Lima. Nur acht Kilometer von der Stadtgrenze entfernt zeichnen sich die Umrisse des **Palasts von Puruchuco** auf der südlichen Straßenseite ab. Mit über sieben Meter hohen Mauern ein stattliches, restauriertes Bauwerk, das nach spanischen Quellen die Residenz eines Inkagouverneurs war. Die trapezförmigen Nischen, Fenster- und Türöffnungen weisen eindeutig auf Inka-Architekten hin, die Grundmauern und der Eingang sind jedoch älter.

Näher bei Lima zweigt die Nebenstraße nach **Cajamarquilla** ab. Am Fuß vegetationsloser, schroffer Hügel dehnt sich hier das Labyrinth einer Stadt aus, die bereits bei der Eingliederung der Küste in das Inkaimperium verlassen gewesen sein soll. Hohe Adobemauern trennen Quartiere ab, die wahrscheinlich unterschiedliche Funktionen erfüllten. Brunnen und Plätze waren die Treffpunkte einer Bevölke-

rung, die der Huarikultur zugerechnet wird und Cajamarquilla oder Jicamarca wohl zwischen 800 und 1200 belebte.
Die ersten Ansiedler im Rímactal waren sie keineswegs.
Bis ins zweite vorchristliche Jahrtausend lassen sich ihre
Ahnen um Cajamarquilla zurückverfolgen; Vasen deuten
darauf hin, daß ab etwa 700 v. Chr. der Chavínstil in Mode
war, und die vorkeramischen Siedlungsspuren im benachbarten Chillóntal lassen viel ältere Wurzeln erkennen.

Ebenso vergangenheitsträchtig ist das Luríntal. Fährt man
auf der Panamericana südwärts, an der baumbestandenen
vornehmen Gartenstadt Monterrico und an weiten, graue
Hügelzüge überwachsenden Elendssiedlungen vorbei, erreicht man nach knapp dreißig Kilometern **Pachacámac.**
Der mächtige Stufentempel auf einem Hügel am Rand der
Flußoase ist unübersehbar. Auf einem Nebenhügel und in

der Ebene sind weitere Ruinen zu erkennen, die meisten stark verfallen und kaum zu unterscheiden vom Wüstenstaub, aus dem sie entstanden.

Es ist eine der heiligsten Stätten Altamerikas, ein Delphi oder Mekka der Neuen Welt. Wallfahrtsort und Orakelzentrum, mythenumwoben und geheimnisvoll. Die Architektur erzählt Geschichte – in den spektakulärsten, renovierten Teilen der weitläufigen Anlage werden nicht die Träger der lokalen Kultur, sondern die Inkas gewürdigt, die der Küstenbevölkerung protzig ihre Macht und ihren Gott vordemonstrierten. Denn der große, alles überragende Sonnentempel ist ein Spätling, von den Priestern in Cusco angeordnet, um die Religion des Tahuantinsuyo durchzusetzen und den Irmakult in den Schatten zu stellen. Der Überblick von der obersten der fünf Plattformen des Sonnentempels beeindruckt: Auf der einen Seite die Vorgebirge der Anden, auf der anderen der Pazifik, richtet sich das Küstenheiligtum nicht nach dem Tagesgestirn, sondern nach Berg und Meer. Der Sonnentempel bildet die südliche Bastion. Aus großen Lehmziegeln um 1450 auf Steinfundamenten errichtet und rot bemalt, trug er zuoberst das Sonnenheiligtum. Wohl um den Einheimischen die Sache schmackhaft zu machen, begründeten die Inka-Architekten ihren Auftrag mit einem Wunder: Der zukünftige Herrscher Túpac Inca hätte noch im Mutterleib davon gesprochen, am Ort des Weltenschöpfers Irma einen Tempel zu bauen.

Irma erhielt den entsprechenden Quechuanamen Pachacámac, und trotz des Sonnenkults spielte er weiter die Hauptrolle am Ort. Am westlichen Rand der Gesamtanlage hausten allerdings in strenger Abgeschiedenheit die Sonnenjungfrauen. Dieses dreigeschossige ›Acllahuasi‹ mit an Cusco erinnernden Grundmauern und trapezförmigen Tür- und Fensteröffnungen, auffallend vielen Nischen und Wasserwannen, wurde restauriert, erlitt aber in den letzten Jahren etliche Erdbebenschäden.

Zwischen diesen beiden Inkastätten liegen die Ruinen von Nebengebäuden, die wahrscheinlich den Pilgern Herberge und Verpflegung boten. Der große rechteckige Platz diente wohl als Versammlungsort und Aufmarschraum für Zeremonien.

Der alte Haupttempel, in dem das Holzidol Pachacámacs oder Irmas regierte, überdauert nur als verwitterte, teilweise zerstörte Stufenpyramide im Schatten des Sonnentempels. Er wurde wahrscheinlich in der zweiten Hälfte des ersten Jahrtausends unserer Zeitrechnung aus kleinen Adobeziegeln errichtet und war wohl wie der nordöstlich anschließende Treppenbau mit Erdfarben bemalt.

Als eine spanische Reiterschar unter Hernando Pizarro im Januar des Jahres 1533 in Pachacámac erschien, um sich der Tempelschätze zu bemächtigen, fand das Mysterium ein abruptes Ende: Zur Bestürzung der Orakelpriester erklommen die Weißen sofort – ohne die vorgeschriebenen Reinigungs- und Fastenriten – den Sonnentempel, durchstürmten die zahlreichen Vorhöfe und Blindgänge der obersten Plattform und zwangen den Hohepriester, das Allerheiligste zu öffnen. Statt des erhofften Goldes fanden sie in dem kleinen, fensterlosen, stickigen Raum die verwesenden Kadaver geopferter Menschen und Tiere sowie – eine Überraschung in diesem sogenannten Sonnenheiligtum – eine lanzenförmige Holzfigur, das Idol des alten Gottes Irma. Pizarro ließ es unverzüglich verbrennen, ohne auf die Proteste der Einheimischen zu achten. Ihnen blieb auch die Genugtuung verwehrt, das Sakrileg durch übersinnliche Kräfte bestraft zu sehen.

Wunder oder Zufall, daß Pachacámac, der Schöpfer- und Orakelgott, in unserem Jahrhundert wieder als Holzidol auferstand? Bei Grabungen im alten Haupttempel stieß jedenfalls Albert Giesecke 1938 auf die Stele, die Mittelpunkt des lokalen Museums ist: ein fast zweieinhalb Meter langer, mit Pflanzen- und Tiermotiven verzierter Holzstab, der vom stehenden janusköpfigen Gott gekrönt wird. Er entspricht den wenn auch summarischen Beschreibungen der Frevler Hernando Pizarro und Miguel de Estete. Mit seiner scharfen Hakennase und vor- wie rückwärts die Zähne fletschend, macht er einen strengen Eindruck. Doch trägt er Mais und Wasser – die Lebensgrundlagen der Indios.

Die Mythen schildern Pachacámac als Geist, der Frau und Sohn besaß und sich auch als Stein manifestierte; die Inkas hoben seine begrenzten Fähigkeiten hervor – und wandten sich dennoch an seine Orakelstätte.

Das Idol im Museum gehört stilistisch zur Huari-Epoche zwischen 800 und 1200. Ruhen noch ältere Inkarnationen Irmas in der Erde? Das Luríntal birgt jedenfalls Siedlungsspuren, die über chavinoide Formen kontinuierlich bis in die vorkeramische Epoche zurückreichen.

Die Stimmen der Priester und Sonnenjungfrauen, der Tempeldiener, Händler, Kranken, Gebrechlichen und Ratsuchenden Pachacámacs sind verstummt, den Rufen der Touristen und den Erklärungen der Führer gewichen. Geblieben ist das Rauschen von Meer und Wind. Und die Sorge der Menschen um ihre Saat, das richtige Maß an Wasser. Das Glück liegt zwischen den Extremen – der Dürre und Überschwemmung. Schöpfung und Zerstörung, das ist Pachacámac.

Die nördliche Küste

Wüstenfahrt

Die Seefahrer des 16. Jahrhunderts zeigten sich wenig erbaut von der Landesnatur Perus; im Gegensatz zu weiten Küstenabschnitten Afrikas, der Karibik oder den sagenhaften Gewürzinseln wiegten sich hier keine Palmen im Wind zum Willkommensgruß und paddelten keine tauschwilligen Eingeborenen mit Früchten und allerlei Leckerbissen den Galeonen entgegen – Peru zeigte sich öde und abweisend. Hätten die Spanier auf der Suche nach Wasser in Tumbes keine Goldgefäße in den Händen der Indianer erblickt, würden sie diesen Gestaden wohl bald den gepanzerten Rücken gekehrt haben.

Auch heute äußern sich viele Perureisende eher abschätzig über den langen Wüstenstreifen zwischen Anden und Pazifik, schimpfen über den Staub, der selbstverständlich fast alles durchdringt, und das grelle, fahle Licht, das die Erinnerungsfotos so unansehnlich blaß werden läßt.

Die Schönheit dieser Landschaft ist subtil, transzendent. Diese Wüste ist keineswegs monoton, wie manche behaupten; sie verändert sich mit der Tageszeit, mit dem Gestein, das ihr zugrunde liegt, und mit dem Regiment der Winde. Sie bietet allerdings unseren fernsehgehetzten Augen kein Spektakel, keine Farborgien; sie führt den Blick sanft in die Weite, läßt ihn ruhig über den vegetationslosen Erdkörper gleiten.

Lima ist der Bauchnabel Perus, Punkt Null der Kilometersteine, die die Panamericana säumen: 1339 zur Nord-, 1340 zur Südgrenze des Landes. Und obwohl dieser Lebensnerv der Binnenwirtschaft unterhalten und gehätschelt wird wie kein anderer Transportweg im Land, dauert die Fahrt mit Sicherheit zwischen zwanzig und fünfzig Stunden – auch ohne schwere Panne. Denn Sonne, Wind und reißende Flüsse setzen dem Menschenwerk unablässig zu. Dünen begraben es unter enormen Sandhaufen, der Asphalt bricht unter der Hitze auf, wirft Blasen; Wildbäche reißen ganze Straßenstücke weg.

Davon ahnt man freilich bei der Abreise in Lima nichts. Wohl verlassen die meisten der bequemen ›Pullman‹ die Metropole mit einer, zwei Stunden Verspätung, doch wer will denn bei solchen Distanzen schon kleinlich sein? Und die ersten zwanzig, dreißig Kilometer der Panamericana entsprechen beinahe europäischem Standard.

Die Straße läßt Ancón links liegen, das renommierte Seebad der Limeñer Oberschicht mit vorchavinoiden Stadtruinen. Die Küste wird in nördlicher Richtung bald sehr steil; nur langsam kriechen die überladenen Lastwagen die kurvenreiche Trasse hoch, die auf alten Meeresböden liegt. Seltsame Löcher im grauen Wüstenboden verraten die Gräberfelder von Chancay, die durch Grabräuber, ›Huaqueros‹, geplündert werden. Die vorinkaische Kultur wurde vor allem durch ihre Webkunst und die den Toten beigesellten Stoffpuppen bekannt.

Hoch über dem Pazifik, im Fahrzeug ameisengleich an die Felswand geschmiegt, läßt sich nun so weit man sieht der weiße Brandungssaum verfolgen. Vor der kleinen Hafenstadt Huacho schneidet die Panamericana eine Halbinsel ab. Kurz nach Pativilca taucht die mächtige **Festung Paramonga** an der Bergseite auf.

Sie verlieh sogar dem nahen Fluß den Namen: Rio Fortaleza. Ihre Grundlage ist ein natürlicher Felssockel. Paramonga gilt als südliche Bastion der Chimú gegen die später siegreichen Inkas. Drei aus Adobe gefügte Plattformen gewährleisten einen Ausblick bis zum Meer. Die mittlere trägt Ruinen mit schachbrettartigen Wandmalereien. Sie und die Raumaufteilung der obersten Terrasse lassen manche Archäologen in Paramonga primär einen Tempel vermuten, der erst nachträglich – um 1450 – zu Verteidigungszwecken ausgebaut worden sein soll.

Kein größerer Ort bis Casma; 150 Kilometer reine Wüstenfahrt.

Reine Schönheit auch. Die geringsten Nuancen treten überdeutlich hervor: das feine Geäder unzähliger Rinnen und Furchen im kahlen Gestein, die Bahn jedes durch den Sand gerollten Kiesels; hauchzarte Pastellfarben, durch unsichtbare Mineralien gemischt, verzaubern weite Flächen grün, beige, orange, gelb und violett; vor Huarmey spielt der Pazifik Verstecken hinter Cañons und Felstoren – Durchblicke von magischer Kraft. Man fühlt sich als Mensch sehr klein an dieser Grenze zweier Urlandschaften, der Wüste und dem Weltmeer.

Und wieder ändern sich Farben und Formen: Dunkelgraue Felszacken ragen aus weißem Sand heraus; den zusammengekniffenen Augen erscheint er wie Schnee. Doch da sind die Windrippeln, Wellenmuster im luftgestreichelten Boden. Sand so fein wie Staub. Wir sahen ihn nachts wie Geister über dem schwarzen Asphaltband tanzen.

Wenn sich das Auge erst an diese leisen, klaren Töne und Linien gewöhnt hat, schockiert das Pflanzengrün der Flußoasen. Auf die Geometrie der Natur folgt das pralle Leben. Die Grenze ist messerscharf, mit den Flußniederungen beginnt das üppige Kulturland: Baumwolle und Zuckerrohr, Reis und Gemüse, Fruchthaine. Hell leuchten die Häuserquader der Stadt, im Zentrum der gedrungene Turm einer Kirche. Nur die Armenviertel dehnen sich in die Wüste aus. Und auf den staubigen Feldwegen trotten Esel, traben Pferde mit ihren Mestizenreitern.

Bei den Agenturen der Überlandbusse herrscht Gedränge; nur mühsam gelangt der Reisende dazu, sich die Füße zu vertreten zwischen den neuen Fahrgästen und ihrer Sippe im Abschiedsschmerz, zwischen glücklichen Empfangskomitees, Wartenden und Gaffern. Flinke Frauen und Kinder bieten im Bus Erfrischungen an: Obst, Limonaden, Süßigkeiten und Sandwiches.

Casma lebt von der Baumwolle. Ende Januar, Anfang Februar quillt die weiße Watte aus den aufgeplatzten Samenkapseln. Sie wird hier von Hand gepflückt, in große Säcke gepreßt, und abends sieht man hochbeladene Lastwagen langsam zu den Sammelstellen tuckern. Peruanische Baumwolle wird im Ausland als hochwertig geschätzt.

Ein Stadtzentrum ist nicht so genau auszumachen. Zwar gibt es eine auffallend moderne Markthalle, andererseits einen gespenstisch anmutenden Platz mit alten Bäumen und Häuserruinen. Casma erlitt 1970 schwere Erdbebenschäden. Das Landstädtchen zieht niemanden in Bann; seine Attraktivität liegt in der archäologisch besonders interessanten Umgebung. Hier trotzten die ältesten Großbauten Amerikas den Erdbeben und Stürmen.

Das am besten erschlossene Monument ist der **Tempel von Cerro Sechín.** Ein Wegweiser ist schon an der Panamericana zu finden, an der Abzweigung nach Huarás. Stimmungsvoller ist allerdings die knapp einstündige Fußwanderung von Casma aus durch die friedliche Oase. Man nehme dankbar die Freundlichkeit der Bauern am Weg, den Schalk ihrer Kinder, die Fruchtbarkeit der Gärten und Felder sowie den wohltuenden Schatten der Eukalyptus- und Akazienalleen wahr. »Edel sei der Mensch, hilfreich und gut«, geht einem als Antithese durch den Kopf, wenn man dann erschüttert vor den Horrorvisionen der äußeren Tempelmauer steht. In genialer Einfachheit und anatomischer Detailtreue sind hier verstümmelte Menschen und Leichenteile in tonnenschwere Dioritblöcke geritzt: Sterbende mit aufgerissenen Augen, schmerzverzerrtem Mund und gesträubtem Haar; Tote mit geschlossenen Lidern, den Rumpf entzweigeschnitten, mit herausquellenden Eingeweiden oder erbrochenem Blut; einzelne Glieder, Köpfe, Arme, Becken, Wirbelsäulen. Bilder des Grauens – nicht als diskretes Mahnmal, sondern großformatig zelebriert. Hunderte von Blöcken, bis vier Meter hoch, bilden das makabre Mosaik.

Kriegs- oder Opferszenen? Wer war dieses Volk, dem der Tod als Schlächter entgegentrat? In Sechín ist er als Priester porträtiert, der mit einem schweren Streitaxt-Szepter in der Hand daherschreitet. Mit Kopfputz, fletschendem Gebiß und rauschartig nach oben gerichteten Pupillen vertritt er offensichtlich den Raubtiergott, der die altperuanische Mythologie über Jahrtausende dominiert. Und über seine Wange zieht sich die Tränenspur, die Viracocha von Tiahuanaco oder den Hauptgott von Nasca kennzeichnet. All das läßt auf große Ritualopfer schließen.

Man fragt sich nur, weshalb sie einen so hohen Stellenwert einnahmen, um diese aufwendige Darstellung zu rechtfertigen. Lag dahinter doch eine Abschreckungsabsicht, die Einschüchterungstaktik machtbesessener Priesterfürsten? Man weiß es nicht. Über dreitausend Jahre trennen uns von dieser blutrünstigen Kultur.

Doch ihre Verwandtschaft mit Chavín ist unübersehbar: in der Ritztechnik, den gleichen Rundschädeln mit Knollennasen, den breiten, dicklippigen Mündern. Schließlich sind sich auch die Tempelanlagen ähnlich. Kohlenstoffdatierungen weisen Sechín als älter aus, eine Vorstufe des formativen Stils und der peruanischen Religion.

Der Tempel selbst enthüllt eine Entwicklung über mehrere Jahrhunderte. 1937 von Julio C. Tello entdeckt, entpuppte sich die streng symmetrische, rechteckig verschachtelte Anlage als mindestens dreiphasig: Am Anfang steht der Kern mit teilweise gerundeten Mauern aus Adobe; sie werden jedoch durch spätere Steinwände verdeckt.

Cerro Sechín ist nur das besterhaltene und aufschlußreichste mehrerer Monumente im Casmatal. Wenige Kilometer entfernt, am linken Ufer des Rio Sechín und am leichtesten über die Straße nach Huarás zu erreichen, dehnt sich als mächtiges Wallgeviert der heilige Bezirk von **Sechín Alto** aus. Hier ist nichts renoviert, die Ruinen sind von den Naturgewalten über die Jahrtausende gezeichnet: Ihr eigener Schutt hat sich mit dem Treibsand vermischt, die Wände sind rissig, die Kanten vom Wind rundgeschliffen. Niemand stört oder bewacht diesen schlafenden Riesen. Noch sind Stufen mehrerer Pyramiden zu erkennen, Wege und weite

Plätze, Reste einstiger Wohn- und Nebenbauten. Die Riten, die hier abgehalten wurden, und ihre Träger bleiben wohl für immer im Dunkel der Vorgeschichte verborgen. Die Physik liefert als Bauperiode die Zeit um 1500 v. Chr.

Auf der anderen Flußseite, Sechín Alto gegenüber, in eine Hangeinbuchtung geschmiegt, verfallen die Huacas, die Tempelanlagen von Taucachi und Concán. Auch sie erhoben sich einst als Terrassenkonstruktionen.

Die Flüsse gewährleisten hier heute ein schmales Band von Kulturland – nährten sie damals mehr Menschen? Schichteten Sklaven die Millionen von Lehmziegeln? Die Dichte an Heiligtümern in diesem Tal erstaunt.

Denn auch der rechtwinklig in den Rio Sechín mündende Moxequefluß wird von Huacas gesäumt. Die **Tempelpyramiden von Moxeque,** an den Cerro San Francisco gelehnt, waren bereits Ernst Wilhelm Middendorf bekannt. Er vermutete darin eine Filiale von Chavín de Huántar, womit er die Anlage zeitlich annähernd richtig einschätzte. Die Architektur schließt allerdings an die älteren Anlagen von Sechín an, erinnert an alte Schreibtischgarnituren mit stolz thronenden Tintenfässern. Auf quadratischem, an den Ecken gerundetem Grundriß liegt Plattform um Plattform, die Nebengebäude trugen; die oberste gipfelte in zwei von runden Kuppelbauten gekrönten Pyramidenstumpfen.

Einer Legende zufolge sollen hier Schätze vergraben sein, die als Lösegeld für den von den Spaniern gefangengenommenen und erpreßten Inka Atahualpa bestimmt waren, ihr Ziel jedoch nicht mehr erreichten und deshalb der Raffgier der Konquistadoren entzogen wurden. Die fünfhundert Lasttiere – Lamas – seien getötet und in einer Gruft versenkt worden, behauptet ein Chronist. Als man im vergangenen Jahrhundert in einer Nische tatsächlich einen Haufen Lamaknochen entdeckte, brach ein Schatzfieber aus. Den glücklichen Finder gibt es allerdings bis heute nicht.

Eine andersartige Kostbarkeit schaufelte man hingegen 1930 an einer Außenwand der dritten Plattform Moxeques frei: große farbige Wandmalereien, in Nischen gebettete Torsos, Brustbilder sozusagen, sowie einen Kopf mit blekkenden Zähnen und hellroten Tränenspuren im Gesicht. Berührungspunkte ergeben sich mit Sechín, Chavín, aber auch mit mittelamerikanischen Skulpturen.

Wenige Kilometer südlich liegt der kleinere Pyramidenkomplex La Cantina. Und eine halbe Fußstunde weiter, oben auf der nackten Bergschulter, verbirgt sich die rätselhafte **Festung Chanquillo**. Eine Fluchtburg, ein geheimes Vorratslager oder Heiligtum? Drei dicke Ringmauern aus unbehauenem Granit umgeben zwei seltsame Rundbauten und das Fundament eines rechteckigen Hauses. Ein Balken aus Algarroboholz wurde auf etwa 300 v. Chr. datiert. Nichts erhellt den Zweck der Anlage. Als Zufluchtsort war sie eigentlich nicht geeignet – weil das Wasser fehlte.

Unten in der Ebene reihen sich dreizehn kleine aus Bruchsteinen gefügte Kuben in ostwestlicher Richtung: ›Las trece Almenas‹. Altäre, die sich auf das Mondjahr beziehen? Rätsel über Rätsel!

Chimbote kündigt sich schon von weitem an, und zwar eher unangenehm. Ein mißbilligender Blick auf Mitreisende ist in der Regel fehl am Platz – sie sind meistens unschuldig. Es stinkt nach Fisch. Zwanzig Kilometer weit, immer und überall. Die Luft ist mit Fischmehl geschwängert, es verfremdet jedes Parfüm und jede Mahlzeit. Man hält sich hier am besten gleich an Fischgerichte.

Chimbote, die sechstgrößte Stadt des Landes, ist mit Anchovetas groß geworden. Jahrzehntelang wurde der zappelnde Reichtum aus dem kalten Humboldtstrom angelandet und durch die Fischmühlen geschleust. Peru lieferte das Mehl als Dünge- und Futtermittel in die Industrieländer. Seit Anfang der siebziger Jahre sind die Fangerträge jäh abgesackt, blieben die Sardellenschwärme manchmal völlig aus. Die Bestände sind übernutzt. Und etliche Familien, die ihre Existenz auf der Fischindustrie gründeten, lernten Meister Schmalhans kennen.

Bleibt immerhin die Stahlküche, die nachts meilenweit den Horizont aufhellt: Eisen aus dem Süden des Landes wird hier verhüttet; die Kohle wird mit der Bahn aus den Gruben von Ancos herangeführt.

Chimbote ist also keineswegs ein Touristenmagnet. Hotels sind nur für Geschäftsleute gedacht.

Trotzdem blieb uns die Stadt in zwei dramatischen Bildern im Gedächtnis haften: einmal als Gischtkronen auf einem tiefvioletten Meer tanzten und die schroffen Felseilande vor der Küste über dem Wasser zu schweben schienen; ein Jahrzehnt später mit einem blutroten Sonnenuntergang hinter der titanischen Kaminsilhouette des Hüttenwerks.

Trujillo

Die meisten Küstenstädte hüllen sich nicht in Dunstglocken wie Lima und ragen kaum aus ihrer Umgebung heraus. Auch Trujillo macht sich durch das Grün der Flußoase bemerkbar und nicht durch zivilisatorischen Größenwahn.

Nach den dürftigen Quartieren am Wüstenrand, grauen Lehm- und Flechtwerkhütten, fährt man unvermittelt durch weite Viertel mit pastellfarbenen Häusern. Alleen säumen die Straßen, Palmen und Flammenbäume schmücken intime Plätze und Rondelle.

Trujillo wirkt heiter. Es ist viel weniger dem Winternebel ausgesetzt als die Hauptstadt, im Sommer bringt der Meerwind Kühlung, das ganze Jahr hindurch blüht etwas in den reizenden Vorgärten. Und wenn über der schneeweißen Kathedrale luftige Federwölkchen vor dem zartblauen Himmel treiben und die Königspalmen der Plaza de Armas in der Brise rauschen, beugt man sich gern vor soviel urbanem Charme.

Das Stadtbild verrät deutlich seine Väter: die spanischen Eroberer.

Bereits 1534 erklärte Diego de Almagro den Ort zum Stützpunkt und gab ihm den Namen von Pizarros Geburtsort in der Extremadura. Die eigentliche Gründung erfolgte am 5. März 1535. Auch hier demonstrierten die Bewohner in erster Linie ihre Macht über die alten Kulturzentren. Denn trotz einem Dutzend Klöster und einer Universität (seit 1620) blieb Trujillo bis ins 19. Jahrhundert ein kleines Landstädtchen mit wenigen Tausend Einwohnern, Mittelpunkt der umliegenden Haciendas und einer überaus standesbewußten Kreolenaristokratie. Im 18. Jahrhundert mußten Wälle gegen die britischen, französischen und holländischen Seeräuber aufgetürmt werden – ihr Verlauf ist nur noch in den Unregelmäßigkeiten auf dem Stadtplan zu erkennen: Sie machten später der Avenida España Platz.

Die **Plaza de Armas** füllt einen ganzen Straßenblock aus und zeigt koloniale Züge. Außer der Kathedrale (ohne herausragenden Innenschmuck) ist keins der umliegenden Gebäude wirklich alt. Die Hauptkirche, Sitz eines Erzbischofs, mußte nach dem Erdbeben von 1759 erneuert werden, und im balkonverzierten Geschäftssitz des Banco Central de Reserva hielt immerhin zeitweise Simón Bolívar Quartier. Das Hotel Turistas ist dem Kolonialstil ganz gut nachempfunden und birgt einen reizenden Innenhof sowie eine gepflegte Sammlung von Mochica- und Chimúkeramik. Insgesamt wirkt die Platzanlage harmonisch. Sosehr man dabei dem spanischen Erbe verpflichtet blieb, feiert das Denkmal in der Platzmitte mit durchaus diskutablem Geschmack, aber ungedämpftem Pathos die Unabhängigkeit vom einstigen Mutterland. »Verdienstvoll und dem Vaterland äußerst treu« wurde Trujillo 1822 per Dekret aus Lima gelobt. Die personifizierte Freiheit, welche das Monument krönt, vollführt einen gar kühnen Balanceakt und trifft damit ungewollt den labilen Stand der jungen Republik verblüffend genau.

In den wenigen ›Cuadras‹ um die Plaza de Armas, die den Stadtkern bilden, findet sich noch etwa ein halbes Dutzend der Aristokratenhäuser des 18. Jahrunderts. Die mehrheitlich säkularisierten Klöster haben teilweise stark unter dem Erdbeben von 1970 gelitten; die Pforten des schönsten unter ihnen, El Carmen, blieben seither geschlossen. Die in ihrer Grundform sehr einfach, dörflich gehaltenen Kirchen sind spätbarock – Älteres hat den Naturgewalten nicht standgehalten. Einige der Klosterfassaden verbinden sich mit intimen kleinen Plätzen zu besonders reizvollen Ensembles.

In den Hauptstraßen Pizarro, Mansiche, Gamarra entstanden in den letzten Jahren im Zuge des Wirtschaftsaufschwungs etliche Neubauten – keine Hochhäuser, aber doch Lebenswerke junger Architekten, die aus dem traditionellen Stadtbild herauststechen und ebensogut in Glasgow, Mannheim oder Kinshasa stehen könnten. Darüber tröstet höchstens die Lebendigkeit der Straßenszene etwas hinweg: die Händler und Käuferinnen um die Markthallen, die Studenten in den erstaunlich reichhaltigen Buchhandlungen, die Schuhputzerjungen mit ihren hölzernen Utensilienkisten, die Eisverkäufer, Straßenwischer, Schulkinder, Nonnen, Priester, Geschäftskumpane und – auffallend lang und hell – die Touristen aus Übersee.

Trujillo ist für zwei Spezialitäten berühmt: Kingkones, sehr süße Torten mit Schichten aus Pflaumen- oder Aprikosen- und üppiger Karamelmasse, sowie die Marinera.

Die Marinera ist ein Tanz, eine Passion, ein Ritual. Fanfarenmusik umrahmt die anmutige und theatralische Liebeswerbung des tüchleinschwenkenden Tänzers um die stets barfüßige Tänzerin im weiten, schwingenden Kleid. Durch Entziehen, ihre distanzierenden Gesten, Blicke und kokettes Lächeln zelebriert die Frau ihre Verführungskunst, mimt der Mann den entflammten, berittenen Caballero.

Ende Januar findet in Trujillo der ›Concurso de la Marinera‹ statt, dem die ganze Stadt entgegenfiebert. Der Wettbewerb wird nicht in glitzernden Ballsälen, sondern im Sportstadion ausgetragen und von Umzügen, Empfängen und Festlichkeiten untermalt. Für eine der Schönheiten wird der Mädchentraum wahr: Marinerakönigin des Jahres zu werden.

Die Wurzeln des tänzerischen Liebesspiels sollen in Afrika liegen; als ›Zamacueca‹ hätten es die schwarzen Sklaven ausgeübt. Daher ist die Marinera in den Küstenoasen zu

Hause, wo die großen Plantagen liegen. Doch – wie könnte es anders sein – gibt es mehrere Marineratypen, etwa der von Cajamarca, Puno oder Arequipa, die sich ein bißchen derber geben. Die eleganteste Form erblicken Kenner in Lima. Für die ›Norteños‹ ist diese wiederum zu gekünstelt, zu akademisch. Hauptstadt der Marinera bleibt für sie Trujillo.

Wie treffend der Name des Tanzes in der Nähe des Meers! Erfand ihn ein Poet, der an Aphrodite, die Schaumgeborene, dachte? Die Wirklichkeit ist viel prosaischer, ein patriotisches Kraftstück: Die Neutaufe erfolgte 1879 zu Ehren des Seehelden Miguel Grau.

Bei allem kolonialen Charme wäre Trujillo ohne seinen Reichtum an Stätten der Vergangenheit wohl kaum eine Touristenattraktion geworden. Die moderne Stadt ist regelrecht umringt von Huacas – sie setzt nur eine lange Hauptstadttradition fort.

Ihr Lebensquell ist der Rio Moche, der sich wenige Kilometer südöstlich der Plaza de Armas nach trägem Mäandrieren in den Ozean ergießt. Der gleichnamige Ort ist heute eine karge und eher triste Ansammlung bescheidener Häuser. Etwas weiter flußaufwärts, am Cerro Blanco, liegen jedoch die beiden Brennpunkte der *Mochicakultur,* deren Keramikreichtum die einschlägigen Museen Limas füllen: die ›**Huaca del Sol**‹ und die ›**Huaca de la Luna**‹.

Es sind monumentale Tempelpyramiden. Die der Sonne geweihte repräsentiert mit einer Grundfläche von 228 mal 136 Metern eins der größten Einzelbauwerke Altamerikas; es muß gegen 50 Meter hoch aus der Wüste geragt haben. Die fünf Plattformen der ›Huaca del Sol‹, die sich auf der mächtigen Basis erheben, wurden aus schätzungsweise über 100 Millionen Adobeziegeln geschichtet; die nördlichen Teile haben offensichtlich unter Erdbeben und den seltenen Regengüssen gelitten. Andere Quellen meinen, die spanischen Eroberer hätten den Fluß an die Flanke des Heiligtums umgeleitet, um es zu unterspülen. Der Chronist Fray Antonio de la Calancha erzählt, 200 000 Arbeiter seien zum Bau zusammengezogen worden. Diese Zahl ist freilich mit Vorsicht aufzunehmen, wurde sie doch über ein Jahrtausend mündlich überliefert.

Die Mondpyramide, ebenfalls in den ersten Jahrhunderten unserer Zeitrechnung entstanden, ist wesentlich kleiner, bot aber dafür den Archäologen, die in den zwanziger Jahren ins Innere vorzustoßen vermochten, seltsame Wandmalereien als Überraschung. Stilisierte Skizzen zeigen Arbeitsgerät, das sich verselbständigt hat und sich erbost gegen den Menschen wendet. Das Motiv wird durch eine von Francisco de Avila notierte Legende gestützt, die vom »Aufstand der Werkzeuge« berichtet. Ein Schreckensbild einer kriegerischen, sklavenhaltenden Gesellschaft oder Vision einer Seherin (die Mondpyramide wurde als weiblich empfunden), die ahnte, daß in ferner Zukunft die Technik dem Willen ihrer Schöpfer entgleiten könnte?

Drei bis vier Jahrhunderte dauerte der Einfluß von Huari-Tiahuanaco, bis nach dem Niedergang der Mochicakultur das glänzendste späte Regionalreich an der Nordküste um Trujillo blühte, das der *Chimú.*

Von keinem anderen vorinkaischen Imperium blieb so viel erhalten, von keinem anderen sind Herrscherlisten bekannt, allerdings durch spanische Chronisten erstellt. Nur die Inkas zeigten ein ähnliches Dynastiebewußtsein.

Verblüffendstes Faktum: die Chimú waren keine ›Peruaner‹. Wie der Begründer der Lambayequekultur, Naymlap, soll Tacaynamo, der erste Chimorfürst, mit Balsaflößen von Norden her gekommen sein. Ihre Kolonisierung der Mochemündung dürfte ins frühe 13. Jahrhundert fallen. In rund 250 Jahren weiteten sie ihren Herrschaftsbereich nördlich bis Tumbes, südlich bis Pativilca aus.

Neben ihrer Hauptstadt Chan-Chan, der das folgende Kapitel gewidmet ist, und Mustern ihrer Keramik im Archäologischen Museum sind in Trujillo zwei Tempel erhalten: die ›**Huaca Esmeralda**‹ am Stadtrand (an der Straße nach Chan-

Chan), reichverziert mit Rautenmustern und schreitenden Vögeln, und im nördlichen Vorort La Esperanza (unmittelbar an der Panamericana) die ›**Huaca el Dragón**‹.

In den sechziger Jahren restauriert, bietet der Drachentempel wohl den besten Eindruck der Chimúarchitektur wie auch von der Anlage solcher Sakralbauten: Durch das Mauerquadrat führt nur ein einziger Eingang zum unregelmäßigen, abweisenden, von einem Gehsteig umgürteten Tempel. In dieser reliefgeschmückten Umfassungsmauer sucht man vergeblich nach einem Tor – nur die flache Rampe beim Eingang läßt den Besucher Einblick gewinnen in die verandenähnlichen, deckenlosen Höfe, die über mehrere schiefe Ebenen zur obersten Einfriedung mit einem Pultdachhäuschen führen. Von dort aus registriert man blinde Gesimse und fünf Kammern. Die goldbraunen Lehmwände sind auffallend reich verziert. Wandern in den Friesen Priester, manche Autoren meinen Krieger, enthalten die Hauptbilder ein Ballett von Fabelwesen unter merkwürdigen dreifachen Bögen. Sie werden häufig als Regenbogen gedeutet, erinnern aber auch an die doppelköpfigen Schlangendämonen der Paracas- und der Nascakultur. Die ›Regenbogen‹ münden beim genauen Hinsehen nämlich in einen Kopf mit aufgesperrtem Rachen, der einen kleinen Zweibeiner zu verschlucken droht.

Lebten die Priester hier? Wurden in den Kammern heilige Tiere oder auserwählte Gefangene gehalten? Wie liefen die Zeremonien ab – zu Musik, Gesang, beschwörendem Gemurmel?

Darüber schrieben die Chronisten nichts.

Chan-Chan

Als das Sammeltaxi in der Wüste draußen anhielt und der Fahrer mit einer vagen Handbewegung nach Süden wies, zweifelten wir daran, ob wir die Chimúmetropole finden würden. Bald entzog sich die Straße hinter einer Bodenwelle unseren Blicken. Wir stapften durch graues, mit Sand durch-

setztes Geröll und wunderten uns über die vielen verstreuten
Tonscherben. Kein Mensch weit und breit. Als wir die ersten
Wälle erblickten – wie Gebirge am milchigen Horizont –,
stöhnte dazu der Wind, und von fern her rauschte die Mee-
resbrandung.

Chan-Chan nahm uns gefangen. Wir durchwanderten das
Großstadtfossil tagelang – es erwies sich nicht als bloße
Sehenswürdigkeit, sondern als Erfahrung; nicht als Ruinen-
stätte im üblichen Sinn, sondern als eine der merkwürdigsten
Landschaften der Welt. Das Menschenwerk schien förmlich
aus der Wüste gewachsen, und wir hätten uns nicht gewun-
dert, wenn Saint-Exupérys kleiner Prinz plötzlich vor uns
gestanden wäre. Vergangenheit und Gegenwart, Natur und
Architektur verschmolzen bei der monotonen Geräuschkulisse der Elemente zu einem mehrdimensionalen Konti-
nuum, das unsere Schritte lenkte und den Gedanken unge-
ahnten Raum bot.

Das war vor mehr als einem Jahrzehnt. Die tote Stadt
ist bekannt geworden, die Touristenzahl um ein Vielfaches
gestiegen. Die der Nachfolger jener düsteren Gesellen ebenfalls, die im Vizekönigreich die Ruinen als Räubernest bewohnten und die Haciendas wie eine Heuschreckenplage
heimsuchten. Man muß sich heute an die Hauptwege halten.

Welch seltsame Stadtanlage! Man würde die rechteckigen
Wälle für Befestigungen einer Kleinstadt halten, doch sie
markieren nur einzelne Stadtviertel. Chan-Chan besteht aus
zehn solchen ›Ciudadelas‹ und bedeckt als Ganzes eine Fläche von nahezu zwanzig Quadratkilometern.

Man wandert also durch offene Wüste von ›Städtchen‹
zu ›Städtchen‹, sucht den einen schmalen Eingang zu den
Bezirken oder eine durch Erdbeben oder Menschenhand
geschlagene Bresche. Bei einigen der halbkilometerlangen
Festungen steht man gar unversehens vor einem zweiten
Mauerkranz, dessen Zugang zum ersten versetzt, etwa um
die Ecke, liegt.

In jedem Viertel sind Plätze erkennbar, Häuser, Brunnen.
Die Archäologen haben überall Friedhöfe entdeckt und Frei-

flächen – innerhalb der Mauern –, die wahrscheinlich be-
pflanzt wurden.

Zehn Städtchen in Ruf- und Sichtweite jedes andern –
hinter bis zu zehn Meter hohen Wällen: Das kommt einem
plötzlich recht paranoid vor. Bekriegten sich die Nachbarn,
sind die ›Ciudadelas‹ absurder Auswuchs von Stammesfeh-
den? Sind sie, wie Wendell C. Bennett darlegte, die konsequ-
ente Folge einer Kastengesellschaft? Dagegen spricht die
Gleichartigkeit der Siedlungen. Oder wird gar Michael E.
Moseley mit seiner makabren Hypothese recht behalten, sie
seien tatsächlich ebenbürtige, jedoch zeitlich aufeinanderfol-
gende Gemeinschaften gewesen, die sich mit dem Tod ihres
Häuptlings in monumentale Nekropolen verwandelten, indem die ganze Gefolgschaft den Freitod wählte? Weder die
Archäologie noch die Chronisten können bisher eine überzeugende Antwort geben.

Die rätselhaften Handwerker entpuppen sich jedenfalls als
Meister ihres Faches. Die Mauern sind konisch aufgebaut;
auf einem mit Mörtel verfestigten Steinfundament türmen
sich Adobes oder verstärkte Lehmmasse; an einigen Stellen
sieht man Bambusstützen aus den Ruinen ragen. Die Lehm-
ziegel erreichten unnachahmliche Qualität. Der deutsche Al-
tertümerpionier Perus, Max Uhle, berichtet in einem Aufsatz
1913, sie würden als Baumaterial zum zehnfachen Preis neuer
Quader gehandelt. Die Wohnhäuser, mit der Rückseite an
die Wälle gelehnt, waren fensterlos, aber in mehrere Räume
unterteilt, mit Stroh oder Binsen gedeckt. Die Türöffnung
liegt häufig über dem Erdboden – vielleicht zum Schutz vor
Tieren.

Die Innenwände um die Hauptplätze waren mit Reliefs
geschmückt, wie wir sie von der ›Huaca el Dragón‹ kennen.
In der restaurierten ›Ciudadela de Tschudi‹ kann man formschöne Fische und schreitende Vögel bewundern. Sie wurden offensichtlich in Serie gefertigt, wie die gefundenen
Schablonen nahelegen.

Die ummauerten Bezirke verkörpern freilich nur den auf-
fälligsten Teil Chan-Chans, in dem vielleicht etwa ein Drittel

der metropolitanen Gesamtbevölkerung lebte. Um die
›Ciudadelas‹ liegen die Reste einstiger Wohnstätten weit verstreut. Hinzu kommen weitere Huacas und die Relikte einer
hochentwickelten Infrastruktur: Wege, Grenzmauern,
Aquädukte und mächtige, bis 100 Meter lange und 20 Meter
tiefe Wasserreservoirs. Bewässerungskanäle der Chimú werden streckenweise noch heute benutzt.

In der zweiten Hälfte des 15. Jahrhunderts mußte sich das
kriegerische, expansive Chimúvolk den Truppen und der
Diplomatie Túpac Yupanquis beugen. Die Chronisten berichten von vielen Kriegsopfern, da der Widerstand im
Mochetal besonders heftig gewesen sei. Die Inkas behandel-
ten den unterlegenen Stamm mit aller gebotenen Milde – in
erster Linie brauchten sie einen leichten Durchgang nach
Ecuador und Stützpunkte im nördlichen Teil der Küstenwüste; dazu konnten sie keine frustrierten, rebellierenden
Vasallen brauchen. Minchazamán, der als Gott verehrte
Herrscher der Chimú, wurde in allen Ehren und unter gro-
ßem Pomp nach Cusco geführt und mit einer Tochter Túpac
Yupanquis vermählt. Dieser empfing nun zwar Tributleistungen aus Chan-Chan – der anonyme Chronist berichtet
von Silber, Geweben und adligen Frauen –, beließ dem
fremden Schwiegersohn jedoch die uneingeschränkte Regierungsgewalt sowie die Integrität seines Territoriums. Erst
sein Urenkel Ancocoyuch mußte nach der spanischen Eroberung die ethnische Vermischung in ›seinem‹ Staat dulden.
Andererseits wurden zahlreiche Chimú in Randgebiete versetzt. So gab es im 17. Jahrhundert muchicsprachige Siedlungen am oberen Marañón.

Die Schätze von Chan-Chan jedoch wurden seit der Konquista gehoben. Besonders gründlich ging der abenteuer-
freudige Aristokrat García Gutiérrez de Toledo ab 1566 zu
Werke. Seine Bemühungen sollen durch den Fund eines
kiloschweren Fisches aus Massivgold gekrönt worden sein.
Ein noch größeres Stück, von dem die Einheimischen mun-
kelten, blieb trotz fieberhafter Grabungen bis heute unentdeckt. Eins der vielen Fabelwesen Eldorados!

Große Reichtümer birgt der vielfach durchwühlte Boden Chan-Chans also kaum noch. Bleiben damit auch die Geheimnisse der Stadt für immer verschollen?

Chiclayo und seine Wüstenschätze

Wenn wir nun der Panamericana weiter nach Norden folgen, lassen wir bewußt manches links und rechts des Asphaltbandes liegen. Wir hätten schon nach Casma, im Nepeñatal, weiteren prächavinoiden Ruinen nachgehen können (Panamarca, Cochipampa) wie auch solchen der Chavínepoche (Cerro Blanco, Pucuri); wir könnten uns den präkeramischen Fundstätten von Cerro Prieto (Virútal) und Huaca Prieta (Chicamatal) widmen, welche die Seßhaftigkeit von Stämmen um 2500 v. Chr. mit gebrannten Kürbisschalen, Fischernetzen und Resten von Baumwollgeweben beweisen; wir fänden bei Pacasmayo eine kleinere Schwesterstadt Chan-Chans, Pacatnamu. Wir müssen uns hier jedoch auf die augenfälligsten, typischen Zeugnisse der überreichen Vergangenheit Perus beschränken, Monumente, die genauer untersucht sind. Der Amateurarchäologe wird sich mit Vorteil von Federico Kauffmann Doigs ›Manual de Arqueología Peruana‹ anregen lassen. Selbst zu Schaufel und Sonde zu greifen ist nicht empfehlenswert; sogar wissenschaftliche Expeditionen erfordern eine staatliche Bewilligung. Die Regierung wendet sich so nicht nur gegen eine moderne Form von Kolonialismus, sondern versucht, ihr Erbe vor dem Zugriff von Stümpern und Spekulanten zu schützen.

Chiclayo, die letzte große Stadt südlich der Sechurawüste, bildet das rege Zentrum der ausgedehnten und fruchtbaren Oase des Rio Reque. Erst 1720 gegründet, wurde sie 1824 Departementshauptort, lebt von der Verarbeitung der Agrarprodukte und dient dem Gebiet des oberen Marañón als Versorgungsbasis, seit vor einigen Jahren die durchgehende, 700 Kilometer lange Straße nach Tarapoto mit der Abzweigung nach Chachapoyas besteht.

Chiclayo bietet keine besonderen Sehenswürdigkeiten,

hingegen den Charme ungebrochenen Fortschrittglaubens, ein angenehmes, für uns hochsommerliches Klima und eine geradezu italienisch anmutende Atmosphäre – nicht nur wegen des Cafés ›Roma‹, das herrliche Fruchtsäfte serviert. An den etwas zu groß geratenen Neubauten flanieren gutgekleidete Damen und Herren vorbei und freuen sich des offensichtlichen Wohlstandes; hinter schimmernden Fassaden tätigen Entwicklungsbanken ihre Investitions- und Handelsgeschäfte, durch die Straßen rollen neue Autos. Für Ausflüge ans nahe Meer und zu den Monumenten aus verschiedenen Epochen in der weiteren Umgebung ist Chiclayo ein idealer und angenehm untouristischer Ausgangspunkt.

Mit ein Grund für den Aufschwung ist der Stausee von Tinajones, etwa 60 Kilometer östlich der Stadt. In das Bekken münden Leitungen aus dem regenreichen Amazonasgebiet. Mit dem kostbaren Naß wird neues Kulturland gespeist – etwa 400 000 Hektar Wüste verwandeln sich sukzessive in Reis- und Zuckerrohrfelder.

Das traditionelle Zentrum der Region, **Lambayeque,** trägt in seinem Namen in verstümmelter Form die Erinnerung an Naymlap weiter, den Begründer seiner Regionalkultur, der in zahlreichen Darstellungen göttliche Ehren genießt.

An Lambayeque scheinen die Zeit der Republik und modernes Bauen beinahe spurlos vorübergegangen zu sein. Bummelt man durch die stillen, schmalen, teilweise mit Kopfsteinen gepflasterten Straßen, erwartet man, um die nächste Ecke Fuhrwerke und Reiter biegen zu sehen. Die Häuserreihen im Kolonialstil verraten die Introvertiertheit maurisch-spanischer Wohnkultur: Hinter den verschlossenen, schweren Holztoren befinden sich geräumige, mit Steinplatten belegte Innenhöfe, deren Pflanzenschmuck der Stolz der Hausherrin ist. Holzgalerien führen in das Obergeschoß, in tiefen Steintrögen wird die Wäsche gespült. Kindergeschrei und Radiolärm dringen nach außen, und aus dunklen Winkeln huschen magere, struppige Katzen in Nachbarhöfe.

Lambayeque präsentiert sich als Kleinstadt des 18. Jahrhunderts. Im Zentrum des Hauptplatzes steht einmal kein Kriegsheld, sondern eine Venus. Wir hielten hier an einem Januartag Siesta auf einer der glattpolierten rostfarbenen Steinbänke – die ockergelben Fassaden wurden vom grellen Rot des blühenden Flamboyants überstrahlt. Nebenan ruhte eine Frau mit zwei Mädchen. Diese schauten neugierig, aber mit ungewohnter Scheu zu uns hin. Endlich wagte sich das größere, etwa achtjährige näher vor und fragte aus sicherer Distanz: »Seid ihr Engländer?« Und erläuterte auf unser verwundertes Nein sehr erleichtert: »Die Engländer rauben nämlich Kinder!« Das ist Sonntag in der Provinz.

Als Touristenmagnet Lambayeques wirkt das moderne, altperuanischer Tempelarchitektur nachempfundene ›**Museo Arqueológico Bruning**‹. Es umfaßt Grabungsfunde der Nordküste seit der Jungsteinzeit in verdaubarer Menge und übersichtlich dargeboten: etwa zylinderförmige chavinoide Basaltmörser, Gefäße der zeitgleichen Cupisniquekultur, außerordentlich formschöne Keramik in Tier- und Menschenform aus Vicús (Departement Piura, um 300 v. Chr.), feingegliederte Figurengefäße der Lambayequekultur (800-1300) sowie Töpferwaren der Mochica, Chimú und Inkas. Im ersten Stock sind die Exponate thematisch angeordnet: Architekturmodelle, Idole, Musikinstrumente, Werkzeug, Chirurgenbesteck, Waffen, Ruder und seltsame, in der Mitte gelochte Kupferscheiben. Einige Wissenschaftler wollen in ihnen eine Währungseinheit sehen; denkbar wären sie auch als Töpferscheiben oder Räder. Allerdings gibt es keinen einzigen Hinweis auf Wagen im vorspanischen Amerika. Neben der über tausendjährigen Mumie im dritten Stock ist vor allem die Keramik mit Fruchtmotiven – etwa eine Maisgöttin – und Meergetier interessant.

Im Halbdunkel empfindet der Besucher die ›Sala de Oro‹ als wahre Schatzkammer. Noch mehr als die schweren Goldbänder und eine riesige Grabmaske der Lambayequekultur, welche an die Agamemnons aus Mykene erinnert, entzücken die unerhört präzis getriebenen Kleinfiguren wie die Venus von Frías und der dämonische, nur sieben Zentimeter große Priester mit übergroßen Augen, erigiertem Glied und Klauenhänden. Man vermutet, diese Kostbarkeiten seien aus Ecuador (La Tolita) in den ›Schatz von Frías‹ gelangt.

Der Name des Museums deutet auf einen deutschen Gründer hin. Tatsächlich geht der Kern der Sammlung auf den 1840 bei Kiel geborenen Hans Heinrich Brüning zurück. Als gelernter Ingenieur kam er 1875 nach Peru, wo er sich als Haciendaverwalter und Handelsvertreter um Etén sein Brot verdiente und häufig mehrmonatige Reisen durch das Land unternahm. Ein Sonderling und Spätberufener: Erst ab 1906 wagte er sich mit archäologischen und ethnographischen Publikationen an die Öffentlichkeit. Seine Fotos von zahlreichen Huacas wurden zur Grundlage späterer Restaurationen, und durch seine intensive Sammeltätigkeit rettete er Tausende von Fundobjekten vor dem Zugriff der Grabräuber und Metallschmelzer. Der Hauptteil der Kollektion ging an die Regierung Leguía; wertvolle Goldarbeiten empfing das Völkerkundemuseum Hamburg, wo vieles dem Zweiten Weltkrieg zum Opfer fiel. Brüning ertrug jedoch die Rückkehr nach Deutschland 1924 schlecht – er starb nur vier Jahre später in seinem Geburtsort Borderholm.

Wer die alten Kulturen Nordperus nicht nur im Museum, sondern in der Landschaft erleben möchte, in der sie wuchsen, kommt im Departement Lambayeque durchaus auf seine Rechnung. Interessanter als die leeren Huacas sind Felszeichnungen und Scharrbilder in Chongoyape (Chavínzeit), Tambo Real (bei Ferreñafe), Cayalti, Cayanca und Siete Techos (bei Reque).

Die beeindruckendste Figur ist der **Kondor von Oyotún.** Am Cerro de Aguila, neben der Straße nach Udima, breitet er seine riesigen Schwingen über den mit lockeren Büschen bestandenen Hangrasen aus. Mehr geflügeltes Fabelwesen als Vogel, leuchtet er hell aus der umliegenden Vegetation. Zu erkennen ist das allerdings nur aus großer Höhe – den Bergen ringsum oder dem Flugzeug. Die Figur besteht aus verschiedenfarbigen Steinen und bildet ein in Höhe und Breite 70 Meter messendes Mosaik. Sein Alter wird auf mindestens 1500 Jahre geschätzt. Schöpfung und Bedeutung solcher Monumentaldarstellungen sollen genauer bei den berühmteren Geoglyphen von Nasca erörtert werden.

Wer ein Chan-Chan abseits des Touristenpfades erleben möchte, dem sei Apurlec zwischen Jayanca und Motupe empfohlen. Auch hier ist in den großen Rechtecken verfallender Adobemauern noch etwas vom Geist der Chimú zu spüren.

Peru ist durchdrungen von den magischen Vorstellungen und dem Wunderglauben Hunderter von Generationen, die ihre schöpferischen Kräfte und erstaunlichen Arbeitsleistungen in den Dienst der übersinnlichen Mächte stellten. In **Motupe** setzt sich diese Tradition in christlichen Zügen bis in die Gegenwart fort.

Die Geschichte des ›Cruz de Chalpón‹ beginnt wenig spektakulär um 1850. Damals lebte ein Franziskaner Einsiedler zurückgezogen in seiner Klause am Cerro Chalpón. Sein Name ist nicht überliefert; ›El Ermitano‹ genoß jedenfalls in Motupe und Olmos trotz seltener Besuche hohes Ansehen und den Nimbus eines Wunderheilers. Irgendwann verschwand er auf mysteriöse Weise; er soll 1866 in Lima gestorben sein. In Motupe hinterließ er ein Testament mit dem Hinweis, in den Hügeln um den Cerro Chalpón seien drei heilige Kreuze verborgen; man solle sie jeweils an Weihnachten zu Prozessionen holen.

Ein junger Mann fand das ›Cruz de Chalpón‹ in einer Felsnische – ein zwei Meter langes, einfaches Kreuz aus Guajakholz. José Mercedes Anteporra trug es stolz durch die umliegenden Dörfer nach Motupe. Vorerst blieb das Interesse der Kirche wie auch der Bevölkerung an dem seltsamen Erbe gering; erst in den zwanziger Jahren unseres Jahrhunderts führten Krankenheilungen um das Kreuz die Gläubigen zu den Massenprozessionen, wie sie heute stattfinden.

Das Ereignis fällt zwar nicht dem Rat des Klausners entsprechend mit dem Weihnachtsfest zusammen, erfährt jedoch um so größere Anteilnahme. In einem dreitägigen rituellen Umzug auf der Route des glücklichen Finders bei feierlicher Musik wird das ehrwürdige Kreuz zum 5. August nach Motupe getragen. Dort schließen sich Tausende unter Abbrennen von Feuerwerk dem Zug zur Pfarrkirche an, wo das hölzerne Symbol einige Tage lang in einer besonderen Kapelle verehrt wird. Nachts finden Umzüge statt; weißgekleidete Kinder, mit Papierschlangen an das Kreuz gebunden, mimen das Engelgeleit. Am 14. August schließlich bringt die Pilgergemeinde das ›Cruz de Chalpón‹ in seine Grotte zurück.

Die Gläubigen beten um Segen, Genesung, ein gutes Jahr für sich und ihre Angehörigen. Etwa eine halbe Million Menschen bezeugen dem wundertätigen Kreuz jährlich ihre Verehrung – nicht nur aus weiten Teilen Perus, auch aus anderen lateinamerikanischen Ländern, aus Europa, Kanada und den USA. Motupe ist zu einem Lourdes oder Fatima Südamerikas geworden.

Die heilige Woche wird von einem grandiosen Jahrmarkt umrahmt, der den Hauptplatz Motupes und die angrenzenden Straßen mit der Geschäftigkeit eines Bienenvolkes füllt. Die Pilger müssen nicht darben; ihnen folgen die fliegenden Händler, und jede Station, jeder Weiler wartet mit Gebackenem, Gebratenem, mit Früchten, Süßigkeiten und Getränken auf. Neben dem leiblichen Wohl wird ebensowenig das geistliche vernachlässigt: Metallamulette gegen die unterschiedlichsten Gebrechen sind in mehr oder weniger vornehmen Ausführungen zu kaufen – Körperteile etwa, Fischchen, Vögel; der gläubige Transportunternehmer wird die Geschäfte wahrscheinlich mit einem silbernen Lastwägelchen um den Hals fördern, Jungverheiratete erwerben ein glückbringendes Häuschen. Gelabt an Körper und Seele, mit neuen Schuhen an den Füßen und einem lebenden Huhn unter dem Arm ziehen Indios und Mestizen in ihre Dörfer zurück, ›La Cruz de Chalpón‹ im Herzen.

Im südlichen Nachbartal von Chiclayo stößt man auf eine Sehenswürdigkeit, die in diesem Land längst versunkener Stadtkulturen etwas paradox anmutet: eine Ruinenstadt der Spanier, **Zaña.** Aus dem üppigen Auenwald, in dem Papageien krächzen, ragen verlassen die verwitterten, halb zusammengebrochenen Fassaden prächtiger Klöster heraus; auf Verputzresten sind die Fragmente frühbarocker Fresken zu sehen, in Mauerritzen wuchert Buschwerk und Gras. Was ist hier passiert?

Die Geburtsstunde von Santiago de Miraflores de Saña gab zu Hoffnungen Anlaß. Wohl sollte der Platz ein bißchen kleiner werden als der von Trujillo, wie der Vizekönig Lopez de Zuñiga in seiner Gründungsorder von 1563 bemerkte, doch die Straßen sollten breit genug für zwei kreuzende Wagen sein. Der Weizen gedieh, und Zuckerrohr hielt um 1590 bereits zehn Mühlen in Betrieb. Weit ausladende Algarrobos beschatteten das schmucke Zentrum. Nur der Bruder Antonio de la Calancha mäkelte 1638: »Es ist sehr heißer und kranker Boden, weil sie ihn waghalsig in einem Sumpfgebiet anlegten, das aus der Mitte Feuchtigkeit und Ammoniak ausdünstet, und die Lüfte reinigen ihn wenig ...«

Doch keine Pestilenz versetzte der blühenden Stadt den Todesstoß, sondern der Fluß. Vorarbeit hatten 1686 Piraten geleistet, die alles, was nicht niet- und nagelfest war, abräumten und eine ruinierte Bevölkerung hinterließen. Etliche Familien zogen zu Verwandten nach Trujillo oder Lambayeque. Dann, am 15. März 1720, trat der Rio Zaña mit solcher Gewalt über die Ufer, daß die Wohnhäuser einfach weggeschwemmt wurden. Der Stadtschreiber versuchte drei Tage später, sein Archiv zu retten; es gelang ihm nicht einmal, sich in dem Trümmerfeld zu orientieren.

Seither vermodern die Kreuzrippengewölbe und Renaissancefriese; die Natur hat ihren Platz zurückerobert.

Pimentel nennt sich stolz das attraktivste Seebad der Region. Strand und Pazifik sind indessen nicht faszinierender als anderswo, doch bieten kleine Hotels Unterkunft. Der

Hafen **Etén** bildet neben Monsefú ein Zentrum feinster Hutflechterei. Die als Rohstoff benötigten Knospenblätter stammen zwar aus dem nahen Ecuador, und das fertige Kunstwerk heißt Panamahut. Die geschicktesten Hände dafür findet man hingegen hier.

Etén ist kurioserweise der letzte Schauplatz des Muchic, des Chimú-Idioms. Die ansässigen Indios, auch sie schon Hutflechter, sprachen es noch bis zur Jahrhundertwende. Es gibt Grammatiken aus der Kolonialzeit, die dem Reisenden heute allerdings nichts mehr nützen.

Am Strand von Fischerdörfern wie **Santa Rosa** wähnt man sich in früheren Zeiten. Schwere, plumpe, buntbemalte Kutter liegen in einer langen Reihe am Strand. Die Flut sorgt für Hochbetrieb: eilig schieben zwanzig, dreißig Burschen die Fangboote auf Holzrollen ins seichte Wasser; stolpern, stoßen wieder, einige springen auf, sobald die Schraube greift; langsam nähert sich das Schiff der Brandung, schneidet schräg die Wellenkämme an, schaukelt schwerfällig in der Gischt und gleitet jenseits rasch und stetig davon, verliert sich im dunstigen Horizont. Andere Kähne laufen ein; Frauen, Jungen und Mädchen stehen mit Körben bereit, um sich einen Teil an der Beute zu sichern, tragen die feuchtglänzende Last übermütig nach Hause.

Einige Individualisten paddeln rittlings auf schmalen Binsenbooten vor die Brandung, tanzen mit Hilfe halbierter Bambusrohre um die Wellen und werfen ihre Angeln aus. ›Caballitos del Mar‹, Seepferdchen, nennen sie ihre Fahrzeuge liebevoll, die jeweils in Gruppen in den Sand gesteckt am Strand trocknen.

Das sind Szenen wie auf Mochicavasen.

Die Sechurawüste und ein Abstecher nach Ecuador

Die Fahrt von Chiclayo nach Olmos führt durch einen riesigen Paradiesgarten: Im Südsommer reifen die Mangos an den feingefiederten, mächtigen Bäumen; Bananenstauden wechseln mit Orangenbäumen (mit süßeren Früchten als

alles, was wir schon aus Spanien, Sizilien oder Israel koste-
ten) und Limas, kleinen, grapefruitähnlichen Agrumen; Dat-
telpalmen ragen in den lichtblauen Himmel, Bambuswälder
rascheln im Wind.

Dazwischen immer wieder Reis. Er ist das Grundnahrungsmittel an der Küste und begleitet, pappig gekocht,
trocken und weitgehend geschmacklos, die meisten Haupt-
gerichte. Die Charakterlosigkeit ist zugleich seine Tugend –
er dient als perfekter Geschmacksdämpfer, nimmt dem Ají
die Hitze, dem Fisch das Tranige, den halbrohen Zwiebeln
die Schärfe. Und spendet Kalorien, egal, wieviel Kartoffeln,
Yucas, Bohnen oder Bananen sich unter dem weißen Haufen
verbergen. Denn alles, was nicht zu Fleisch oder Getreide
zählt, gilt als Gemüse.

Nach Olmos herrscht wieder die Wüste. Die Panamericana folgt dem Andenfuß durch den trockensten Teil, der an
die Sahara erinnert, die Sechurawüste. Kurz vor Chulucanas
biegt die Straße im rechten Winkel nach Westen in Richtung
Piura. Hier tauchen goldgelbe Grasbüschel auf, Hartlaubge-
strüpp, einzelne verkrüppelte Bäume, die von verborgenen
Wasseradern zehren. Piura selbst dagegen wird von Dünen
umrahmt.

Diese wichtigste Stadt Nordperus wird von der Wüste
regelrecht durchdrungen. Mario Vargas Llosa beschreibt das
in ›Das grüne Haus‹ wie folgt:

»Wenn der Wind von der Kordillere herunterkommt und
über die Sandwüsten hinbläst, wird er heiß und hart: gerüstet
mit Sand folgt er dem Lauf des Flusses, und wenn er die
Stadt erreicht, sieht man zwischen Himmel und Erde etwas
wie einen gleißenden Panzer. Dann entlädt er seine
Eingeweide: alle Tage, das ganze Jahr über, mit Beginn
der Dämmerung, fällt ein trockener, ein Regen fein wie
Sägemehl, der erst bei Tagesanbruch nachläßt, auf die Plätze,
die Ziegeldächer, die Kirchendächer, die Glockentürme, die
Balkone und die Bäume, und bedeckt die Straßen Piuras mit
Weiß. Die Fremden irren sich, wenn sie behaupten, ›die
Häuser der Stadt stehen kurz vor dem Einsturz‹: das nächtli-

che Knirschen rührt nicht von den Bauten her, die zwar alt sind, aber robust, sondern von den unsichtbaren, unzähligen winzigen Sandgeschossen, die gegen die Türen und Fenster prallen. Sie irren sich auch, wenn sie denken: ›Piura ist eine menschenscheue, traurige Stadt.‹ Die Leute flüchten sich in ihre Häuser, wenn der Abend hereinbricht, um dem erstikkenden Wind und dem Angriff des Sandes zu entkommen, der der Haut weh tut wie Nadelstiche und sie rötet und verwundet, aber in den Slums von Castilla, den Hütten aus Lehm und Rohr in der Mangachería, in den Garküchen und Chicha-Schenken in der Gallinacera, in den Villen der Principales entlang dem Damm und an der Plaza de Armas, vergnügen sie sich, wie die Leute überall woanders auch, indem sie trinken, Musik hören, sich unterhalten. Der Eindruck einer verlassenen und melancholischen Stadt wird auf der Schwelle zu ihren Häusern aufgehoben, selbst in den ärmlichsten Unterkünften, die eine hinter der andern an den Flußufern entlang, jenseits des Schlachthofs, stehen.«

Wenn im Januar, Februar das Thermometer in Maximalhöhen klettert, schlägt Piura leicht Rekorde. Rund 50 Kilometer landeinwärts in einer Senke gelegen, praktisch unerreichbar für erfrischende Meerwinde, glüht die Stadt im Sommer vor sich hin. Temperaturen von 35 und 40 Grad sind dann die Regel.

Die schlimmste Geißel Piuras ist jedoch nicht der sandbefrachtete Wind, sondern der überbordende Fluß. Besonders schlimm traf es die Region im Niño-Jahr 1983: Noch nie in diesem Jahrhundert hatte es schon im Mai geregnet. Der Rio Piura führte die siebenfache Wassermenge gegenüber dem Normalvolumen, vernichtete 80 Prozent der erhofften Getreideernte im Tal und fegte ganze Quartiere weg. Die Stadt trägt noch deutlich die Narben dieser Katastrophe.

Der Gründungseifer der Spanier in diesem ›Backofen‹ ist schwer verständlich. 1532 auf den klangvollen Namen San Miguel de Piura getauft, entstand hier die erste Kolonie in Peru. Francisco Pizarro eilte freilich sofort weiter, um die Konquista anzugehen.

Alt und Neu mischen sich heute zu einem wenig attraktiven Stadtbild – Piura bietet kaum Anlaß zu einem Zwi-
schenhalt.

Die Panamericana führt genau nordwärts ins Chiratal, das
rund ein Drittel der peruanischen Baumwolle liefert und
Sullanas Wohlstand nährt, wendet sich dann nach Westen
und erreicht in der Erdölstadt Talara den Pazifik. Die dortige
Raffinerie wird ausschließlich von lokalen Bohrfeldern gespeist, während die Destillerie Bayovar durch Pipelines ge-
pumptes Rohöl aus der Selva verarbeitet.

Zwanzig Kilometer nördlich von Talara, der Reißbrett-
stadt im Dienst des technischen Fortschritts, liegt **Cabo
Blanco,** jahrzehntelang ein Treffpunkt des abenteuerlustigen
Jetset. Man jagte den Schwertfisch, den geschichtenumwo-
benen ›Black Marlin‹, mit Rute und Angel – Ehrensache.
Der Rekordfang wog 707 Kilogramm. Auch Ernest He-
mingway war dabei.

Tumbes, die nördlichste Küstenstadt des Landes, grenzt
an Ecuador. Zollformalitäten finden in Zarumilla statt, ein
eventuell benötigtes Visum erhält man allerdings nur beim
Konsulat in Tumbes.

Die Kleinstadt scheint hauptsächlich aus Kasernen zu
bestehen – ein Ausdruck des eher gespannten Verhältnisses
zwischen den beiden Nachbarländern. Und obschon hier in
der Nähe die Spanier den ersten Kontakt mit Söhnen der
Inkas pflegten, wurde Tumbes nicht zu einem Paradebeispiel
spanischer Kolonisation. Seine Eigenart liegt weder im
Stadtbild noch in indianischen Monumenten, sondern in
seiner Umgebung: Die Landschaft ist so, wie Hänschen sich
die Tropen vorstellt – windbewegte Palmen, dschungelarti-
ges Dickicht, bunte Vögel und sogar warmes Meerwasser
das ganze Jahr. Zwar ist auch Tumbes regenarm, aber feucht.
Der gleichnamige Fluß mündet in ein Brackwasserdelta aus
Mangrovensümpfen, in dem Krokodile, Leguane und Was-
serschlangen leben.

Es sind dies Anzeichen für einen krassen Szenenwechsel

innerhalb weniger Kilometer, für einen schmalen Grenzbereich zweier Großlandschaften. Kaum setzt man den Fuß nach **Ecuador,** weicht die Wüste Bananenplantagen und Zuckerrohrfeldern. Sie sind nicht mehr auf Oasen mit staubtrockenen Wegen beschränkt, sondern überziehen die ganze Schwemmlandebene um Guayaquil. Und heftige Regengüsse im Winter verraten ein anderes Klima.

Dafür ist der Humboldtstrom verantwortlich, diesmal im negativen Sinn: in diesen Breiten verliert er seine Macht. Durch den Landvorsprung bei Bayovar nach Westen abgelenkt, biegt er in den Äquatorialstrom ein und wird an der nach Osten zurückweichenden Küste wirkungslos.

Mit **Guayaquil** erreicht man die erste Millionenstadt seit Lima, die größte Ecuadors. Von ferne, jenseits der Fluten des Guayas und besonders in mildem Abendlicht, lockt sie wie Hongkong oder Rio de Janeiro. Welche Enttäuschung! Das Zentrum erweist sich als ein unstrukturiertes Gemisch aus protzigen Geschäftshochhäusern und tristen, verkommenden Kolonialbauten. Die erwartete Lebendigkeit manifestiert sich gemäß bösen Zungen vor allem in zwei Bereichen: Dieben und Kakerlaken.

Nein, urbanen Reiz kann Guayaquil nicht bieten. Den hält Ecuador in Cuenca und in der Hauptstadt Quito bereit.

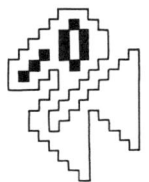

Die südliche Küste

Viel Lärm um Mist

Kaum sind die stadtfernsten ›Pueblos Jóvenes‹ der landfressenden Metropole Lima verschwunden, taucht die Tempelruine Pachacámac an der Panamericana auf. Die Straße folgt hier wieder dem Pazifik, berührt malerische Buchten mit Felstoren und bizarren Gesteinsformen wie dem ›León dormido‹, dem schläfrigen Löwen. Ihm folgen die Seebäder des Limeñer Mittelstands Punta Hermosa, San Bartolo oder Pucusana.

Pucusana liegt geschützt an einer Einbuchtung. Sandige Hügel schließen den Badeort zu zwei Drittel eines Kreises vom offenen Meer ab. Das Städtchen breitet sich hangabwärts zum Strand hin aus, an dem sich Kinder und Hunde tummeln, die Erwachsenen unter bunten Sonnenschirmen dösen. Die Strandpromenade führt der niedrigen Häuserzeile entlang, die – mit Seeblick – aus Hotels und Restaurants besteht. Am südlichen Ortsende liegt ein Wasserbecken, das durch einen Felstunnel vom Pazifik gespeist wird, einen wegerodierten Lavagang. Bei Flut bilden die hereinschießenden, tosenden Wassermassen ein faszinierendes abwechslungsreiches Schauspiel.

Es riecht überall süßlich-salzig nach Meer. Die lokale Küche bietet Hochseeschlemmereien: Corvina, den köstlichen Schlangenfisch, Lenguado, eine Seezungenart; mehrere Muschelarten, Tintenfisch und Krebse. ›Corvina al macho‹ erweist sich als proteinträchtige Männerkost: das schneeweiße Filet mit einer dicken, pikanten Meeresfrüchtesoße übergossen.

Wir erlebten die Strecke von Lima nach Ica aus der Oberstube eines zweistöckigen Busses, genossen einen vollkommenen Überblick über die Baumwollfelder um Cañete, eine endlos scheinende Reihe von Hühnerfarmen vor Chincha, die die Grillhäuser Limas versorgen, Dattelpalmenhaine vor Pisco, Nebelschwaden, die aus der Brandungsgischt die schroffen Wüstenberge umschmeichelten, schließlich auf die Sanddünen Icas und die in Grauschattierungen verblassenden Vorgebirge der Anden.

Die Flußoasen des Rio Mala, Cañete oder Chincha bergen alle vorinkaische Ruinen. Dem spanischen Chronisten Pedro Cieza de León hatte es besonders die Inkafestung am Cerrito de Fraile bei Cañete angetan, von der heute kaum noch etwas zu sehen ist. Einzelne Steine der typischen Inkawälle sind noch als Grundmauern der Kleinstadt zu erkennen.

Zehn Kilometer nach Chincha Alta zweigt die Zufahrt zum **Tempelkomplex La Centinela** ab – Relikt der Chincha- oder Icakultur, die hier etwa ab 1200 bis zur Eroberung durch die Inkas bestand. Das Tal soll damals sehr dicht bevölkert gewesen sein – ein Volk von Bauern, Fischern und Händlern. La Centinela liegt wenige Hundert Meter vom Meer entfernt; der höchste Punkt der Stufenpyramide wird von einem Kreuz gekrönt. Die angrenzenden Kammern wurden aus Lehm gemauert oder aus Adobeziegeln aufgeschichtet. Ein erhöht liegender Innenraum besteht zum Teil aus mächtigen Lehmquadern, die mit Reliefornamenten geschmückt sind. Die benachbarte Huaca von Tambo de Mora hingegen läßt als Opfer der Winde kaum mehr etwas von ihrer ursprünglichen Form erkennen.

Chincha genoß in Europa jedoch nicht für sein kulturelles Erbe Respekt, sondern für seinen Mist. Genauer: Guano. Bereits die Inkas hätten den ertragssteigernden Vogeldreck auf ihre Felder geschüttet, berichten spanische Chronisten des 16. Jahrhunderts. Was den Inkas recht war, sollte den Europäern nur billig sein. Das ist durchaus wörtlich zu nehmen: Kaum hatten die Schiffsladungen mit dem stickstoff- und phosphatreichen Dünger ab etwa 1840 die Häfen Frankreichs und Englands erreicht, begann ein wüstes Feilschen um Nutzungsrechte und Konzessionsgebühren. Nachdem die Regierung Perus reichliche Vorschüsse bezogen hatte, wurde sie von den Agenten unter Druck gesetzt. Entdeckungen ebenbürtiger Lager in Chile, Patagonien und Südafrika bewirkten Preisstürze; Mißernten infolge Überdüngung schadeten dem Image des Wundermittels in Europa. Die Nachfrage sank, und so schlug der unerwartete Reichtum plötzlich in schwere Zahlungsschwierigkeiten um. Als rettender Engel trat – allerdings nicht ganz uneigennützig – die französische Dreyfus-Bank auf. Sie verpflichtete sich 1869 gegen exklusive Nutzungsrechte am Guano zur Amortisierung der peruanischen Außenhandelsschuld sowie zu neuen Darlehen an die schwindsüchtige Staatskasse. Obwohl die Bankiers damit einen besseren Preis für den Dünger bezahlten als die Konsignatäre vorher, war dieser Vertrag eine Demütigung für die junge Nation und förderte die Finanzabhängigkeit vom Ausland. Die Schuldenkrise, die gegenwärtig das Verhältnis zwischen reichen Industrieländern und der Dritten Welt belastet, erscheint so als altes Übel und nicht als vorübergehende Panne des Welthandels.

Die Chinchainseln lieferten den besten Guano, befanden die Käufer. Gewiß waren manche andere Stellen an der Küste tief mit Vogelkot bedeckt, doch die Abbaubedingungen waren hier in Chincha besonders günstig. Die Transportschiffe legten direkt an den steil aufragenden Kliffen an und nahmen die stinkende Fracht durch lange Segeltuchschläuche auf. Die Dreckarbeit mit Pickel und Schaufel verrichteten damals Chinesen.

Um 1880 waren die Lager abgebaut. Fortan konnte Peru nicht mehr von Vorräten zehren, sondern lediglich den laufend anfallenden Mist exportieren. Förderte man zur Zeit des Guanobooms um zwei Millionen Tonnen jährlich, sind es heute etwa 20 000 Tonnen. Selbst diese Produktion schwankt mit den Populationen der Lummen, Pelikane, Kormorane und Möwen. Mit dem Rückgang der Sardellenschwärme in den siebziger Jahren sanken die Bestände auf ein Fünftel der ursprünglich geschätzten 25 Millionen Vögel. Sie sind ja die Endverbraucher einer langen Nahrungskette und Teil eines komplexen ökologischen Gleichgewichts.

Pisco gilt als einer der wichtigsten Häfen des Landes,
der auch die Agrarprodukte von Ica aufnimmt. In dieser
Eigenschaft hat er seinen Namen dem bekanntesten Schnaps
Perus geliehen, einem Weinbrand aus den großen, süßen
Trauben, die vor allem um Ica gepflanzt werden. Als Aperitiv wird in Gaststätten wie bei privaten Einladungen ›Pisco
sour‹ serviert (ein modisches hispano-englisches Wortge-
misch) – ungemein wohlschmeckend und erfrischend, aber
bereits in bescheidenen Mengen höchst verwirrend. Auf drei
Gläschen Pisco kommen beim Mischen ein Glas Limonen-
saft, ebensoviel Zucker sowie ein geschlagenes Eiweiß, nach
Belieben einige Tropfen Angostura Bitter. Das macht den
Drink spritzig, lieblich und geschmeidig.

Die Webmagier von Paracas

Niemand kommt des Piscos wegen nach Pisco oder weil die
Stadt ein Ausbund an Schönheit wäre, Touristen wollen nach
Paracas. Auf dieser Halbinsel verbinden sich die Spuren
einer großen Kultur mit den Schönheiten der Wüste und
einem tierreichen Naturreservat.

Das Land der Verheißung hält zwei Prüfsteine bereit: die
Fischmehlfabrik an der Zufahrtsstraße von Pisco her sowie
das Luxushotel ›Paracas‹ am Ortseingang, das den Komfort
seiner Bungalows und Parks nur gegen viele harte Dollars
gewährt. Und manchmal donnern Jagdflugzeuge über die
dunstverschleierte Küste hinweg.

Die Gräber der frühen Paracaskultur befinden sich größ-
tenteils um die gleichnamige Bucht auf der Nordseite der
Halbinsel. Die meisten wurden in jüngster Zeit vom Sand
verweht. Die Archäologen berichten von trichterförmigen
Aushebungen, welche in zwei, drei Metern Tiefe die mit
angezogenen Knien in Tücher gewickelten Verstorbenen
bargen. Manchmal ruhten auch mehrere zusammen in riesigen Tontöpfen. Grabbeigaben verrieten den Lebensstandard
dieses Fischer- und Bauernvolkes, das etwa zeitgleich mit
dem späten Chavín, von 400 v. Chr. bis zur Zeitenwende,

hier lebte: Auf flachen Tellern fand man Reste von Mais, Bohnen, Erdnüssen, Yucas und Camotes. Die Tücher mit geometrischen Mustern und Göttersymbolen bestehen aus Lamahaar und aus Baumwolle.

Die Nachfolger dieser mit ›Paracas Cavernas‹ bezeichneten Kulturstufe pflegten ähnliche Totenrituale, gruben jedoch in den Wüstengrund eine eigentliche Unterwelt, was ihnen den Namen ›Paracas Necrópolis‹ eintrug. 1927 fand der peruanische Archäologe Julio C. Tello über vierhundert sorgfältig bandagierte Mumien, die bis zu dreißig Tücher trugen. Bis zwanzig Meter lange ›Mantos‹ wurden entrollt – die Gewebe haben ihre wunderbare Leuchtkraft über zweitausend Jahre konserviert und sind als Meisterwerke der Webkunst in den bedeutendsten Museen der Welt zu bewundern, darunter das Berliner und mit einer hervorragenden, leider aber nicht ständig ausgestellten Sammlung auch das Münchener Museum für Völkerkunde. Keramik mit stilisierten Menschen-, Tier- und mythologischen Motiven, Schmuck, Waffen (etwa Pfeile mit Obsidianspitzen), Werkzeug geleiteten die Verstorbenen – sie sollten offenbar im Jenseits ihr Werk und ihre Lebensweise fortführen.

Das Lokalmuseum bietet nur eine bescheidene Auswahl zur Paracaskultur, nachdem die schönsten Tücher gestohlen wurden. Dafür entschädigt das Regionalmuseum von Ica.

An der Nordküste der Halbinsel, gegen das Meer gewandt, ziert eine merkwürdige Figur den Abhang, ein rund 200 Meter breites Scharrbild. Es beschäftigt die Köpfe der Wissenschaftler: Weshalb wurde es nie in der Literatur, in Logbüchern erwähnt? Was stellt es dar? ›Kandelaber‹ und ›Dreizack‹ sind recht hilflose Umschreibungen mit Begriffen aus der abendländischen Kultur. Sehen die einen Forscher die Paracasleute als Land-art-Künstler, vermuten andere dahinter Spaßvögel des 19. Jahrhunderts. Mir scheint letzteres, abgesehen von den fehlenden Augenzeugen aus der christlichen Seefahrt, wahrscheinlicher. Ein vorinkaisches Scharrbild an dieser Lage müßte über so lange Zeit von Wind und Sand verweht worden sein.

Die ganze Halbinsel und der südlich anschließende Küsten-
abschnitt stehen unter Naturschutz. Er gilt nicht nur für das
sanft gewellte Wüstenplateau, das bei genauerem Schauen
eine hauchzarte Pastellpalette von Grau, Gelb, Weiß, Rot
und gar Türkis enthüllt, sondern auch für die großartige
Steilküste aus schwach geneigten fossilhaltigen Schichten
aus dem Tertiär oder die sehr alten, präkambrischen, Magma-
gänge, die die höchsten Kuppen bilden, vor allem jedoch
für die faszinierende Fauna.

Vor dem Sandstrand der Paracasbucht fallen sie als rosa-
rote Wölkchen von ferne auf: die Flamingos. Zu Tausenden
verbringen sie hier den Winter, picken Kleintiere und Algen
aus dem seichten Wasser. Ihre Brutplätze unterhalten sie
allerdings in den Hochtälern der Anden.

Die meisten übrigen Tiere des Reservats leben an der
unzugänglichen Felsküste im Westen und Süden der Halbinsel. Hier nisten Humboldtpinguine, Pelikane, Kormorane
in unmittelbarer Nähe ihrer Futterbasis. An der Südküste
tummeln sich Seelöwen; sie lassen sich von einer Aussichts-
kanzel aus beobachten. Die zierlichen Weibchen könnte man
mit Seehunden verwechseln, während die goldbraunen Bul-
len mit dicken vernarbten Nackenwülsten unverkennbar besonderes Format verraten.

Die Vögel produzieren Guano, jeder etwa zehn Kilo pro
Jahr. Die Nester bauen sie aus Kot und Federn, die verschiedenen Arten nebeneinander – ein Vielvölkerstaat. Nur einzelne Räuber dringen in die Brutgemeinschaft ein, um Eier
zu entführen: rotköpfige Aasgeier, Möwen, seltener Kondore, die größeres Aas bevorzugen.

Lebensgrundlage für die Hunderttausenden von Klippen-
bewohnern bilden die Sardellen, die auch in den Netzen
der Anchovetasfänger zappeln. Bleiben diese Sardinen aus,
herrscht Hungersnot in der Vogelkolonie. Heringe, Peje-
reyes und andere Fische dienen bloß als Nachtisch oder
Beilage. Wie auch Krebse, Miesmuscheln und Seeanemonen.

Doch auch die Sardellen plätschern nicht wunschlos im
kalten Humboldtstrom herum: Sie halten sich an Plankton.

Das freischwebende Meergemüse verleiht dem Küstenge-
wässer seine grünliche Farbe.

Der Mensch ist hier nur beobachtender Gast in einer Welt
zwischen Fels und Ozean, die allein Flug- und Schwimm-
künstlern im weiten Spektrum des Lebendigen Zutritt gewährt. Ein Konzert der Vogelstimmen und des Wellen-
schlags, das höchstens die Brunstschreie der Seelöwen variieren.

Ica gilt als nationale Metropole des Weinbaus – vielleicht
rührt daher sein heiter-provinzielles Ambiente. Die Stadt,
1563 als Villa de Valverde gegründet, wartet weder mit
auffälligen Kolonialbauten noch üppigen Parks auf. Der
Hauptplatz wirkt recht eigenwillig mit den mächtigen schattenspendenden Pappeln, einem Teich in der Mitte und einer
abstrakten Betonskulptur.

Schatten und Wasser sind hier kostbar, gehört Ica doch
zu den heißesten Orten Perus. Wie Piura liegt es in einem
Kessel, zu weit vom Meer entfernt, um dessen Winde zu
empfangen. Und auf Wein verspürt man wenig Lust, wenn
selbst das dünnste Baumwollhemd am Leib klebt. Die Sonne
macht den Rebensaft süß; der durchgärte Wein ist schwer
und alkoholreich, als Durstlöscher taugt er nur mit Wasser
verdünnt.

Spanien hielt während der ersten Jahrzehnte nach der
Konquista ein Monopol für die Weinproduktion aufrecht.
Doch bald schien der Königliche und oberste Indienrat ein-
zusehen, daß sich die Kolonie so spartanisch nicht halten
lasse. Nach Garcilaso de la Vega wurden bereits 1555 die
ersten Reben von den Kanarischen Inseln in peruanischen
Boden verpflanzt, und 1560 gewährte Kaiser Karl v. einem
Pedro Lopez de Cacalla eine Prämie von zwei Silberbarren
für den ersten im ehemaligen Inkareich gekelterten Wein.

Bei soviel Tradition gerät in Ica das jährliche Winzerfest
im März allemal zu einem gesellschaftlichen Höhepunkt.
Dann sind die Hotels ausgebucht durch Heimweh-Iqueños,
die nicht mehr bei Verwandten oder Bekannten Unterschlupf

fanden. Einzelne Weingüter stehen übrigens Besuchern offen.

Den Agrarreichtum und die relative Sicherheit der Erträge verdankt die Stadt ebenso wie die beispielhafte Trinkwasserversorgung den über hundert Kilometer langen Druckleitungen aus den beiden auf 4500 Metern Höhe gelegenen Lagunas von Choclacocha und Orococha. Die Rohre durchstoßen die westliche Andenkette in Tunneln von nahezu zehn Kilometern Länge.

Das ›**Museo Regional de Ica**‹ genießt im Widerspruch zu seinem Namen überregionales Ansehen und bildet zweifellos die Hauptsehenswürdigkeit der Stadt. Seine Schätze werden außergewöhnlich sorgfältig erläutert, und im Gegensatz zur üblichen Praxis sind die Vitrinen nicht mit Objekten überhäuft. Der Besucher fühlt sich nicht überfordert und kann den Exponaten seine ungeteilte Aufmerksamkeit widmen. Die Schwerpunkte der Sammlung liegen folgerichtig bei den vorkolumbischen Kulturen der Region.

Besonders aufschlußreich sind die Skeletteile, die Krankheiten sowie schönheitschirurgische Eingriffe dokumentieren. Hier sind die Trepanationstechniken an Mumien aus Paracas-Cavernas zu erkennen: Die Schamanen bohrten, schabten, meißelten ovale, runde, aber auch quadratische Öffnungen in die Schädeldecken. Sie nahmen dazu Bronze- und Obsidianmeißel und bedeckten nach dem Eingriff die Wunden mit Baumwollgeweben, Kürbisstücken oder Metallplättchen. Die Operationen dienten echten Krankheitsbehandlungen (bei Geschwulsten etwa) wie dem Versuch, Schwach- und Irrsinn zu kurieren. Genaue Untersuchungen ergaben jedoch, daß mehr als die Hälfte der Trepanationen an Verstorbenen vorgenommen wurden. Zur chirurgischen Schulung, zur Befreiung der Seelen oder irgendwelcher Dämonen?

Häufig wurden Schädel auch gezielt deformiert. Offensichtlich wickelten Paracasleute ausgewählten Kindern Bandagen um die Köpfe, um eine als schön empfundene oder den Göttern besonders gefällige hohe Stirn zu erreichen.

Einen ebenso unsterblichen Schmuck bilden Knochentäto-
wierungen. Solche schmerzhaften Prozeduren wurden an
lebenden Menschen wahrscheinlich nur unter Verwendung
von Betäubungsmitteln vorgenommen: Coca, Chicha und
anderen Narkotika.

Das ›Museo Regional de Ica‹ verfügt über wenige, aber
herausragende Grabtücher der Paracas- wie auch der Nascakultur. Neben Dämonenmotiven nimmt man komplizierte
geometrische Muster wahr, die an Zellstrukturen erinnern.

Die Keramik ist mit wenigen, aber beeindruckenden Stük-
ken vertreten. Unvergeßlich sind uns ein großes Doppelge-
fäß, das Mann und Frau darstellt, ein anderes mit Katze
und Polyp in gebrochenen Erdtönen sowie eine modern
anmutende Vase aus Nasca mit leuchtenden Streifenmustern.

Als Spezialität der Regionalkultur Ica-Chincha sind bunte
Federkleider zu bewundern, die dank der Trockenheit Jahr-
hunderte überdauert haben. Der Konservator nennt als Roh-
stofflieferanten den ›Guacamayo‹, einen Ara des tropischen
Regenwaldes. Das weist auf den Tauschhandel zwischen den
Küstenvölkern und den Stämmen der Selva hin.

Schließlich bietet das Museum mit Fotos und Graphiken
einen Vorgeschmack auf die weltberühmten Riesenscharrbil-
der von Nasca. Dazu dreißig Interpretationen mehr oder
weniger ernstzunehmender Forscher aus aller Welt. Doch
stellen wir diese Zeugnisse wissenschaftlicher Fleißarbeit,
visionärer Eingebungen und hitziger Phantasie um einige
Abschnitte zurück und begeben uns zuerst an den Schauplatz.

Ica liegt in einer der spektakulärsten Wüstenlandschaften
Perus. Selbst aus dem Hotelzimmer gleitet der Blick rasch
über die Stadtgrenzen hinweg zu den weißen, gelben, in
ihren sanften Flächen und messerscharfen Graten an Schnee-
wächten erinnernden Dünen. Es gibt nur fünf Kilometer
außerhalb Icas die Bilderbuchoase Huacachina, eingebettet
zwischen den unbeständigen, schönen und dennoch bedroh-
lichen Sandriesen: ein Kurort an einem kleinen aus Glauber-

salzquellen gespeisten See. Mit Palmen und blendendweißen Hotelbauten.

Die Dünen wechseln ihre Form unter dem stetigen Regime des Windes. Zwischen Pisco und Ica häufen sie sich zu großen, leicht asymmetrischen Großbarchanen, verbinden sich weiter südlich zu zusammenhängenden Dünengruppen; manchmal ragt ein einzelner, riesiger Viertelmond aus der Wüste heraus, die Arme weit auseinandergezogen, dem Wind abgewandt. Andere ertrinken im nachdrängenden Sand, verraten sich nur durch die sichelförmigen Kämme.

Die Sandwüste dehnt sich nach Ica über hundert Kilometer weiter nach Süden aus, verbreitert sich, zeigt an der Panamericana graue, beige, rote, grüne Farbnuancen. Der Wind erzeugt Staubwirbel, die über die Sandwellen huschen. Erst nach Palpa, wo Baumwollfelder das eingebrochene Flußtal bedecken, ändert sich die Szenerie.

Die Pampa de Nasca wirkt einförmiger: ein gegen Westen leicht abfallendes Hochplateau aus grauem Geröll, aus dem gegen Osten rostrote Berge seltsam abstechen. Nichts Verspieltes, Weiches wie im Norden, sondern eine karge, kühle Mondlandschaft.

Das Bilderrätsel von Nasca

Die Pampa de Nasca enthält die größte Bildergalerie der Welt. Sie ist nur aus dem Flugzeug zu überblicken, das ihre Entdeckung erst ermöglichte; notdürftig vom Aussichtsturm um Kilometer 425. Das ganze Bilderbuch breitet sich über etwa 350 Quadratkilometer aus, umfaßt siebzig Großfiguren, ein verwirrendes Netz von bis zu zehn Kilometer langen Pisten, Hunderte von geometrischen Symbolen und Gräber.

Scharrbilder ist nicht ganz der richtige Ausdruck für die angewandte Technik: In minutiöser Handarbeit wurde nämlich das größere, oxidierte Geröll den gewünschten Linien entlang entfernt, um den helleren, 20 bis 30 Zentimeter tiefer gelegenen Untergrund freizulegen. Das ergaben erst genauere Untersuchungen der deutschen Mathematikerin und Geographin Maria Reiche, die seit 1946 die Rätsel Nascas mit Kompaß, Meßlatte, Theodolit und Leiter zu enthüllen suchte. Sie ließ sich zu diesem Lebenswerk durch den Amerikaner Paul Kosok inspirieren, der die Figuren auf der Suche nach alten Bewässerungssystemen 1939 entdeckte. Der Peruaner Toribio Mejía Xesspe hatte bereits in den zwanziger Jahren auf die Linien hingewiesen, darin aber lediglich Prozessionswege gesehen.

Seither haben zahlreiche Wissenschaftler aus verschiedenen Fachdisziplinen Neues und Ergänzendes zur Nascakultur beigetragen. Erkundungsflüge und Luftfotos erleichterten die Kartierung, Archäologen orteten Gräber und sahen sich in der mutmaßlichen Nascametropole Cahuachi um. Anthropologen vermaßen Mumien, Chemiker analysierten Tuchgewebe und Farbstoffe, Kunsthistoriker tüftelten detaillierte Chronologien anhand der Keramikstile aus, Dendrologen bestimmten mit physikalischen Methoden das Alter eines Häufchen Holzes, die Mythenforscher verglichen die Scharrbilder mit Webmotiven und Vasenmalerei und gingen Bezügen zu Nachbarkulturen nach, ein Astrophysiker suchte Zusammenhänge mit dem Sternenhimmel – doch bei aller Klein- und Denkarbeit blieb bisher die allgemein anerkannte Erleuchtung aus. Entweder sieht hier die Wissenschaft vor lauter Bäumen den Wald beziehungsweise vor lauter Zeichen die Wüste nicht, oder das Phänomen Nasca ist der Vielfalt der Erklärungsversuche entsprechend ein multifunktionales, vielschichtiges.

Der gigantische Zeichentisch präsentiert einerseits die Welt des Lebendigen: Menschen (oder eher Geister?), Tiere von Land und Meer, große und kleine, schwimmende, laufende, fliegende. Pflanzen kaum, außer zwei algenähnlichen lappigen Gebilden. Vollendet schematisiert sind eine Spinne von 46 Metern Länge, ein Kolibri (50 Meter), eine Echse (180 Meter), ein Kondor (135 Meter), ein Reiher (285 Meter, eindeutig fliegend, mit einem Zickzackhals und lanzenförmig verlängertem Schnabel), ein Affe mit eingerolltem

Schwanz (90 Meter), ein Pelikan (135 Meter), ein Wal (60 Meter) oder etwa ein laichender Fisch (26 Meter). Ein Wüstenzoo also?

Diese Motive bereiten an sich wenig Kopfzerbrechen. Etliche wiederholen sich in der Keramik oder in Grabtüchern. Probleme verursachen vielmehr ihre Größe, Schöpfung und ihr Zweck. Zudem erscheinen sie zum Teil in das viel kompliziertere System geometrischer Formen eingebunden.

Denn da gibt es links- und rechtsdrehende Spiralen, runde, eckige, S-förmige; solche, die an Bischofsstäbe erinnern; man findet technisch wirkende, um eine Nabe angeordnete Haken sowie langgezogene pfeilartige Dreiecke und Trapeze. Einige Geogramme überlagern sich, insgesamt scheinen die Tier- und Pflanzendarstellungen vor den abstrakten Formen entstanden zu sein. Nur Jahre oder Jahrhunderte früher? Absolute Altersbestimmungen nach der Radiokarbonmethode gestattet nur organisches Material, so daß man diese Bilder wie auch Bauten nur durch Stilvergleich zeitlich annähernd einordnen kann. Die Fische, Vögel und andere Tiere gehören zweifellos zur Nascakultur, fallen also in die Epoche zwischen 300 und 700. Ein in der Pampa de Nasca gefundener Holzpflock zwischen mehreren Kolibriporträts wurde auf das Jahr 525 datiert, was freilich kein hinreichender Beweis, sondern nur eine schwache Unterstützung der ikonographischen Befunde ist. Gewißheit in bezug auf die Entstehungszeit der Linien und Figuren wird es nie geben, man muß sich mit Wahrscheinlichkeiten begnügen.

Aus der Luft sieht das ganze ziemlich konfus aus: Man freut sich, die Hunde, den Affen, die gefiederten Wesen oder den Wal zu erkennen, doch die ›Pisten‹ wirken wirr, unzählige Linien laufen kreuz und quer, schneiden sich, enden blind, nehmen ein Tierbein oder einen Schnabel auf, verschachteln sich, als hätte ein Riesenkind mit Winkelmaß und Ahle gespielt. Gut, ein Teil des sinnlosen ›Gekritzels‹ beruht auf Automobilspuren – auch hier hat unsere Zivilisation in wenigen Jahrzehnten mehr zerstört als alle Naturge-

walten und Geschlechter zuvor –, doch aus den vorinkaischen Mustern wird der Laie ebensowenig klug.

Die Fachleute tun sich genauso schwer mit Erklärungen.
Häufigste Deutung: die Pampa de Nasca sei ein gigantisches
Sternobservatorium, ein Himmelskalender. Entdecker Paul
Kosok wie Maria Reiche vertreten diese Meinung, der sich
auch der renommierteste peruanische Archäologe der Gegenwart, Federico Kauffmann Doig, mit dem Hinweis auf
magische Rituale und Vorstellungen anschließt. Tatsächlich
steht aber die astronomische These auf wackeligen Grundlagen. Selbst wenn man die Spinne als Symbol für das Stern-
bild Orion, den Affen als Verkörperung des Großen Bären
akzeptiert, zeigen die Mehrzahl der Figuren und Linien keine
Bezüge zu den Hauptgestirnen. Federico Engel glaubte, Zusammenhänge mit Mond- und Venusphasen nachweisen zu
können, doch nach dem Astrophysiker Gerald C. Hawkins
scheinen auch diese nebensächlich. Weder die Sonnenbahn
noch den Jahreslauf der hellsten Sterne (Sirius, Canopus,
Alpha Centauri) scheinen die Wüstendesigner anvisiert zu
haben, was selbst die Kalenderverfechter zugeben.

Die Wissenschaft suchte also weiter nach fundierteren
Deutungen. Für manche Gelehrte rückte die Ansicht Mejía
Xesspes wieder in den Vordergrund, es handle sich um
Sakralstraßen. Ritualplätze, meint Hans Horkheimer,
Gebetsstätten Gerald Hawkins. Damit zogen sie sich auf das
unbestrittene Feld altperuanischer Religiosität zurück – alle
Monumente, abgesehen von Stadtanlagen, dienten den Göt-
tern. Doch warum fehlt in der Nascawüste ausgerechnet
der Hauptgott dieser Kultur, der Keramik und Webkunst
beherrscht: die fliegende Raubkatze?

Trotz stilistischer und ikonographischer Übereinstim-
mungen mit der Kleinkunst Nascas heben sich die Geoglyphen klar vom üblichen Bildkanon ab: Hier wird Natur und
Leben suggeriert; übermächtige, drohende Dämonen und
Opfer fehlen. Wollten die Künstler, magischem Denken fol-
gend, die Wüste sozusagen mit Lebendigem impfen, in den
riesigen Bildern die Götter des Himmels anrufen: Laßt die

Wellen dieser Erde so fruchtbar wie die des Meeres werden?

Vor diesem magischen Hintergrund sieht Lorenzo Pezzia Assereto in den naturalistischen Zeichnungen Totemfiguren großer Häuptlinge. Allerdings weisen weder der Totenkult der Nasca noch die Siedlungsstruktur auf individuell faßbare Herrscherpersönlichkeiten hin. Die Spiralen und Pisten wären in diesem Zusammenhang wiederum als Zeremonialstraßen zu deuten.

Wozu sollten ausgerechnet die Nascas stundenlang in der Wüste herumgewandert sein? Alle anderen Küstenkulturen konzentrierten ihren Jenseitskult auf Tempel und Grabstätten, beschränkten ihre Hauptaktivitäten auf einen schmalen Wüstensaum um ihre Existenzgrundlage, die Flußoasen.

Ging es um Bewässerungsprobleme? Als Leitungen konnten die Rillen im Geröll jedenfalls nicht dienen. Pläne für riesige Reservoirs? Die Nascas waren Meister in der Terrassierung von Hängen und der Anlage teilweise gar unterirdischer Kanäle zur Bewässerung der Felder, die sie zudem mit Guano düngten. Kaum vorstellbar, daß diese gewiegten Ingenieure eine derartige › Trockenübung‹ veranstalteten.

Zwei Amerikaner, Julian Nott und Jim Woodman, behaupten: Sie konnten fliegen! Sie hätten die Götter mit Ballonen oder einer Art Hängegleiter imitiert. Nun muß ja das Fliegen tatsächlich nicht unbedingt erst in unserer Zeit erfunden worden sein, doch wozu hätten denn diese peruanischen Deltasegler ein Pistensystem gebraucht, das an Kompliziertheit jeden modernen Großflughafen übertrifft?

So kann es nicht verwundern, daß auf diesem Gigantismus Erich von Dänikens Imagination erblühte und er die Linien zu Landeplätzen außerirdischer Kosmonauten erklärte. Die These verdient den Spott etablierter Wissenschaftler nicht, auch wenn von Däniken gegen die Stätten der Forschung polemisiert. Sie erweist sich nämlich als genauso gut beziehungsweise mit Schwächen behaftet wie breiter anerkannte Erklärungsversuche auch. Sie tönt für unser Flug- und Raumfahrtzeitalter recht plausibel und läßt die Größenordnung der Geoglyphen vernünftig erscheinen. Ihre Formenvielfalt erhellt sie indessen nicht, die technischen Vorteile der ›Pisten‹ weist sie ebensowenig nach; Sinn wäre danach allein die Orientierungshilfe für Nasca-Überflieger.

Pikanterweise münden die Gedankengänge des ›Phantasten‹ von Däniken genauso in die Mythologie wie die der meisten Wissenschaftler. Spielt es denn eine Rolle, ob Astronauten oder der heilige Kondor über der Wüste schweben, ob der geflügelte Jaguargott sich an den Figuren freuen oder ein mescalinberauschter Priester den Puls der Erde fühlen sollten? Unsere Kirchtürme wurden bekanntlich auch nicht für Marsmenschen errichtet.

Es gibt zwei neuere Interpretationen, die praktische Gesichtspunkte mit dem magischen Weltbild der Indios verbinden. Alejandro Pezzia Assereto, Direktor des Regionalmuseums von Ica, vermutet in den geometrischen Mustern ein Hilfsmittel zur Seefahrt unter Berücksichtigung von Wind und Meeresströmungen, also eine Art Übungsfeld für Navigatoren. Die Nascas sind jedoch nach allen übrigen Quellen nicht als große Schiffelenker aufgefallen.

Der Ethnologe Johan Reinhard bezieht die Tierfiguren aufgrund überlieferter Mythen und Legenden im Andenraum auf einen Kult des Wassers, das zweifellos ein Hauptanliegen dieser Wüstenstaaten war. Er weist den Zusammenhang von Fruchtbarkeit und den Bergen nach, die zum Teil noch heute als Quelle des lebensspendenden Nasses empfunden werden. Die ›Straßen‹ und ›Pisten‹ sollen demnach Beziehungen zwischen den im Volksmund häufig personifizierten heiligen Bergen darstellen. Eine minutiöse Bearbeitung der Erde als Gottesdienst.

Es bleibe dem Leser überlassen, mit Zirkel, Winkelmaß, Pendel, Karte und Kompaß die Palette der Deutungen zu erweitern. Oder im bequemen Sessel zurücklehnend wie Agatha Christies Hercule Poirot mit geschlossenen Augen die grauen Zellen arbeiten zu lassen. In Peru halte man sich allerdings strikt an die markierten Pfade und Beobachtungspunkte – Amateurarchäologen haben dem grandiosen Werk schon zuviel geschadet.

Birgt die Wüste noch einen entscheidenden Schlüssel zur Lösung des Nascarätsels oder halten uns die Magier der Vorzeit weiterhin zum Narren?

Panamericana

Die Panamericana tangiert in der Pampa de Nasca Spiralen und schneidet die Meeralgen, verläßt bei Kilometer 439 den mysteriösen Boden. Das heutige Nasca ist eine Kleinstadt mit kolonialem Charakter und ›ewigem Frühling‹. Die Temperaturen entsprechen durchaus mitteleuropäischem Sommer. Jedenfalls bleibt Nasca, 600 Meter über dem Meer gelegen, auch im Südwinter nebelfrei.

›Los Geoglifos‹ werden fleißig vermarktet: Kleine Fluggesellschaften und Reisebüros bieten Flüge über die Pampas an – Morgen- oder Abendlicht bringen die Figuren am deutlichsten zur Geltung. Die Umgebung birgt etliche Tempelruinen, während **Cahuachi**, vermutlich die Hauptstadt der Nascakultur, rund fünfzig Kilometer flußabwärts liegt. Die weitläufige Siedlung erfuhr noch keinerlei Restaurationen. Zeremonialzentrum war eine Stufenpyramide mit einer Grundfläche von 110 auf 90 Meter.

In unmittelbarer Nähe von Cahuachi befindet sich eine merkwürdige Kolonnade aus in den Wüstenboden gerammten Holzpfählen. Die zwölf Reihen zu je zwanzig Stöcken sind westöstlich orientiert. Ihr Entdecker, der Amerikaner A. L. Kroeber, deutete die Anlage als Sternobservatorium.

Von Nasca aus führt die Panamericana nach Süden. Eine Abzweigung nach Westen führt zur Minenstadt **Marcona**, wo seit den fünfziger Jahren hochwertiges Eisenerz im Tagebau gefördert wird. Es wird per Bahn zum Hafen San Juan gebracht und dort auf die Erzkähne verladen, die Chimbote mit seinem Hüttenwerk der Siderperu ansteuern. Peru exportierte Eisen wie auch Stahl, erlitt in den vergangenen drei Jahren jedoch böse Absatzeinbußen. Bei kränkelnden Stahlküchen in den USA, Japan und Europa hatte Peru erst recht keine Chance auf dem flauen Weltmarkt.

Ab Puerto de Lomas folgt die Panamericana bis Camaná der Küste. Nach Chala schieben sich die Andenvorläufer bis nahe an den Pazifik heran und lassen nur einen schmalen Streifen Küstenebene frei. Sandstrände zum Träumen – hier sind sie unberührt. Zweihundert Kilometer ungenutzte ›Playa‹, nur wenige kleine Fischerorte. In mehreren Brandungsreihen läuft das Weltmeer ans Ufer aus, scheint sich vor Camaná in den Dünen fortzusetzen. Eine Landschaft wie vor Jahrmillionen: Flüsse, die in ihren Deltas zum Ozean mäandrieren, bei Sonnenuntergang rötlich-silberne Bänder, die sich in der Unendlichkeit verlieren. Kein Mensch, kein Haus, nicht einmal bestellte Felder. Die Südküste Perus ist weiter, einsamer und bevölkerungsärmer als die des Nordens.

Südwestlich von Camaná zeigt sie sich so unzugänglich und gebirgig, daß die Panamericana weit landeinwärts ausweicht. Die wenigen Küstenstädte sind durch Stichstraßen mit Arequipa oder Moquegua verbunden. Ilo bildet ein südliches Gegenstück zu Chimbote: Erzschmelzen (hier Kupfer aus den Gruben von Toquepala) und Fischmehlfabriken prägen die Atmosphäre. Ein Abstecher lohnt sich nicht.

Moquegua, Hauptort des gleichnamigen kleinen Departements, hat als Mittelpunkt der umliegenden Wein- und

---

8 Cerro Sechín: Priestergott einer über 3000 Jahre zurückliegenden Kultur, die uns mit den Darstellungen grausamer Ritualopfer Rätsel aufgibt

9 Chimú-Metropole Chan-Chan: von der Wüste überdeckt

10-11 An der ›Huaca el Dragon‹ kann die Anlage von Sakralbauten der Chimú beispielhaft studiert werden. Reichverziert sind die Lehmwände der Umfassungsmauer

12 Herber Reiz der Puna: die Pampa Galeras

13-14 Rätselhafte Wüstenmalerei von Nasca: der ›Eulenmensch‹ und die ›Spinne‹

15 Naturreservat Paracas

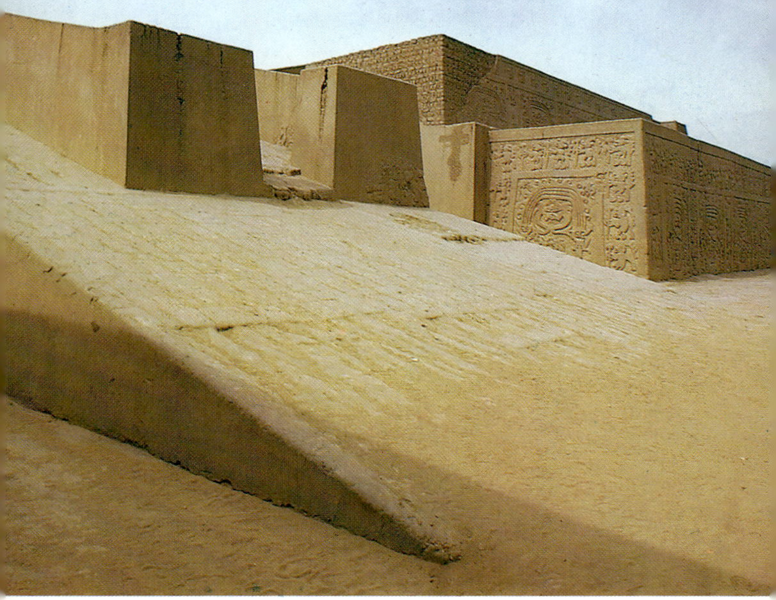

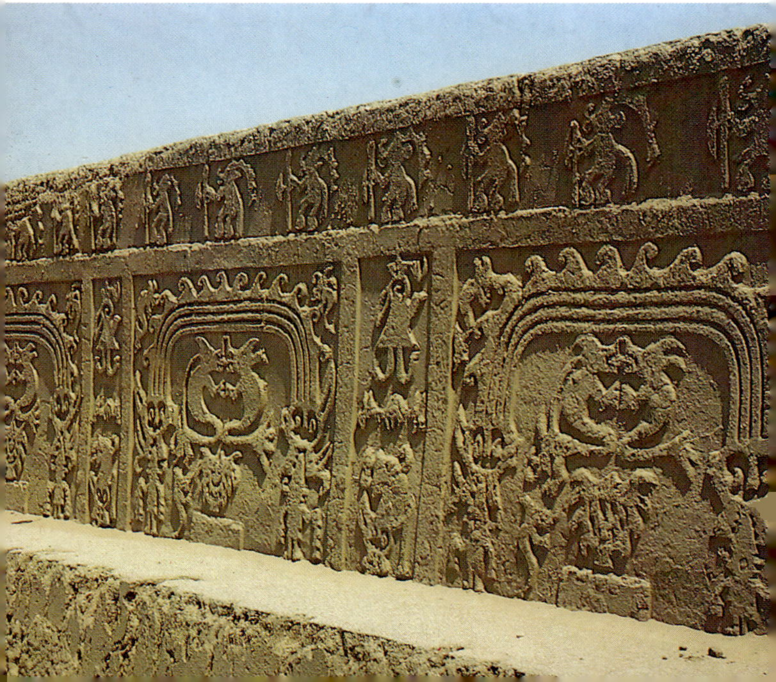

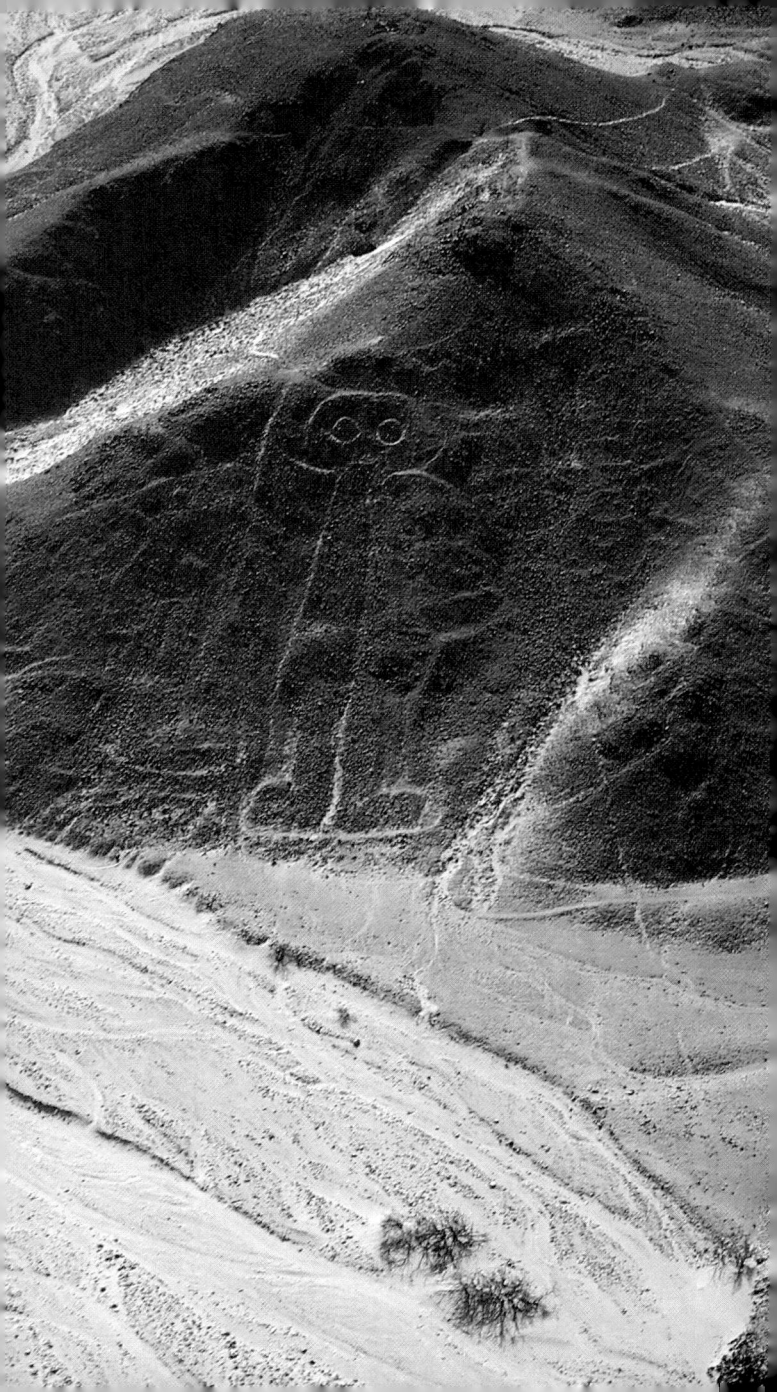

Avocadoplantagen sehr bescheidenen Reiz. Die Kolonialbauten litten sichtbar unter mehreren Erdbeben, und die
Provinzialität wirkt hier eher öde als beschaulich. Inoffiziell
1541 unter dem geschwollenen Namen Santa Catalina de
Guadalcazar del Valle de Moquegua gegründet und durch
den Vizekönig 1625 legitimiert, beschied das Schicksal der
Stadt eine Aschenbrödelrolle. Immerhin, einmal zumindest hatte sie Glück: als die im 17. Jahrhundert vom Vatikan
für Cochabamba in Bolivien bestimmten gesegneten Überreste der heiligen Fortunata aus unerklärlichen Gründen in
Moquegua steckenblieben. In der barocken Hauptkirche
Santo Domingo fand die Märtyrerin ihre letzte Ruhestätte,
und am 12. Oktober wird sie in Prozessionen andächtig
durch die kopfsteingepflasterten Straßen getragen.

Die südlichen Seebäder

Die strahlende Metropole Südperus ist unbestritten Arequipa, das jedoch nicht mehr im Küstenstreifen, sondern auf
über 2000 Meter Höhe liegt. Sein Abglanz trifft immerhin
zwei Seebäder, die in der Gunst der Arequipeños stehen:
Mollendo und Mejía.

Mollendo, dessen Wahrzeichen ein neugotisches ›Schloß‹
ist, ›El Castillo de Forga‹, verdankt seine Existenz dem alten
Hafen Islay. Seit dem 16. Jahrhundert nahmen die Galeonen
mit Fracht für Arequipa und das Hochland Kurs auf Islay.
Das blieb so bis 1862, als eine Fregatte mit Soldaten einlief,
die eine Gelbfieberepidemie auslösten. Die Überlebenden
verließen das verseuchte Islay, das als Geisterstadt verkommt.
Als Basis für den Bahnbau von der Küste nach Arequipa
wurde daher 1871 Mollendo durch Federstrich ins Leben ge-
rufen. Es übernahm die Funktion von Islay, mußte sie jedoch
1951 an Matarani abgeben, das heute, mit modernsten Lösch-
anlagen ausgestattet, als sicherster Hafen Perus gilt.

Glücklicherweise ist Mollendo mit über dreißig Kilometern Sandstrand gesegnet. Badefreudige Arequipeños der
Mittelschicht verdreifachen während der Sommermonate die

Einwohnerzahl von 20000; gehobenere Kreise ziehen indessen das traditionelle, intimere Seebad Mejía, vierzehn Kilometer südlich, vor. Mit europäischem Standard verglichen, bietet Mollendo wenig Anregung; man bräunt sich, promeniert und ißt viel Onofrio- oder Lamborghini-Eis. Ein Ferienort für Familien also; die einstige Hafenstadt darf sich nun – auf ein Dekret aus Lima gestützt – stolz ›Ciudad-Balneario‹ nennen.

Nordostwärts reiht sich Bucht um Bucht – ein Paradies für Liebespaare und Einzelgänger, die sich mit Matte, Sonnenschirm und Picknickkorb ausgerüstet ihre Schlupfwinkel suchen.

Mejía war nicht immer so vornehm, wie es sich seit einigen Jahrzehnten gibt. Ernst Wilhelm Middendorf bezeichnete den Ort vor rund hundert Jahren schonungslos als »... eine Anzahl elender Rohrhütten am Strande, bewohnt von einer zerlumpten Indianerbevölkerung, die vom Fischfang lebt«.

Besonderen Reiz besitzen die drei Kilometer südlich des arrivierten Badeorts gelegenen Lagunen. Sie erstrecken sich bis zur Mündung des Río Tambo als aquatische Welt aus Teichen und Sümpfen. Ein Sandstrand schließt sie vom offenen Meer ab und gewährleistet damit eine besondere, artenreiche Fauna: Reiher, Enten, Sumpfhühner, Amphibien, Krabben. Leider frönen nicht nur Sonntagsjäger ihrer Leidenschaft, sondern auch ungeachtet der Schonzeiten einheimische Wilderer.

Unweit von Islay ragen steil die Islas Loberas aus dem grünblauen Meer. Sie werden, wie ihr Name verrät, von Seehunden bewohnt, die sich mit einem Feldstecher leicht beobachten lassen.

Ein Abstecher nach Chile

Tacna, die südlichste Stadt Perus, besitzt die vagen, etwas schizophrenen Züge mancher Grenzstädte: auffallend viele Läden mit auffallend chilenischem Sortiment, den Wohlstand

aus nicht immer lupenreinen Handels- und Geldtransaktio-
nen sowie einen wenig diskret zur Schau gestellten Nationa-
lismus.

Eine Oasenstadt wie alle anderen in Peru, die ihre Existenz
dem Rio Caplina verdankt. Ein ständig verbessertes Bewäs-
serungssystem läßt die Wein-, Gemüse-, Frucht- und Oliven-
ernten stetig anwachsen.

Die Sehenswürdigkeiten Tacnas spiegeln die glanzvoll-
fiebrige Ära des Guanohandels wider: Die Plaza de Armas
ist mit einem Bronzebrunnen geschmückt, der 1859 aus
Belgien eintraf, und die zweitürmige Kathedrale im Stil der
Neurenaissance wurde ab 1872 nach Plänen von Alexandre
Gustave Eiffel errichtet, der damals gerade so recht in Mode
kam. Stadt und Klerus strapazierten ihre Kassen mit dem
Projekt so sehr, daß die düstere Bischofskirche erst 1954
fertig wurde.

Dazwischen lagen Jahrzehnte nationaler Demütigung.
Denn Tacnas Schicksal ist untrennbar mit der unseligen
Allianz mit Bolivien verbunden, die Peru in den Pazifikkrieg
mit Chile verwickelte. Dessen Hintergründe und Verlauf
wurden im einleitenden Geschichtskapitel skizziert. Kein
anderer Ort des Landes erlitt jedoch ein ähnliches Wechsel-
bad staatlicher Zugehörigkeit wie dieser.

Nach unglücklichen und zum Teil dilettantischen Operationen mußten die Verbündeten die Provinz Tarapacá mit
ihren reichen Salpetervorkommen den Chilenen überlassen –
Territorium, das eigentlich zu Bolivien gehörte. Von soviel
Erfolg ermutigt, setzte der südliche Nachbar seinen Expan-
sionskurs fort. Mit nahezu absoluter Seeherrschaft, wenige
Monate zuvor errungen, schifften sich chilenische Truppen
nach Ilo ein, um dort einen Stützpunkt zu errichten, bauten
diesen weiter aus und nahmen im Handumdrehen Moquegua
ein.

Mit 14 000 Soldaten und drei Dutzend Kanonen rollten sie
Südperu geschickt von Norden her auf. Das Koalitionsheer
hatte sich auf den Höhen um Tacna verschanzt. Zahlenmäßig
wie auch technisch unterlegen, hielt es dem chilenischen

Ansturm nicht lange stand. Das Artillerietrommelfeuer ließ die Stellung zusammenbrechen. Die demoralisierten Überlebenden des Debakels zogen sich an diesem Maitag des Jahres 1880 säuberlich getrennt ins Hochland zurück – nach La Paz die Bolivianer, wo sie sich während der Kriegsfortsetzung mäuschenstill verhielten, nach Puno die Peruaner. Das war nicht zuletzt eine schwere Schlappe für den eben ernannten Diktator Nicolás de Piérola, der sich im Dezember des Vorjahrs selbstbewußt an die Macht geputscht hatte, um die Schmach von Tarapacá vergessen zu lassen.

Tacna wurde wie Arica chilenisch – dieses Faktum wurde im Vertrag von Ancón vier Jahre später bestätigt. Erst 1929 fand das vorgesehene Plebiszit statt, in dem die Bevölkerung Tacnas für den Wiederanschluß an Peru stimmte. Kein Wunder, wurde die Stadt zu einem Symbol nationaler Integrität und zweifelhafter Heldenverehrung emporstilisiert. Ein Gefallenendenkmal in Pyramidenform und in den Flaggenfarben krönt ›El Alto de la Alianza‹, den Schauplatz jenes Gemetzels; ein Triumphbogen bei der Plaza de Armas ehrt die beiden Nationalhelden des Pazifikkriegs, Admiral Miguel Grau und Oberst Francisco Bolognesi. Der letztere war Garnisonskommandant von Arica, dem nächsten Eroberungsziel der Chilenen nach der Einnahme Tacnas. Bolognesi sicherte sich ewigen Ruhm mit seiner Standfestigkeit in aussichtsloser Lage. Auf die Kapitulationsaufforderung soll er erwidert haben: »Ich habe heilige Pflichten zu erfüllen und werde das bis zur letzten Patrone tun!« Worauf die Bastion mit mehrfacher chilenischer Übermacht dem Erdboden gleichgemacht wurde.

In **Arica**, jenseits der aktuellen Grenze, hat man sich ebensowenig von den Schatten der Vergangenheit befreit: Der Morrohügel trägt ein spezielles Museum des Pazifikkriegs, das keineswegs seinen Irrsinn anprangert, sondern die Streitkraft des Siegers feiert.

Arica genießt als Freihafen Boliviens einige Sonderrechte und zeigt mehr Lebensfreude, als sich in dieser gottverlassenen Ecke der Atacamawüste erhoffen läßt. Eine Bahnlinie führt über 63 Kilometer nach Tacna, eine andere schraubt sich in unzähligen Kehren über 450 Kilometer nach La Paz hoch. Diese Verbindung bildet die Lebensader des Binnenhochlandes Bolivien – mehr als die Hälfte seiner Ein- und Ausfuhren rumpelt über die verbogenen Geleise.

Die sonderbare Symbiose ist eine Konsequenz des Pazifikkriegs: Bolivien verlor seine Küstenprovinz Antofagasta und damit den Zugang zum Ozean. Daran kauen die putschfreudigen Generäle der Andenrepublik noch heute. Mit dem Motto »Hacia el Mar!« – »Hin zum Meer!« – lassen sich stets leicht zusätzliche Wählerstimmen mobilisieren (soweit solche überhaupt gefragt sind).

Die traditionellen Provinznamen wie Tarapacá oder Atacama hat das allgemein zu Vereinfachungen neigende Militärregime in der fernen Hauptstadt Santiago zu schlichten Ordnungszahlen gestrafft. Die Gliedstaaten I bis IV umfassen demnach das schmale Wüstenband, das sich von Arica aus über 1300 Kilometer nach Süden ausdehnt und fast die Hälfte der Landesfläche einnimmt. Die einst so heiß umstrittenen Salpeterlager sind bis auf die bei Iquique und Tocopilla weitgehend stillgelegt. Doch Konkurrenten sind Peru und Chile geblieben: Die Andenketten über der Atacamawüste bergen noch ergiebigere Kupfergruben als die von Toquepala.

Solche Rivalitäten werden zur Zeit freilich diplomatisch gedämpft. Wenn jedoch die südamerikanischen Ausscheidungsspiele für die Fußballweltmeisterschaften stattfinden und dabei Chile und Peru zusammentreffen, geraten die Gemüter beidseits der Grenze in Wallung. Eifern die Peruaner eher den kapriziösen Ballartisten Brasiliens nach, pflegen die Chilenen einen athletischen Zweckstil. Und dieser führt zur Entrüstung Perus oft – zu oft – zum Erfolg.

Die Sierra

Das zentrale Hochland

Fahrt mit der Andenbahn

Desamparados heißt Limas Hauptbahnhof, was ›die Hilflosen‹ bedeutet. Genauso fühlt sich der hoffnungsvolle Bahnreisende morgens früh in den kläglichen Schuppen der ›Ferrocarril Central‹ am Rímac, sozusagen am Hinterausgang des Stadtzentrums.

Täglich startet ein Zug von Lima nach Huancayo. »Zehn Stunden«, verkünden Bahnbeamte mit ungedämpftem Optimismus auf die Frage nach der Fahrzeit, obwohl das die Mindestdauer ist, selten erreicht, von Wind und Wetter, vom Zustand der Geleise und Tunnels, der Wasserführung der Flüsse, der Duldsamkeit der Lokomotive und nicht zuletzt von der Laune des Maschinisten abhängig. Und wenn ›Huaycos‹ – Stein- und Schlammströme – in der Regenzeit die Schienen zuschütten, bleibt die ganze Linie für zwei, drei Wochen gesperrt.

Lima–Huancayo, der 346 Kilometer lange Schienenweg, wäre in Europa ein Halbtagspensum. Die Langsamkeit ist naturgegeben, überwindet die übliche Fünfwagenkomposition doch beinahe fünf Kilometer Höhendifferenz. Vom Pazifik auf Montblanchöhe klettert der Zug, rumpelt langsam über 59 Brücken, ächzt durch 66 Tunnels. Damit wurde eine Fieberphantasie des vergangenen Jahrhunderts wahr.

Denn am 15. Januar 1869 beschloß der Kongreß die Streckenführung von Lima nach Jauja. Brachte der Guano der Küste leicht verdiente Devisen, fand man, würden vermehrte Erzexporte der Sierra Aufschwung verleihen. Und Eisenbahnen genossen in den Gründerjahren ein so hohes Prestige, daß ein Viertel der Guanoerträge ohne weitere Rentabilitätsrechnung in das ehrgeizige Projekt gepumpt wurde.

Die Bahnepoche Perus ist untrennbar mit dem schillern-
den Unternehmer Henry Meiggs verbunden. Aus einem bie-
deren Stadtratdasein in New York hatte den angesehenen
Mann die Abenteuerlust gepackt; im hektischen Kalifornien
der sechziger Jahre wurde der Ingenieur zu einer zentralen
Figur im Grundstückgeschäft; er beteiligte sich an nicht
immer ganz sauberen Finanztransaktionen. Sein Imperium
fiel nach wenigen Jahren wie ein Kartenhaus zusammen; bei
Nacht und Nebel rettete er seine flüssigen Mittel vor dem
Zugriff zahlreicher Gläubiger und setzte sich mit Familie
nach Chile ab. Dort verstand er dank seinem Verhandlungs-
geschick, unbestrittenem Fachwissen und Organisationsta-
lent, Regierungsaufträge für Brückenkonstruktionen sowie
die Bahntrasse von Maipú nach San Fernando einzuholen.
Er führte sie kosten- und termingerecht aus. Mit dieser
Referenz stach er in Lima günstigere Offerten europäischer
Konkurrenten aus.

Die Strecken von Lima nach Chancay und von Mollendo
nach Arequipa gerieten zur erfolgreichen Talentprobe des
Eisenbahngauklers aus Nordamerika. Er unterbot die ge-
setzten Fristen ebenso wie die Budgets. Peru, vielmehr die
tonangebenden Schichten Limas, witterten eine schienen-
glänzende Zukunft. Die Einweihung des Desamparados-
bahnhofs fand in Anwesenheit des Präsidenten José Balta
statt, großartige Reden wurden gehalten, wie der Gast Ernst
Wilhelm Middendorf berichtete, und in der Mitte des Fest-
saals stand eine Lokomotive aus Zuckerwerk. Die Stimmung
war so schwül-euphorisch, daß Middendorf die Gesellschaft
nach schicklicher Frist verließ und durch Miraflores wan-
dernd die erfrischende Brise genoß.

Die im voraus gefeierte Andenbahn bot Schwierigkeiten,
die selbst dem Routinier Meiggs schwer zu schaffen
machten: Die Geologie zwang zu Umwegen und zusätzli-
chen Tunnels; Unfälle und Seuchen unter den Arbeitern –
darunter viele Chinesen – hemmten den Fortschritt. Meiggs,
ein überraschend rücksichtsvoller und verantwortungsbe-
wußter Patron, erlebte die Eröffnungsfahrt nicht mehr: Er

starb 1877. Bis Chicla, auf über 3700 Meter, wand sich damals
der Schienenstrang hinauf, doch bald fehlte außer dem leiten-
den Kopf des Unternehmens auch das Geld. Die Einnahmen
aus den Guanoverkäufen sackten jäh ab, die Trassierung ging
nun im Schneckentempo und mit vielen Unterbrechungen
voran. Erst 1893 war La Oroya und damit der eigentliche
Zweck der Investitionen erreicht: Nun waren die Metalle
viel rascher – in einem statt in etwa neun Tagen – und in
größeren Mengen als mit den Maultierkarawanen nach Callao zu schaffen.

Die großen Finanzopfer lohnten sich nicht. Auf die Erze
ließen sich die Kosten nur beschränkt abwälzen – sie mußten
ja auf dem Weltmarkt konkurrenzfähig bleiben. Und
schmerzlich wurde den Politikern endlich bewußt, daß der
Personenverkehr auf Jahrzehnte hinaus nicht ausreichen
würde, um die Investitionen abzuschreiben. Die Andendör-
fer versorgten sich selbst, für die Indios war Lima ohnehin
eine fremde Welt, sogar einen Fahrschein für die dritte Klasse
konnten sie sich nicht leisten. Während man in den USA
und in Europa unter günstigeren Bedingungen städtische
Ballungszentren durch die Schiene verband, verlor sich hier
die Bahn in einer vergleichsweise dünnbesiedelten Provinz.

Die Andenbahn erwies sich wie andere Projekte als Seifen-
blase. Daran änderten auch die Verlängerungen nach Cerro
de Pasco (1904) und Huancayo (1906) nichts. Sie überlebt
als Denkmal an den unkritischen Fortschrittsglauben jener
Zeit sowie als Wallfahrtsort der Eisenbahnenthusiasten.

Nirgendwo auf der Welt überwindet eine Trasse eine ähnlich ruppige Steigung. Von Callao nach Ticlio sind es nur
171 Kilometer bei einem Höhenunterschied von 4758 Metern. Die Andenbahn bewältigt diese Normalspurstrecke
ohne Steighilfen wie Zahnrad oder Drahtseil, benutzt auch
keine Kehrtunnels wie etwa die Gotthardbahn. Wo die Topographie keine breitangelegten Schleifen erlaubte, schiebt und
zieht sich der Zug im Zickzack hoch. Die Weichen und
Drehkreuze werden noch heute von Hand bedient – die
Lokomotiven müssen ohnehin mehrmals ausgewechselt

werden, da ihre Motoren der Höhe entsprechend verschieden eingestellt sind. Man erlebt also die Urzeit des Bahnwesens. Nur die Dampflokomotiven mit dem unmenschlichen Vorzug, bei zunehmender Höhe immer leistungsfähiger zu werden, wurden durch Dieselloks ersetzt.

Um 7.40 Uhr sollte sich die Maschine in Desamparados in Bewegung setzen. Das tut sie selten, steht selbst nach der ›hora peruana‹, dem obligaten Viertelstündchen später, unbeweglich da, obschon es keine Anschlußzüge abzuwarten gilt. Vielleicht ist tatsächlich noch eine Schraube locker an der Lokomotive oder wartet der Lokführer noch eine wichtige Funkmeldung aus einer Station über den Wolken ab; vielleicht spielt die Begleitmannschaft die entscheidende Kartenrunde zu Ende.

Endlich ein Ruck, das Dröhnen des Signalhorns, der Zug fährt, zockelt an den Elendshütten vorüber das Rímactal hoch. Das Grün der Flußoase bilden vor allem Mais- und Gemüsefelder, Bananenstauden, Obsthaine und Weiden – der Pflanzgarten der Metropole. Verläßt man Lima im Winter in Richtung Anden, lichtet sich der graue Nebelvorhang vor Chosica. Von Kilometer 50 an scheint die Sonne – sofern die Berggötter nicht etwas anderes beschlossen haben.

Nun folgt die erste steilere Rampe – von Chosica auf 800 nach San Bartolomé auf 1500 Metern. Feigenkakteen und Agaven rücken ins Blickfeld, im Wind glitzern die ersten Eukalyptusbäume mit ihren silbergrauen Blattunterseiten.

Es geht gegen Mittag, in San Bartolomé wird eine andere Lokomotive vorgekoppelt. Niemand muß mit knurrendem Magen warten, denn nun drängen sich die Frauen und Kinder des Ortes durch die Wagen, um mehrheitlich sehr appetitliche Speisen anzubieten: Maiskolben mit Frischkäse, mit Fleischfüllung gebackene Kartoffelklöße, Sandwiches, aus denen rötliche Zwiebelscheiben gucken, Äpfel, Oliven, Getränke. Ersteklassepassagiere können außerdem ein ›Almuerzo‹ aus der Zugküche bestellen.

Mit Spitzkehren entflieht die Bahn dem engen Talkessel

aus düsteren Granitwänden, rumpelt wenige Kilometer später langsam mit hohlem Dröhnen über die Carriónbrücke, unter der die Verrugasschlucht klafft; so zwischen Wolken und Fels hält man unwillkürlich den Atem an. Alle diese geländerlosen Viadukte – bloße Stahlskelette – wirken sehr gewagt und zerbrechlich. Neunhundert Meter klettert der Zug in vielen Zickzacks nach Matucana, dem Blumengarten der Nation. 2400 Meter über dem Meer. Bis hierher ist alles nur Vorspiel.

Die Schmelzwerke von Tamboraque weichen bald freundlicheren Erinnerungen: San Mateo, auf 3200 Metern, liefert das verbreitete Tafelwasser. Dieser sprudelnden Köstlichkeit folgt die ›kleine Hölle‹, ›El Infernillo‹, ein abgründiges Seitental des Rímac. Zwischen dessen Rio Blanco und Chicla (3700 m) fallen die terrassierten Steilhänge auf – das Werk der Inkas. Vor dem Minenort Casapalca erreicht die Bahn die Viertausendmetergrenze. Die von der nordamerikanischen Cerro de Pasco Corporation in den dreißiger Jahren erschlossenen Blei- und Silberadern werden heute in Staatsregie ausgebeutet. Der Zug kurvt um die mächtigen Abraumhalden in ein nördliches Seitental und gewährt den wenigen Aufnahmefähigen zwischen etlichen Tunnels Ausblicke auf ein grandioses Andenpanorama.

Kopfbrummen, Schwindel, Übelkeit und Apathie sind die Folge des ›Soroche‹, der Höhenkrankheit. Wie durch Zauberhand berührt, schlafen die meisten Reisenden ein, um ihren Energiehaushalt der Außenwelt anzupassen. Hauptursache ist Sauerstoffmangel. Der begleitende Bahnarzt hilft notfalls mit Oxygenmasken, manche Indios kauen die belebenden Cocablätter, oft hält auch schon tiefes Atmen munter.

In einem kargen Vegetationsteppich und zwischen zackigen Fünftausendern aus rötlichem Sandstein schraubt sich der Zug nach Ticlio hoch. Ein unbedeutender Ort, doch die höchstgelegene Station dieser Strecke, 4758 Meter über Meeresniveau. Erst im Galeratunnel wird allerdings der Scheitelpunkt erreicht – eine Wasserscheide des Kontinents im Berginnern. Jeder Tropfen östlich davon sucht seinen

Weg zum fernen Atlantik, unzählige Tropfen, die der Amazonas sammelt.

Die Ostflanke der Westkordillere ist etwas weniger steil, die Bahnfahrt ein bißchen weniger spektakulär. Im stacheligen Punagras häufen sich die Abraumhalden. Nach siebenstündiger Reise für 220 Kilometer Schienenweg erreicht man **La Oroya.**

Eingebettet in eine vegetationsarme bräunliche Mondlandschaft und teilweise durch die Rauchwolken der Metallschmelzen verdeckt, wirkt die Stadt wenig einladend. Die grünspanverfärbten Kupferblechdächer langer Barackenreihen sind etwa das Heiterste, was sie zu bieten hat. Nachts sackt die Temperatur auf den Gefrierpunkt ab, und die kargen Hotels sind ungeheizt.

Um die 35 000 Menschen leben in dieser urbanen Öde, keineswegs die ärmsten im Land. Ihre Existenzgrundlage bildet das Erz aus den umliegenden Gruben, auch aus Cerro de Pasco. In den Öfen von La Oroya wird daraus Blei, Zink, Kupfer, Wismuth, Antimon, Kadmium, Silber und Gold herausgeschmolzen – das macht die Stadt zu einem industriellen Schwergewicht Perus.

Woher kommen eigentlich diese Schätze der Erde – weshalb befinden sie sich in dieser unwirtlichen Gegend?

Alle wichtigen Mineralien werden in Gebirgen gefördert. Doch nicht alle Gebirge enthalten nennenswerte Lagerstätten. Die zentralen Anden sind in dieser Hinsicht privilegiert; nur Bolivien, Nord- und Mittelchile sowie die Nordwestecke Argentiniens besitzen ähnliche Reichtümer.

Die Kordilleren, das Kettengebirge, sind geologisch kompliziert gebaut. Ein Grundbaustein findet sich vor allem in der Ostkordillere häufig: Schiefer aus dem Erdaltertum, wie sie tiefer auf der Paracashalbinsel an die Erdoberfläche vorstoßen. Mehrere Gebirgsbildungen fanden seit ihrer Entstehung statt; die Hauptmasse der Anden ist relativ jung: Sie wurde im Tertiär, etwa zeitgleich mit den Alpen, im Rahmen weltweiter tektonischer Unruhe aufgefaltet. Das

Material dazu waren Meeressedimente des Erdmittelalters, vor allem Kalk. Durch den gewaltigen Druck der ostwärts driftenden Pazifikplatte wurden sie an Land auf älteres Gestein geschoben, teilweise damit vermischt und umgewandelt. In der Infernilloschlucht nach San Mateo sind solche verbogenen Kalkbänke sichtbar. Sie grenzen dort an Andesit, ein hartes vulkanisches Gestein, das einige der höchsten Andengipfel bildet. Es deutet auf Magmaergüsse während der Gebirgshebung hin – kein Wunder bei den Spannungen in der bewegten Erdkruste.

Mit diesen Magmaschmelzen stiegen auch die schweren Metalle aus dem Erdinnern auf und erstarrten in Gängen. Daß sie nun vorwiegend zwischen 3000 und 5000 Metern über Meereshöhe gefunden und gefördert werden, ist mit ein Beweis für die faszinierende Tatsache, daß die Hebung des Gebirges noch andauert. Andererseits wirken seit dem Anfang der Kordillerenbildung die Erosionskräfte von Wasser und Wind, Eis und Frost. Sie haben die Berglandschaft modelliert und die resistenten Granit- und Andesitgipfel

Hängebrücke der Inkas.
Aus der Chronik des Poma de Ayala

aus dem weicheren Sedimentgestein herauspräpariert. Der Abtragungsschutt bildet die heutige Küstenwüste.

In La Oroya gabelt sich die Andenbahn in einen Nord- und einen Südstrang; der erste steht im Dienst des Bergbaus, der südliche erschließt das fruchtbare Mantarotal mit Huancayo.

Das tellurische Reich der Minenstädte

Der Nordzweig der ›Ferrocarril Central‹ endet in **Cerro de Pasco**. Manche Statistiken und Handbücher sprechen von der »höchstgelegenen Stadt der Erde«. Dem wollen wir nicht genau nachgehen – es kommt ja sehr darauf an, wie man Stadt definiert. Jedenfalls leben hier auf über 4300 Metern 30000 Menschen. Man könnte also aus dieser Höhe auf die Gipfel von Zugspitze, Großglockner oder Jungfrau hinunterblicken.

Auf den Siedlungsresten des indianischen Yanahuanca wuchs gemäß vizeköniglichem Dekret von 1771 die ›Distinguida Villa Cerro de Pasco‹. Entgegen der spanischen Kolonisierungstradition folgen die Straßen und Baublocks nicht dem Schachbrettmuster, obwohl die Topographie des Hochplateaus keine Probleme stellte. Wollten die Ansiedler sich vor den eisigen Winden besser schützen?

Der Ortsname entspricht den Verhältnissen nicht genau: einen Berg gibt es nicht in der Nähe, nur einige Hügel ragen über die öde Hochebene hinaus. Der schwärzliche Tonschiefer, aus dem sie bestehen, verleiht der Landschaft eine besonders trostlose Atmosphäre. Sie wird durch den Qualm der Hochkamine und die geisterhafte Silhouette von Fördertürmen noch verstärkt.

Cerro de Pasco ist eine Minenstadt, ein modernes Gegen- stück zum legendären Potosí des 17. Jahrhunderts und von unschätzbarem Wert für die peruanische Wirtschaft. Eine Legende schreibt die Entdeckung des Reichtums einem In- diohirten zu: Er soll sich gerade eine Suppe gekocht haben, als ein vermeintlicher Stein unter seinem Kochkessel wegschmolz. Die weißlich-glänzende Masse war Silber. Dieses Edelmetall rief die Spanier herbei. Am Cerro de la Cruz begannen sie den Hügel aufzureißen, mußten sich jedoch mit wenig Silber in viel Erz begnügen. Erst in tieferen Schichten zeigten sich die Adern fetter. Gold und Kupfer wurden entdeckt; Blei und Zink, heute das wichtigste Fördergut, galten lediglich als Beigabe. In der Umgebung wurden unzählige Löcher gegraben und Stollen vorgetrieben. Schließlich waren an die tausend Gruben in Betrieb, und um 1800 zählte Cerro de Pasco nahezu 20 000 Einwohner. Darin waren allerdings die Indios miteingerechnet, die in Lagern außerhalb der Stadt lebten. Sie bildeten den Motor des Bergbaus – als Zwangsarbeiter mußten sie in die Gruben steigen, unterernährt, barfuß, zerlumpt. In den engsten Stollen pikkelten Kinder zugunsten des fernen Königs in Spanien, von dem sie nichts wußten.

Das Ganggestein wurde damals unsortiert in Säcke gefüllt und durch Hunderte von Lamas zu den Erzmühlen und Schwemmanlagen gebracht. Erst im 19. Jahrhundert standen Karren auf Schienen zur Verfügung. Zum Ausbau und zur Sicherung der Stollen diente Eukalyptusholz, um 1800 aus Australien eingeführt. Es ist zwar faserig und nicht sehr wetterfest; der Baum wächst hingegen sehr schnell und stellte so den Nachschub sicher.

Mit dem Rückgang der Gold- und Silberförderung schrumpfte auch die Einwohnerzahl von Cerro de Pasco. Erst in unserer Epoche weckte der Bedarf der Industrie nach Buntmetallen die Stadt aus dem Dornröschenschlaf. Neue metallurgische Technologien ermöglichen eine rationellere und gründlichere Aufbereitung von Bleiglanz, Kupferkies, Zinkblende und dem eisenhaltigen Pyrit. Energie für die Schmelzöfen liefern seit einigen Jahrzehnten die Kohlegruben von Goyllarisquiza, vierzig Kilometer nordwestlich der Stadt. Sie sind durch ein Stichgeleise mit dem Bergbauzentrum verbunden.

Die Schatzkammer von Cerro de Pasco ist auf einen mächtigen halbkuppelförmigen Magmakern beschränkt, der im

Tertiär einen Vulkanschlot füllte. Er liegt so, daß die Stadt nun ihrer Wirtschaft zuliebe sich selbst begräbt: das koloniale Zentrum erlag bereits weitgehend den Bulldozern und Schürfmaschinen, die sich immer tiefer in die alte Intrusion fressen. Cerro de Pasco entsteht neu als San Juan Pampa – in langen Reihen von Wohnhäusern für die Tausenden von Kumpeln und ihre Familien, mit Sozialzentren, Spital, Schulen, Kirche. Denn der Staat als Nachfolger der ungeliebten nordamerikanischen Cerro de Pasco Corporation muß hier etwas bieten. Trotz Arbeitslosigkeit und Unterbeschäftigung wären sonst kaum genügend Arbeitskräfte in diese unwirtliche Stadt zu locken. Fand doch bereits vor einem Jahrhundert Ernst Wilhelm Middendorf unverhohlen: »In der That macht das rauhe und kalte Klima den Cerro de Pasco zum unangenehmsten Wohnplatz der peruanischen Republik.« Und präzisiert aus unmittelbarer Erfahrung: »Während der Mittagsstunden wird die Wärme der Sonne lästig, tritt man aber in den Schatten, so friert man. Nachts fühlt man sich unter der Last der Decken beklommen, allein kaum hat man sie von sich gestoßen, um freier zu atmen, so zwingt die Kälte, sie wieder heranzuziehen.«

Das Hochplateau von Cerro de Pasco bildet eine Art Knoten zwischen den Andenketten. Nördlich und südlich davon laufen sie als West- und Ostkordillere beziehungsweise Cordillera Blanca und Cordillera Negra nebeneinander her, um hier, um diese hochgepreßte Scholle, zusammenzurücken. Fließen die nahen Ströme Huallaga und Marañón nordwärts, um erst viel später zum Amazonas abzubiegen, entwässert sich das Plateau von Cerro de Pasco nach Süden hin. Der Rio Mantaro, an dem die Universitätsstadt Huancayo liegt, windet sich zum Apurímac durch, der seinerseits in den Ucayali mündet.

Inmitten dieser komplizierten Hydrographie liegt der **Lago Junín** wie ein magischer Brennpunkt. Im sommerlichen Grün und winterlichen Goldgelb des Punagrases leuchtet sein Wasser in der Sonne saphirblau auf, und seine Ufer sind berühmt als Brutgebiet der Wasservögel: Flamingos, Nandus, Ibisse, Reiher, Andengänse und Enten.

Den Anwohnern war der See noch in spanischer Zeit heilig. Alljährlich führten sie ihre Lamas hin, deren Schutzgötter sie im dunklen Wasser glaubten. Der Urin der Tiere sollte nach dem Bad die Weidegründe fruchtbar erhalten.

Die Stadt Junín, auf frostigen 4100 Metern Höhe gelegen, geht auf eine Jesuitengründung zurück. Der kleine Ort mit wenig verfälschtem kolonialen Charakter ging erst 1824 ins nationale Bewußtsein ein. Ein Zufall verwandelte das ›Dorf der Könige‹, wie es überschwenglich hieß, in die ›heroische Stadt Junín‹.

Ihre Bewohner werden wohl an jenem 6. August eher Türen und Fensterläden verrammelt als heroische Entschlüsse gefaßt haben, als sie das Hufgetrommel der vizeköniglichen wie der republikanischen Reiterei vernahmen. Von Norden her hatte Simón Bolívar sich dem Rückzugsgebiet der Royalisten genähert, die sich vorsichtig und günstige Umstände abwartend nordwärts bewegten. Die Gegner entdeckten sich in dem Moment, als sie auf entgegengesetzten Ufern dem Lago Junín entlangmarschierten. Der spanientreue General José Canterac fürchtete, von seiner Nachschubbasis im Süden abgeschnitten zu werden und ließ zum Angriff blasen. Seine Kavallerie hatte die Nachhut gebildet, die Simón Bolívars die Spitze des republikanischen Zuges – so prallten die Schwadronen in wenigen Minuten mit blanken Waffen aufeinander.

Das Gemetzel dauerte nur eine Dreiviertelstunde; es soll kein einziger Schuß dabei gefallen sein. 250 Royalisten und 140 Republikaner verbluteten auf dem ›Feld der Ehre‹, woran ein Obelisk bei Junín erinnert.

Wählt man den Rückweg nach Lima von Cerro de Pasco aus über Canta statt Junín und La Oroya, stößt man um den Kilometerstein 280 auf seltsame Felsformationen. Die Peruaner nennen das Naturwunder **›Bosque de Rocas‹,** Felswald, und erklärten das ›Tal der verzauberten Steine‹ 1939 zum

Nationalpark. Die bizarren Figuren, in denen man je nach Phantasie Menschenköpfe, Tiere, Bäume oder Geister sehen kann, sind Skulpturen von Wasser und Wind sowie der Sprengkraft des Frosts. Sie bestehen aus erstarrter Lava des späten Tertiärs, den Geologen als Liparit vertraut.

Huánuco und die ›gekreuzten Hände‹

Cerro de Pasco ist ein notwendiges Übel für Reisende nach Pucallpa, die von Regenwald umkränzte Stadt am Rio Ucayali. Von Lima her führt die nächste Verbindung über Canta in die Minenstadt. In den Reisebussen gucken die Passagiere, von der Höhe benommen, verdrießlich zum Fenster hinaus und kuscheln sich tiefer in die mitgeführten Decken und Ponchos. Die Erlösung von Schwindel und Depression folgt bald: Nach wenigen Kilometern ist die Paßhöhe erreicht, und die Straße windet sich in unzähligen Haarnadelkurven jäh in die Tiefe, dem jungen Huallaga entlang. Die Vegetation wird rasch üppiger, und Huánuco liegt im saftigen Grün von Zuckerrohrfeldern. Denn hier auf 1800 Metern und fern vom kalten Humboldtstrom herrscht ewiger Sommer, doch ohne die drückende Hitze des Tieflandes.

Die Kleinstadt mit bescheidenen Kolonialbauten führt den hochtrabenden Titel ›La Muy Valerosa, Muy Noble y Muy Leal Ciudad de León de Huánuco de los Caballeros del Perú‹. Verliehen wurde dieses langschweifige Prädikat von keinem Geringeren als Kaiser Karl v. persönlich. Das war 1543. Die Schmeichelei sollte wohl die kurze und unrühmliche Geschichte der Gründung von 1539 vergessen lassen, mit der sich die spanischen Kolonisten um Gómez de Alvarado die Feindschaft der umliegenden Indianerstämme zuzogen. Ihren zermürbenden Angriffen vermochte nämlich die junge Siedlung nicht standzuhalten – die Spanier verließen das ungastliche Territorium und wiederholten das Experiment 140 Kilometer südöstlich davon. Dafür wurden sie mit dem eben gerühmten Klima belohnt.

Huánuco Viejo, jener Fehlstart, liegt auf über 4000 Me-

tern Höhe. Die dreistündige Bus- oder Autofahrt nach La
Unión (auch von der Küste aus über das Santatal erreichbar)
und den unumgänglichen zweistündigen Fußmarsch nehmen freilich nur eingefleischte Altertumsfreunde in Kauf.
Die Unentwegten erwartet auf einer Hochebene südwestlich
des Übernachtungsorts eine beeindruckende Ruinenstadt der
Inkas. Um den mehr als 500 Meter langen und 400 Meter
breiten Platz mit einem tempelartigen Bau in der Mitte grup-
pieren sich verschiedene Quartiere. Vor allem das nördliche
und das östliche sind dank Ausgrabungen in den sechziger
Jahren auch für den Laien von Interesse. Läßt das eine mit
der regelmäßigen Anlage von Hausreihen um einen kleinen
Platz an Militärbaracken denken, umfaßt das andere zweifellos das Nobelviertel, darunter ›La Casa del Inca‹. Mag sein,
daß dieser große Raum mit einem Wasserbassin dem durch-
reisenden Sonnensohn als Wohnung diente, vergleichbar
mit den Pfalzen abendländischer Kaiser des Mittelalters.
Immerhin lag Huánuco Viejo an der Hauptroute, die von
Cusco über Jauja, Cajamarca nach Quito führte und für
welche die Stafette der Meldeläufer nach den Angaben der
spanischen Chronisten zwischen fünf und zehn Tagen
brauchte. Vielleicht verkörperte die ›Casa del Inca‹ aber auch
nur die Residenz des Statthalters. Leider ist über die Stadt
wenig überliefert, so daß die Archäologen auf Ergebnisse
der Feldarbeit angewiesen sind. Die Architektur ist jedenfalls
unverkennbar inkaisch: trapezförmige Tore und Nischen,
die vollendet gefügten Mauern – allerdings nur an wichtigen
Eingängen – aus sorgfältig behauenem Stein.

   Eigenartig und die Diskussion um die Funktion der Stadt
speziell befruchtend sind Hunderte von etwa fünf Meter
hohen Türmen an der Südostflanke des Plateaus. Sie werden
als ›Colcas‹ gedeutet, Vorratshäuser für Lebensmittel, Dek-
ken und Gerät, die ebenso wie die ›Tambos‹ (Rasthäuser) zur
Infrastruktur des Inkareiches gehörten. Die runde, konische
Form dieser Speicher ist jedoch ungewöhnlich und könnte
auf einem älteren lokalen Baustil beruhen.

   Huánuco Viejo scheint also im 15. Jahrhundert ein wichti-

ger Stützpunkt gewesen zu sein. Kehren wir nochmals auf
den riesigen Hauptplatz mit dem Pavillon zurück. Dieser
erhebt sich, aus großen behauenen Blöcken gefügt, auf einer
Plattform. Der Eingang ist mit Raubkatzenmotiven und
Schlangen geschmückt – das Erbe der mächtigen Tempelpyramiden aus früh- und vorkeramischer Zeit und ein Hinweis
auf die erstaunliche Kontinuität altperuanischer Motive und
Stadtanlagen über 3000 Jahre.

Doch kaum meint man die Gesetzmäßigkeiten dieser vorspanischen Kulturen zu erkennen, stößt man auf Ausnahmen
und Sonderfälle. Auf der anderen Seite des Rio Marañón
und etwa fünfzig Kilometer stromabwärts liegt das Tantamayotal. Es birgt in mehreren Weilern verstreut eine Architektur, die eher an Jemen als an Amerika erinnert.

Tantamayo, Distrikthauptort mit einem einfachen Hotel,
liegt am linken Ufer des gleichnamigen Flusses auf etwa
3500 m. Die vorinkaischen Siedlungen befinden sich in Höhen bis zu 4200 m am gegenüberliegenden Talhang. Ihre Besonderheit fällt schon von ferne auf: Aus dem hohen Büschelgras ragen bis zu sechsstöckige burgenähnliche Bauten.

Sie stehen inmitten, teilweise im obersten Bereich der
Siedlungen, die auf der Talseite mit bis zu drei Mauerkränzen
geschützt waren. Niedrigere Häuser lehnen sich an diese
Wälle und passen sich der Topographie an.

Die Wohn- und Aussichtstürme wurden unter Verwendung von Mörtel aus Schieferstein geschichtet, die Trapez-
form verleiht ihnen besonderen Halt. Gras und Sträucher
wachsen auf den Gesimsen, und die Außentreppen wagt
man nicht zu betreten. Die Bewohner müssen jedenfalls
schwindelfrei gewesen sein, wenn sie auf den vorkragenden
Schieferplatten die oberen Stockwerke erreichen wollten.
Ohne Geländer, selbstverständlich.

Die Dörfer lebten zweifellos vom Landbau. Die Hänge
lassen noch die Terrassierung erkennen; auf den schmalen
Flurstreifen gediehen vorwiegend Kartoffeln. Offensichtlich
gruben die Talbewohner auch nach Edelmetallen.

Die › Wolkenkratzer‹ entstanden wahrscheinlich zwischen
dem 12. und 14. Jahrhundert. Einer ähnlichen Form und
Technik begegnet man auch bei Ruinen in der Provinz Dos
de Mayo. Ob die Baumeister Angehörige des Huánucoreichs
waren oder die von Guamán Poma de Ayala erwähnten Yaro,
bleibt umstritten. Die ersten Bewohner des Tantamayotals
waren sie indessen beide nicht: ältere Hausfundamente, Keramik und Geräte weisen auf eine kontinuierliche Bewirtschaftung seit etwa 600 hin. Merkwürdigerweise hat die
Huarikultur, die sich wenig später über ganz Peru ausbrei-
tete, keine Spuren hinterlassen. Hingegen reichen die ältesten Funde – bearbeitete Knochen, Steinbeile, Mörser – in
die Zeit um 2000 v. Chr. zurück.

Mit diesen Zeugnissen aus der Anfangszeit der Seßhaftigkeit
ist das Tantamayotal allerdings keineswegs allein in der zentralen Sierra. Eine der wichtigsten Ausgrabungsstätten für
diese ferne Epoche befindet sich nur wenige Kilometer von
der heutigen Stadt Huánuco entfernt: **Kotosh.**

Ein Grabhügel am rechten Ufer des Rio Higueras, einem
südlichen Zufluß des Huallaga, war dem peruanischen Geographen Javier Pulgar Vidal bereits Anfang der dreißiger
Jahre aufgefallen, und Julio Tello fand seine Vermutungen
in ersten Sondiergrabungen bestätigt: Hier hatten die Elemente sehr alte Bauwerke eingeebnet und zugedeckt. Erst
in den sechziger Jahren konnte ein Team der Universität
Tokio den Platz sorgfältig von Schutt befreien und systematisch untersuchen. Nicht weniger als sechs Schichten folgten
untereinander mit deutlich unterscheidbaren Entwicklungsstufen gebrannter Töpferei, basierend auf geometrischen
Formen. Zuunterst barg die kleine Kultstätte eine aus Lehm
gestampfte Kammer mit Nischen. Bei zweien fehlte das Gesimse, dafür zeigten sich unterhalb je zwei gekreuzte Hände,
als Reliefs in Naturgröße geformt. Ein Original ist heute im
›Museo Nacional de Antropología y Arqueología‹ in Lima
zu sehen. Hände oder Füße? Fragmente oder vollständige
Aussage? Könnte in der Nische eine Menschenfigur mit

übereinandergelegten Füßen gesessen haben? Man weiß nur
eins: Das Werk entstand vor rund 4000 Jahren, wie Radio-
Karbon-Datierungen ergaben.

Den niedrigen irdenen Gefäßen frühester Keramik folgen
im nächsten Horizont bereits elegantere mit schlankem Hals.
Eins ist mit einem stilisierten aufknospenden Maiskolben
verziert, ein anderes mit einer Raubkatze. Unmittelbar darauf zeigen sich Chavínmotive und Krüge mit Steigbügelausguß, wie ihn zweieinhalbtausend Jahre später die Inkas noch
fertigten.

Eine solche lückenlose Kultursequenz an einem Ort ist in
Peru recht selten. Doch Huánuco bot den Archäologen aus
Japan gleich eine Bestätigung für Kotosh im Stadtteil Chi-
llacoto.

Über hundert Kilometer trennen Huánuco vom nächsten
größeren Ort, Tingo Maria. Auf dieser Strecke überwindet
die Straße endgültig die rauhen Ketten und Hochtäler der
Anden und führt in die großartige Fülle der feuchten Tropen.
Wir aber kehren von Huánuco zurück in den windgepeitschten Altiplano, lassen diesmal den Qualm von Cerro de Pasco
rasch hinter uns und folgen der Andenbahn talabwärts nach
Huancayo.

Die verhinderte Hauptstadt,
das Kloster Ocopa und das Wollzentrum Huancayo

Einen unfreundlichen Eindruck macht **Jauja** keineswegs:
Die rostroten Ziegelsteindächer leuchten geradezu heiter aus
dem satten Grün des Talbodens, den vor Jahrtausenden ein
See füllte, und die Häuserreihen um die Plaza de Armas
wirken gepflegt. Doch als Kur- und Ferienort würde man
es sich heute etwas lieblicher wünschen, mit duftenden Wäldern statt kahlen Hügeln ringsherum, eine glitzernde Was-
serfläche dazu und vor allem mehr Wärme.

Den Spaniern waren Jaujas Reize nicht zu herb, und die
Provinzstadt auf 3400 Metern Höhe blieb während der Kolonialzeit die Sommerfrische der Limeñer Aristokratie. Davon

zeugen allerdings weder nostalgische Hotels noch prachtvolle Parkanlagen oder Alleen. Vielleicht ist Jauja doch eher
die Stadt der verpaßten Möglichkeiten. Acht Monate lang
war sie die Kapitale des unabsehbaren Reiches, das die Konquistadoren gerade im Namen ihres Königs und Kaisers
Karl v. eingenommen hatten. Francisco Pizarro fand Cusco
zu abgelegen, um als Residenz zu dienen, und zog das zentra-
lere Jauja vor. Am 25. April 1534 zur Hauptstadt erklärt,
zeigte es bald einen schwerwiegenden Nachteil: Die aus
Europa mitgebrachten Haustiere vermehrten sich nicht. Da
aber die ehrenwerten Ritter aus Spanien auf Hühnchen,
Speck und Omeletten nicht verzichten mochten, mußte eine
neue Hauptstadt gesucht werden – Lima.

Lag ein Unglücksstern über dem Ort? Hatten die Spanier
nicht mutwillig die Vorratshäuser der Inkas geplündert und
zerstört, die in einer langen Reihe hoch über der Stadt
standen? Hatten sich in diesem Tal nicht schon die Huancas
den Heeren der Inkas beugen müssen?

Vier Kilometer außerhalb des Stadtzentrums liegt, von
finsteren Bergen umkränzt, die Laguna de Paca. Selten kräu-
selt ein Lüftchen das kobaltblaue Wasser. Und wenn nicht
Motoren beim nahen Touristenhotel brummen, herrscht
Stille. Oder war da nicht ein Heulen, fernes Wehklagen?
Vorsicht bei Vollmond!

Die Sage berichtet von der prachtvollen Stadt Hatun
Jauja, deren Bewohner blutige Opferrituale vornahmen,
Hunde aßen, unmoralische Tänze und Perversitäten pflegten. Das erregte den Zorn Viracochas. Der Schöpfergott
sandte einen Vertrauten in Gestalt eines Greises, um die
Huancas zu warnen. Doch sie überhäuften ihn mit Hohn
und Spott. Dreimal rief er sie vergeblich zur Besserung auf.
Schließlich wandte der Alte sich ab, setzte sich auf einen
Hügel, weinte und verfluchte die Stadt. Am siebten Tag
danach begann es zu regnen, der Boden zitterte, Blitze zuck-
ten durch die blauschwarzen Wolken, die umliegenden Quellen schwollen zu reißenden Strömen an, aus dem Himmel
stürzte sieben Tage lang Wasser. Wo vorher die Hatunjaujas

ihren Lastern gefrönt hatten, lag nun ein stiller, abgründiger See, die Laguna de Paca.

Bei Vollmond soll man noch den Donner und die Angstschreie der entsetzten Menschen hören. Dann gilt es, die Neugier zu zügeln, denn wer hinschaut, erstarrt zu Stein.

Späteren Sagen zufolge hätten die Inkas Goldschätze in den See versenkt, um sie den Spaniern vorzuenthalten. In die Mythen von Sintflut, Sodom und Gomorrha mischt sich also noch der Mythos von Eldorado.

Über der Stadt aber, am Cerro Huancas, zerfallen langsam Hunderte von kleinen Rundtürmen aus vorinkaischer Zeit.

Etwa zwanzig Kilometer südlich von Jauja, in Matahuasi, zweigt eine Straße nordöstlich in die Selva ab. In wenigen Autominuten erreicht man das von hohen Eukalyptusbäumen umrahmte **Kloster Ocopa.** Der um 1725 gegründete Franziskanerkonvent spielte eine Hauptrolle bei der Missionierung der peruanischen Waldindianer. Die Franziskaner betätigten sich seit Mitte des 16. Jahrhunderts im Jaujatal, sie führten ein Kloster in Concepción. Am Saumweg ins Tiefland errichteten sie eine kleine, der heiligen Rosa von Lima geweihte Kapelle. Dennoch wuchs das Bedürfnis nach einem eigentlichen Stützpunkt – er entstand an der Stelle des Gebetshauses.

Die Annäherung an die harmonische Kirchenfassade über eine breite Eukalyptusallee stimmt den Besucher feierlich. Das angeregte Blätterrascheln, die dunklen, hohen Baumsilhouetten, der Brunnen auf dem Vorplatz und die Behäbigkeit der beiden Türme lassen Gastfreundschaft erwarten. Diese ist tatsächlich leicht zu erlangen: Das Kloster verfügt über ein Gästehaus mit Restaurant, das das leibliche Wohl gewährleistet. Wer sich für die Kolonialgeschichte des Landes interessiert oder Naturstudien betreiben möchte, wird aus einem mehrtägigen Aufenthalt reichen Gewinn ziehen. Und wer sich in die Geheimnisse des Regenwaldes und seiner Bewohner vertiefen möchte, erfährt hier bestimmt mehr als in einer der vom Reisebüro vermittelten ›Jungle Lodges‹.

Man darf sich freilich nicht vom spartanisch-klösterlichen Alltag irritieren lassen – dem Einläuten der Frühmesse etwa, dem Orgelspiel, dem Kommen und Gehen der Gläubigen. Dafür kann sich der Besucher an unmusealer Kunst – dem reichhaltigen Gemäldeschmuck – und der erstaunlichen Bibliothek mit über 20 000 Bänden, einem mächtigen Arbeitstisch und bequemen Sesseln im Lesesaal erfreuen.

Kaum ein Dutzend Mönche bewohnen das Kloster gegenwärtig, nicht genug, um es instand zu halten und das Gut zu bewirtschaften. Laien müssen einspringen. Eine Führung der Padres vermittelt einen Einblick in die zu groß gewordene Anlage: Vier Höfe mit Kreuzgängen trennen die Wohn- und Wirtschaftsgebäude, den Saal mit Bildern der Cusco- und der flämischen Schule, die Bibliothek und das Selvamuseum. Der zuständige Pater-Kurator verrät nicht ohne Stolz, Ocopa besitze die kostbarste Gemäldesammlung des Hochlandes. Als besonders lieblich fällt die Rosenmadonna am Eingang der Pinakothek auf in Gesellschaft des heiligen Dominik und der Katharina von Siena. Dieser Kunstschatz verblüfft, wenn man in Betracht zieht, daß den Padres nur hundert Jahre beschieden waren bis zur Unabhängigkeit des Landes, als die Klöster aufgehoben wurden. Der republikanische Rundschlag gegen die Kirche wurde allerdings später gedämpft; 1884 zogen wieder Franziskanermönche in Ocopa ein.

Das Dorf Santa Rosa de Ocopa entstand um den Konvent – es gab viele Gläubige, die ihm nahe bleiben wollten und sich deshalb zwischen den beiden Flüssen Ingenio und Ayamayo ansiedelten. In dem frühlingshaften Klima des Jaujatals reifen Mais, Weizen, Hafer, Artischocken; die Hänge bestehen aus einem Flickenteppich von kleinen Feldern, ›chacras‹, wie sie die Campesinos nennen, die vielerlei Kartoffeln tragen, Quinua (ein Gänsefußgewächs, unzutreffend Andenhirse genannt), Gerste und Grüngemüse. Um Ocopa säumen schmarotzerbehangene Weiden und Erlen die Bäche; Eukalypten mit ihren großgefleckten, abblätternden Stämmen bilden lichte Wäldchen; als alte einheimische

Pflanzen fallen der Queñuabaum mit seinen knorrigen, rötlichen Stämmen und Ästen sowie der feinblättrige Quishuar mit seinen senkrecht aufstehenden Zweigen auf.

Huancayo empfiehlt sich als Metropole des zentralen Hochlandes: Als Universitätsstadt mit nahezu 200 000 Einwohnern, als Erzbischofssitz und Departementshauptort ist es zweifellos eine würdigere Endstation der Andenbahn als Cerro de Pasco. Schon Ernst Wilhelm Middendorf stellte befriedigt fest: »... eine freundliche Stadt, die den ... Küstenbewohner anheimelt ...« Die wirtschaftliche Entwicklung in diesem der Hauptstadt Lima nächsten großen Andental hat jedoch in den vergangenen Jahren auch negative Auswirkungen gezeigt: Neubauten drängten sich zwischen die unauffälligen Häuserreihen Huancayos im Kolonialstil, und der Touristenandrang ließ das blühende, qualitätvolle Kunsthandwerk zu billiger Massenproduktion verkommen.

Die Stadt bietet keine besonderen architektonischen Sehenswürdigkeiten, obwohl sie 1571 gegründet wurde. Jahrhundertelang stand Jauja im Vordergrund, und Huancayos Sternstunde schlug am ehesten an jenem Novembertag des Jahres 1854, als Präsident Ramón Castilla in seinen Mauern die endgültige Aufhebung der Sklaverei in Peru erklärte.

Eine der Hauptgeschäftsstraßen, die Calle Real, verläuft genau auf der einstigen Inkastraße. Der berühmte *Sonntagsmarkt*, zu dem viele Touristen extra aus Lima herfahren, fand hier bis vor wenigen Jahren statt, als er aus Platzmangel hinaus ans Ende der Avenida Huancavelica verlegt wurde. Die ›Feria‹ bietet alles von Gemüse, Früchten über fertige warme Gerichte bis zu Kleidern, Werkzeug, Geschirr und Kunsthandwerk. Die Nebenrolle, die das Kunsthandwerk für die Einheimischen spielt, läßt sich an der Masse von Kunststoffartikeln aus den Industrieländern ermessen. Geritzte und gebrannte Kürbisse dienten den Indiovorfahren bereits vor 3000 Jahren als Eßschalen und Trinkgefäße. Die Bewohner von Huancayo und den umliegenden Dörfern ziehen ihnen Billigporzellan aus Taiwan oder Plastikteller aus Hongkong bei weitem vor. Die Kalebassen, deren unterschiedliche Brauntöne durch Variieren des Drucks mit der glühenden Holzkohle zustandekommen, bleiben also den Touristen vorbehalten, vor allem Europäern und Nordamerikanern. Seltsam muten auch die grellen Strickjacken aus Dralon oder anderem Synthetikgewebe an, die ausgerechnet die Verkäuferinnen der begehrten Ponchos, Pullover, Handschuhe, Schals und Mützen aus Alpacawolle tragen. Viele Indios und Mestizen lassen sich von der aggressiven Werbung der Kunstfaserindustrie blenden und nehmen die schlechten Trageigenschaften des Materials in Kauf, um als fortschrittlich zu gelten.

Um die 30000 Markthändler und -händlerinnen strömen sonntags in Huancayo zusammen und treten gleichzeitig als Käufer auf. Abfälle mischen sich auf dem Pflaster mit Kot und Staub zu einer schwärzlichen Masse – die hygienischen Verhältnisse erfordern gute Schuhe und hochgekrempelte Hosenbeine.

Eine angebliche Spezialität der lokalen Küche hat ganz Peru erobert: ›Papas a la Huancaina‹. Gekochte halbe Kartoffeln, mit einem Salatblatt unterlegt und mit einer steifen Sauce übergossen, bilden eine kalte Vorspeise. Die hausfraulichen Qualitäten der Huancaina zeigen sich in der gelblichen Masse: Sie besteht aus feingehackten gedämpften Zwiebeln, zerstoßenem Quark und Ziegenkäse sowie dem mäßig scharfen gélben Ají. Ihre Würze vereinigt sich mit der süßlichen Pappigkeit der Kartoffel zu kräftig-beglückender Harmonie. Manchmal begleitet ein hartes Ei das Gericht als Farb- und Geschmacksakzent.

Kartoffeln – was wäre Peru ohne Kartoffeln? Gegen fünfhundert Sorten des Nachtschattengewächses wuchern in den kühlfeuchten Äckern des Hochlandes bis über 4000 Meter Höhe, mehrere Dutzend sind auf den Märkten der Sierra zu unterscheiden, von den Indiofrauen fein säuberlich getrennt und zu Häufchen geschichtet. Es gibt riesige braune Knollen – wahre Kobolde der Unterwelt –, es gibt rote, violette,

gelbe, schwarze, weiße; runde, ovale, ginsengartige Aus-
wüchse und solche, die unangenehm an Engerlinge erinnern.
Wahrhaftig hat Pachamama, die alte Erdgöttin, ihr unterirdi-
sches Reich mit ungeheurer Fruchtbarkeit gesegnet!

Kleine Kartoffeln werden häufig getrocknet angeboten.
Sie sehen Champignons ähnlich und werden ›Chuños‹ genannt. Die Konservierungsmethoden muten archaisch an.
Weiße Chuños, ›Tuntas‹, müssen erst einige Frostnächte über
sich ergehen lassen, dann zwei Monate zwischen Strohhüllen
in Fließwasser liegen, bis sie endlich an der Sonne getrocknet
werden. Schwarze Sorten genießen ein monatiges Wechsel-
bad an der Luft zwischen Frösten und Mittagsglut, werden
dann von den Frauen durch Stampfen geschält und wochen-
lang getrocknet. Die frisch säuerlichen ›Ocas‹ wiederum
verwandeln sich nach zehntägiger Lagerung an der Wärme
in Süßkartoffeln. Die Knollen lassen sich so jahrelang lagern.
Das Kochen braucht freilich viel Zeit. Touristen bekommen
Chuños meistens in Suppen vorgesetzt.

Von Huancayo aus kurvt eine Schmalspurbahn ein Nebental
des Rio Mantaro hinauf nach **Huancavelica.** Die Bahn
kennzeichnet die letzte Blüte dieser Stadt, die im 17. Jahrhundert zu den wohlhabendsten Südamerikas gehörte und
heute in einem Dornröschenschlaf versunken scheint. Der
Reichtum stammte aus den Minen am Cerro Bárbara. Die
Entdeckung dieses Schatzes ist einem jungen Lümmel zu
verdanken, dem der Encomendero Amador Cabrera einen
dummen Streich großmütig verzieh. Das war nicht selbstverständlich im Neuspanien des 16. Jahrhunderts, so daß der
Vater des Burschen die Milde des Grundherrn mit einer
Zinnobermine belohnte. Diese erwies sich bald als wertvoll,
weil sie Quecksilber enthielt. Und dafür zeigten die Spanier
um diese Zeit höchstes Interesse. Denn etliche Silberlager-
stätten schienen bereits erschöpft; das begehrte Metall war
mit dem wenigen Holz, das zum Schmelzen zur Verfügung
stand, kaum aus den Adern zu lösen.

Im Jahre 1557 hatte Bartholomäus von Medina das ener-

giesparende Amalgamationsverfahren in der Neuen Welt
eingeführt: Silber verbindet sich mit Quecksilber, das sich
dann leicht abdestillieren läßt, worauf das ersehnte Reinsilber zurückbleibt.

Diese Methode diente bis ins 19. Jahrhundert zur Ausbeutung der sagenhaften Silberberge. Und dazu brauchte man
Quecksilber aus Huancavelica. Das Mantarotal wurde zur
wichtigsten Transportroute jener Epoche, auf der täglich
Hunderte von Maultieren und Lamas mit Ledersäcken nach
Cerro de Pasco trabten, die das quirlige Hilfsmetall enthielten. Noch größere Karawanen zogen mit gleicher Fracht
über 1500 Kilometer bergauf, bergab nach Potosí.

Huancavelica wuchs bis zum späten 18. Jahrhundert auf
stattliche 10000 Einwohner an. Doch mit dem Bergbau
schrumpfte stetig die Bevölkerungszahl. Die Stadt mit den
Prunkaltären in ihren Kirchen sank zu Bedeutungslosigkeit
herab und hatte selbst an der Bevölkerungsexplosion der
vergangenen Jahrzehnte nur geringen Anteil. Eingerahmt
durch einen Bergkranz liegt sie selbst für ihr Departement
zu abgeschieden. Die Orte der großen Südwestprovinz Castrovirreyna orientieren sich mehr nach Ica.

Im Jahre 1570 wurde die illegale Existenz der Minenstadt
durch vizekönigliches Dekret abgesegnet. Sie hieß nun Villa
Rica de Oropesa und wurde zehn Jahre später mit Stadtrechten honoriert. Erst im 17. und 18. Jahrhundert stellte sie
ihren Reichtum architektonisch zur Schau: An der Plaza de
Armas erinnert das Rathaus an die glanzvolle Epoche, vor
allem aber die wuchtige Kathedrale. Sie wurde ab 1673
errichtet und birgt mehrere Prunkaltäre im Mestizenstil; die
Kanzel wurde mit Blattgold überzogen wie in den meisten
Kirchen des Orts. Ebenso üppig wurde die ganze Kassettendecke von San Sebastián geschmückt, die gleichsam einen
goldenen Himmel über den Gläubigen darstellt.

Huancavelica ist berühmt für seine *Volksfeste*. Schon der
Dreikönigstag gibt zu einem Umzug Anlaß, in dem die
maskierten Weisen aus dem Morgenland hoch zu Pferd von
Kirche zu Kirche reiten und in der Kathedrale den Palast

des Herodes vorfinden. Am 20. Januar folgt die ›Fiesta de San Sebastián‹. Seltsamerweise nimmt sie kaum auf den römischen Märtyrer Bezug, sondern wird nach spanischer Tradition als Schaukampf zwischen Christen und Mauren aufgezogen. Maskierte, gerüstete und mit Holzschwertern bewaffnete Reiter preschen in Erinnerung an die Reconquista aufeinander los – eine recht absurde Veranstaltung in dieser von Indios und Mestizen bewohnten Stadt.

Auf einer Legende beruht die am 18. Januar begangene Prozession des ›Niño Perdido‹, des Verlorenen Kindes. Einer Gruppe von Hirtenjungen soll am Ufer des Rio Ichu eines Tages ein strahlend schöner Knabe in Begleitung eines schwarzen Gefährten erschienen sein. Er bat darum, mitspielen zu dürfen, was ihm die kleinen Indios gerne gewährten. Als sie aber ihre Herde zur Hacienda zurücktreiben wollten, fehlten zwei Tiere. Darauf habe der Fremdling etwas Lehm vom Wegrand aufgenommen, die Ausreißer nachgebildet und ihnen lachend Leben eingehaucht. Bald darauf hätten Anwohner auf einem Stein das Bild des himmlischen Boten gefunden.

Dem Schauplatz entsprechend wird das Wunder auch als ›Fiesta del Niño Callaocarpino‹ gefeiert. Der Volksglaube hat das Kind mit Bruder und Schwester ausgestattet und die Schar Maria und Joseph unterstellt. In entsprechenden Kostümen zieht die Prozession mit dem Bild des ›Niño Perdido‹ von der Kirche Santo Domingo aus durch die Straßen. Zwischendurch vollführen ›Negritos‹ – als Schwarze verkleidete Symbolträger der dunklen Mächte – den ›Zapatín‹, einen wilden Tanz auf den Absätzen.

An der Straße nach Huancayo, knapp zwanzig Kilometer von Huancavelica entfernt, liegt der steinerne Wald von Sachapite – zu skurrilen Säulen erodiertes Tuffgestein.

Die Straße in entgegengesetzter Richtung nach Castrovirreyna, einer düsteren Minenstadt, und an die Küste nach Pisco führt durch die faszinierende Einsamkeit der Puna: stachelige Grasbüschel, an denen Lamas und Alpacas kauen, ein Kranz von Schneebergen um die Laguna de Choclococha auf über 4600 Metern Höhe. Die Abzweigung nach Ayacucho bietet eine ungeahnte Farbpalette von oxidiertem Felsgestein, an dem ein violetter Fluß vorübersprudelt.

Und in unerreichbaren Höhen kreist der Kondor.

Das nördliche Hochland

Alpinistenmagnet Callejón de Huaylas

Wir hatten in Casma einen zweifelhaften Bus bestiegen: Die Karosserie war von Rost zerfressen, und die Reifen ließen anstelle eines vertrauenerweckenden Profils Stücke der Leinwand durchschimmern. Doch der Fahrer zeigte ungedämpfte Zuversicht, spuckte, nachdem noch ein Schaf auf dem Dach zwischen Maissäcken und Koffern festgebunden worden war, in die Hände, griff ins Steuer und gab Gas. Der Bus mit dem entzückenden Miniaturaltar über der Frontscheibe brüllte auf wie ein verwundeter Löwe, zitterte und setzte sich schließlich, schwarze Abgaswolken ausstoßend, in Bewegung.

Unser Ziel war Huarás. Eine halbe Stunde lang holperte das Vehikel durch Kies- und Felswüste ostwärts den dunstverschleierten Bergketten entgegen und wirbelte dabei eine lange Staubfahne auf. Dann schleppte es sich mühsam über dem Rio Sechín den Felswänden entlang bergauf, zog schrecklich bebend und bockend durch die vielen Serpentinen, so daß die Scheiben klirrten und etliche Frauen sich demütig bekreuzigten.

Vier, fünf Stunden dauerte dieser Aufstieg aus Meereshöhe. Das karge Mittagessen lag schon lange zurück, die Eukalyptusbäume waren verschwunden; zwischen den vereinzelten Lehmgehöften, die sich kaum vom Boden abhoben, breiteten sich goldene Gerstenäcker und steinige Kartoffelfeldchen aus, so klein, daß man sie von ferne für trocknende Wäschestücke hätte halten können.

Um vier Uhr nachmittags näherten wir uns der Paßhöhe. Die sauerstoffarme Luft hatte die meisten Mitreisenden eingeschläfert, und auf die letzten kleinen Dörfer folgte ein Teppich von grünem Punagras. Endlich ging es geradeaus,

El Callán, der Übergang auf 4200 Metern, war erreicht. Der Bus umfuhr einige Hügel, neigte sich in eine Rechtskurve und gab plötzlich den Blick frei auf ein atemberaubendes Panorama: Im weichen Licht des späten Nachmittags lag unter uns als grüne Mulde der Callejón de Huaylas, ein Talboden von Eukalyptuswäldern gesäumt, denen sich an den Berghängen wieder Äcker, Weiden und dann Felsbänder anschlossen, die in silbrig glänzenden Schnee übergingen. Als Krönung der Szenerie reihten sich in eigenartig durchsichtiger Klarheit die Firndome der Cordillera Blanca aneinander, dominiert von den Kuppen des Huascarán.

Die Südamerikaner nennen Ancash, das Departement mit der Weißen Kordillere, die ›Peruanische Schweiz‹. Doch wir kennen in den Alpen nichts Ebenbürtiges. Die Dimension ist weiter, das Licht luzider in Peru. Selbst das Matterhorn, das auf Kalenderfotos die Stuben der Welt erobert, besitzt hier in der benachbarten Cordillera Huayhuash ein ebenso zackiges Gegenstück: den Yerupajá. Seine Pyramidenspitze liegt auf 6634 Metern über dem Meer.

Von Lima aus wählt man meistens die direktere Verbindung nach Huarás über Pativilca und das Tal des Rio Fortaleza. Diese Route ermöglicht einen Besuch der Inkaruinen von Chasquitambo und führt ohne Umweg nach Chavín de Huántar, doch den Überraschungseffekt vermittelt sie nicht. Die Cordillera Blanca schiebt sich von weitem immer etwas mehr ins Blickfeld – man gewöhnt sich langsam daran.

Vom Callánpaß fahren die Busse rumpelnd talwärts, verschleißen Kupplungs- und Bremsbeläge, nehmen noch Stehgäste aus den Dörfern auf und erreichen schließlich staubig und sichtlich mitgenommen **Huarás.**

Der Hauptort des Departements Ancash gibt sich modern. Auf 3000 Metern Höhe leben etliche der rund 50000 Einwohner nicht schlecht vom Fremdenverkehr, gilt das Tal doch als ein Muß in den Reiseführern. Hinzu kommt die administrative und kommerzielle Funktion, die das Zentrum für die Region von der Größe Baden-Württembergs wahrnimmt.

Huarás verdankt sein ›Facelifting‹ nicht einem unbändi-
gen Modernisierungswillen der Behörden, sondern den Unbilden der Natur. Am 13. Dezember 1941 durchbrach die
Laguna Cohup, ein kleiner Gletschersee hoch über der Stadt,
den dämmenden Endmoränenkranz. Die Sturzflut riß Geröll
und hausgroße Granitblöcke das steile Seitental hinunter,
rasierte die nördlichen Quartiere vom Erdboden weg und
bedeckte weite Anbauflächen mit Schutt. Sechstausend Menschen kamen ums Leben, Tausende verloren ihre Habe und
Existenzgrundlage. Eine Flugaufnahme des Schweizer Geologen Arnold Heim zeigt sechs Jahre später noch die kilo-
meterbreite Schneise, die Huarás verstümmelte.

Bis in die sechziger Jahre dauerte der Wiederaufbau. Hua-
rás war zu einem nationalen Symbol für Zuversicht und
Ausdauer geworden, zu einem Prüfstein der Solidarität.
Doch nur kurze Zeit sollte sich die Bevölkerung an den
Früchten ihrer Arbeit freuen: Am 31. Mai 1970, einem Sonn-
tagnachmittag, erschütterte eins der heftigsten Erdbeben
in der Geschichte Perus die Küste um Chimbote und den
Callejón de Huaylas. In nur 50 Sekunden verwandelte sich
das Zentrum von Huarás in ein Ruinenfeld. Selbst die jungen
Betongebäude barsten unter der Wucht der Erdstöße – das
Tal erlebte den ›Cataclismo‹, den Weltuntergang, und aber-
mals starben Tausende von Menschen in einem Alptraum
entfesselter Naturgewalt.

Dieses Mal erfuhr die verstörte Bevölkerung im Not-
standsgebiet auch internationale Solidarität – 1941 waren die
reichen und mächtigen Staaten der Nordhemisphäre mit
dem Weltkrieg beschäftigt und von den Frontberichten ganz
andere Opferziffern gewohnt, als daß sie eine zweitrangige
Katastrophe im unbedeutenden Peru zur Kenntnis genommen hätten.

Im Jahre 1970 dagegen wurde Huarás innerhalb weniger
Wochen mit allen Vor- und Nachteilen moderner Logistik
konfrontiert: Noch nie gesehene Großtransporter brachten
Armeezelte, Decken, tonnenweise Medikamente und Nahrungsmittel; die Experten von Regierungen und privaten

Hilfsorganisationen traten sich beim Augenschein gegenseitig auf die Füße, riefen weitere Güter herbei, organisierten –
immer mit besten Absichten – aneinander vorbei und
brachten bei alledem das lokale Preisgefüge gründlich aus
dem Lot. Die ausländischen Funktionäre in flotten Freizeit-
anzügen beschwatzten die überforderten Behörden mit wi-
dersprüchlichen Maßnahmenkatalogen, verschenkten hier
einen Jeep und dort ein Transistorradio. Ansehnliche Mengen der Dollarflut versickerten in undefinierbaren Kanälen,
doch die materielle Not konnte gelindert, die schlimmsten
Schäden dank eingeflogenen Baumaschinen beseitigt und
Seuchen verhindert werden.

Als wir Huarás knapp drei Jahre nach der Katastrophe
besuchten, war an der Avenida Centenario ein provisorisches
neues Zentrum entstanden. Schon flanierten wieder Berg-
steiger in schweren Kletterstiefeln durch die frisch asphal-
tierten Straßen, dinierten in den auffallend teuren, aber leeren Restaurants, und die Stimmung gegenüber Fremden war
unverholen feindselig. »Gringo, Gringa!«, schlug es uns
immer wieder entgegen, »Gib mir Geld!« Bei allem guten
Willen hatten die großaufgezogenen Hilfsaktionen die Menschen hier frustriert, ihre eigenen Leistungen abgewertet, sie
mit europäischem und nordamerikanischem Alltagskomfort
verblendet. Die Reaktion war neben der hohlen Hand passi-
ver Widerstand, Anpöbeleien, im günstigsten Fall Gleich-
gültigkeit.

Inzwischen hat sich Huarás an Touristen gewöhnt und
den Schock von damals überwunden. Die Plaza de Armas
ist – mit modernen Gebäuden flankiert – wieder auferstanden. Nur die Kathedrale, Zentrum der Diözese, nimmt einen
neuen Standort ein und wird noch ausgebaut. Neue, freundliche Hotels entstanden mit dem landesweit eher seltenen
Komfort warmen Fließwassers, und das **Regionalmuseum**
stellt etliche seiner gewichtigen Schätze der *Recuaykultur* in
einem Garten aus.

Es sind eigenartige Steingnome, die hier auf ihren Sockeln
hocken: gedrungene, fast ei-, auch penisförmige, knapp me-

terhohe Figuren mit mächtigen Kinnbacken, kümmerlichen, oft gekreuzten Beinen, Waffen und Kopfputz, den teilweise Kampftrophäen zieren.

Die Stellung erinnert an Mumien aus Paracas oder Chancay. Repräsentieren die Monolithen gefallene Krieger, Adlige oder Grabwächter? Ihre wohl stark vereinfachten, aber deutlich individuellen Gesichtszüge, die Keulen und Schilde lassen auf Soldaten schließen.

Menschen und Tiere stehen auch in der eigenständigen Keramik im Vordergrund: Figurenvasen mit dem Motiv opfernder oder hochschwangerer Frauen, Hirten mit Lamas, Raubkatzen bei schreckgelähmten Personen. Die Ritualgefäße haben teilweise einen Steigbügelausguß, häufig jedoch eine breite Trichteröffnung und sind meistens zusätzlich mit geometrischen Mustern verziert.

Gnome und Keramik lassen die Verwandtschaft erkennen, beschränken sich jedoch keineswegs auf Recuay, dieses kleine Dorf im obersten Santatal. Die Funde verteilen sich über den ganzen Callejón de Huaylas, und einige stammen gar aus dem Mündungsbereich des Rio Santa, weshalb Larco Hoyle, der sich in den sechziger Jahren eingehend mit dieser Kultur befaßte, dort ihren Ursprung sieht. Denn bis jetzt fehlt jede Spur einer Siedlung, zu der die Figuren gehören könnten. Fünf Kilometer nördlich von Huarás, auf einer Hochtafel im Santatal, liegt das Ruinenfeld von Huilkahuain mit den gut erhaltenen Überresten einer vierstufigen Tempelpyramide. Die Bauweise – mit Mörtel verbundene Bruchsteine – und die Anlage weisen in die panperuanische Huariepoche; Huilkahuain wird auf das 9. Jahrhundert datiert. Die Recuaykultur ist jedoch einige Jahrhunderte älter, zeitgleich mit der von Moche. Mit der Mochicakultur verbindet sie wohl einige Motive, stilistisch finden sich aber eher Ähnlichkeiten um Chachapoyas und in der erst in jüngster Zeit untersuchten Region des Alto Marañón. So dämmern die skurrilen Steinmänner mit Blick auf den Huascarán weiterhin geheimnisumwittert vor sich hin, als ob sie ihre Wiedergeburt erwarteten.

Wir setzten uns damals, 1973, aus dem verstörten, unfreundlichen Huarás öfters auf eine der alten, von den Gletschern der Würmeiszeit ausgeschliffenen Talterrassen über der Stadt ab. Zwischen duftenden Eukalypten, Agaven, einem Dickicht von Sträuchern und großen Steinen ließen wir durch die Mittagssonne nach Art der Indiofrauen die im Fluß gespülte Wäsche trocknen. Einmal drang Flötenklang durch das Gebüsch: Ein Hirte trieb, die Quena blasend, seine Schafherde in die Berge – ein Bild, wie man es von griechischen oder etruskischen Amphoren kennt. Einzig die Stechmücken störten die Idylle.

Allgegenwärtig blieb der **Huascarán.** Als gewaltiger heller Schatten thronte er morgens über dem Tal; im flirrenden Mittagslicht erschien er fast durchsichtig, surreal, als wäre er nicht von dieser Welt; am späten Nachmittag spielten gelbliche, dann rosa Töne in den fernen Firnfeldern, und eine halbe Stunde nach Sonnenuntergang, wenn sich das Tal schon in einem kalten Blaugrün verdunkelte, glühten die beiden Gipfel plötzlich in Neonrot wie ein riesiger Kristall auf.

Dieser kuppelförmige Südgipfel, bei 6768 Metern über dem Meer der höchste Perus, wurde erstmals 1932 durch eine österreichisch-deutsche Seilschaft bestiegen. Firnfelder und Gletscherabbrüche waren zu überwinden; der starke Gegensatz zwischen Tageseinstrahlung und nächtlichem Frost macht die Schneeunterlage besonders trügerisch. Im allgemeinen gilt der Huascarán nicht als besonders schwierig, doch sind Wetterumstürze häufig und gefährlich. Die für Europäer ungewohnte Höhe erfordert eine mindestens einwöchige Akklimatisierung, selbst für harmlose Bergwanderungen, und man kann kein Rettungswesen von alpiner Perfektion erwarten. Dennoch preisen die einschlägigen Führer den Callejón de Huaylas als Paradies für Trekker. Die Schneegrenze liegt bei etwa 5000 Metern; knapp unterhalb befinden sich die zahlreichen ›Lagunas‹, von Moränenwällen umkränzt, die einige spektakuläre Gletscher schufen.

Nur einmal in der Geschichte Perus verlor der Huascarán

sein gutmütiges Wesen, angeregt durch unterirdische Kräfte, für die der mächtigste Berg des Landes eine bloße Pustel ist. Es war der 31. Mai 1970. Das Erdbeben, das Huarás verheerte, brachte eine Gletscherzunge aus dem Gleichgewicht. Eis, Schlamm und Felstrümmer fuhren explosionsartig zu Tal, überquollen einen 100 Meter hohen Hügelzug und fegten nach dem Dorf Raurahirca die Stadt Yungay aus der Landschaft. Nur einige Hundert Kinder überlebten den tödlichen Spuk – sie genossen gerade eine Zirkusvorstellung am Stadtrand, den der Schlammstrom verschonte. Durch den Rio Santa und den Gegenhang abgebremst, bog er rechts ab, riß weitere Dörfer von den untersten Talterrassen, überflutete den Flugplatz und Ackerland in Caras und wälzte sich als Flutwelle das Tal hinunter. In Huallanca waren die Bewohner stutzig geworden, als der Fluß versiegte – der Gletscherschutt hatte ihn zeitweise gestaut – und hatten, das nahende Unheil ahnend, die Hänge um ihr Dorf erklommen. Zum Glück – zwanzig Meter hoch wogte das Schmelzwasser durch ihre Fluren und schwemmte Häuser, Habe, Wege und Vieh mit. Der Gletschersturz allein forderte 35 000 Menschenleben.

Es gibt Erinnerungsfotos aus Yungay, die durch einen Torbogen den Blick auf Ziegeldächer, anmutige Eukalyptuswäldchen, fruchtbare Felder und – in ehrwürdigem Weiß – den Huascarán wiedergeben. Vom Juni 1970 an bestand der vorher so malerische Vordergrund aus einer Schuttwüste: kein Haus, kein Baum, Totenstille. Dreißig Quadratkilometer Land wurden begraben.

Ameisenhaft bauten Überlebende und Neuzugezogene ein neues Yungay: einen Markt aus Beton, Hotels, schlichte Hauskuben, eine Gedenkstätte, Rosengärten. Touristen können wieder die hochandinen, mit Gletscherseen gefüllten Täler erwandern und die Gebirgsromantik fotografieren.

Diese abwechslungsreichen, für Alpenbewohner allerdings nicht gerade vorrangigen Gebirgslandschaften stehen zum Teil unter Naturschutz. Der ›Parque Nacional Huascarán‹

beispielsweise umfaßt 340 Quadratkilometer um den höchsten Gipfel des Landes. Und ein Naturwunder, das man vielleicht eines Tages nur noch auf Bildern und in wenigen botanischen Gärten bewundern kann, wird im ›**Parque Nacional Raimondi**‹ gehegt, die *Puya raimondii.*

Der Nationalpark liegt etwa 60 Kilometer südöstlich von Huarás, in der Quebrada Pachacoto. Auf dem Fahrweg zu zwei Minen weiter oben in diesem Seitental erreicht man etwa zehn Kilometer nach der Abzweigung von der Hauptroute Huarás–Pativilca den Weiler Carpa. Hier residiert der Parkwächter, und die Standorte der Puya raimondii befinden sich nun in Gehdistanz. Die mächtigen igeligen Büsche sind von weitem erkennbar, sie heben sich deutlich vom Punagras mit seinen zähen Halmen ab. Das Wunder an den kargen Hängen ab 4000 Meter Höhe besteht in den bis zu zehn Meter langen Blütenständen. Betrachtet man die spindel- bis keulenförmigen Schäfte näher, die aus den dornenbewehrten lanzettartigen Hartblättern wachsen, bestehen sie aus Tausenden von kleinen, hellgrünen Einzelblüten, die gruppenweise in konischen Kelchen stecken.

Diese Blüten werden vor allem durch Kolibris bestäubt. Jede bildet schließlich eine Frucht, die etwa achthundert Samen birgt. Mit den Millionen solcher Samen, die eine Puna raimondii demnach hervorbringt, müßte die prachtvolle Pflanze eigentlich üppiger vertreten sein.

Das war sie auch, meinen Botaniker. Sie betrachten dieses riesige Ananasgewächs als ein anachronistisches Überbleibsel aus dem Tertiär, das sich mit Klimaänderungen in die Punaregion zurückgezogen hat. Es liebt zwar die Sonnenhänge, meidet Ebenen, gibt sich aber mit mageren, steinigen und trockenen Böden zufrieden.

Trotzdem werden die Nachkommen rar. Die Samen bleiben nur etwa ein halbes Jahr keimfähig – nur Promille finden die richtigen Bedingungen von Bodenbeschaffenheit, Feuchtigkeit und Wärme, um sich entwickeln zu können. Solche Auslese macht jede Pflanze zum Wunder.

Und das Wunder der Wunder sind die Blütenschäfte, denn

die Puya raimondii rafft sich nur ein einziges Mal zur Fort-
pflanzung auf. Vorher wächst sie und wächst, um erst einmal
die Gefahr zu überwinden, von Schafen gefressen zu
werden; sie schützt sich mit Dornen, trotzt Gewittern, Rutschungen, Dürren, Jahrzehnt um Jahrzehnt, bis aus ihrem
Innersten der Befehl kommt: die Zeit ist reif. Nun treibt sie
alle ihre langsam gespeicherten Säfte gemäß dem jahrmillio-
nenalten Programm in ihren Zellen in diesen einen gewaltigen Blütenstand, und während die unzähligen Kelche sich
im Wachsen öffnen, noch während dieser Hochzeit, beginnt
die Pflanze abzusterben. Die Blätter welken, werden braun;
sie haben ihre Funktion erfüllt: die Samen reifen.

Die Puya raimondii folgte diesem großartigen Zyklus von
Werden und Vergehen schon, als es den Homo sapiens nicht
gab. Und bis ins technische Zeitalter hinein machte der
Mensch den Punapflanzen kaum Raum streitig.

Wer will es den Indiogemeinschaften verargen, daß sie die
höchstgelegenen ärmlichen Weidegründe zu nutzen begannen, nachdem seit der ausklingenden Kolonialzeit Minenbesitzer und reiche Hacenderos ihr gutes Land an sich rissen?
Ciro Alegría und José Maria Arguedas haben in ihren Roma-
nen die Mechanismen der Macht, der Rechtsbeugung, der
Unterdrückung gezeigt, die im Namen des Fortschritts, der
nationalen Einheit, unter den Aspekten der Handelsbilanzen
und des politischen Kalküls abliefen. Viele ›Comunidades
indígenas‹ wurden von ihrem Boden verdrängt. Manchmal
hatten die Bewohner die Wahl, sich in uninteressante Randgebiete zurückzuziehen oder de facto als Leibeigene dem
Latifundisten zu dienen.

Sie trieben ihre Schafe und Alpacas in die Puna. Die
Wollieferanten fressen auch Schößlinge der jungen Puya
raimondii und verfangen sich in den Dornenspitzen der
größeren Pflanzen. Wen wundert es, daß die Hirten dem
unnützen Hindernis mit Macheten zu Leibe rücken? Die
Puna anzünden, um sie zu düngen – ein Verfahren, über das
sich Bauern und Ökologen auch in anderen Weltgegenden
streiten? Und der brennende Blütenstand einer Puya raimon-

dii in der Abenddämmerung ist gewiß ein faszinierendes Schauspiel.

Nur gehen damit auch die Samen zugrunde. Das lange Leben der ehrwürdigen Pflanze bleibt vergeblich, Peru verliert ein Naturwunder.

Schafzäune um die Standorte der eigenartigen Bromeliazee wurden sofort demoliert – die Serranos empfanden sie als weitere Einschränkung ihres Existenzraums. Es wird zweifellos viel Aufklärung und auch finanzielle Konzessionen brauchen, um Verhaltensänderungen zu erwirken, soll die Puya raimondii nicht museal in Nationalparks überleben.

Rätselhaftes Kultzentrum Chavín de Huántar

Von Huarás aus brausen die Colectivos im Rahmen einer strapaziösen Tagestour nach Chavín und zurück – zehn Stunden Fahrt, zwei Stunden Ruinen. Einige Busunternehmen machen aus der Not eine Tugend und zuckeln über die Cordillera Negra hinweg, um mit Glück Chavín am späteren Nachmittag zu erreichen. So bleiben den Altertumsliebhabern noch knapp zwei Stunden Zeit vor der Dunkelheit. Am folgenden Morgen mögen Frühaufsteher einen Augenschein hinzugewinnen, bevor es die steilen Haarnadelkurven hinauf zum Kahuishpaß und zurück nach Huarás geht.

Ist Chavín die beschwerliche Reise wert? Wüßte man nichts von der überragenden Bedeutung der Kultstätte für die Mythologie, Ikonographie, Architektur und Keramik im vorkolonialen Peru, könnte der Besuch unterbleiben. Denn der erste Eindruck enttäuscht – gegenüber Chan-Chan oder Machu Picchu wirkt der Haupttempel trotz etwa 75 Meter Seitenlänge bescheiden, seine Mauern weisen nicht die an Magie grenzende Präzision und Schönheit der inkaischen Tempel auf. Und schließlich gibt es großzügiger angelegte, ältere Kultbezirke als diesen – etwa im Casmatal.

Doch nur ein Fundort Perus vor der Zeitenwende enthüllte eine komplette Kultur mit vielfältigen Zeugnissen in unverkennbarem Stil, die auf eine komplexe Gesellschaft schließen lassen: Chavín de Huántar. Genauso wie Touristen können auch die Archäologen nur schwer glauben, daß dieser abgelegene Ort an einem Nebenfluß des Marañón auf 3200 Metern Höhe als antikes Kultzentrum über das ganze heutige Territorium Perus ausgestrahlt haben soll, von Vicús oder Chongoyape im Departement Piura über Ancón und Lima bis Pucará in der Nähe des Titicacasees. Die Formativperiode, mit der die Archäologen die Epoche von etwa 2000 v. Chr. bis 300 n. Chr. bezeichnen, fand ihren reichsten und entschiedensten Ausdruck in chavinoider Architektur, Steinhauerei und Keramik. Peruanische Wissenschaftler sehen in Chavín ihr Rom oder Jerusalem.

Das war nicht immer so. Daß sich die Entstehung des ›Castillo‹ in ferner vorinkaischer Zeit verlor, wußten zwar schon spanische Chronisten. Noch der peruanische Archäologiepionier Julio C. Tello setzte nach seinen umfangreichen Grabungen – den ersten fundierten überhaupt – Chavín zeitgleich mit den Küstenkulturen Mochica und Nasca. Erst die Möglichkeiten der absoluten Altersbestimmung durch die Radiokarbonmessung erhellte die Chronologie und pendelte sich in diesem Fall bei 950 v. Chr. für die ältesten, bei 200 v. Chr. für die jüngsten Relikte ein. Chavín de Huántar erweist sich damit als ein Delphi der Neuen Welt.

Eingebettet zwischen von Äckern gesprenkelten Bergen, dehnt sich die Kultstätte am linken Ufer des Rio Mosna aus. Sie wird vom beinahe quadratischen ›**Castillo**‹ beherrscht, dessen Wälle bis an die Straße grenzen. Was von Ferne wie ein großes Graspolster wirkt, ist ein Haupttempel Chavíns. Zuerst fällt das präzis gefügte Mauerwerk auf: unterschiedliche Schichten von groben und doppelt gestapelten feineren Quadersteinen, wobei die Größe variiert. Offensichtlich ruhen zwei Plattformen übereinander – es handelt sich wie im Casmatal um eine Tempelpyramide. Der Aufbau erreicht stellenweise stolze zehn Meter Höhe. Eine symmetrisch angelegte Prachttreppe führt vom Hauptplatz mit den zwei schwarzen, reliefgeschmückten Rundsäulen zum Obergeschoß.

Das ›Castillo‹ (Schlößchen) birgt überdies ein höchst verwirrendes Innenleben aus engen Gängen, kleinen Kammern,
Nischen, Emporen. Zum Teil ist dieses Labyrinth eingebrochen oder mit Schutt gefüllt; mit dem Pyramidengipfel stand
es durch Schächte in Verbindung.

Einige Kammern waren mit Reliefsäulen gestützt – Kondore, Mischwesen, halb Jaguar, halb Mensch, Krieger mit
Kopftrophäen im typischen eckigen, flächigen Stil. Nur die
wenigsten befinden sich am ursprünglichen Ort – manche
der geritzten Steine wurden im Lauf der Jahrtausende als
Baumaterial neu verwendet; andere verschoben sich durch
Erdbeben, bei Hochwasser oder Rutschungen; einige brachten die Archäologen vor den Unbillen der Witterung in den
Tempelgalerien unter.

Die rätselhaften Rundschädel aus Stein, denen wir bereits
im Museum für Anthropologie und Archäologie in Lima
begegnet sind, zierten ausschließlich die Außenmauern des
›Castillo‹. Ob diese ›Guardianes‹ (Wächter, wie sie der
Volksmund nennt) bloße Dekoration waren, Gralshüter oder
Dämonendarstellungen, bleibt umstritten. Ein einziger in-
takter Kopf befindet sich noch am ursprünglichen Platz an
der rückwärtigen Mauer zur Straße hin: Er scheint breit
zu grinsen, seine weit auseinanderliegenden Kulleraugen
aufgerissen, mit der typischen Knollennase, das breite, ek-
kige Kinn seltsam zerfurcht. Auf der Stirn verlaufen Spuren
von Tätowierungen, auf dem Scheitel sitzt eine Wucherung.
Sie wiederholt sich in Motiven der Paracas- und Nasca-
kulturen: Dort sind Schnüre an Trophäen befestigt, die der
Raubtierdämon mit sich trägt. Es ist eins der freundlichsten
Gesichter in dieser Porträtgalerie. Alle Köpfe unterscheiden
sich grundsätzlich von der indianischen Rasse des Hochlandes – runde Schädelformen weisen vor allem die Waldindianer auf –, doch die Mongolenfalte bei den Augen fehlt.
Die Knollennasen finden in einer anderen amerikanischen
Hochkultur Parallelen: derjenigen der Mayas.

›El Castillo‹ entpuppte sich als der jüngste Tempel der
Gesamtanlage. Nördlich schließt daran, um einen runden

Platz errichtet, ein älterer Haupttempel, der ›**Templo temprano**‹, an. Trotz seines ruinösen Zustands läßt er die U-Form erkennen, die dem späteren und größeren Bauwerk als Vorbild diente. Leider erschweren Zubauten der Huarás-kultur den Überblick. Auch dieses Heiligtum scheint eine Stufenpyramide gewesen zu sein, und ihre ›unterirdischen‹ Gänge münden stellenweise in diejenigen des ›Castillo‹.

Der runde, abgesenkte Platz wurde erst 1972 freigelegt. In den reliefverzierten Mauersteinen bot er den Fachleuten wertvolle Aufschlüsse zur Datierung und Lokalisierung früherer Funde. Auch hier herrscht das Raubkatzenmotiv vor.

Einer der schmalen, gruftigen, von dicken Wänden gebildeten Gänge führt in der Hauptachse der Anlage westwärts zur spektakulärsten Kultfigur Chavíns, ›**El Lanzón**‹. Die ›große Lanze‹ kann durchaus Gänsehaut erzeugen: Im Schummerlicht des Labyrinths zeichnet sich die riesige Figur eines Dämons ab – speerartig wie durch Titanenfaust in den harten Boden gerammt.

Erst die Seitenansicht läßt einen das viereinhalb Meter hohe Monstrum richtig erkennen. Am klobigen Medusenhaupt fallen das grinsende Maul mit schrecklichen Reißzähnen sowie die großen Augen mit exzentrischer, nach oben verdrehter Pupille auf. Schlangen im Haar, Gebisse als Gürtel- und Kopfzier – drohend und übermächtig stellt sich das Idol dem Eindringling entgegen. Hängt die linke krallenbewehrte Hand locker an der Seite nieder, ist die rechte grüßend oder haltgebietend erhoben. Im Kreuzungspunkt zwischen Nord und Süd, West und Ost, oben und unten verkörpert die Gestalt den Nabel der Welt.

›El Lanzón‹ steht wahrscheinlich am ursprünglichen Ort – seit 2800 Jahren, vermuten die Experten. Er gilt als die älteste der Monumentalstatuen, in denen die Chavínkünstler ihre schöpferischen und todbringenden Raubtiergötter darstellten.

Wie wurde ihnen gehuldigt? Forderten sie Menschenopfer? Wer waren diese Zeitgenossen Homers, deren Leben offensichtlich durch Wesen des Grauens bestimmt wurde?

Erfuhren sie denn ihren Alltag, ihre Umwelt als dermaßen bedrohlich? Wurden ihre Dörfer von Pumas heimgesucht, von Schlangen verseucht? Oder sind Lindwürmer und Katzenattribute Erinnerungen an die Selva, Reminiszenzen an den Jaguar?

Auf alle diese Fragen gibt es lediglich Hypothesen. Man fand in der weiteren Umgebung von Chavín de Huántar keine Überreste größerer Siedlungen aus jener Zeit – die Topographie läßt auch keine erwarten. Man sieht daher im Tempelkomplex Chavíns eine Wallfahrtsstätte, und einige Gelehrte nehmen sogar an, die aufwendigen Bauten seien durch Pilger in Fronarbeit errichtet worden. Woher diese Pilgerscharen gekommen sein sollen, bleibt vorläufig offen. Küstenbewohner kommen kaum in Betracht, bestanden doch bereits im Casmatal, im Chillóntal (El Paraíso) oder bei Lima wichtige Kultstätten. Gerade die Mosaiken von Garagay, deren Entstehungszeit auf etwa 1200 v. Chr. datiert wird, nehmen das Raubkatzenmotiv vorweg. Unter diesem Gesichtspunkt überzeugt die Theorie, Chavín sei Mittelpunkt einer neuen Religion gewesen, nicht ganz.

Eine Mehrheit der maßgebenden Archäologen und Anthropologen neigt heute dazu, in der Chavínkultur eine Verschmelzung verschiedener Einflüsse zu sehen. Die Ansicht Julio Tellos, sie sei überwiegend von Waldindianern geprägt, läßt sich nicht hinreichend stützen. Affenmotive wurden merkwürdigerweise nur an der Küste gefunden und können dort ebensogut von den Flußtälern oder Ecuador her inspiriert worden sein. Dasselbe gilt für Schlangen und Alligatoren.

Die meisten dieser Motive, die Pyramidenarchitektur sowie Formen chavinoider Keramik tauchten gleichzeitig in Mittelamerika auf: Die Olmeken pflegten einen Jaguarkult, schmückten ihre Kultstätten mit Fabelwesen – eine Tatsache, die heute als Parallele mit gemeinsamen Wurzeln gedeutet wird.

Mit solchen Analogieschlüssen müssen sich die Wissenschaftler begnügen. Sie erklären die plötzliche Hochblüte der

Chavínkultur, ihre Vielschichtigkeit und formale Perfektion ebensowenig wie ihr rasches Ausklingen. Und die Träger oder Opfer des Katzendämonkults bleiben geheimnisumwittert. Vielleicht ruhen wichtige Artefakte noch unter den verschütteten Tempelruinen von Chavín de Huántar, vielleicht liefern die kürzlich entdeckten Dschungelstädte des Alto Marañón Indizien für neue Zusammenhänge.

Das Tal von Cajamarca

Viele Wege führen nach Cajamarca, die wichtigste Stadt der nördlichen Sierra. Einer begleitet von Trujillo aus den Rio Moche durch die Zuckerrohrplantagen, windet sich später, staubig und von Löchern und Runsen zerfurcht, durch Eukalyptuswälder, schneidet den tristen Friedhof von Shorey, umgeht graublauen Abraum aus den Kupferminen um Quiruvilca, passiert schließlich düstere, klüftige Felskuppen im windgepeitschten Punagras, senkt sich zu Weiden, Gersten- und Kartoffeläckern hinab und erreicht als bedeutendstes Zwischenziel Huamachuco. Diese Minenstadt wird von ausgedehnten Ruinen aus der Huariepoche flankiert. Danach führt die Straße durch weitere Eukalyptuswälder nach Cajabamba.

Mit Wäldern werden Reisende in den Anden nicht verwöhnt. Dazu sind die Niederschläge zu spärlich. Seit Menschengedenken stand den Hochlandindios fast nur Busch- und Strauchwerk zur Nutzung bereit. Es gab nur wenige einheimische Gehölze, etwa den Quinual- oder den Quishuarbaum. Pollenanalysen zu älteren Bodenhorizonten weisen allerdings auf Steineiben, Erlen sowie die Humboldtweide hin, die vor Jahrtausenden etwas häufiger vorkamen als zur Zeit der Hochkulturen. Klimaveränderungen und Übernutzung der gewiß nicht üppigen Bestände führten zur Verarmung dieser Pflanzengesellschaften. Unter spanischer Kolonialherrschaft war es den Indios bei Strafe verboten, einen Baum zu fällen; nur Zweige durften geschnitten werden. Solche Maßnahmen verhinderten die Holzverknappung nicht. Und mit dem Bevölkerungswachstum spitzte sich die Brennmaterialversorgung immer mehr zu. Bis heute sieht man Frauen und Kinder auf stundenlangen Märschen dürre Stauden, Agavenblätter, ja sogar Feigenkakteen zusammensuchen und an die Feuerstellen ihrer Hütten schleppen. Dieser Mangel sowie die fortschreitende Erosion in den Anden, die auch Kulturland vernichtet, sollen nach Projekten der vergangenen Jahrzehnte durch gezielte Aufforstung behoben werden – wobei schon viel gewonnen ist, wenn sich die Situation nicht verschärft.

Besonders gut lebte sich der Fremdling Eukalyptus ein. In seiner Heimat, Australien, auch nicht gerade mit Feuchtigkeit verwöhnt, wächst er genügsam selbst auf kargen Böden, sogar außerordentlich rasch. Um 1800 in Peru eingeführt, lieferte ›Eucalyptus globulus‹ die Stützen für Minenschächte, die Schwellen für Eisenbahnschienen und schließlich Balken und Brennstoff für Millionen von Serranos. Es gibt kaum mehr ein Dorf oder Städtchen im Hochland Perus, das nicht von anmutigen Gruppen der biegsamen Bäume mit ihren feingeformten blaugrünen Blättern und dramatischgroßflächig abschelfernder Rinde umkränzt wäre. Um Cajamarca scharen sich die Eukalyptuswälder besonders dicht, weil das Institut für Agrar- und Forstwirtschaft der Technischen Universität ausgedehnte Versuchsgelände unterhält.

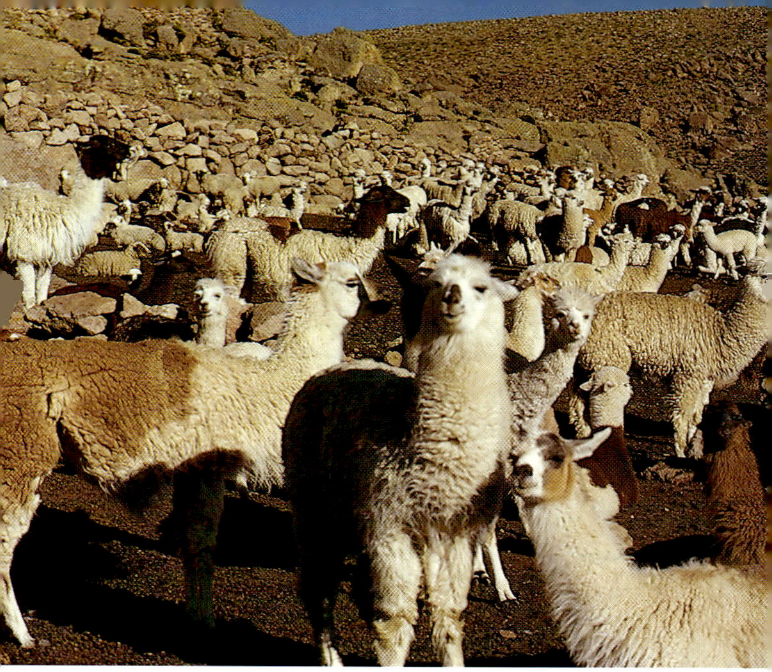

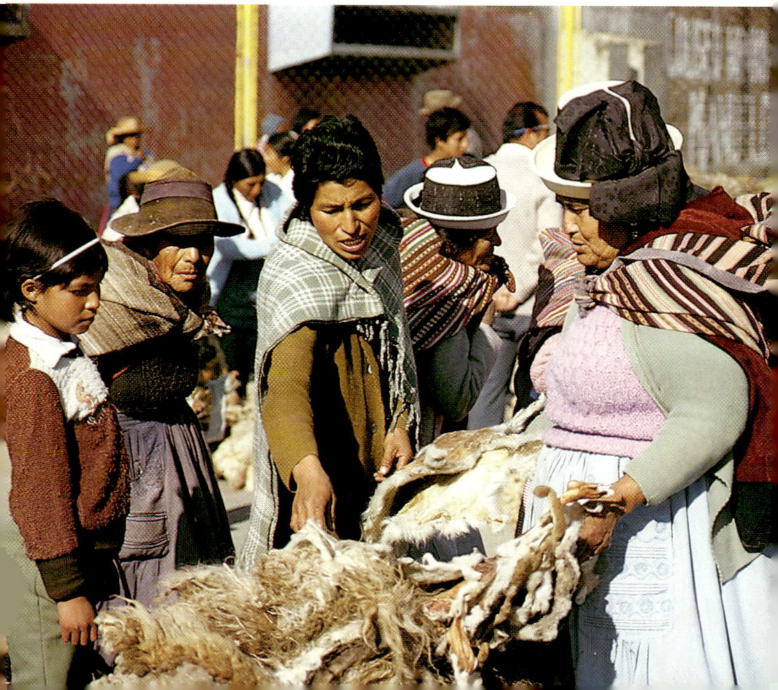

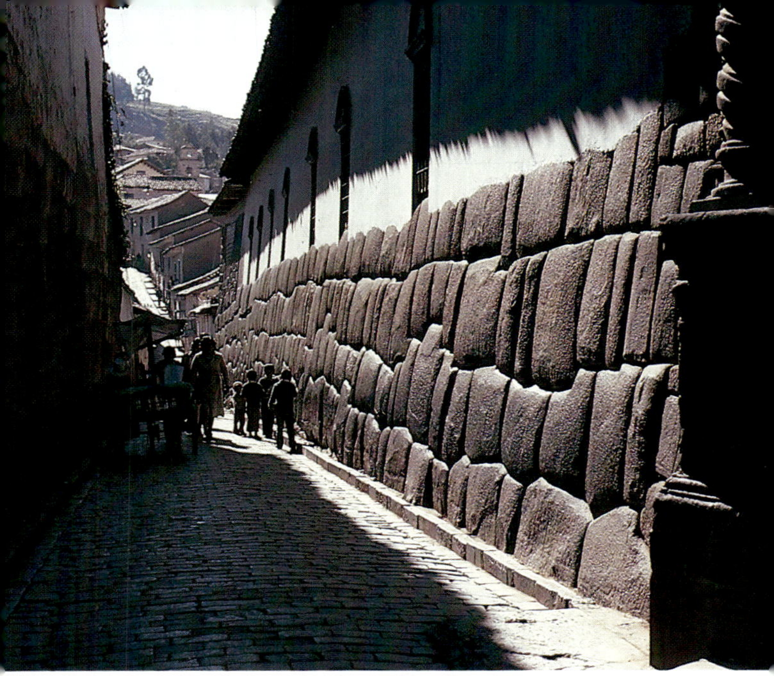

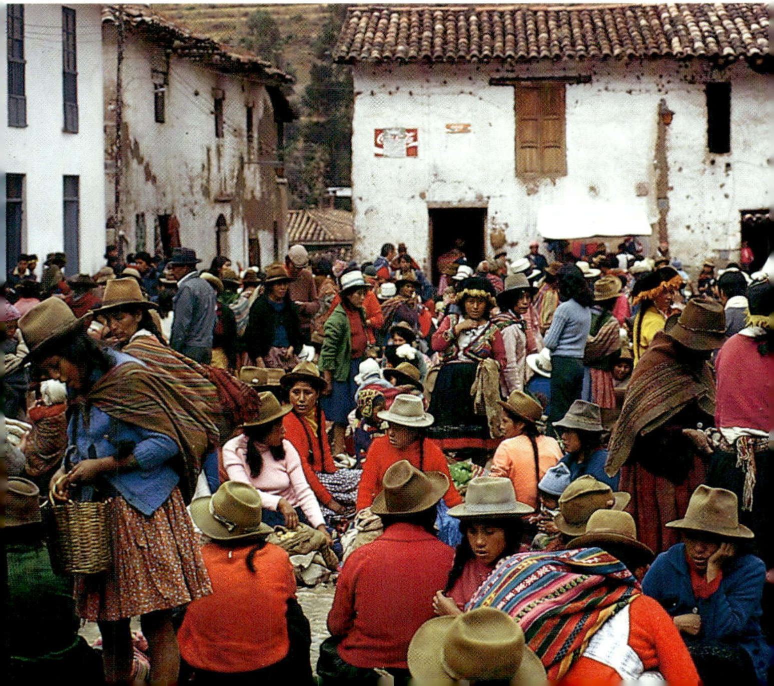

Eine zweite Hauptstraße zweigt 30 Kilometer nördlich von Trujillo von der Panamericana ab und erschließt zuerst das Chicamatal, führt später nach Norden in Richtung Chilete und mündet dort in die asphaltierte Schnellstraße Pacasmayo–Cajamarca.

Sie bietet willkommenen Komfort – an abenteuerlichen Holperfahrten herrscht bekanntlich kein Mangel in Peru. Sie folgt dem Jequetepequetal, das vor gut hundert Jahren mit modernster Technik gesegnet war: Bis La Viña lagen die blanken Schienen der neuen Eisenbahn mit der Ausgangsstation Pacasmayo – eine Strecke von nahezu 140 Kilometern. Wozu der Luxus in diesem Tal des Nordens? Bei Chepén befand sich damals eine der größten Zuckerrohrhaciendas. Als ihre glücklichen Besitzer folgten aufeinander der Präsident der Republik José Balta, Eisenbahnkönig Henry Meiggs und die französischen Guanofinanciers Dreyfus. Die Hobbyfarmer konnten sich allerdings nur kurze Zeit an ihrem teuren Spielzeug freuen: 1877 zerstörte ein Hochwasser die Geleise der oberen 80 Kilometer. Fortan kränkelte die Stumpenbahn vor sich hin und wurde schließlich ganz aufgehoben.

Über eine Stunde fährt man Reisterrassen entlang – vereinzelt säumen Bananenstauden die niedrigen Dämme. Außerhalb der Flußaue und des bewässerten Landstreifens krallen sich Agaven und Kakteen in den nackten Boden. Erst ab Magdalena schraubt sich die Straße in die Höhe, eröffnet eine Vogelschau über den Rio Jequetepeque und seine scharf eingeschnittenen Nebentäler, erreicht die Paßhöhe bei 3200 Metern und senkt sich in das weite, fruchtbare Hochtal, in dem **Cajamarca** mit seinen rund 70 000 Einwohnern liegt.

Vom Santa-Polonia-Hügel aus genießt man ein komplettes Panorama über die Stadt und ihre grüne Umgebung. Das Summen geschäftigen Kleinstadttreibens steigt aus den rechtwinklig verlaufenden Straßen, und nur wenige Neubauten recken sich als plumpe Flachdachkuben über die ziegelgedeckten Kolonialhäuser. Sähe man nicht die Indiofrauen in ihren weiten Röcken, knallig-bunten Jacken und hohen Strohhüten über die weite Plaza de Armas trippeln, könnte man sich in Kastilien wähnen. Am Rand der Ausblicksplattform, überragt vom weißen Holzkreuz christlicher Eiferer, zeugt der › Thron des Inka ‹ von einer anderen Kultur. Daß die Söhne der Sonne in diesem aus dem Fels gehauenen Sessel mit dem Rücken zur Stadt gesessen haben sollen, scheint unwahrscheinlich. Die Archäologen vermuten in der Skulptur eher einen Opferstein. Ein Rundbecken am höchsten Punkt und verschiedene Kanäle nahmen wohl Wasser, Blut oder Chicha auf.

Cajamarca dient als Beispiel dafür, wie dichtgedrängt in diesem Land die Menschen leben: Die überbaute Fläche entspricht einer dreimal kleineren Stadt in Mitteleuropa, obwohl nur wenige Häuser mehr als zweistöckig sind. Blickt man hinter die Tore in die Patios, wimmelt es von Menschen. Und das Weichbild der Siedlung endet abrupt vor Wiesen und Eukalyptushainen.

Über die gartenbaulichen Qualitäten der Plaza de Armas mögen sich die Geister scheiden – wir fanden die zu Tierformen verstümmelten Zypressenhecken wenig reizvoll. Hingegen beeindrucken die im Mestizenstil verzierten Fassaden der behäbigen Kirchen. Über dreihundert Jahre wurde an der **Kathedrale** gebaut – und noch immer wirkt sie unvollendet. Allgemein fällt auf, daß Cajamarca ohne Glockentürme auszukommen scheint – die Folge einer Steuer, die zur Kolonialzeit auf fertige Bauwerke erhoben wurde. Die Kathedralfront wirkt um so kulissenhafter: Die verschiedenen Bauetappen äußern sich in versetzten Simsen und Friesen, unterschiedlicher Säulenhöhe, und in simplen Backsteinnischen baumeln kleine Glocken. Die Mauern des Längsschiffes mit den Kapellenwölbungen blieben unverputzt, und das Innere der Bischofskirche verharrt in gruftiger Nüchternheit, so daß man lieber wieder das Freie sucht, um sich an der Sonne aufzuwärmen. Auf der gegenüberliegenden Platzseite betritt man mit der **Klosterkirche San Francisco** eins der ältesten christlichen Zeugnisse Perus, wurde sie doch noch in Atahualpas Todesjahr 1533 auf den Resten eines Inkatempels gegründet. Die Altäre sind zum Teil mit Blattgold überzogen, und das kleine Klostermuseum birgt sehenswerte Devotionalien sowie Gemälde der Cusco- und Quitoschule.

Architektonisch lohnt sich besonders ein Besuch der **Belénkirche**. Die monumentale Anlage umfaßte seit dem 18. Jahrhundert ein Kolleg und Spitalsäle. Diese Räume liegen seit einigen Jahren brach und warten auf die kostspielige Renovierung. Die Kirche selbst ist ein Juwel: Ausnahmsweise fällt der Innenraum gegenüber der prächtigen Fassade und dem stimmungsvollen Hof nicht ab. Rautenmotive schmücken das Barockgewölbe, in der Kuppel kleben dickwangige Engel, die Mestizenjungen gleichen. Die Kanzel krönen bemalte Holzfiguren der Klostergründer, von Heiligen wie Theresa von Avila sowie Anna, Maria und Joseph. Diese Elemente vereinigen sich zu einem harmonischen, lebendigen, farbigen Innenraum, in dem höchstens der klassizistische Hauptaltar etwas steif wirkt.

›El Cuarto del Rescate‹ gilt als Schlüsselsymbol der peruanischen Geschichte, das in jedem Schulbuch erwähnt wird; als Sehenswürdigkeit gibt es indessen wenig her. Die **›Lösegeldkammer‹** steht für die überraschende Gefangennahme des Inkakaisers Atahualpa. Durch das Tor Nummer 750 einer Reihe hübscher Kolonialbauten an der Avenida Amalia Puga gelangt man in einen Hof, dessen Treppe zu dem bescheidenen Raum führt, der allerdings Inkaarchitekten verrät. Das ist aber auch alles. Selbst die Kopie von Monteros ›Das Begräbnis des Atahualpa‹ gibt wenig Aufschluß über die folgenschweren Ereignisse von 1532. Umgebaut, übertüncht und jahrhundertelang lediglich den Schwestern des Belénklosters zugänglich, läßt sich an dieser Stelle wenig von der historischen Dramatik jener Zeit nachempfinden.

Seit Anfang 1531 war Francisco Pizarro von Panama aus der südamerikanischen Küste entlanggesegelt, hatte mit Krankheiten und Indios gekämpft. Im April 1532 legten die zweihundert Mann in Tumbes an. Der Ort hatte eben einen Rachefeldzug der Truppen Atahualpas erlitten, der gegen seinen Bruder Huáscar um die Alleinherrschaft über das Riesenreich rang. Atahualpa hatte seine Residenz in Quito verlassen und mit seinem Heer ein Lager bei Cajamarca bezogen. Dort informierten ihn Späher über jede Bewegung der weißen Fremdlinge.

Pizarro beschloß trotz seiner lächerlich kleinen Streitmacht, direkt in die ›Höhle des Löwen‹ vorzudringen, den Inkaherrscher also in den ihm unbekannten Bergen aufzusuchen. Die knapp 40 Reiter und etwa 150 Fußleute zogen vom neugegründeten Piura aus entlang den Vorgebirgen nach Süden, berührten dabei die späteren Städte Motupe

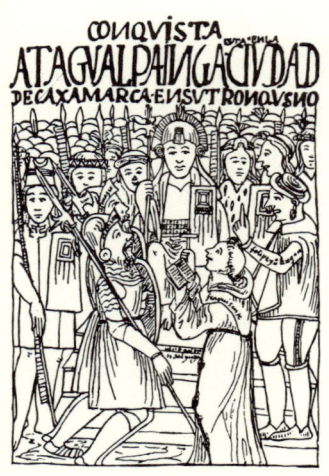

Die Spanier bei Atahualpa in Cajamarca.
Aus der Chronik des Poma de Ayala

und Saña und unternahmen schließlich den einwöchigen Aufstieg, wobei Chronisten die Verheerungen in Dörfern und Fluren durch den Bürgerkrieg vermerkten.

Die Spanier erreichten Cajamarca am 15. November 1532, einem Freitagabend. Noch während sich ihr Haupttrupp in Häusern an der Plaza de Armas einquartierte, die merkwürdigerweise leer standen, ritt eine Delegation unter Hernando Pizarro und Hernando de Soto in das Inkalager. Die Ordnung und der Prunk dort beeindruckten die Weißen. Die Kommandanten trugen mit Gold und Silber beschlagene Waffen: Bogen, Streitäxte, Keulen, Speere mit Schleudern, Schilde und baumwollene Panzer. Nur dank Hernando Pizarros Hartnäckigkeit und Frechheit wurden die Spanier dem Inka vorgestellt. Atahualpa forderte die aus den Vorratslagern geraubten Kleider und den Proviant zurück, ließ sich aber auf den nächsten Tag zum Nachtessen einladen.

Die Europäer blieben nicht frei von Anfechtungen. »Voller Furcht wachten wir die ganze Nacht ...«, schrieb Pedro Pizarro. Die Inkas beeilten sich keineswegs am ominösen 16. November des Jahres 1532. Für die wenigen Kilometer von Pultumarca (bei Baños del Inca) in die Stadt verwendete der pompöse Troß des Sonnenkönigs mehrere Stunden. Diese Langsamkeit wird verständlich, wenn man den Bericht von Pizarros Sekretär Francisco de Jerez liest: »Voran ging eine Gruppe von Indios in farbigen, schachbrettartig gemusterten Uniformen. Diese Indios räumten Hindernisse vom Weg und wischten ihn. Hinter ihnen marschierten drei weitere Gruppen ... Alle sangen und tanzten. Hernach kamen viele Männer in Rüstungen. Sie trugen ornamentierte Gefäße und Kronen aus Gold und Silber. Unter ihnen präsentierte sich Atahualpa in einer bunt bemalten Sänfte mit Papageienfedern sowie mit goldenen und silbernen Beschlägen verziert. Mehrere Indios trugen diese Sänfte hoch über den Schultern. Dahinter folgten zwei weitere Sänften und zwei Hängematten, in denen Adlige waren. Viele Leute mit Kronen aus Gold und Silber kamen anmarschiert. Bald herrschte ein großes Gedränge auf dem Platz.«

Beinahe wäre die Begegnung anders verlaufen, als die Spanier erhofften. Am späten Nachmittag ließ Atahualpa den Zug nämlich anhalten, um ein Nachtlager aufzuschlagen. Welche unselige Eingebung ließ ihn, den Kaiser, dem Drängen der nervösen Weißen nachgeben und die Tausenden seiner Begleiter wieder in Bewegung setzen? Was ließ ihn, den erfahrenen und skrupellosen Heerführer, den Gesandten gar ausrichten, er und sein Gefolge kämen unbewaffnet zum vereinbarten Nachtmahl?

Die Plaza de Armas von Cajamarca war leer, als das indianische Defilee anrückte. Francisco Pizarro hatte seine Schar hinter die Mauern zurückbeordert und lediglich am oberen Platzende zwei Geschütze in Stellung bringen lassen. Was mag der Sohn der Sonne empfunden haben, als ihm die seltsame braun verhüllte Gestalt des Dominikanermönchs Vicente Valverde entgegenschritt, nur einen jungen Indiodolmetscher zur Seite? Stieg Ärger in ihm hoch oder belustigte ihn die groteske Gestalt? Der Auftritt widersprach dem höfischen Protokoll – der Fremde redete auf ihn, den Kaiser, ein und fuchtelte mit einem Buch herum. »Ich bin ein Priester Gottes und unterrichte die Christen in den göttlichen Dingen, und ebenso komme ich hierher, um euch zu unterrichten. Was ich euch lehre, sind die Worte Gottes, die in diesem Buch aufgezeichnet sind. Und daher bitte ich dich im Auftrag Gottes und der Christen, daß du ein Freund Gottes seiest.« So protokollierte Pizarros Sekretär die Rede seines geistlichen Landsmanns. Wie mag der Dolmetscher diese Begriffe abendländischer Religion und des Missionierungsauftrages ins Quechua übertragen haben? Atahualpa lag nichts am Christentum, sondern an den Übergriffen der Weißen, dem Frevel an der Gastfreundschaft seiner Kaziken; er forderte ungerührt Ersatz für die gestohlenen Waren und warf die Bibel dem Mönch vor die Füße.

Valverde, später erster Bischof von Cusco, machte sich aus dem Staub, rief seinen Chef zum Handeln auf und erteilte ihm gleich die Absolution dazu. Francisco de Jerez berichtet: »Darauf zog der Gouverneur einen mit Baumwolle gepol-

sterten Waffenrock an und packte Schwert und Schild. Mit
seinen Streitgenossen trat er mitten unter die Menge der
Indios. Mutig wie er war, nur von vier Männern begleitet,
erreichte er die Sänfte Atahualpas, den er furchtlos mit der
Linken packte, indem er den Kriegsruf ›Santiago‹ ausstieß.
Sogleich knallten die Schüsse und schmetterten die Trompeten, und die Soldaten stürmten zu Fuß und zu Pferd hervor.
Als die Indios die Pferde sahen, flohen sie … Der Schreck
war so groß, daß sie bei ihrer Flucht einen Teil der Mauer
eindrückten und viele übereinanderstürzten. Die Reiter brachen aus und ritten über die Gestürzten hinweg. Sie verletz-
ten und töteten viele, während sie die Verfolgungsjagd fort-
setzten. Die Fußsoldaten überfielen die Indiomenge auf dem
Platz so rasch, daß die meisten von ihnen binnen Kürze
von Degen durchbohrt waren. Der Gouverneur hielt noch
immer den Arm Atahualpas gepackt, damit dieser nicht
aus der Sänfte entfliehen konnte. Die Spanier töteten die
Sänftenträger, so daß alle zu Boden fielen …«

Der Schreiber bestätigt, daß während des ganzen Massa-
kers kein Indio eine Waffe erhoben habe.

Atahualpa wurde gefangengenommen, die Inkas blieben
führerlos zur Untätigkeit verdammt. Freilich stand der Sieg
der Spanier auf äußerst wackliger Grundlage – einem Ansturm Tausender von Indios wären die Europäer unweigerlich erlegen. Eine Kette von Zufällen und Unterlassungen
mündete jedoch wie durch ein unerbittliches Schicksal ge-
steuert in den Zusammenbruch des imposanten, aber kurzlebigen Inkaimperiums. Wie ein Fluch blendete dieses Schicksal den festgehaltenen Herrscher – aus Angst, sein Reich zu
verlieren, ließ er seinen Bruder Huáscar umbringen, statt in
den Spaniern die eigentliche Bedrohung zu erkennen. Er
meinte, sich loskaufen zu können. Lamakarawanen aus
Quito, Cusco, vom Titicacasee her schafften die goldenen
und silbernen Kostbarkeiten des Inka-Adels und der Priesterschaft heran, um den Vertrag zu erfüllen, den Pizarro
mit der Scheinkorrektheit eines Winkeladvokaten mit seiner
Geisel abgeschlossen hatte: Eine Kammer – ›El Cuarto del

Rescate‹ – sollte mit Gold, zwei weitere mit Silber als Lösegeld gefüllt werden.

Die Inkas erfüllten den Vertrag; ein spanischer Herold
verlas die formelle Freilassung des Sonnenkönigs sowie eine
Erklärung, ihr Vollzug könne erst nach Verstärkung der
Besatzung erfolgen. Atahualpa blieb über ein Jahr in Gefan-
genschaft. Er hatte sich mit Hernando Pizarro angefreundet
und teilte ihm unverhohlen seine Befürchtung mit, Quito
wohl nie mehr zu sehen. Der Dolmetscher Felipillo hatte
sich an eine Nebenfrau des Herrschers herangemacht und
spann Intrigen. Als sich inkaische Truppen Cajamarca näherten, witterten die Spanier Verrat. Atahualpa wurde für Aufstand, Vielweiberei, Geschwisterehe, Brudermord und Göt-
zenverehrung zum Tod auf dem Scheiterhaufen verurteilt.
Um sein Leben im Jenseits nicht durch die Kremierung zu
gefährden, ließ sich der Inka taufen und wurde ›gnädiger-
weise‹, mit der letzten Ölung wohl versorgt, am 26. Juli
1533 auf der Plaza de Armas erdrosselt.

Die Spanier waren gerissen genug, einen Anhänger Huáscars, Manco Inca, zum Nachfolger Atahualpas zu erklären.
Die Indianer blieben weiterhin ihren Vorstellungen von absoluter Autorität und dem Wahn des Bürgerkrieges verhaf-
tet. Entschlossenheit und taktisches Geschick ermöglichte
den Brüdern Pizarro und ihren Mitstreitern im November
desselben Jahres einen unbehelligten Einzug im ›Nabel der
Welt‹, Cusco.

Die Bäder des Königs

Auf der Plaza de Armas von Cajamarca deutet nichts auf die
Erschütterung des indianischen Großreichs vor 450 Jahren
hin. Männer plaudern miteinander und treiben Lokalpolitik,
Mestizenfrauen stillen ihre Kinder auf einer der steinernen
Ruhebänke, die Schuhputzerjungen balgen sich herum und
warten auf Kundschaft. Mittelpunkt des Platzes bildet ein
hübscher Brunnen aus dem 16. Jahrhundert, der ebensogut
in Kastilien oder Andalusien stehen könnte. An der unteren
Platzseite stecken hinter unscheinbaren Fassaden zwei Re-

staurants, wie wir sie nirgendwo sonst in Peru, wohl aber in Italien angetroffen hatten: geräumige Eßhallen mit flinken, kompetenten Kellnern, die von sich aus den Tisch abwischen, bevor sie die Bestellung aufnehmen.

Wir wiederholten hier ein kulinarisches Experiment von früher: den Genuß von ›Cuyes‹. Der Name steht lautmalerisch für die Lebensäußerungen der Tierchen, die man in manchen Küchen umherhuschen sieht. Die ›Fritura de cuy‹ umfaßte auf einem hohen Reisberg die vordere, golden geröstete Hälfte eines Meerschweinchens, das trotz der plättenden Wirkung einer Kelle keck die Nase in die Luft streckte. Das ›Picante de cuy‹ dagegen bot nur ein karges Hinterviertel mit anhängenden Innereien, welche eher anatomisches als gastronomisches Interesse weckten. Das zarte Fleisch in würziger Sauce schmeckte im übrigen ausgezeichnet und erinnerte an Kaninchenragout.

Meerschweinchen gehörten neben Lamas, Alpacas, Enten und wahrscheinlich Hunden zu den wenigen Haus- und Nutztieren der alten Peruaner. In winzigen Nischen des vorkeramischen Tempels von Kotosh meinen Experten Käfige für ›Cuyes‹ zu erkennen, jedenfalls sind die Nager aus der Mochica- bis zur Inkakultur dokumentiert.

Etwa sechs Kilometer östlich von Cajamarca liegen die ›**Baños del Inca**‹. Es riecht nach Schwefel, und aus den fetten Wiesen steigt Dampf. Einfache Bauten bergen die Umkleidekabinen eines Volksbades.

Zweifellos nutzten die Inkas das Thermalwasser, schließlich hatten sie den meisterhaften Umgang mit dem nassen Element von ihren Vorfahren geerbt. Sie verstanden es, perfekte Kanalsysteme anzulegen, und huldigten den Quellgöttern. Bäder und Waschungen gehörten zu religiösen Ritualen. In Baños del Inca soll Atahualpa eine Kriegswunde kuriert haben.

Schöner als die Steinwannen sind die blubbernden, dampfenden Tümpel in den Wiesen: Gelbe, ocker- und orangefarbene Mineralpartikel fällen sich von der schwefligen

Brühe aus und leuchten neben Algen zwischen Graspolstern hervor. Das 70 Grad heiße Wasser wärmt den Boden und Steine, was offensichtlich den Ameisen behagt. In der Parklandschaft aus Eukalypten, Weiden und Agaven herrscht eine pastorale Stimmung: Die wenigen Badegäste – fast ausschließlich Peruaner – vergnügen sich kindlich.

Wir logierten in einer zum Hotel umfunktionierten ehemaligen Hacienda. Nachts hörten wir den Wind in den Bäumen rauschen, Hundegebell, Eselrufe, Zikadensirren; gegen Sonnenaufgang meldeten sich die Hähne und Singvögel. Vor den dunklen Baumsilhouetten und schweren, regenträchtigen Wolken stiegen in der Morgenkühle geisterhafte Dämpfe aus den Auen hervor.

Wir genossen den Luxus des großen Schwimmbeckens und einer metertiefen, weiten Privatbadewanne. Die Erde heizte, die Thermalquelle bedurfte sogar der Kühlung. Die kleine Idylle des Hotels spiegelte aber auch die gesellschaftliche Realität des Landes wider: Manager war ein Weißer – zuvorkommend und effizient –; einfacherer Verwaltungskram und der Service oblagen zwei Mestizen, die Zimmer schließlich besorgten zwei Indiofrauen. Und während gutwillig der Schein rustikaler Gediegenheit gepflegt wurde – etwa mit mächtigen Eukalyptusscheiten im Kamin der ›Sala‹ –, brach immer wieder dörflicher Schlendrian durch: Mal fehlte der Tee, mal fehlten die Eier, und abends wagte sich aus der Küche als erster der Hund in den Speisesaal, ihm folgten die kichernden Kinder; wenn wir exotischen Europäer allein übrig blieben, traute sich endlich die Köchin zum flimmernden Fernseher hin, und bald setzte sich ihr Mann dazu, um einen rührseligen amerikanischen oder mexikanischen Spielfilm anzuschauen, nachdem er einige Entschuldigungen in unsere Richtung gemurmelt hatte.

Die ›**Ventanillas de Otusco‹,** Zeugnis einer vorinkaischen Lokalkultur, liegen acht Kilometer nordöstlich von Cajamarca. Von Baños del Inca aus lohnt sich die zweistündige Wanderung fast mehr als die ›Fensterchen‹ selbst. Sie bietet nicht nur Einblick in ländliche Verhältnisse, sondern eine Zeitreise zurück in die Epoche der Fußgänger, Reiter und Viehtreiber. Während wir auf der sanft ansteigenden Straße an Lehmziegelhäusern, an von Agaven und Feigenkakteen gesäumten Bewässerungskanälen vorübermarschierten, begegneten uns Indios auf dem Gang zum städtischen Markt. Sie trieben Ziegen, Schafe, beladene Esel vor sich her, trugen dürre Aloeblätter und Brennholz, Gemüse und Obst, barfuß die Frauen, plaudernd und spinnend, den breitrandigen Strohhut tief in die Stirn geschoben. Man grüßt sich wie auf einem biedermeierlichen Sonntagsspaziergang: »Buenos dias«, »Buenas tardes«! Am Wegrand blüht Ginster, ein fremder, intensiv blauer Salbei, orangerote Schmetterlingsblütler, unvertraute Nachtschattengewächse. Eukalyptusrauch dringt aus den Hütten in die Senken mit saftigem Gras, wo schwarze und rostbraune Kühe weiden. Kleine Falter tanzten vor uns her mit zitronengelben Vorder- und vanillefarbenen Hinterflügeln. Unterwegs flogen amselgroße Vögel aus den Wiesen auf, unscheinbar braun, bis plötzlich ihr orangener Bauch aufblitzte und sie als Huanchacos auswies. Weit über dem silbrig strudelnden Fluß entdeckten wir Muschelversteinerungen im anstehenden Fels – auf nahezu 3000 Meter angehobene Meeresrelikte aus dem Erdmittelalter.

Die ›Ventanillas de Otusco‹ sahen wir bereits von ferne als dunkle Nischen. Tatsächlich handelt es sich um Grabhöhlen in bräunlich oxidiertem Kalk. Sie liegen in vier bis fünf Etagen übereinander, im Durchschnitt etwa 60 Zentimeter hoch und breit. Während die meisten nur um 30 Zentimeter tief ins Gestein hineinreichen, bilden andere richtige Höhlen. Von Agaven und Feigenkakteen überwuchert, bildet dieser Friedhof eine malerische rund 200 Meter breite Front auf einer Anhöhe.

Die Fachleute geizen mit Erklärungen: Mit dem Begriff ›Nekropole‹ legen sie sich immerhin auf die Funktion der Nischen fest. Bei der Datierung bleiben sie vage – vorinkaisch wird allgemein akzeptiert, die Epoche zwischen Huari-

kultur und Inkanat, zwischen 1200 und 1400 also, als wahrscheinlich angenommen.

Ähnliche Gräber, nur viel zahlreicher, stellen die
›Ventanillas de Combayo‹ an derselben Straße 20 Kilometer weiter stadtauswärts dar. Auch sie werden der Caxamar-
cakultur zugeschrieben.

Wesentlich ältere Siedlungsspuren belegen der Aquädukt
und die Petroglyphen von **Cumbe Mayo,** rund 25 Kilometer südwestlich von Cajamarca. Die Steinritzungen geben
allerdings allein Anhaltspunkte zur Datierung – sie spiegeln
den Einfluß Chavíns wider. Der schmale Kanal, präzis in
den Fels gehauen, scheint eher kultischen Zwecken als nur
der Wasserführung gedient zu haben. Er verschwindet in
kurzen Tunnels, verläuft in Winkeln und geometrischen Figuren. Eine Huldigung an Quellgeister, den Regengott?

Der Kanal bildet nicht das einzige Rätsel in dieser Gegend.
Eine kopfförmige Felskuppe verschluckt Neugierige mit
offenem Mund – eine Treppe führt zu der künstlich abgetief-
ten Grotte. An den Wänden entdeckt man seltsame Zeichen,
die bisher niemand deuten konnte.

Wir stärkten uns nach solchen Ausflügen gerne mit Frucht-
säften und ›Humitas‹ – mit Käse im Wasserbad gegarte
Süßmaisschnitten. Zartgelb, weich, aromatisch – köstlich!
Mais steht am Anfang peruanischer Kultur: Ohne Mais kein
Landbau, ohne Landbau keine Dörfer, ohne Dörfer keine
Arbeitsteilung, keine religiöse Entwicklung, keine Kunst.
Mochicakrüge stellen den Maisgott, die Maisgöttin dar:
dickbäuchig, pausbackig, mit Gewändern aus prallen Kol-
ben. Zum Erntedank fließt die Chicha in Strömen, Maisbier,
heute wie vor 3000 Jahren. Als größere, mit spanischen
Zugaben wie Hühner- oder Schweinefleisch bereicherte Verwandte der ›Humitas‹ haben ›Tamales‹ die kreolische Küche
erobert – hübsch in Bananenblätter gehüllt und mit Binsen-
halmen verschnürt. Viel schmackhafter als Hot dogs und
›Hamburguesas‹.

Mais- und Reisernte halten sich etwa die Waage in Peru.

Doch welcher Qualitätsunterschied! Schmecken die unvermeidbaren Reishaufen auf den Tellern wie geleimter Karton, schmeichelt der Mais – ob körnig in einer Suppe oder gemahlen in Humitas und Tamales – süß dem Gaumen. Wie für Kartoffeln ist Peru eine Genbank für Mais. Es gibt vielerlei Arten: gelbe in Dutzenden von Farbnuancen, grüne, braune, rote, violette. Als wollten sie die Mineralienvielfalt zeigen, aus der ihre Wurzeln reichlich schöpfen.

Im Reich der Chachapuyas

Die Ostkordillere, jenseits des langen, nordwärts verlaufenden Marañóngrabens, ist selbst für peruanische Verhältnisse hinterste Provinz. So dringt Kunde über ihre Schätze und schlummernden Geheimnisse auch nur langsam zu einer breiteren Öffentlichkeit vor. Selten liefert Chachapoyas gar Schlagzeilen. Anfang Juli 1985 etwa meldeten die Presseagenturen, eine Expedition unter Leitung des New Yorker Archäologen Gene Savoy habe in der Montañaregion, dem Bergurwald des Alto Amazonas, eine Ruinenstadt der Chachapuyas entdeckt, die mit rund 24000 Gebäuden etwa 75 Quadratkilometer bedecke. Das wäre die größte antike Stadt Amerikas, viermal so groß wie Chan-Chan.

Die Verbindung von Cajamarca über Celendín nach Chachapoyas besteht aus einer Berg- und Talpiste für Abgebrühte. Man ist auf Lastwagen angewiesen, das bedeutet stundenlanges Durchgerütteltwerden auf einer Unterlage von Kartoffel- und Maissäcken, fremde Ellbogen an den Rippen und schmierige Kinderhände auf den Knien. Bis Celendín verkehren allerdings Busse von Cajamarca aus. Auf dieser Strecke beeindruckt vor allem der Vegetationswechsel. Vom Ichugras der Puna verdichtet sich die Pflanzenwelt bis zu Urwald, aus dem lianenbehangene Schirmbäume ragen.

Wir fuhren von Chiclayo aus auf der neuen Selvaroute nach Chachapoyas. Sie zweigt vor Olmos von der Panamericana ab. Einzelgehöfte mit Papaya- und Bananenhainen,

Mais- und Zuckerrohrpflanzungen säumen den wichtigen
Transitweg. Nirgends im Land erreicht man die Wasser-
scheide zwischen Pazifik und Atlantik so rasch und mühelos
wie hier: Bereits nach 50 Kilometern, anderthalb Stunden,
ist die Scheitelhöhe überquert – auf nur 2145 Metern über
Meereshöhe. Die Trockenzone erstreckt sich über diese
Schwelle hinaus: Rostrote bis violette Erdrücken, von tiefen
Erosionsrinnen zerfurcht, flankieren den jungen Rio
Chamaya; die wenigen staubigen Säulenkakteen und Agaven
wirken graublau auf diesem Untergrund.

Hundert Kilometer weiter, in Pucará, verkaufen die Kinder tropische Orangen und Granadillas. Wir fuhren in der
Dunkelheit talabwärts; immer höher und üppiger wurde der
Pflanzenvorhang am Wegrand, und als wir uns der mächtigen Brücke über den Marañón näherten, drang feuchte,
heiße Treibhausluft durch die dreckigen, scheppernden Busfenster, die das unfeine Parfüm von Schweiß, verrottenden
Fruchtschalen und Stallgeruch etwas auffrischte.

Wie enttäuscht waren wir, als der Bus nach Bagua wieder
stundenlang höher kroch und die von Parasiten überwucher-
ten Baumriesen hinter sich ließ. Die beeindruckenden Kalk-
stöcke des Utcubambatals und blühende Aloes trösteten nur
wenig über das entschwundene Tropenparadies hinweg, und
als sich die Eukalyptuswälder um Chachapoyas gar in Regen-
schleier hüllten, fröstelte es uns.

Chachapoyas, Hauptort des wärmeverheißenden Departements Amazonas, liegt fast so hoch wie Cajamarca. Die
Kleinstadt wurde bereits 1538 als ›San Juan de la Frontera
de los Chachapoyas‹ durch Alonso de Alvarado gegründet,
der das ganze Gebiet von seinem alten Mitstreiter Francisco
Pizarro als Encomienda anvertraut erhielt. Motiv war die
Präsenz von »Indianern, reich an Gold und Silber« – so wird
der Gouverneur zitiert – und »verfügbarem Boden, mit
Christen zu bevölkern«. In erster Linie ging es wohl darum,
ein offenes Ohr zur Selva und Zugang zum legendären
Eldorado zu gewinnen.

Der Gründungsakt mißglückte: Im auserwählten Hauptort Xalca erkrankten die Eingeborenen. Nur neun Tage nach
der Proklamation von San Juan de la Frontera wurde eben
›la Frontera‹, die Grenze, nach Levanto verlegt. Levanto
besteht heute noch als spanisches Relikt, doch Grenzbastion
war das Dorf nur sechs Jahre. In dieser Zeit, bis 1544, fanden
die Gründerväter heraus, daß es an Wasser und Bauholz
fehle, und ersuchten in Lima um grünes Licht für eine weitere Verlegung. Im aktuellen Chachapoyas fanden sie endlich
den richtigen Ort. Reich wurde allerdings niemand dabei;
die Träume von Eldorado wurden bekanntlich nie Realität.
Chachapoyas dämmerte – Tagereisen von den Brennpunkten
peruanischer Politik entfernt – jahrhundertelang vor sich
hin. Heute, in den nationalen Fernverkehr durch Flugplatz
und Straße einigermaßen verläßlich eingebunden und mit
der verantwortungsreichen Aufgabe betraut, ein wachsames
militärisches Auge auf die grüne Grenze zu Ecuador zu
richten, fühlen sich die Departementshauptstädter voll im
Aufwind. Der von Bäumen hübsch durchwachsene Ort ersetzt die schönen traditionellen Dachziegel durch preiswer-
tes Wellblech und hat sich an der gartengleichen Plaza de
Armas eine moderne Pfarrkirche geleistet, die nicht jedermann beglückt.

Touristen der Zukunft werden allerdings immer weniger
um Chachapoyas herumkommen – das Utcubambatal birgt
unter dem dicken Mantel des Urwaldes Dutzende von vorinkaischen Siedlungen von solchem Format, daß die Provinzstadt bald einmal in einem Atemzug mit Cusco, Trujillo oder
Tiahuanaco genannt werden könnte.

Als einziger Magnet lockt bisher **Cuelap** eingefleischte
Altertumsfreunde in die Ostkordillere. »Dort hinter den
Felsenbergen ...«, lokalisiert Ernst Wilhelm Middendorf die
stolze Festung im vergangenen Jahrhundert, als erzählte er
ein Märchen. Er beschreibt bis achtzehn Meter hohe Wälle,
den Rundturm auf der Nordflanke, Außennischen mit Gebeinen und Schädeln. ›La Malca‹ nannten die Einheimischen
die Ruinenstadt damals, Cuelap hieß die nahe Hacienda.

Doch bereits 1843 hatte ein Richter von Chachapoyas dem Präfekten von der Anlage berichtet. Selbst spanische Chronisten erwähnten die sagenumwobenen »zwölf Städte des Kondors«, doch Cuelap kannten die Kolonialherren nicht. Und nach der Entdeckung der Stätte blieben genauere Untersuchungen ausländischen Forschern wie Johann Jakob von Tschudi, Antonio Raimondi oder Charles Wiener vorbehalten.

Von Tingo aus, 40 Kilometer südlich von Chachapoyas, bedarf es eines vierstündigen Aufstiegs. Die mächtige Festung thront auf einer Kalkkuppe auf 3100 Metern – hoch über dem Flußlauf. Bei der Ankunft, verschwitzt und erschöpft, fühlt man sich recht klein zwischen den hohen Quadermauern links und rechts des schmalen Eingangs. Alles deutet auf die Wehrfunktion hin – der Wall selbst, der die Bergkuppe elliptisch umkränzt, die engen Tore und ein Gewirr von Gängen, die leicht abzusperren waren, Plattformen für Wache und Verteidigung. Mehrere Hundert Rundhäuser liegen hinter dieser Wehr geborgen, wohl allein vom Pflanzenreich erobert.

Es berührt schon merkwürdig, auf diesen von Bäumen beschatteten, von Sträuchern, Ranken, Farnen durchwachsenen Befestigungen zu verweilen. Nur wenige Vogelrufe und das Rascheln von Kleingetier dringen in die Stille – es fällt schwer, hier die Angst vor Gewalt nachzuempfinden, welche bedrängte Menschen zu dieser Burganlage trieb. Gewiß liegen Werkzeug und Hausgerät in den von der Natur verhüllten Kammern der Häuser; sie werden uns die Kultur ein bißchen näherbringen.

Cuelap wird als Zufluchtsstätte der Chachapuyas vor den anrückenden Inkaheeren gedeutet. Architektur und Steinbearbeitung weisen hingegen auf die Huarikultur hin. Die ganze Region muß bewohnt gewesen und sorgfältig·kultiviert worden sein, begleitet von einer straffen Verwaltung und blühender Handwerkskunst.

Die Chachapuyas fielen bereits den spanischen Chronisten auf – durch ihre schönen Frauen mit erstaunlich hellem

Teint, durch ihre feinen Wollgewebe und schließlich ihren herzhaften Haß auf die Inkas. Dieser kam nicht von ungefähr: Die Herrscher des Tahuantinsuyo hatten Ende des 15. Jahrhunderts begonnen, mißliebige Oberhäupter der Chachapuyas abzusetzen und kooperativeren Persönlichkeiten aus dem Volk zur Macht zu verhelfen. Trotzdem kam es mehrmals zu Aufständen. So auch unmittelbar vor der Ankunft der Spanier: Ein stattliches Heer der Chachapuyas wandte sich gegen die Truppen Atahualpas, als dieser eben von Cusco nach Quito reiste. Nach Sarmiento de Gamboa fielen bei dieser Schlacht über 7000 Rebellen. Zur Strafe wurde der Kazike der Unterlegenen mit sämtlichen jungen Leuten seines Stammes zur Fronarbeit nach Ecuador versetzt, doch vorher sollte er in Cajamarca dem Sieger seine Referenz erweisen. Der Häuptling Guamán folgte notgedrungen diesem Befehl, fand Atahualpa jedoch in der Gewalt der Spanier vor, verbündete sich mit den Weißen und zog mit dem Ehrennamen Don Francisco Pizarro Guamán in seine Heimat zurück, wo er die Kolonie mit festigen half.

Unter diesem wechselhaften Geschick haben die Chachapuyas kaum etwas von ihrem Brauchtum in die Gegenwart gerettet. Selbst das durch die Inkas eingeführte Quechua wich im Utcubambatal fast vollständig dem Spanischen. Weder traditionelle Trachten noch Heilpraktiken haben überlebt, abgesehen vom Cocagenuß. Und nur langsam finden die Archäologen Zugang zu der reichen, vergessenen Kultur.

Vielleicht müßte man eher in der Mehrzahl sprechen. Über drei Dutzend Dörfer, Burgstädte und Nekropolen sind im Einzugsgebiet des Utcubamba mittlerweile geortet worden. Nur der kleinste Teil davon ist erforscht – vor allem Franzosen haben sich diesem ›Neuland‹ gewidmet –, und neben manchen Parallelen zeigen sich auch deutliche Unterschiede. Hier sei nur auf einige der verheißungsvollsten Entdeckungen hingewiesen.

Etwa 80 Kilometer südlich von Chachapoyas thront die höchstgelegene Festung der Region auf einer Kuppe 3400

Meter über Meer: **Jalca Grande.** Wie Cuelap besteht die Stadt aus runden, aus Blöcken gefügten Steinhäusern, doch die Wälle wirken weniger abweisend. Das Instituto Nacional de Cultura an der Plaza de Armas von Chachapoyas hütet die merkwürdige Skulptur eines Menschenkopfes mit Echse, die aus Jalca Grande stammt. In diesem Seitental des Rio Utcubamba gibt es weitere kleinere Siedlungsreste.

Im gegenüberliegenden Seitental von Santo Tomás ragen merkwürdige Häuschen aus dem imposanten Hang heraus. Die Totenstadt **Revash** liegt auf rund 2600 Metern. Halb in den Fels gehauen, halb aus Bruchsteinen angebaut, bilden die beige und rot bemalten etwa meterhohen Mausoleen eine fremdartige, malerische Siedlungslandschaft. Im Schutt und zwischen Wurzelstöcken liegen Skeletteile; man hat in Tücher eingewickelte Mumien in sitzender Stellung gefunden. Unweit dieser Hauptnekropole entdeckten die Franzosen Henri und Paula Reichlen eine Gruft mit rund zweihundert Leichen.

In der Nähe des kurzfristigen Departementhauptorts Levanto – als Yalape selbst eine Gründung der Chachapuyas – schlummert wie Dornröschen **San Pedro de Washpa** unter Sträuchern und Wald. Drei größere Siedlungsgruppen von Rundhäusern sind erkennbar, jede mit einem eigenen Wehrsystem aus Wällen, Terrassen und Türmen. Bauweise und Keramik gleichen derjenigen Cuelaps.

Neues bieten dagegen einige Nekropolen nördlich von Chachapoyas, vor allem im **Luyatal.** Llic, Chipuric oder Caraya bestehen aus Grabmonumenten in Menschenform. In den an Felswände zementierten Lehmfiguren bis zu zwei Meter Höhe steckten in Häute und Stroh gehüllte Mumien. Die Lehmköpfe tragen Hüte mit Ornamenten.

Diese Bestattungsart und ähnliche Motive finden Abenteuerreisende 150 Kilometer weiter südlich in **Pajatén** wieder. Es gibt dahin keine Verbindung von Chachapoyas aus; die günstigste Route verläuft von Trujillo über Huamachuco zum Marañón hinunter. Chagual bildet die Endstation für motorisierten Verkehr. Den Goldgräberort Pataz erreicht man nur zu Fuß oder mit Maultieren, und von dort aus führt ein dreitägiger Marsch über den Viertausendmeterpaß › Abra Poblán‹ in den immer üppiger werdenden Montañawald.

Gran Pajatén wurde 1963 von Bewohnern aus Pataz entdeckt, als sie mit ihrem Bürgermeister kultivierbares Land suchten. Ähnlich wie Machu Picchu schmiegt sich die Ruinenstadt in einen Bergsattel, wie dort sind die Steilhänge terrassiert.

Etwa ein Hektar der entlegenen Siedlung wurde bisher vom Busch gelichtet. Heute stehen sechzehn aus Steinplatten gefügte Rundbauten frei, deren größte etwa fünfzehn Meter im Durchmesser mißt. Einige tragen Verzierungen: Friese aus schräggestellten Platten, besonders aber Menschenfiguren mit übergroßem Kopfschmuck. Ihre Gesichter, aus Sandstein gehauen, wurden dem mosaikartigen Werk aufgesetzt, das abstrakt und graphisch wirkt.

Im Jahr 1980 wurde die Schwesterstadt **Los Pinchudos** entdeckt. Der Name bezieht sich auf knapp halbmetergroße Holzskulpturen – Wächter der in unzugängliche Felswände gehauenen Gräber, kurzbeinig, mit großen Ohren.

Zur Verblüffung der Archäologen lag inkaische Keramik unter der Erde verborgen. Doch Architektur, Totenkult und Bildkanon zeigen Bezüge zu Chachapoyas, teilweise zu Tantamayo.

Diese jüngsten Funde haben die Vorstellung vom antiken Peru wesentlich erweitert: Stellte man vorher den Hochkulturen von Küste und Sierra die ›primitiven‹ Waldindianer gegenüber, anerkennt man heute entwickelte Regionalkulturen im Bergurwald am Selvarand. Ihre Zeugnisse dürften aus dem 12., 13. Jahrhundert stammen. Pajatén liegt wohl ebensowenig isoliert in der Landschaft wie die Festungen des Utcubambatals. Vielleicht stöbert schon die nächste Expedition ältere Siedlungsreste auf, wahrscheinlich wird die Lücke zwischen Pajatén und Cuelap in den kommenden Jahrzehnten durch weitere Entdeckungen aufgefüllt. Überraschungen stehen bevor!

Das südliche Hochland

Ayacucho

›Ecke der Leichen‹ bedeutet Ayacucho auf Quechua. Wer
würde hinter der schönen Stadt in der weiten, anmutigen
Flußsenke Makabres vermuten? Doch sie lieferte nicht erst
durch den gnadenlosen und hinterhältigen Kleinkrieg zwischen linksgerichteter Guerilla und Regierungstruppen
Schlagzeilen. Wie wenn ein Fluch über der Grasebene und
den Vulkankuppen läge, prallten hier immer wieder Ideolo-
gien, Machtinteressen und Heere zusammen.

Das galt schon für Huamanga – ›Falkenstein‹ –, wie das
inkaische und koloniale Ayacucho hieß. Die Gegend um
den Rio Pampas wurde von den Chancas bewohnt, einem
kämpferischen Stamm, der nach dem Zerfall des Huarirei-
ches seinen Einflußbereich gewaltsam ausdehnte. Schließlich
standen seine Krieger mit dem Pumatotem vor Cusco. Diese
Herausforderung war die Feuerprobe für die Lokalfürsten
jener damals unbefestigten Stadt: Ihr greiser König Viracocha und sein designierter Nachfolger Urcón flohen und über-
ließen die Verteidigung dem jüngeren Sohn Yupanqui. Der
mühsam erkämpfte Sieg über die Chancas begründete den
kometenhaften Aufstieg der Inkas zur Herrscherdynastie
eines Großreiches.

Die Indios um Ayacucho überlieferten jedoch die Sage
von einer früheren Schlacht bei Huamanga unter dem Ur-
großvater des jugendlichen Helden, Inca Roca. Ab 1438
hatten jedenfalls die Inkas das Sagen in den Hochtälern der
Chancas, wobei sie den militärischen Erfolg durch ge-
schickte Heiratspolitik absicherten.

Der nächste, sicher belegte Waffengang im Bannkreis von
Huamanga erfolgte zwischen Spaniern. Nach der Ermordung Francisco Pizarros war der Nutznießer der Gewalttat,

Diego de Almagro der Jüngere, zum Gouverneur Perus
ausgerufen worden. Das lag keineswegs im Interesse der
spanischen Krone und des Obersten Indienrats – sie sandten
als rechtmäßigen Vertreter des Königs Cristóbal Vaca de
Castro nach Lima. Almagro war indessen entschlossen, seine
Stellung zu verteidigen, und der spanische Kommissar gezwungen, den Aufstand – wie es die Krone interpretierte –
niederzuschlagen. Vaca de Castro zog mit Truppen aus Kolumbien und Ecuador von Lima aus dem Rebellen in Cusco
entgegen. Am 16. September 1542 stießen die wenigen Hundert Soldaten auf dem Feld von Chupas aufeinander und
massakrierten sich im Namen des fernen Monarchen. Almagro verlor, flüchtete, wurde von Royalisten gefaßt und wie
sein Vater wenige Jahre zuvor auf dem Hauptplatz von
Cusco hingerichtet.

Wenig bekannt ist die Unterdrückung einer neuen Welle
des Heidentums in den sechziger Jahren des 16. Jahrhunderts. Die ausgedienten Götzenfiguren auferstanden in vermeintlich christianisierten Indiogemeinden, nächtliche Rituale fanden statt, und die Menschen tanzten von Coca be-
rauscht in Trance. Die peinliche Angelegenheit war nicht
als naiver Rückfall in alte Gewohnheiten abzutun, sondern
erwies sich als hochpolitische Kampagne des unbequemen
Herrschers von Vilcabamba und obersten Sonnenpriesters
im winzigen Restreich der Inkas, Titu Cusi Yupanqui. Sie
stellte eine weit subtilere Rückeroberungstaktik als die Bela-
gerungen und Feldzüge Manco Incas dar, und das ganze
Hochland schien vom Virus der Tradition verseucht. Die
Spanier reagierten mit Diplomatie und Härte. Ihre Strafexpedition unter Leitung von Cristóbal de Albornoz richtete sich
gegen zwei Hauptzentren des antichristlichen Widerstands:
Cusco und Huamanga. Die Schamanen wurden teilweise
eingesperrt, meistens mußten sie ihre Idole öffentlich selbst
zerstören, um ihre Ohnmacht zu beweisen. Manche
›Irrgläubige‹ mußten in Fronarbeit Kirchen bauen, so auch
in Ayacucho. Diese wichen im 17. Jahrhundert allerdings
den Barockbauten, deren prachtvolle Altäre den maurischen

Einfluß sowie den Reichtum der Minen von Potosí und Huancavelica widerspiegeln.

Seit Ende 1824 gilt Ayacucho als ein Markstein im peruanischen Nationalbewußtsein, verbunden mit der Entscheidungsschlacht zwischen Republikanern und den Royalisten unter José de La Serna. Der letzte Vizekönig hatte seine Truppen nach der Niederlage von Junín in Cusco reorganisiert, während sein Gegenspieler Simón Bolívar nach Lima zurückgekehrt war und den Befehl über die mehrheitlich chilenischen und argentinischen Soldaten dem venezolanischen General Antonio José de Sucre überließ. Die beiden Heere – etwa 9000 Mann auf der Seite der Krone, 6000 Mann in der Befreiungsarmee – erfuhren voneinander bei Lambramana. Um sich den Nachschub nicht abschneiden zu lassen, zogen sich die Republikaner parallel zu den vorrückenden Königstreuen zurück; bei Matara ergab sich ein erstes Scharmützel. Die Heere umgingen Huamanga und lagerten bei Quinua, als La Serna am Morgen des 9. Dezember zum Angriff blasen ließ. Nach drei Stunden war alles klar: Die spanische Krone hatte ihre Macht in Südamerika endgültig verloren. Die Leidtragenden waren einmal mehr Indianer – nur das Kader des Vizekönigs hatte aus Kreolen bestanden, die Fußtruppen dagegen waren aus loyalen, aber unerfahrenen Serranos rekrutiert worden, die den Paraden der republikanischen Streiter als erste zum Opfer fielen.

Die Helden dieser Entscheidungsschlacht verstanden es, politisches Kapital aus dem Sieg zu schlagen: Der Divisionskommandant José de La Mar wurde erster Präsident der Republik und begründete damit die lange Reihe militärischer Caudillos; Sucre hielt sich kurz als Führer des neugebildeten Staates Bolivien. Der Erfolg von Ayacucho verlieh den Generälen die Legitimität zur Macht.

Antonio José de Sucre, der Perus Geschick als Einunddreißigjähriger entschied, ist in einer Reiterstatue auf der Plaza de Armas verewigt. Sonst nimmt Ayacucho auffallend wenig

Bezug auf das Ereignis bei Quinua. Der Platz und seine Arkaden erleben ihren jährlichen Höhepunkt am Palmsonntag, wenn Hunderte von Palmblattträgern die ›Semana Santa‹ in einer feierlichen Prozession eröffnen.

Kein anderer Ort des Landes hat die Stuben der weiten Welt so mit Andenken beliefert wie Ayacucho. Die berühmten buntbemalten Altäre in Hausform mit der Geburt Jesu zu Bethlehem oder einfachen Volksszenen sind nur eine Spezialität der Stadt. Die Figuren dieser ›Retablos‹ werden traditionellerweise aus Mais- oder Kartoffelmehl geknetet. Sie dienten ursprünglich als Amulette gegen böse Geister und werden noch heute in Fruchtbarkeitsriten oder zu Heilzwecken verwendet.

Dem Schutz des Hauses galten auch die tönernen Kirchen, die den Touristen schwere Transportsorgen bereiten. Besonders feiner Ton stammt aus der Umgebung von Quinua, wo beinahe jedes zweite Haus eine Töpferwerkstätte betreibt. Besonders fällt die unbekümmerte Formgebung und Originalität im Detail auf, mit der die Künstler alte Elemente der Indianerkulturen weitervermitteln. Denn Haus- und Architekturmodelle tauchten nicht erst bei den Inkas auf, sondern dokumentieren schon die Wohn- und Kultstätten der Mochica oder Vicús.

In der Gegend um Huanta, rund 30 Kilometer nördlich von Ayacucho, wachsen die hartschaligen Kürbisse, die geritzt und gebrannt werden. Wie in Huancayo bietet der *Markt von Ayacucho* eine kaum überschaubare Vielfalt der kunstvoll verzierten Gefäße. ›Mates Burilados‹ sind bereits aus Huaca Prieta belegt. Die mit geometrischen Ornamenten geschmückten etwa fünftausendjährigen Kürbisse aus dem Chicamatal markieren die Frühzeit der Seßhaftigkeit und des Ackerbaus in Peru. Wohl arbeiten die Schnitzer heute mit Messer und Ahle statt mit spitzen Steinen und Knochensplittern, im übrigen benutzen sie die Technik ihrer Vorfahren. Die Beständigkeit dieser uralten Tradition erscheint wie ein Wunder.

Der lokalen Vergangenheit widmet sich die archäologische Abteilung der 1677 gegründeten und nach siebzigjähriger Stillegung 1959 wiedereröffneten Universität von Ayacucho. Eins ihrer Hauptthemen bildet **Huari.** In dem weiten Ruinenfeld 25 Kilometer nördlich der Stadt vermuten die Fachleute das Zentrum der panperuanischen Huarikultur, die zur Zeit des europäischen Mittelalters bestand. Gewißheit über eine solche Hauptstadtfunktion wird es freilich nie geben, doch sprechen Ausdehnung und Komplexität der leider stark verfallenen Anlage in jedem Fall für eine Metropole. Vorsichtige Schätzungen rechnen mit etwa 50 000 Einwohnern – eine Zahl, die zu jener Epoche nur ganz wenige Städte Europas erreichten. Huari nimmt eine Fläche von rund 20 Quadratkilometern auf einer Hochebene um 2800 Meter Höhe ein. Im scheinbaren Gewirr der bis zu zwölf Meter hohen, aus Bruchsteinen geschichteten und mit Mörtel verfestigten Mauern entdeckten die Archäologen ein System von klar umgrenzten Quartieren, die unterschiedliche Funktionen sowie eine Arbeitsteilung verraten, wie sie ähnlich im Abendland bestand: Es gibt Bereiche mit auffallend vielen Werkzeugsteinen wie Feilen, Ahlen oder Pfeilspitzen aus Obsidian und Feuerstein; ein Viertel, in dem Türkise massenweise herumliegen; andere, wo unverkennbar die Töpfer wirkten oder die vor allem als Lager dienten. Es gibt den Fürstenfriedhof – tischartige Gruben, in Kammern unterteilt und aus fein zugehauenen Steinplatten gefügt. Es sind Familien- oder Sippengräber, in denen wahrscheinlich Gatten und wichtige Dienstleute ihre letzte Ruhestätte fanden. Zum Totenkult gehörte das Bemalen der Skelette mit roten Erdfarben.

Huari wird von einem Kanalnetz durchzogen, das Werkstätten wie Wohnhäuser mit Wasser versorgte. Die meisten Leitungen sind offen, in Stein gekerbt, einige wurden kunstvoll als Röhren gearbeitet. Man hat Küchen identifiziert mit kohlegeschwärzten Herdstellen und Mahlsteinen. Und unter den Gebrauchsgegenständen fanden die Experten Keramik aus Cajamarca wie auch aus Tiahuanaco. Huari war offen-

sichtlich eine Handels-, vielleicht sogar eine Industriemetropole, jedenfalls ein Schmelztiegel für Einflüsse vom Titicacasee und von Nasca, aus der Selva wie aus der nördlichen
Sierra. Huari empfing die Gottheit Tiahuanacos sowie manche Stilelemente des Altiplanos und wurde dafür Modell
für den Städtebau von Cajamarquilla bis Lambayeque oder
Cuelap. Trotz der Fürstengräber und der Funktion als Regie-
rungszentrum wurden in Huari bisher keine bedeutenden
Repräsentationsbauten lokalisiert – weder Tempel noch Paläste. Der rasche Niedergang der Stadt um das Jahr 1000
wurde wohl von Überfällen und Vandalismus begleitet.

Die Fähigkeit, fremde Einflüsse aufzunehmen und in neue
Impulse umzuwandeln, könnte auch die Guerillabewegung
für sich in Anspruch nehmen, hätte sie sich nicht abstruser
Ideologie und blindwütigem Terror verschrieben. Die Mau-
eraufschriften in Ayacucho, die Marx und Lenin preisen,
der Glaube des ›Sendero Luminoso‹ an einen maoistischen
Volkskrieg entspringen nicht der Tradition Túpac Amarus
oder des kommunistischen Vordenkers im Peru der zwanziger Jahre, José Carlos Mariátegui, sondern Fanatikern der
Universität. Trotz einer Sprache, die den Indios – den
›motorischen Kräften der Revolution‹ – fremd ist, und Bedingungen, die weder mit Maos China noch mit peruanischen Mißständen zu tun haben, genießt der ›Leuchtende
Pfad‹ eine lauwarme Unterstützung in der ländlichen Bevölkerung der unterentwickelten Region. Wo aber gar Kinder
von Polizisten oder allgemein akzeptierte Hilfsprojekte zur
Zielscheibe der Terroristen werden, schlägt die Stimmung
jäh in hilflose Empörung um. Leider haben die Regierungstruppen die undurchsichtige Situation durch Gegenterror
nur verschlimmert. Leidtragende im Filz von Mißtrauen,
Denunziantentum und Brutalität sind die einfachen Bauern.
   Ayacucho bildet daher für Fremde derzeit ein wenig at-
traktives Ziel. Denn, so meint das ›South American
Handbook‹ lakonisch: »Sie (die Guerilla) haben keine Sym-
pathie für ausländische Touristen.«

Die 630 Straßenkilometer von Ayacucho nach Cusco erfordern ein hochentwickeltes Sitzvermögen und die Fähigkeit, bei mehrstündigen Verspätungen durch Motor- und Reifenpannen sowie unpassierbare Straßenabschnitte nicht die Fassung zu verlieren. Allein bis Abancay sind vier Pässe über 4000 Meter zu überwinden, andererseits entfalten in den Flußniederungen des Pampas schon schüchtern Bananenstauden ihre hellen Blätter.

Die schnellste Bodenverbindung von Lima aus nach Cusco führt über Nasca. Auf dem Weg nach Puquio, einem kühlen, unfreundlichen Ort, kreuzt die Route die karge Puna von **Pampa Galera,** Weidegründe geschützter *Vicuñas.* Diese kleinsten und empfindlichsten Kameliden waren durch fortschreitende Landnutzung und Jagd jahrzehntelang dezimiert worden. Sozusagen in letzter Minute wurde ein Reservat geschaffen. Dank gezielter Aufzucht vermehrte sich die Population von Pampa Galera rasant: der kümmerliche Restbestand von 1800 Tieren im Jahre 1967 verzehnfachte sich bis 1975, und 1980 zählten die Wildhüter nicht weniger als 50000 Exemplare. Sie drohten, durch Überweidung ihre eigene Lebensgrundlage zu zerstören, so daß erstmals wieder ältere Tiere zum Abschuß freigegeben wurden.

Wir sahen eine Herde der eleganten, zartgliedrigen Vicuñas im kalten Morgenlicht über die reifbedeckte Steppe setzen, die Hinterläufe wie Känguruhs weit nach vorne schleudernd. Sie sind scheu geblieben. Und ihre Wolle gehört noch immer zu den exklusivsten Textilien, auf dem freien Markt kaum zu finden. Zu Inkazeiten war es allein dem Sonnenkönig vorbehalten, Vicuñagewebe zu tragen. Ließ sich ein gewöhnlicher Sterblicher danach gelüsten, drohte ihm die Todesstrafe.

Im Gegensatz zu Alpaca und Lama werden Vicuñas nie richtig zahm. Und wenn sie im Jahr ein halbes Pfund Wolle abgeben, haben die wenigen Farmer Glück gehabt. Die größeren Verwandten, vor allem das zottige Alpaca, liefern im

Durchschnitt das Fünffache davon. Die andere Wildform
der beiden Hauskamele, das Guanaco, ist in Peru praktisch
ausgestorben. Wurde das Lama vor allem als Tragtier gehalten – für Lasten bis vierzig Kilo –, blieb das Alpaca auch
nach der Einfuhr des Schafes durch die Spanier der Haupt-
wollieferant der Indios und eine Fleischquelle dazu. Lama
und Alpaca sind leicht und schon von fern zu unterscheiden:
Die Alpacas sind kurzbeiniger, gedrungener; ihr Hals ist
stärker geschwungen, und sie wirken weniger hochnäsig als
ihre Vettern.

Alle diese Kameliden, die sich übrigens wie Pferd und
Esel kreuzen lassen, sind Wesen der Puna. Unter 3000 Metern
Höhe erkranken sie leicht, am wohlsten fühlen sie sich zwischen 4000 und 5000 Metern; das Vicuña mit noch geringeren Nahrungsansprüchen und seinem perfekten Wollkleid
steigt bis 5500 Meter.

Der deutsche Arzt und Forschungsreisende Ernst Wilhelm Middendorf konnte dem Hochland nur wenig abge-
winnen und fand es einen Vergleich mit den Alpen kaum
wert: »In den Hochthälern finden sich die größten land-
schaftlichen Schönheiten Perus, einige in der That von ganz
überraschender Großartigkeit; allein es geht dem Reisenden
dabei wie den Zuhörern mancher Wagnerschen Opern: auf
die schönen Szenen folgen mühselige Wege über endlose
öde Höhen, bis der Pfad sich endlich von neuem in ein
freundliches Thal senkt.« Und an anderer Stelle beklagt er:
»Selten sieht man mehr als zehn (Vicuñas) beisammen, sie
sind sehr scheu und fliehen in raschem Lauf. Die Vögel
der Puna sind meist klein, erdfarben, zwitschern selten und
fliegen immer nur niedrig.«

Wir haben die Stille und Einförmigkeit der Puna nicht als
langweilig, wohl aber als menschenfeindlich empfunden:
Das harte Büschelgras – Ichu –, an dem sich die Vicuñas
ihre stets nachwachsenden Zähne abwetzen, die bizarren
grünlichgrauen Huagoropolster – eine Kaktusart, die wie
eine Wucherung des Bodens erscheint –, die blasenförmige
Yareta, die wie moosbewachsene Steine aussieht, die tief-

blauen Seen, vom eisigen Wind gekämmt. Vor allem in der
Trockenzeit, wenn das Gras gelb und die Erde braun werden,
zaubern Morgen- und Abendsonne ein magisches Licht auf
die Hochebenen und Bergkuppen, lassen eine weitere Dimension hinter der luziden Luft erahnen. Wir Europäer
können diese Hintergründigkeit wohl ebensowenig erfassen
wie ein Indio unsere Märchen und Mythen um den Wald.

Für die Indianer ist diese karge, stumme, weite Welt vielfach belebt. Ihre Vision der Puna beschreibt Ciro Alegría in
seinem Roman ›El mundo es ancho y ajeno‹ so:

»Die Berge, welche die Hochfläche von Yanañahui umga-
ben, erhoben nackte, düstere Felsen zum Himmel. Die untersten Hänge waren voller Geröll und Kieselsteinen, zwischen
denen der windzerzauste Ichu und verkrüppelte grün-
schwarze Büsche wuchsen. Gegen eine Seite der Ebene, an
die Felskuppe gelehnt, die nach Muncha schaute, spiegelte
die Lagune Yanañahui, was schwarzes Auge bedeutet. Sie
war breit und tief, und an der Felswand ließ sie ein grünes
und rauschendes Schilfgras wachsen, in dem Enten und
Wasserhühner lebten. Der Rumi teilte sich, wie wir schon
sagten, und lieferte dem See eine nicht sehr tiefe Entwässe-
rungsrinne. Am anderen Rand der Ebene, auf etwas höherem
Gelände, befanden sich die Ruinen der Steinhäuser, und ein
stetiger Wind, der zwischen ihren Rissen pfiff, half den
Geistern der einstigen Bewohner weinen. Zwischen den Ruinen und der Lagune breitete sich eine weite Meseta von
Hochweide aus, auch von Totoraschilf bestanden. Im Sommer war sie trocken, aber im Winter wurde sie überflutet,
denn die Lagune vermochte sich nicht über das Bachbett zu
entwässern und trat in die Pampa hinaus, machte sie nutzlos
für den Feldbau. Zu anderen Zeiten wollte ein progressiver
Bürgermeister die Abflußrinne vertiefen, doch wurde ge-
munkelt, der Geist der Lagune in Gestalt einer schwarzen,
haarigen Frau, die Schilfhalme auf dem Kopf trug, sei aufgetaucht, um sich dieser Absicht zu widersetzen. Zudem zirku-
lierten schlechte Lüfte in dem zerstörten Kaff, Seelen der
Verstorbenen und der berüchtigte Chacho, der böse Geist,

der im Gemäuer der Ruinen wohnt; er ist klein und dunkel, mit einem altväterlichen Gesicht. Er saugt die Wärme aus dem Körper und haucht die Kälte der Steine ein, erzeugt eine Geschwulst, die fast immer tötet.«

Die Obergrenze der Puna liegt auf etwa 4800 Metern. Höher gedeihen nur noch wenige Gräser, Moose, Flechten. Hier zieht der *Kondor* stundenlang seine Kreise. Die Riesengeier nisten in unzugänglichen Felszinnen, von wo aus sie sich leicht in den Abgrund fallen lassen und mit langsamen Schlägen ihrer bis drei Meter umspannenden Schwingen aufsteigen können. Von Aufwinden lassen sie sich kilometerhoch tragen, um praktisch ohne Eigenbewegung nach Aas oder leicht zu schlagender Beute zu spähen. Am Boden sind die blauschwarz gefiederten Greifvögel mit zehn Kilo Gewicht recht plump und haben nach ihren Mahlzeiten entsprechende Startschwierigkeiten. Flatternd rennen sie auf schwachen Beinen zehn, zwanzig Meter weit, bis sie endlich abheben können. Kondore sind den Indios seit Chavínzeiten heilig. Kein anderes Tier beherrscht den gesamten peruanischen Lebensraum – von den Gipfeln ewigen Schnees bis zu den beutereichen Küsten des Pazifiks – so vollkommen.

Kein Wunder also, daß sich die Ureinwohner mit dem König der Lüfte identifizieren. In einzelnen Dörfern, auch in der Kleinstadt Andahuaylas, inszenieren die Bewohner jährlich die Konquista neu. Die Hauptrollen spielen ein Stier, der die Spanier verkörpert, und ein Kondor für die Inkas. Sieger bleiben im Gegensatz zum Lauf der Geschichte immer die Indianer, denn der Vogel wird auf dem Rücken des Stiers festgebunden und hackt auf ihn ein, so daß er zum Gaudium der Bevölkerung verstört durch die Gassen prescht und schließlich erschöpft zusammenbricht. Früher pflegten ihn die Männer zu töten, um den Triumph über Spanien zu besiegeln. Der vorher mit Chicha getränkte Vogel wird nach dem Ausnüchtern auf eine Anhöhe gebracht und freigelassen. Nach einigen unbeholfenen Sprüngen fliegt er, steigt auf, gewinnt an Höhe, verliert sich zum Punkt am dunkelblauen Himmel: »El condor pasa.«

Wir hatten die mühsame Reise in Abancay unterbrochen und genossen den freundlichen, warmen Ort. Ein vollbeladener Lastwagen führte uns am nächsten Morgen in einstündiger Paßfahrt nach **Sayhuite.** Wir fanden uns ausgesetzt inmitten von Grasland und Maisäckern, durch einige Eukalyptusbäume, Lehmhütten und dunkle Büsche aufgelockert, eine karge Bergkette im Hintergrund. Eine Frau, die wir nach dem Weg fragten, blieb stumm; sie verstand kein Spanisch. Plötzlich erblickten wir den Stein von ferne auf einer grasüberwachsenen künstlichen Plattform; in der Nähe lümmelte ein Fohlen herum. Und bald standen wir vor der seltsamsten Skulptur, die wir je gesehen hatten.

Irgend jemand nannte sie ein Weltei. Zumindest die Form trifft dieser Begriff: Wie ein riesiges halbiertes Ei liegt der tonnenschwere Granitblock auf der Wiese, über zwei Meter hoch und vier Meter lang. Die Oberseite ist als Landschaft und Stadt gestaltet, als hätte das Ganze einem Urbanisten als Planungsgrundlage gedient: Zwischen von › Quebradas‹, Trockentälern, zerfurchten Hügeln breiten sich Miniaturterrassen, Festungsmauern, Türme, Tempelplattformen, Felder, Plätze, Höfe, Treppen, Bewässerungskanäle aus. Unzählige Rinnen münden, zum Teil als Tunnels, in den Rand und lassen das Regenwasser abfließen. Überdimensionierte, leider verstümmelte Tiere wachen über dem Ganzen. Puma, Affe, Kondor? Symbole für die Großlandschaften Perus, wie französische Forscher meinen – für Sierra, Selva und die Küste?

Modell oder Ideallandschaft? Wir werden es wohl nie erfahren. Die Inkas träumten von einem Paradies, Paititi. Wahrscheinlich ist aber eine solche Deutung aufgrund zweier Menschenfiguren auf der › Piedra de Sayhuite‹, wie das Weltei offiziell heißt, doch allzusehr von Adam und Eva im Garten Eden inspiriert. Versenkt man sich länger in die Struktur, kommen immer neue Figuren zum Vorschein: Berge verwandeln sich in Fabelwesen, Felsen in Pflanzen. Das Weltei könnte als Orakel gedient haben, einem Kult des Wassers. Oder rann Blut, Chicha durch die steinerne Stadt, suchte sich Wege, durch die Götter gelenkt?

Nicht einmal über die Bildhauer sind sich die Experten einig, obwohl am ehesten die Inkas dafür in Frage kommen. Denn das Weltei erinnert an eine vergleichbare Miniaturlandschaft: Quenco bei Cusco.

Völlig beziehungslos liegt die ›Piedra de Sayhuite‹ allerdings nicht in der Gegend. An der alten Inkastraße deuten weitere Skulpturen auf eine Kultstätte hin: ebenfalls mit Rinnen gezeichnete Blöcke sowie der treppenartige Opferstein Intihuanta bei Rumihuasi, knapp einen Kilometer östlich des Welteis.

Auf dem Weg nach Cusco überquert man den **Apurímac.** Besonders schauerlich war uns nicht zumute, als wir aus dem Busfenster auf den schäumenden Fluß hinunterblickten, den ›Großen Redner‹, wie der Quechuaname sagt. Vor einem Jahrhundert und zu Fuß hätten wir uns vielleicht nicht über die schwankende Hängebrücke aus Weidenrutengeflecht gewagt, die der Amerikaner George Squier 1866 skizzierte. Er erwähnt in seinen Notizen den »finsteren Schlund« in 36 Meter Tiefe, aus dem »ein dumpfes Dröhnen« ans Ohr des schwindligen Reisenden dringt. Die abenteuerliche Passage war nur bei Flaute am Vormittag ratsam; später ließ der Bergwind die Brücke wie eine Hängematte schaukeln.

Sie war ein Meisterwerk der Inka-Architekten, die den Übergang erstmals Mitte des 14. Jahrhunderts geschlagen haben sollen. Das Material war zäh, mußte jedoch alle drei, vier Jahre ersetzt werden. Das war die Aufgabe der umliegenden Dörfer, die unter Aufsicht inkaischer Brückenmeister die Erneuerung im Frondienst leisteten. Mindestens einmal, am 20. Juli 1714, wurde der Übergang zur Todesfalle: Die reißenden Seile ließen ahnungslose Menschen in den Abgrund stürzen – in der Erzählung ›Die Brücke von San Luis Rey‹ gestaltete Thornton Wilder das Ereignis frei dramatisierend nach.

Hängebrücke über den Apurímac, die ›Brücke von San Luis Rey‹.
Zeichnung von E. G. Squier, 1866

Der Apurímac, ein Quellfluß des Amazonas, sägte sich etwas weiter unten einen der tiefsten Canyons des Kontinents – durch drei Kilometer dicken Fels. Ein Grund, die Wassermächte zu verehren.

Aus der Vogelschau präsentiert sich Cusco als spanische Stadt: rechtwinklig, mit weiten Plätzen, niedrigen, ziegelgedeckten Häuserreihen, kuppelgekrönten Barockkirchen.

Diese Fassade wird beim Bummel durch die schmalen Straßen, unter Arkaden und Holzbalustraden bestätigt, doch bald erkennt man an den wunderbar gefügten zyklopischen Grundmauern: Das moderne Cusco ruht auf der Inkametropole.

Die beiden Kulturen scheinen hier in ewigem Wetteifer vereint: Die schönsten Klöster der kolonialen Epoche auf Relikten der heiligsten Stätten des Tahuantinsuyo, das Spanisch der Gebildeten neben dem Quechua mancher Marktfrauen. Eine faire Vergleichsmöglichkeit fehlt – dafür haben die spanischen Plünderer sowie die Brandpfeile der inkaischen Belagerungstruppen gesorgt, als sie im Sommer 1536 der Reconquista nahe waren. Dennoch besitzt Cusco imperialen Charakter – ein Erbe der Sonnenkönige, nicht der Eroberer, die hier trotz aller Bemühungen nur eine Provinzstadt kreierten.

Die Inkas überlieferten ein entsprechend großartiges und ethnozentrisches Selbstverständnis. Ein schlichter Gründungsakt genügte nicht für ihren ›Nabel der Welt‹, was Cusco auf Quechua bedeutet. Garcilaso de la Vega, der gebildete Mestize, erzählt die Legende um die Humanisierung der ›Tiermenschen‹ folgendermaßen:

»Unser Vater, die Sonne, erbarmte sich ihrer, als er die Menschen so sah, wie ich sagte, und sandte einen seiner Söhne und eine seiner Töchter vom Himmel zur Erde, damit sie ihnen Kenntnisse von unserem Vater, der Sonne, vermitteln würden, um ihn anzubeten und als Gott anzunehmen, und damit sie ihnen Anleitungen und Gesetze gäben, um mit Vernunft und Urbanität zu leben, um in Häusern und bevölkerten Dörfern zu wohnen, um den Landbau zu verstehen, Gemüse und Getreide zu kultivieren, Vieh zu züchten und sie wie die Feldfrüchte als verständige Menschen und nicht wie Tiere zu genießen. Mit diesem Befehl stieß unser Vater, die Sonne, seine beiden Kinder in den Titicacasee, der achtzig Meilen von hier entfernt liegt, und sagte ihnen, sie möchten gehen, wohin sie wollten, doch wo immer sie anhielten, um zu essen oder zu schlafen, sollten sie einen goldenen Stab, eine halbe Elle lang und zwei Finger dick, in den Boden rammen, und wo dieser mit einem Schlag in die Erde dringe, dort wolle die Sonne, unser Vater, daß sie anhielten und ihr Geschäft und ihren Hof begründeten.«

Die beiden Sonnenkinder marschierten los, testeten auftragsgemäß die Erdkrume mit ihrem Szepter und fanden das gelobte Land in Cusco. Manco Cápac unterrichtete die Männer in Hausbau und Feldarbeit; Mama Ocllo lehrte die Frauen weben und sich züchtig kleiden. Das Entwicklungsprogramm trug bekanntlich reiche Früchte – die Inkas errichteten eine glanzvolle Stadt und ein rationell organisiertes Großreich, und es ist anzunehmen, daß sie mit der Legende nachträglich ihre Mission rechtfertigten. Jedenfalls stimmt der Mythos so weit: Die Inkas schufen eine Welt der Vernunft, der Disziplin und Planung. Die ›Menschwerdung‹ in Form einer Landwirtschaft, der Bewässerung, des Handwerks, Städtebaus und künstlerischen Ausdrucks wurzelt dagegen, wie wir wissen, in den Kulturen von Kotosh, Huaca Prieta oder Sechín und ging der Selbstfindung der Inkas dreitausend Jahre voraus.

Als wahrscheinlicher Kern der Gründersage von Cusco bleibt die Information, daß sich Einwanderer aus dem Altiplano nach der Jahrtausendwende im Raum Cusco ansiedelten und eine Oligarchie entwickelten. Die ersten Inkakönige –Manco Cápac führt auch bei den Historikern die Liste an – waren nichts anderes als Stammeshäuptlinge und Cusco ein Ort wie Dutzende andere in der weiteren Umgebung. Von den dreizehn überlieferten Sonnensöhnen bis Atahualpa genossen eigentlich nur die letzten fünf die Stellung eines absoluten, gottgleichen Herrschers, verbunden mit der gewaltigen Ausdehnung des Reiches. Somit wurde Cusco erst in der Amtszeit Pachacútecs, ab etwa 1450, zum ›Nabel der

Welt‹, dem Mittelpunkt der vier Himmelsrichtungen (auf Quechua ›Tahuantinsuyo‹), in dem die Straßen, Meldungen, Tributleistungen und Naturalabgaben zusammenliefen.

Als die Konquistadoren das legendäre Cusco erstmals betraten – am 14. November 1533 –, zeigten sie sich von der Größe und Pracht beeindruckt. Die Chronisten schätzten die Einwohnerzahl auf etwa 200 000; im Zeichen hoher Wachstumsraten nähert sie sich erst heute wieder diesem Wert.

Ein Brennpunkt war damals schon die Plaza de Armas unter dem Namen Huacay Pata. Den Platz säumten die Königspaläste, der von Pachacútec im Nordosten, wo heute das Hotel San Agustín steht; der seines Vaters, Viracocha, gegen den Nazarenerplatz; der Huayna Cápacs an der Stelle der Jesuitenkirche und der Universität. Völlig gesichert sind diese Zuweisungen allerdings keineswegs, immerhin scheint jeder Herrscher eine neue, eigene Residenz gewählt zu haben. Weitere solche Bauten schlossen sich im Osten des Platzes, an der heutigen Calle Loreto und Calle Catalina, an.

Chronisten wie auch Wissenschaftler unserer Zeit wiesen auf die Pumaform hin, die der Kern des alten Cusco bilden soll. Der Rio Huatanay – er verläuft unter dem Straßenzug Plateros und Avenida del Sol – soll den Bauch, der Rio Rodadero (Avenida Choquechaca und Tullumayo) den Rücken markieren; das Schwanzende eines Falken wäre die Avenida Garcilaso, der Pumakopf aber die Festung Sacsahuamán. Die Interpretation scheint etwas gesucht. Weder im Luftbild noch auf einem Plan, der die fraglichen Linien betont, fällt ein solcher Umriß deutlich ins Auge. Die Inkas hätten ihn mit Absicht präziser zu gestalten vermocht.

Der ›Nabel der Welt‹ ist zu einem der bedeutendsten Touristenmagnete des Kontinents geworden; im Zentrum dient fast jedes dritte Gebäude als Hotel. Angebot und Dienstleistungen sind in jüngster Zeit professioneller geworden, die Souvenirverkäufer und Taschendiebe auch. Wir hatten Cusco Anfang der siebziger Jahre kennengelernt, zu einem

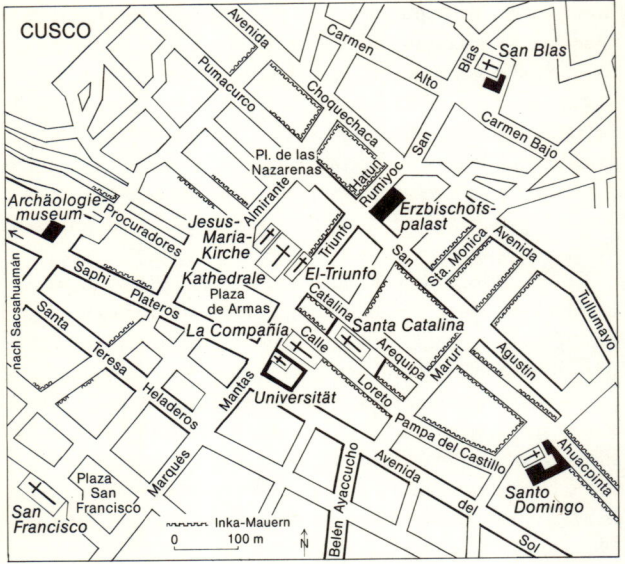

Zeitpunkt, als es eben begann, seine Unschuld zu verlieren.
Auf der Plaza de Armas spielte sich der Alltag so gemächlich
ab wie auf jedem anderen Hauptplatz Perus: Die Eis- und
Süßigkeitenverkäufer drehten mit ihren Dreiräderkarren
langsam die Runde, Kinder in grauer Schultracht trieben
ihre Späße auf dem Weg nach Hause, Indiofrauen gingen
mit kleinen Schritten spinnend vorbei. Da gab es freilich
auch fliegende Andenkenhändler, die vor uns höhenkranken
Fremden prächtige Tücher entfalteten; wir trafen enthusi-
astische junge Amerikaner mit Quechuagrammatiken in der
Hand (während sie kaum »Buenos dias« verstanden) sowie
Touristinnen, die sich einheimische Kinder fürs malerische
Gruppenbild liehen. Doch der Tourismus war noch nicht
zur Industrie gediehen, zur hemmungslosen gegenseitigen
Ausbeutung von Peruanern und Gringos – Folklore gegen
harte Währung. Wir hatten ein Konzert der lokalen Künst-

lergenossenschaft ›Inkari‹ erlebt, das – mit einstündiger
Verspätung – nicht mit ›El condor pasa‹, sondern einem
schmetternden Wiener Walzer begann, und mit Studenten
gesprochen, die an eine Emanzipation der Indiobevölkerung
glaubten. Noch trübten weder der Schatten der Inflation
noch das Gespenst des Terrorismus den Zukunftsopti-
mismus.

Der organisierte Tourismus und peruanische Kompensa-
tionsbedürfnisse prallen heute nirgends so hart aufeinander
wie in Cusco. Wer würde etwa in Venedig dreißig Mark für
Museumseintritte hinblättern wollen? In Cusco kostet das
Pauschalticket soviel, auch wenn man sich vielleicht nur auf
die Kathedrale, ein Museum und die Festungswälle von
Sacsahuamán beschränken möchte. Die einmalige Dichte
von indianischem Erbe und kolonialem Prunk fordert einen
Liebhaberpreis.

Geschichte und Jahreslauf kreisen um die **Plaza de Armas.**
Von der oberen, nordöstlichen Seite gleitet der Blick über
die unteren Arkadenreihen und Ziegeldächer hinweg zu den
olivgrünen und ockerfarbenen Hügeln, über denen sich häufig blauschwarze Gewitterwolken zusammenballen. Die un-
spektakulären Viertausender umrahmen das breite, aber
kurze Tal des Rio Huatanay, der in den Urubamba mündet.
Cusco liegt auf ehemaligem Seegrund.

Die Plaza de Armas war ein Sumpf, den die Inkas wohl
Ende des 12. Jahrhunderts trockenlegten. Lokalisierten frü-
here Archäologen den Keim Cuscos unmittelbar am Fuß
von Sacsahuamán, deuten Chronistenberichte wie neuere
Grabungen eher auf einen ältesten Kern in der Nähe des
Klosters Santo Domingo.

Die **Kathedrale,** monumentalster Akzent der spanischen
Eroberer, thront auf den Grundmauern des Quishuarcancha,
eines Palastes, der dem achten Inka, Viracocha, zugeschrieben wird. Entscheidender Anstoß für den Kirchenbau war
jedoch der angrenzende Viracochatempel. Der alte Schöpfergott vom Titicacasee soll dem Königssohn einmal erschienen

sein und seiner Sippe eine große Zukunft prophezeiht haben, worauf der Inka den Namen seines himmlischen Gönners annahm. Die Kathedrale wurde ab 1560 errichtet, und trotz ihres Symbolcharakters ließen sich die Kolonisten ein Jahrhundert Zeit bis zu ihrer Vollendung. Hinter der breiten, gedrungenen Fassade aus rotbraunem Stein steckt eine dreischiffige Basilika mit zahlreichen Seitenkapellen und – als kostbarster Attraktion – der verschwenderische Hauptaltar aus Silber.

Rechts neben der Kathedrale schließt sich die kleine Kirche ›El Triunfo‹ an mit Kopien von Rubens- und Raffaelgemälden. An ihrer Stelle stand ein inkaischer Rundbau, in den sich die Spanier 1536 bei Attacken während der Belagerung durch die Truppen Manco Incas flüchteten. Aus dem Ausguck sollen sie nicht nur den Apostel Jakobus, ihren Nationalheiligen, durch die Lüfte fliegen und gegen die Indios streiten gesehen haben; als das Strohdach unter den Brandpfeilen entflammte, soll gar die Muttergottes dahergeschwebt sein und über dem Refugium ein feines Pulver ausgestreut haben, welches das Feuer erstickte. Dieser Triumph gab der Kirche ihren Namen. Und zur Verstärkung der christlichen Präsenz wurde die Kathedrale zur Linken auch noch von der Jesus-Maria-Kirche flankiert.

Die **Jesuitenkirche** auf der Südostseite des Platzes wirkt weniger streng als die Kathedrale – sie entstand nach einem Erdbeben 1650 neu im Stil des flämischen Barocks. Der hohen, schmalen, reich dekorierten Fassade entspricht das beinahe verspielte Innere mit sehr schönen bemalten Holzstatuen sowie einem vergoldeten Hauptaltar, der die Fassadenelemente wieder aufnimmt.

›La Compañía‹ – die Jesuitenkirchen werden in Peru immer einfach nach ›der Gesellschaft‹ benannt – ruht auf den Fundamenten der Residenz von Huayna Cápac, König von 1493 bis 1526. Er gilt als Konsolidierer des Reichs, das sein Vater und sein Großvater geschaffen hatten, und erfuhr als erster Inka von der Existenz bärtiger weißer Männer, den Spaniern. Von diesem Palast ist unmittelbar an der Plaza de

Armas nichts mehr zu sehen; in der Calle Loreto türmen sich jedoch gewaltige Blöcke zu Außenmauern der Residenz. Diejenigen um die Jesuitenkirche, mit der trapezförmigen Pforte, gehören zu Huayna Cápacs Wohnung.

Die Wälle gegenüber bergen das **Kloster Santa Catalina,** Nonnen, die im Namen der heiligen Katharina von Siena Handwerk und Erziehung betreiben. Ein Teil des Mitte des 17. Jahrhunderts wiederaufgebauten Konvents ist heute als Museum für religiöse Kunst zu besichtigen; der Besuch wird zusätzlich mit Marzipan aus der hauseigenen Zuckerbäckerei versüßt. Das Frauenkloster steht nicht zufällig an dieser Stelle – es gründet auf dem ›Acllahuasi‹, dem Haus der auserwählten Sonnenjungfrauen.

Wo immer im Inkareich ein Sonnentempel stand, gab es auch ein ›**Acllahuasi‹.** Unter der Aufsicht der ›Mamacuna‹ lernten die Mädchen Opferspeisen zubereiten, weben, singen. Aus verschiedensten Schichten und allen Teilen des Reiches stammend, traten sie im Alter von acht, neun Jahren in diese Klöster ein. Mit zwölf entschied sich ihre Karriere: Die einen wurden Bedienstete und Konkubinen des Inkas, die den Herrscher zum Teil auf Inspektionsreisen und Feldzügen begleiteten und manchmal in politische Ehen mit Gouverneuren oder Häuptlingen labiler Verbündeter gezwungen wurden; eine Minderheit empfing nach weiterer Ausbildung in rituellen Handlungen die Weihen der Sonnenjungfrauen. Sie unterstanden einem Keuschheitsgelübde und kamen keinem Mann außer dem Inka zu Gesicht. Liebesaffären einer ›Aclla‹ endeten immer tödlich – nicht nur für die unglückliche Frau, die lebend begraben wurde, und den Liebhaber, den sich der Henker holte, sondern gar für den ›Ayllu‹ der Frau, die Agrargemeinschaft, aus der sie stammte, mit Eltern, Geschwistern und ihren Freunden. Ihr Dorf wurde verbrannt, um den unerhörten Makel zu tilgen.

Die Spanier fanden im ›Acllahuasi‹ von Cusco die Mumien von Atahualpas Ahnen vor, die traditionellerweise im Sonnentempel saßen. Die Inkas hatten sie bei der Ankunft der Weißen in die vermeintliche Zone absoluter Tabus ge-

Cusco. Holzschnitt aus der Chronik des Sebastian Münster, Basel 1545

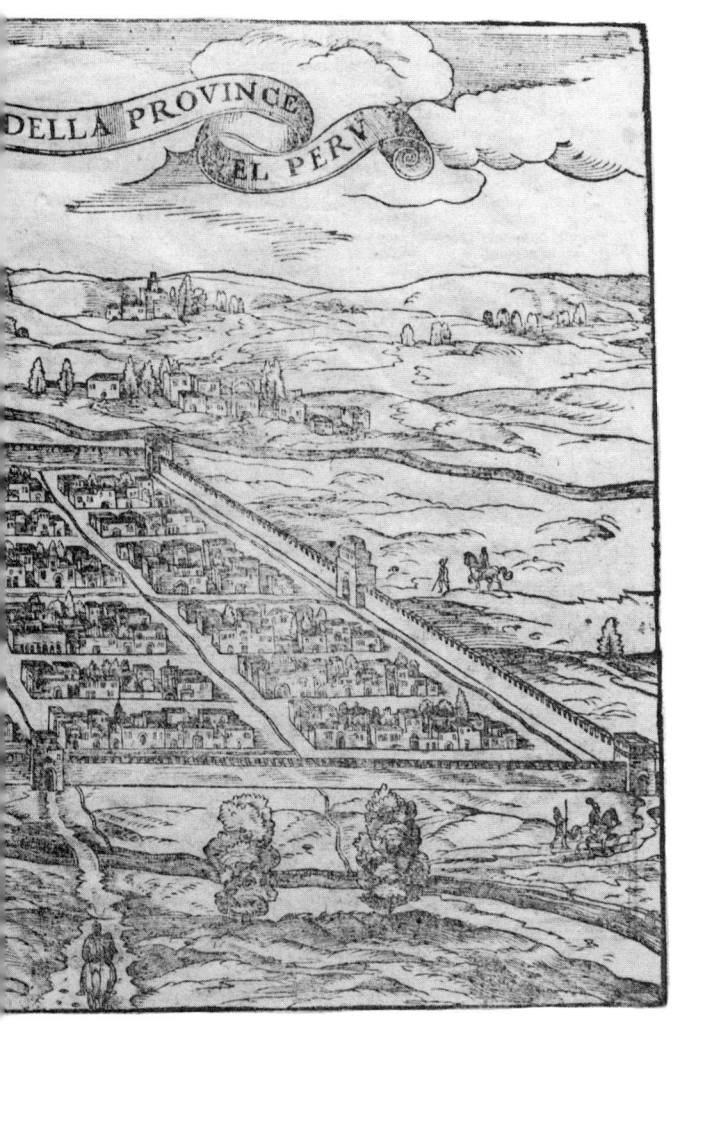

DELLA PROVINCE
EL PERV

bracht, freilich vergebens. Auf der Suche nach Gold und Silber kannten die Konquistadoren keine Grenzen. Ebensowenig waren ihnen die Sonnenjungfrauen heilig.

Die Nordostseite der Plaza de Armas, deren Arkaden Zugang zu Restaurants, Souvenirgeschäften und einem Hotel bieten, soll **Pachacútecs Palast** getragen haben. Der Besieger der Chancas, 1438 bis 1471 an der Macht, gilt nicht nur als Architekt des Tahuantinsuyo, sondern auch als Erneuerer der Hauptstadt. Während die Inkaheere an die Küste vordrangen, das Chimúreich und die Fürstentümer um Cajamarca, Lambayeque, schließlich das Territorium bis Quito eroberten, realisierten die Baumeister des Kaisers das imperiale Cusco, wie es die spanischen Chronisten beschrieben: eine glanzvolle Residenz des Adels und der Priesterschaft. Das gewöhnliche Volk – Bauern, Handwerker und Fronarbeiter – wohnte in zwölf Satellitenstädten rund um die Metropole. An den Palast Pachacútecs erinnert heute nur noch ein Stück Innenmauer mit Nische.

Wer würde in der engen Gasse mit dem berühmten Zwölfeckenstein eine der vier **Kaiserstraßen** vermuten? Mit den festungsgleichen Mauern wirkt sie düster und abweisend. Ernst Wilhelm Middendorf gewann bei seinem Besuch vor einem Jahrhundert den »... Eindruck eines tiefen und allgemeinen Verfalls« und präzisiert: »Dieser wird für den Fremden besonders peinlich und widerlich durch die unglaubliche Unreinlichkeit der Straßen, die so weit geht, daß die abgelegeneren nur große Bedürfnisanstalten zu sein scheinen.« Die Duftnote in der Gasse Hatun Rumiyoc ist noch heutzutage nicht über jeden Zweifel erhaben. Die drei bis fünf Meter hohen Mauern wirken roher, rustikaler als die ebenmäßiger gefügten der Calle Loreto; und säumt ein kolonialer Gehsteig das Rondell des Acllahuasi, muß sich die Calle Rumiyoc mit einem ausgetretenen Kopfsteinpflaster begnügen. Das Mauergefüge ist um so faszinierender: Kissenartige Steinpolygone liegen fugenlos wie ein riesiges Zusammensetzspiel aufeinander, an einzelnen Stellen wölben sich organartige Buckel vor, für die der nachdenkliche Betrachter ebensowe-

nig einen Sinn findet wie für das ganze komplizierte Werk.
Die Südmauer dieser Straße, deren Querschnitt mit den
fliehenden Wänden auch wieder ein Trapezoid bildet, mar-
kiert den Abschluß eines Palastes, der dem sechsten König,
Inca Roca, zugeschrieben wird. Roca war noch ein kleiner
Stammesfürst, dessen Einfluß wohl an den umliegenden
Bergketten endete.

Auf diesem alten, bewundernswerten Fundament ruht der
koloniale **Erzbischofspalast.** Der Barockbau dient heute
als Museum für religiöse Kunst, darunter Gemälde der Cuscoschule mit ihrem feinen, verspielten Golddekor, aber auch
Möbel und Hausgerät.

Ein koloniales Prunkstück befindet sich etwas weiter
stadtauswärts – immer der alten Kaiserstraße nach – in der
eher unauffälligen **Kirche San Blas:** die geschnitzte Holz-
kanzel mit einem Figurenkosmos, der an gotische Kathedra-
len erinnert. Himmlische Heerscharen und Heilige sind hier
mit Fabelwesen der Unterwelt vereint und in ein üppiges
Gewirr von Pflanzenornamenten eingebunden – mit der
Frische und vitalen Naivität der Mestizenkünstler.

An die Straßen San Agustín und Maruri stoßen weitere
Inkamauern. Man vermutet, daß sie ebenfalls zu Königsresi-
denzen gehören. Neben dem Haus der Sonnenjungfrauen
soll Túpac Yupanqui gewohnt haben, der 1471 bis 1493
regierte und die Eroberungen seines Vaters, Pachacútecs,
vor allem nach Süden ausweitete, über den Titicacasee hinaus
bis ins heutige Mittelchile und Nordargentinien.

Sozialstaat und Sonnenkult der Inkas

Über 4500 Kilometer erstreckte sich also unmittelbar vor
der Entdeckung Amerikas der Herrschaftsbereich der Sonnenkönige. Ein solches Riesenreich ließ sich nur durch eine
straffe Verwaltung und gut ausgebaute Infrastruktur nutzen
und zusammenhalten. Verfechter eines autoritären Füh-
rungsstils werden in den Inkas ein Vorbild entdecken: Als
›Sapay Inca‹ galt der Kaiser als absoluter Herrscher – ober-

ster Gesetzgeber, Heerführer und Priester in einem. Nur wenigen Persönlichkeiten war der Kontakt mit ihm erlaubt; sie traten ihm nur barfuß und mit einer symbolischen Last auf der Schulter gegenüber, um ihre Ergebenheit und den untergeordneten Status anzuzeigen. Was der Inka berührte, wurde später verbrannt, um es vor Verunreinigung zu schützen. Und war der Inka krank, fürchtete das Volk ein Versagen der Sonne. Deshalb bestimmten die Kaiser stets zu Lebzeiten ihren Nachfolger.

Dieser stammte fast immer aus der Ehe mit der ›Coya‹. Die Hauptfrau des Inka war seit der Herrschaft Pachacútecs eine Schwester, um die Reinheit des göttlichen Blutes zu garantieren. Geschwisterehen waren dagegen für die Untertanen streng verboten, Nebenfrauen nur im Hochadel üblich.

Es gab – hierarchisch gegliedert – drei Arten von Adel: den Blutadel, also die Verwandten des Inka, denen die höchsten Ämter vorbehalten blieben; die ›Orejones‹ (Großohren), eng verschwägerte Fürstenfamilien, die von Anfang an den Aufstieg der Inkadynastie begleitet hatten und als Statussymbol schwere Ohrpflöcke trugen; später eine Art Verdienstadel, in den etwa auch treue und besonders fähige Häuptlinge fremder Stämme aufgenommen wurden.

Diese genossen im Rahmen der inkaischen Militär- und Wirtschaftspolitik weitgehende Eigenständigkeit – anders hätte die Organisation des Sozialstaats gar nicht funktioniert. Die gesamte Bevölkerung stand unter Arbeitspflicht, durfte dafür aber Nahrung und Kleidung beanspruchen. Und alle Stämme hatten Feldfrüchte als Tribut sowie Arbeitskräfte und Soldaten nach Cusco zu liefern sowie Frondienst zu leisten.

Inkabeamte planten und überwachten den Straßen- und Brückenbau, die Anlage von Raststätten (Tambos), Lebensmittellagern als Reserve für Notzeiten, aber auch für durchziehende Truppen oder Funktionäre. Die Arbeit leisteten die jeweils betroffenen Dörfer. Sie sorgten so für das Staatswohl und profitierten andererseits davon. Nicht das

Dorf war die eigentliche Verwaltungseinheit auf dem Lande, sondern der Ayllu, die Schollengemeinschaft. Aller Boden gehörte dem Staat. Während der Teil, welcher der lokalen Versorgung diente, jährlich neu an die einzelnen Familien zur Bewirtschaftung verteilt wurde, bearbeiteten die Ayllus die Reichsäcker als Kollektiv. Die einheimischen Kaziken waren den Tributbeamten gegenüber für den ordnungsgemäßen Ablauf und die Ablieferung der Erträge verantwortlich. Kranke und alte Menschen wurden aus den öffentlichen Vorratshäusern gespeist.

Das höchste Heiligtum Cuscos, der Sonnentempel, ist einige Hundert Meter abseits der Plaza de Armas zu erahnen, beim **Kloster Santo Domingo.** Die Dominikaner waren anderen Orden bei der Eroberung Perus eine Nasenlänge voraus gewesen, hatten mit Bruder Vicente Valverde den Anwalt Christi beim Überfall auf Atahualpa und seinen Hofstaat gestellt und durften auch bei der Hispanisierung der Inkahauptstadt einen Sonnenplatz für ihren Sitz beanspruchen.

Juan Pizarro überließ ihnen den Standort des gestürmten, geplünderten und niedergerissenen ›Coricancha‹, des ›Goldhofs‹. Die Klosterkirche mußte nach dem Erdbeben von 1650 neu errichtet werden und fiel einem weiteren Erdstoß 1950 zum Opfer. Das Kloster hingegen verwandelte sich in den vergangenen Jahren immer mehr in einen Grabungsplatz der Archäologen, die dem legendären Tempel nachspüren.

Denn das ›Coricancha‹ war für die Spanier der Inbegriff des Eldorado. Ein fingerdickes, handbreites Goldband zog sich der Außenmauer entlang als Symbol der Sonnenstrahlen. Die Tore waren mit Goldplatten verkleidet. Das Mittelschiff von Santo Domingo entspricht der Haupthalle des Tempels, an dessen Ostwand eine mächtige Sonne aus reinem Gold glänzte. Den Wänden entlang saßen die Mumien der verstorbenen Könige. Der Tempelgarten enthielt märchenhafte Schätze, die selbst den nüchternen und genauen Beobachter Pedro Cieza de León hinrissen: »Er war auf das kunstvollste angelegt: Stengel, Fruchtstände und Blätter der Maispflanzen, alles war aus Gold ... Zudem befanden sich auf diesem Feld über zwanzig goldene Lamas mit ihren Jungen, auch einige Hirten in Lebensgröße aus Gold.«

Die Konquistadoren mochten die Skulpturen wohl bewundern, ihre Krämerseelen berührten sie offenbar nicht. Der Schatzmeister fertigte fein säuberlich ein Inventar der Beute an, die eingeschmolzen und mit dem königlichen Stempel versehen nach Iberien verschifft wurde, wo die Tonnen Edelmetall zur Geldentwertung führten. Eine kaum zu fassende Mißachtung der fremden Hochkultur.

Sonne, Gold und Inka bildeten eine Art männliche Dreieinigkeit. Weniger bekannt ist das Heiligtum der Mondgöttin Quilla, das unmittelbar an den Sonnentempel grenzte. Es galt als weibliches Gegenstück und Reich der Coya. Analog zum Coricancha waren hier die Leichname der Königinnen aufgereiht, auf silbernen Sesseln sitzend. Eine große Silberplatte mit eingraviertem Gesicht stellte die Quilla dar, und Silber schmückte den Raum.

Es soll außerdem eine ›Kapelle‹ der Sterne, des Blitzes und des Regenbogens gegeben haben – Begleiter des himmlischen Paars am Firmament.

Der Sonnenkult war Staatsreligion und legitimierte die Herrschaft der Inkasippe. Draußen im weiten Reich blieben ältere Kulte lebendig: der Glaube an den alten Weltenschöpfer Viracocha etwa, die Erdmutter Pachamama, die die Saat reifen ließ und alles Leben in ihren Schoß zurücknahm, oder die Meeresgöttin Mamacocha. Und allgegenwärtig waren schließlich die ›Huacas‹, die Geister, die in Berggipfeln und Seen, in Quellen und Steinen, Pflanzen und Tieren, im Herdfeuer wie in Gemäuern wohnen konnten. Trotz einer jahrtausendealten Göttertradition – vom schrecklichen Pumavogel über Viracocha und Pachacámac bis zum Inka und Christus – blieb das Weltbild der Indios animistisch.

Wenn heute das *Inti Raymi* als farbenfrohe Folklore auf Sacsahuamán zelebriert wird, entspricht das nicht genau der Tradition. Im inkaischen Cusco befand sich der Hauptplatz für Zeremonien zwischen Plaza de Armas und Plaza San Francisco. Inti Raymi, ›der Tag, da die Sonne angebunden wird‹, war das höchste Fest im ›Nabel der Welt‹, das Fest zur Wintersonnenwende.

Obwohl die Jahreszeiten in Peru wesentlich weniger dramatisch ausfallen als in Mitteleuropa, mochte es die Priester beunruhigen, wenn die Sonne immer weiter nach Norden kippte, sich vom Tahuantinsuyo abzuwenden schien. Astronomisch genau maßen sie im Sonnentempel den Schattenwurf besonderer Pfosten. Drei Tage vor dem 24. Juni begann Cusco zu fasten, während die Sonnenjungfrauen Chicha bereiteten und Maisbrot buken. Am Tag des tiefsten Sonnenstandes versammelte sich eine ausgewählte Menschenmenge auf der Cusi Pata, wo Götterbilder und die Königsmumien aufgerichtet waren. Barfuß, nach Osten gewandt, erwarteten sie das Tagesgestirn. Beim ersten Sonnenstrahl knieten alle Teilnehmer außer dem Inka nieder, der als oberster Priester amtete. Er hielt in beiden Händen einen Chichakrug, den Inhalt des einen goß er in eine Röhre, die den Opfertrank in den Sonnentempel leitete, das übrige Maisbier verteilte der Sonnensohn unter das Volk. Dann wurden schwarze Lamalämmer geopfert, die Eingeweide als Orakel gedeutet, das Fleisch aber gebraten und ebenfalls verteilt. Im Sonnentempel aber empfing der Hohepriester neues Feuer über ein Brennglas. Die feierliche Zeremonie zur Wintersonnenwende mündete in ein mehrtägiges Fest mit Musik, Tanz und Chichagenuß.

Mit diesem Ritual verglichen, das tief in der Kosmologie der Inkas wurzelte, ist die moderne Form des Inti Raymi ein hohles Spektakel. Zwar überwiegen in der Zuschauermenge noch immer die Einheimischen aus Cusco und der weiteren Umgebung, doch hohe Wellen werfen die Folkloregruppentänze höchstens bei ausländischen Touristen. Dem Anlaß fehlt die Seele.

Die Festung Cuscos entspricht in ihrer Monumentalität den Palästen und Tempeln der Inkaresidenz: Ein dreifacher Zickzackwall, jeder fast zehn Meter hoch und dreihundert Meter lang, folgt den Konturen des Hügels nordöstlich der Stadt und schloß die drei Verteidigungsplattformen ein.

Die Zyklopensteine, zur uneinnehmbaren Wehr aufgetürmt, haben zum Teil gewaltige Ausmaße und hielten bisher allen Erdbeben stand. Auf über hundert Tonnen werden einzelne Blöcke geschätzt, 350 Tonnen soll der größte wiegen – und dennoch wirken die Wände wie spielerisch zusammengefügt. Arbeitstechnik und -aufwand, die geistige Haltung der Steinhauer und Ingenieure sind für uns Angehörige mechanisierter und automatisierter Technik ebenso rätselhaft wie für die Archäologen. Schon der Cusqueño und Weltbürger Garcilaso de la Vega fand, nicht Menschen, sondern Dämonen hätten die enorme Fluchtburg errichtet. Er wies darauf hin, daß die Kalkblöcke kilometerweit transportiert worden sein mußten, denn der anstehende Fels von Sacsahuamán besteht aus Trachit. Der zweite Mestizenchronist, Guamán Poma de Ayala, liefert eine Illustration zu diesem Problem, die mehr belustigt als überzeugt: Um einen meterhohen halbrunden Stein ist ein Seil gebunden, vor das sich mehrere Indios spannen, während auf der Zuglast ein Aufseher mit der Rute zur Hand kommandiert.

So ging es sicher nicht. Seltsamerweise wußten aber weder die Chronisten Genaueres zur Bautechnik zu berichten, obschon sie diese einhellig bewunderten, noch fand man Werkzeug zuhauf. Bei Ollantaytambo immerhin ruht heute noch ein entglittener Block auf Rollen aus Baumstämmen – die physikalisch einleuchtendste und den Mitteln jener Zeit entsprechende Beförderungsmethode. In Steinbrüchen wurden Bronzemeißel gefunden, für die Grobarbeit scheinen die inkaischen Steinmetze härteren Stein wie Quarzit oder Obsidian bevorzugt zu haben, mit dem sie Felswände mit Schichtstruktur unterhöhlten, Blöcke reliefartig herauspräparierten und mit Hilfe von Bohrlöchern und satt eingeführten, später mit Wasser zum Quellen gebrachten Holzstäben absprengten. Woher die Perfektion, die unglaubliche Feinarbeit? Weshalb polygonale Bausteine, die zweifellos schwieriger zu bearbeiten und einzupassen waren als Quader oder Bruchstein, mit Mörtel gefüllt? Galt die ›Verzahnung‹ der Blöcke als besonders erdbebensicher? Als soziales Symbol? Oder hatte die eigenwillige Bauweise magische Bedeutung?

Noch gibt es keine überzeugende Theorie zur Einpassungstechnik. Denn die Nahtflächen sind leicht gewölbt. Der fugenlose Aufbau, das konkave und konvexe Schleifen – millimetergenau – erforderte dutzendfache Kontrolle und damit vielfache Bewegung des tonnenschweren Materials. Gewaltige Seilwinden haben sich einige Wissenschaftler vorgestellt, an denen die Blöcke zur Feinbehandlung tagelang gehangen haben sollen – die Noppen an einzelnen Bausteinen sind jedoch ein allzu dürftiges Indiz dafür. Der Amerikaner Ogden Outwater sieht in gefundenen Lehmresten Teile von Modeln, die die Steinhauer als Kontrollinstrument benutzt haben könnten. Bruchsteine und Lehm dürften freilich auch dem Bau von Rampen gedient haben.

Sacsahuamán – in Jahrzehnten und mit den Händen von Zehntausenden von Fronarbeitern errichtet – ist heute nur eine bescheidene Ruine im Vergleich zur Eroberungszeit. Die Spanier haben vor allem nach der erfolgreich überstandenen Belagerung durch die Heere Manco Incas, bei der sie die Fluchtburg eroberten, übel darin gehaust und sie als Materiallager geplündert.

Das oberste Plateau trägt die Überreste von Wohn- und Lagerhäusern, darunter auch eine unterirdisch gespeiste, runde Zisterne. Jenseits einer kleinen Senke befindet sich der ›Inkathron‹: In die aussichtsreiche Kuppe sind mehrere Treppenreihen präzis eingehauen, in der Mitte der Wölbung eine Sitzbank. Zur Funktion dieses Platzes ist nichts überliefert. Er wird als Kultzentrum gedeutet; in der Umgebung gibt es weitere behauene Steine, wo wahrscheinlich den Gestirnen oder Berggöttern geopfert wurde.

Auch der ›Rodadero‹ soll den Inkas als Zeremonialsessel gedient haben. Seit langem pflegen Kinder die durch Erosionsmulden ausgeschliffene Trachitkuppe hinunterzugleiten, was ihr den spanischen Namen für Rutschbahn eintrug.

Ein größeres Kultzentrum stellt wohl **Quenco** dar, wenige Kilometer nordöstlich von Cusco. Der Ortsname bedeutet ›Schneckenlinie‹ und bezieht sich wahrscheinlich auf den Kalkfels des Untergrunds, der ähnlich wie die ›Piedra de Sayhuite‹ bei Abancay zu einer Landschaftsskulptur gestaltet wurde. Ihr schließt sich ein halbovaler Zeremonialplatz an, dessen Rückwand mit kleinen Nischen versehen ist. Das Allerheiligste scheint jedoch ein sechs Meter hoher Monolith darzustellen, in dem einige Experten die Umrisse einer Raubkatze zu erkennen meinen. Wurde hier dem Stein als Element gehuldigt? Das Rinnenlabyrinth nahm wohl Flüssigkeiten als Opfergabe auf.

Das heilige Tal

Seit alters her wird das Vilcanota-Urubamba-Tal als ›Valle Sagrado de los Incas‹ bezeichnet, ein Talabschnitt von nahezu dreihundert Kilometern Länge, dessen unterste Bastion Machu Picchu bildet. Einer der interessantesten Brennpunkte in diesem nicht nur weihevollen, sondern auch strategisch wichtigen Grenzgebiet zu den oft angriffigen Waldindianern ist **Pisac.**

An Sonntagen sind die Busse ab Cusco überfüllt von Händlern und Touristen, die den weiterum berühmten Wochenmarkt besuchen. Er dauert nur bis Mittag, läßt also Zeit, die Umgebung auszukundschaften. Neben der Vielfalt von Früchten, Kartoffeln, Pfefferschoten und Gemüsen auf den unzähligen ausgebreiteten Tüchern fallen übrigens hier wie auch in dem anderen bekannten Marktort um Cusco, Chinchero, die Unterschiede in der Kleidung der Indiofrauen und Mestizinnen auf. Obwohl die Tracht auf vizeköniglichen Erlaß im frühen 18. Jahrhundert europäischen Sitten angeglichen wurde, übernahm sie ältere Zierelemente,

vor allem aber auch den inkaischen Brauch, äußerlich den
Status und die Herkunft widerzuspiegeln. Solchen Lokalpa-
triotismus verkörpern die Hüte. Die tellerartigen Deckel,
die an Doktorhüte erinnern, sind typisch für Cusqueñas. Ihr
Bordürenmuster stellt – wie könnte es anders sein – die vier
Himmelsrichtungen des Tahuantinsuyo und den Nabel der
Welt dar. Und selbst die Standardform der Hüte verrät Ort
oder Provinz, aus denen ihre Trägerin stammt: Zu Pisac
gehört eine weiche Form, während die Melone den Einfluß
des Altiplanos um den Titicacasee bekundet.

Nicht der Markt macht Pisac für einen Ausflug empfehlenswert – dazu ist er zu touristisch geworden –, sondern
die erstaunlichen Relikte der Inkafestung, verbunden mit
der ›Land art‹ indianischer Agrartechniker.

Die Siedlungs- und Kultivierungsreste am linken Ufer des
Vilcanota bilden keine Gesamtanlage wie Machu Picchu,
sondern ein System von Vorwerken, Speichern, Feldern und
Wohnquartieren, das den Berg bis zum Gipfel übersät.
Schwer zu sagen, was bewundernswerter ist, die makellosen
Mauern des Kultzentrums Intihuatana oder die kunstvoll
angelegten Feldterrassen, die eher an Parkgärtnerei als an
Landwirtschaft denken lassen. Die intensive Bearbeitung des
Bodens geht ja weit in die Frühgeschichte Perus zurück
und war mit eine Voraussetzung für das Funktionieren des
Inkastaats. Hier in Pisac scheinen die Hangtreppen tatsäch-
lich als ›Vorgarten‹ genutzt worden zu sein, sozusagen als
Notreserve vor der Haustür.

Der Kern der gesamten Anlage, die etwa einen Quadratkilometer einnimmt, liegt auf einer Hangschulter auf halber
Höhe. Der Weg führt vom heutigen, im Vergleich zu den
inkaischen Siedlungen armselig wirkenden Pisac den Nebenfluß Kitamayu entlang an schmalen Hangstufen vorbei, die
haargenau den Höhenkurven folgen und jetzt weder Mais
noch Kartoffeln oder Quinua, die peruanische Hirse, sondern lediglich Gras tragen.

Die Gebäude von Intihuatana sind erstaunlich gut erhalten. Die in Kammrichtung orientierten, überwiegend recht-

eckigen Bauten sind aus perfekt zugehauenen Steinquadern
errichtet. Nur zwei Komplexe weichen von der Grundform
ab: der Sonnentempel mit halbrunden Wänden sowie ein
kreisförmiger Anbau in seiner Nähe. Sein Mittelpunkt besteht aus einem tafelartigen Porphyrfels, aus dem eine etwa
dreißig Zentimeter hohe Säule aufragt. Er muß das wichtigste Instrument des Sonnenobservatoriums gewesen sein, ein
Schattenzeiger, aber auch symbolischer Haltepunkt, an dem
die Priester die nordwärts wandernde Sonne anzubinden
pflegten. ›Intihuatana‹ heißt auf Quechua nichts anderes als
›Ort, wo die Sonne angebunden wird‹. Die Inkas glaubten,
durch Opfer und Beschwörungen das Tagesgestirn zur Umkehr bewegen zu können und so die Wintersonnenwende
einzuleiten.

Man nimmt an, Pisac habe nicht nur Angriffe aus dem
unteren Urubambatal aufhalten müssen, vielmehr auch welche aus den Niederungen des Rio Paucartambo. So gewährt
denn die ummauerte Gipfelsiedlung Hanan Pisac Ausblick
auf beide Seiten – für Touristen ein großartiges Panorama.

Wir waren von Machu Picchu aus mit dem gewöhnlichen
Lokalzug nach **Ollantaytambo** gebummelt; als Sitzplatz
blieben uns nur die eigenen Rucksäcke. Ollanta – wie die
Einheimischen den Ort nennen – machte einen abweisenden
Eindruck. Ein kühler Wind blies uns ins Gesicht, und um
die Gipfel der unangenehm nahen Berge drohten düstere
Regenwolken. Wir fühlten uns in einem Vorort der Vorhölle.
Weder die vorspanischen Mauern noch die Dramatik der
Talenge vermochten unsere schlechte Laune aufzuheitern.

Die gewaltige Festungsterrasse hat uns schließlich doch
beeindruckt. Langsam stiegen wir die endlos scheinende
Treppe hoch, tief atmend, um dem Schwindel vorzubeugen,
und wunderten uns über die hohen Stufen. Eigentlich waren
sie für kürzere Beine gemacht. Endlich standen wir vor den
sechs Monolithen, die die Wand eines geplanten Tempels
bilden, alle zwischen dreieinhalb und vier Meter hoch und
ein bis zwei Meter breit. Jeder im Durchschnitt zwanzig

Tonnen schwer; rosaroter, feinpolierter Quarzporphyr. Zwischen den Seitenwänden sind schmale Trennplatten eingefügt, und aus den Steinflächen ragen seltsame Wülste hervor. Die Monolithen gleichen modernen Skulpturen.

Eine einmalige Form der Steinbearbeitung! So hoch und schmal, schrankförmig und mit ornamentalen Zwischenleisten haben weder die Inkas noch ihre Vorfahren ihre Mauern gestaltet. Diese Wand von Ollantaytambo muß eine besondere Bedeutung gehabt haben. Doch wie so oft bei den steinernen Zeugnissen Altperus stehen wir vor einem Rätsel. Die unterschiedlich dicken, durch Polygonmauern ausgeglichenen Prachtblöcke stehen nämlich vor einer Felswand. Der Berg ist mit einer einfachen Bruchsteinmauer verkleidet, in die drei Nischen eingelassen sind; zwischen ihr und der monumentalen Wand bleibt nur ein meterbreiter Gang. Und das auf einer Länge von nur acht Metern.

Einen Unterstand, eine Wehr hätten die Inka-Architekten nicht so sorgfältig modellieren lassen, und für einen Tempel geben Masse und Anlage keinen Sinn. War hier ein prachtvolles Mausoleum geplant? Garcilaso de la Vega berichtet von dem Brauch, die Eingeweide der verstorbenen Inkaherrscher seien jeweils nach Ollantaytambo gebracht und bestattet worden (während die Mumien im Sonnentempel von Cusco blieben). Man kennt diese Stelle nicht, wo die Herzen der Sonnensöhne der Erde anvertraut wurden.

Ollantaytambo war die wichtigste Talsperre im Urubambatal, durch Vorwerke bei Incaquintay und Chocana ergänzt. Sieben, acht Meter hohe Wälle säumen die Terrassen und riegeln die Siedlungsreste auch zum Berg hin bis zu einem Abgrund ab. Doch die strategische Funktion war offensichtlich nicht die einzige. Die Verbindung zum Totenkult der Könige muß auf ältere Wurzeln und Gründe zurückgehen, die kein Chronist erwähnte. Zeichnen besondere geomantische Qualitäten den Ort aus?

Der deutsche Altamerikanist Heinrich Ubbelohde-Doering weist auf die Überlieferung hin, auf diesem Burgberg sei seit alters her ein heiliger grüner Stein verehrt worden.

Man habe ihn später durch eine kleine Mauer geschützt – diejenige am Berg? Waren die großartigen Porphyrblöcke als Huldigung an die Berggötter gedacht? Hätte der Gang vielleicht gar einem Orakelpriester dienen sollen?

Wir wissen nur, daß Ollantaytambo nie seine Vollendung fand. Auf der obersten Plattform liegen etliche Blöcke einfach so herum, als wären die Steinhauer nur eben rasch einen Imbiß nehmen gegangen: Monolithe in unterschiedlichen Bearbeitungsstadien. Und es gibt die ›müden Steine‹ – Blöcke, von denen die Indios den spanischen Chronisten gegenüber behaupteten, sie hätten den Weitertransport verweigert. Auf dem zwölf Kilometer langen Weg von den Porphyrsteinbrüchen bei Cachiccata, auf der anderen Flußseite, bis zur Tempelfestung von Ollantaytambo blieben einige der Schwergewichte ›müde‹ liegen. Wahrscheinlich glitten sie den Fronarbeitern der Inkabauherrn von den Holzrollen und bereiteten damit so viel Schwierigkeiten, daß eher das Personal als die Last der Sache überdrüssig wurde.

Die ›Baños de la Ñusta‹, wahrscheinlich ein Quellheiligtum, das Sonnenobservatorium (Intihuatana) und eine Reihenhausstaffel an einem Steilhang, die je nach Blickwinkel als Gefängnis oder als Acllahuasi interpretiert wurden, deuten auf die wichtige Rolle Ollantaytambos für die Herrscherdynastie in Cusco hin. Am Anfang stand wohl eine bescheidene Herberge, denn lange hieß der Ort nur Tambo. Die Romanze, die dem aktuellen Namen zugrunde liegt, fand vielleicht im 15. Jahrhundert, also rund hundert Jahre vor den Widerstandskämpfen statt, die Manco Inca den spanischen Besetzern von hier aus lieferte.

Ein Quechuadrama des 18. Jahrhunderts schildert diesen Sagenstoff aus der Epoche des ›Welteroberers‹ Pachacútec: Der aus einfachen Verhältnissen stammende Held Ollantay war dank der Gunst des Inkas zum erfolgreichen Heerführer aufgestiegen. Unseligerweise verliebte er sich in die Königstochter Cusi Coyllur. In diesem Punkt teilte Pachacútec das Wohlwollen seiner Hauptfrau nicht: Er wies den Freier ab und verbannte die Ñusta ins Kloster der Sonnenjungfrauen, wo sie eine Tochter gebar. Ollantay, Gouverneur des winzigen Reichsteils Antinsuyo, zog sich nach Tambo zurück und probte den Aufstand gegen die Zentralgewalt. Jahrelang hielt er mit seinen Anhängern die Festung und wies alle Angriffe der Regierungstruppen ab, bis sein Gegenspieler mit List zum Ziel gelangte.

Inzwischen war Pachacútec gestorben. Inka Túpac Yupanqui sorgte mit seltener Großmütigkeit für ein Happy-End: Er begnadigte den Rebellen nicht nur, sondern setzte ihn in seinen alten Funktionen wieder ein. Und als das Mädchen Ima Súmac den Herrscher gar um die Freilassung ihrer Mutter bat, durfte Cusi Coyllur das Acllahuasi verlassen.

Das Drama tauchte in der ersten Hälfte des 19. Jahrhunderts in mehreren spanischen Versionen auf und erschien, herausgegeben von dem Schweizer Forscher Johann Jakob von Tschudi, 1853 in Wien auf deutsch. Der Stoff wurde später für die Bühne umgearbeitet und gab für den Komponisten José Maria Riestra sogar ein Opernlibretto her.

Die ›verlorene Stadt‹ Machu Picchu

»Du fühlst die Vibrationen, wenn du oben bist«, erklärte uns ein junger Amerikaner versonnen, und seine kolumbianische Freundin nickte dazu. Wir hatten in der kleinen Talstation Aguas Calientes übernachtet und aßen bei den Thermalquellen Gemüsesuppe.

Einen Tag später saßen wir nach einer zweistündigen Wanderung auf einem Hügel über Machu Picchu und ließen den Blick stundenlang über die weltberühmte Inkastadt gleiten, die sich wie aus dem Untergrund gewachsen in den Bergsattel zwischen turmartigen Gipfeln schmiegt. Ein aus Stein gezauberter, der bewegten Topographie perfekt angepaßter Siedlungsorganismus. Überaus ordentlich wirken die Stufen und Treppen jeder Dimension: knapp meterbreite Feldterrassen an Steilhängen, die Zuschauerrampen um den rechteckigen, rasenbedeckten Zeremonialplatz, die übereinandergeschachtelten Baukörper und schließlich unzählige

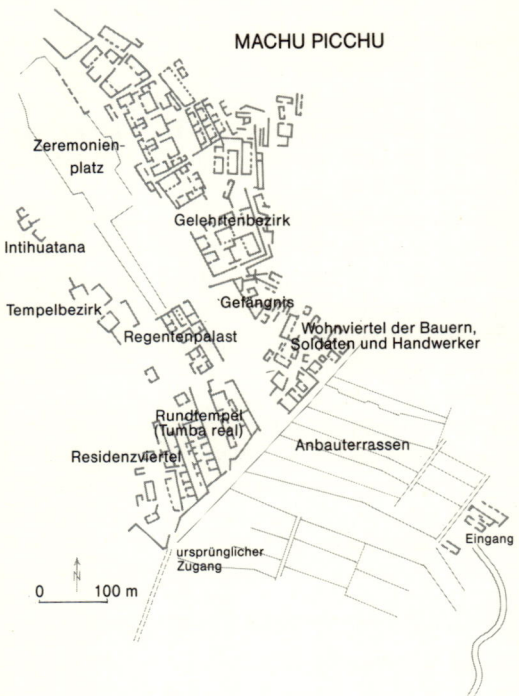

MACHU PICCHU

Zeremonien-
platz

Gelehrtenbezirk

Intihuatana

Tempelbezirk

Gefängnis

Regententempelast

Wohnviertel der Bauern,
Soldaten und Handwerker

Rundtempel
(Tumba real)

Anbauterrassen

Residenzviertel

Eingang

ursprünglicher
Zugang

0   100 m

N

Stiegen, die die verschiedenen Niveaus verbinden. Aus der
Vogelschau erweist sich der Mauerbau als Statussymbol:
Von den sorgfältig eingepaßten und geglätteten Blöcken der
Repräsentationsbauten stechen die einfacheren Gefüge von
Befestigungen und Bruchsteinmauern der Feldterrassen ab.

Der Huayna Picchu war durch Wolken verhängt – dennoch sahen wir die schwindelerregenden künstlichen Treppen an seiner Kuppe. Und der dichte Bergurwald hauchte
Dampfschwaden aus. Tief unten sägte sich als beiges Wasser-
band der Rio Urubamba weiter in sein Granitbett, die Berge
Machu Picchus wie eine Schlange umwindend.

Wie ein Spielzeug lag der Bahnhof unter uns. Durch
Echos verstärkt drang das Rollen des ankommenden Touri-

stenzuges an unser Ohr; wie Ameisen liefen die Menschen
auf die kleinen Busse zu, die sie zur Dreisternesehenswürdigkeit bringen sollten. Inzwischen führte ein Lamatreiber seine
aufgeputzten, geschmückten Tiere auf den Zeremonialplatz
der ›verlorenen Stadt‹, um sie als Fotomotiv anzubieten.

Machu Picchu wird heute teuer vermarktet. Besichtigungen, Übernachtung, Proviant, Reise und Andenkenerwerb
sind bis ins Detail organisiert und halten sich an das internationale Preisniveau. Nachts wird das Ruinengelände abge-
sperrt; mit der rätselhaften Stadt allein zu sein, ist praktisch
unmöglich geworden.

Sie ist eine Entdeckung unseres Jahrhunderts. Eine Expedition der Yale-Universität unter Leitung des Historikers
Hiram Bingham traf im Sommer 1911 in Peru ein, um Vilcabamba zu suchen, die letzte Hauptstadt der Inkas. Die Amerikaner fanden diese Zufluchtsstätte nicht. Bewohner des
Urubambatals erzählten ihnen jedoch von unzugänglichen
Ruinen am ›Großen Gipfel‹ (Machu Picchu). In Begleitung
eines Indiojungen stieg Bingham ahnungslos durch den
dichten, feuchten Wald empor und stieß, wie später berichtet,
beim Anblick der vielen Terrassen und vollkommen gefügten Häuser einen Überraschungsschrei aus. Freilich war nur
zu erahnen, was sich unter dem Pflanzengewucher verbarg.
Mit einem sicheren Gespür für Dramaturgie führte der
Junge den Wissenschaftler in eine Höhle, deren prachtvolle
Steinarbeit besonderen Rang verriet. Bingham deutete sie
als Königsgrab und sah seine Meinung durch den mächtigen
halbrunden Turm bestätigt, der sich darüber erhob. Die
Bezeichnung ›Tumba real‹ hat sich bis in die Gegenwart
erhalten, obwohl keine menschlichen Überreste gefunden
wurden und die Höhle eher als Altarraum gestaltet ist.

Der Bericht Binghams nach diesem ersten Augenschein
genügte, um eine Grabungsequipe in Begleitung von Regie-
rungsbeamten für das nächste Jahr zu mobilisieren. Trotz
der Hilfe durch Indios, die von den Funktionären dazu
angeworben wurden, erwies sich die Freilegung von Machu
Picchu als überaus mühsam und zeitraubend. Als Hiram

Bingham die Arbeit 1913 fortsetzte, hatte die Regierung gewechselt. Die Beamten Guillermo Billinghursts standen dem Vorhaben im fernen Urubambatal weit weniger enthusiastisch gegenüber als die des Vorgängers Augusto B. Leguía und behinderten es durch eine schwerfällige Bürokratie. Kein Stein durfte verschoben werden – eine unsinnige Vorschrift, wenn es darum ging, die Mauern von Wurzeln zu befreien oder offensichtlich Umgestürztes wieder aufzurichten. Dafür hatten bereits einheimische Touristen ihre Visitenkarte hinterlassen: Bingham vermerkte mit bitterer Ironie, daß ein Name nicht weniger als dreiunddreißigmal mit Kohle auf dem weißen Granit der Tempelmauern prangte.

Eingehende spätere Untersuchungen ergaben das Bild einer unversehrten Inkastadt, die von den Spaniern unentdeckt geblieben war. Vom Tal aus ist sie tatsächlich unsichtbar. Die rund zweihundert Gebäude bilden drei Quartiere: die einfacheren Wohnviertel der Bauern, Soldaten, Handwerker auf der Südostflanke des Bergsattels, der Bahnstation Machu Picchu zugewandt; das Residenzviertel hoher Funktionäre, Priester, wahrscheinlich Inka-Adliger um die ›Tumba real‹ sowie der Kultbezirk östlich des Hauptplatzes.

Der heutige Zugang entspricht nicht der ursprünglichen Pforte – diese befindet sich an der hochgelegenen Südecke, an der der alte Inkapfad von Corihuayrachina her endet. Zwischen Anbauterrassen führt der Touristenweg zur eigentlichen Stadt. Auch wenn die Stufen in den steilen Hängen den meisten Besuchern als Beiwerk erscheinen, muß man sich ihre Bedeutung doch vergegenwärtigen: Sie gewährleisteten Machu Picchu ein hohes Maß an Selbstversorgung; Schätzungen ergaben, daß die Anbaufläche ausgereicht hätte, etwa tausend Menschen zu ernähren. Wer ermißt die Arbeit, mit der das Gelände umgestaltet wurde? Sogar Humus mußte herantransportiert werden.

Die Stadt verbirgt sich nicht hinter Festungswällen – ein breiter steingepflasterter Weg markiert die Siedlungsgrenze. Aus den regelmäßigen schachtelartigen Hausreihen des Resi-

denzbereichs hebt sich einzig der hufeisenförmige Turm über
der › Tumba real ‹ ab, die Hiram Bingham bei seiner Entdek-
kung so überraschte. Er besteht aus makellos gearbeiteten
Blöcken. Ein trapezförmiges Fenster ist nach Süden gerich-
tet und durch eigenartige Vorsprünge umrahmt. Dienten sie
als Widerlager für Seilzüge oder bloß als Dekor? Die Höhle
darunter mit der unregelmäßigen und dennoch formvollen-
deten Altartreppe scheint aus dem Fels herauszuwachsen.
Nirgends wie hier vielleicht ist so deutlich erkennbar, daß
die Inkas den Stein wie etwas Lebendiges, Beseeltes behan-
delten, ihm organische Gestalt verliehen, obwohl die Siedlungen durchaus geometrischen, oft rechtwinkligen Mustern
folgten.

Östlich der plattformartig ansteigenden Plätze fallen die
Tempel durch besonders schönes Mauerwerk auf. Eine architektonische Besonderheit bilden die drei großen Fensteröffnungen des Ostbaus, aus mehreren ungleichen Monolithen
zusammengesetzt. Bezeichnungen wie Mond- oder Sonnentempel, die gelegentlich in Führern auftauchen, sind willkürlich. Das zyklopenhafte Gefüge der Kultstätte hat jedoch
zur Vermutung geführt, der Sakralbezirk sei älter als das
übrige Machu Picchu.

Intihuatana, das Allerheiligste aus weißem Granit, dominiert den Bergsattel und die Stadt – eine unnachahmliche
Inkaskulptur zur Beobachtung des Sonnenstandes.

Wir haben zwar keine Vibrationen wahrgenommen, doch
nach stundenlangen Wanderungen durch Hiram Binghams
glücklichen Fund und dem Studium der einschlägigen Literatur blieb uns Machu Picchu ein Rätsel. Den Gelehrten aus
aller Welt geht es nicht anders. Sie fragen sich noch immer:
Warum blieb die Stadt den Spaniern verborgen? Warum war
sie trotz ihrer Nähe zu den Selvastämmen nicht befestigt wie
etwa Pisac oder Ollantaytambo? Weshalb fand sich keine
Spur von Gold und wertvollen Kultgegenständen? Und
schließlich: Weshalb ruhten fast nur weibliche Mumien in
den Gräbern?

Die Archäologen der Yale-Universität fanden reichlich

Töpferwaren mit den typischen Inkaformen und -mustern; Aribalos mit kegelförmigen Böden – zum Tragen also oder in Erdmulden zu stellen –, Becher, Schalen mit geometrischen Ornamenten, Figurenhenkeln und -ausgüssen. Machu Picchu barg wenig und einfachen Schmuck – silberne Fingerringe etwa und Bronzespiegel, Nadeln zum Schließen von Umhängen, Pinzetten. Daneben gab es Messer, Äxte aus Bronze, Chloritschiefer und Obsidian, aber auch merkwürdige Lehmstücke, die wie Spielfiguren wirken.

Sollte Hiram Bingham Recht behalten mit seiner Vermutung, Machu Picchu habe als Versteck für die Sonnenjungfrauen von Cusco gedient, um sie vor den Nachstellungen der Spanier zu schützen? Die französische Archäologin Simone Waisbard unterstützt heute diese These mit dem Hinweis auf alte indianische Überlieferungen. Die Mumien der Bergstadt betrafen hauptsächlich junge Frauen. Es ist eher unwahrscheinlich, daß sie alle eines natürlichen Todes starben – wurden sie geopfert? Und wer entfernte die Tempelschätze, wenn sie schon offensichtlich nicht den Spaniern in die Hände fielen? Oder erhielten sie die Eroberer bereits als Lösegeld für Atahualpa, ohne zu wissen, woher sie stammten?

Die Architektur läßt keinen Zweifel daran, daß Machu Picchu eine Schöpfung des späten Inkareiches war, also ab dem Ende des 15. Jahrhunderts ausgebaut wurde. Als Beobachtungsposten oder Bergheiligtum?

Würde man unter den Peruanern eine Umfrage nach dem bekanntesten Ort ihres Landes machen, stände Machu Picchu bestimmt neben Lima und Cusco an der Spitze. Mehr noch als die Inkahauptstadt ist es ein nationales Symbol für die gloriose Vergangenheit des Landes und des Kontinents. Trotz dieses Bekanntheitsgrades und der dauernden Präsenz in den Reisekatalogen der Welt, trotz Zehntausender von Besuchern jährlich und einer Flut an wissenschaftlicher Literatur schwebt weiterhin die Frage über Machu Picchu: Wozu diente die Stadt und weshalb hielten die Inkas ihre Existenz geheim?

Sie kommen und gehen wie es ihnen beliebt, die mächtigen Herren Arequipas. Als die Sonne am Abend rot in der Küstenwüste versank, wölbte sich eine Dunstglocke über die riesige Schuttrampe, auf der die Stadt liegt. Am Morgen trauten wir unseren Augen nicht: Im Nordosten stand übergroß der perfekte Berg im Hintergrund, ein vollkommener Kegelstumpf, dessen Schneekranz so hoch in den Himmel ragte, daß man ihn für ein Luftschloß halten konnte. Kein Foto, keine Perspektive ohne den Misti; er guckt über Türme und Giebel der ›Weißen Stadt‹ hinweg auf Plätze und Hinterhöfe, halbtags meist nur, dann entzieht er sich dem Blick in einem Wolkenschleier. Mit dem Chachani zur Linken und Pichu Pichu zur Rechten bildet er eine imposante Dreifaltigkeit, die Arequipa vollkommen in Bann zu halten scheint.

Wie verschieden die drei traditionsreichsten Städte Perus – abgesehen von Lima – doch sind: berückt Trujillo durch ewigen Sommer und Anmut, beeindruckt Cusco durch die geradezu einschüchternde Präsenz des inkaischen Erbes sowie die Strenge seiner Kolonialarchitektur bei klimatischer Kühle, fasziniert Arequipa mit seinem großartigen ›Bühnenbild‹. Operettenhaft wirken auch die schachtelförmigen Kolonialbauten aus einem weißen Gestein, das wie Styropor erscheint. Der ›Sillar‹ ist ein vulkanischer Tuff, porös, hart und dennoch leicht zu bearbeiten. Sein Lieferant ist der Chachani; die wichtigsten Steinbrüche befinden sich an seiner Flanke bei Añashuayco.

Im Gegensatz zu uns sah Ernst Wilhelm Middendorf in Arequipa keineswegs eine der schönsten Städte Südamerikas. Am Hauptplatz störten ihn »Bäume von verschiedener Größe, die dem Ganzen wenig zur Zierde gereichen«; die Fassaden der wichtigsten Gebäude schienen ihm »mit architektonischem Schmuck überladen, doch sind weder die Formen geschmackvoll, noch die Ausführung derselben sauber.« Ein Dorn im Auge waren ihm auch die Chicherías:

»... schmutzige, dunkle Spelunken ohne Möbel, wo das
trübe Getränk in enormen thönernen Gefäßen aufbewahrt
und aus eimerartigen Gefäßen getrunken wird.« All dem
liegt Middendorfs Ansicht zugrunde, die Stadt hätte zwar
eine wichtige Rolle in der republikanischen Geschichte gespielt, jedoch »selten zu ihrem Nutzen und noch weniger
zum allgemeinen Besten«. Ist das so?

Arequipa wurde am 15. August 1540 durch den spanischen Hauptmann Garcí Manuel de Carbajal gegründet. Das
Dorf lag im heutigen Vorort Cayma und blieb auch als Stadt
mit dem monströsen Titel ›Muy noble, muy leal y fidelisima
Ciudad de la Asunción de Nuestra Señora del Valle Hermoso
de Arequipa‹ unbedeutend. Lediglich als Rast- und Umschlagplatz für die Silberkarawanen aus Potosí im Grenzbereich zwischen Andentälern und Küstenwüste gelangte sie
allmählich zu dem Wohlstand, von dem die zahlreichen Klöster, Kirchen und ›Casonas‹ zeugen. Der Handel stimulierte
die Landwirtschaft – die weite Oase des Rio Chili ermöglichte jährlich mehrere Ernten von Mais, Weizen, Obst und
Gemüse, so daß Arequipa zu einem Hort konservativer
Großgrundbesitzer wurde. Aus dieser Perspektive ist es
nicht verwunderlich, daß sich im vergangenen Jahrhundert
öfters einzelne von ihnen dazu berufen fühlten, mißliebige
Präsidenten oder Diktatoren im ungeliebten Lima abzusetzen und die Geschicke der Republik in die eigene Hand zu
nehmen. Manchmal – wie im Fall Ramón Castillas – entfernte
sich der erfolgreiche Revolutionär in der Hauptstadt so weit
von den Wurzeln am Fuße des Misti, daß ihn seine einstige
Gefolgschaft bedrängte oder wieder stürzte. Castilla ließ
Arequipa 1858 acht Monate belagern, um sich als Präsident
durchzusetzen, und degradierte die ›Weiße Stadt‹ offiziell
zum Marktflecken. Dem Patriotismus der Limeñer Aristokratie – obgleich nicht über jeden Zweifel erhaben – widersprachen auch die Tatsachen, daß Arequipa sich 1836 bereit-
willig in die peruanisch-bolivianische Konföderation mitein-
beziehen ließ, im Jahr darauf den Bolivianern gar als Falle
für ein patriotisches Befreiungsheer diente und später, im

Pazifikkrieg, den Chilenen die Tore kampflos öffnete. Solche Episoden wecken zweifellos den Eindruck von Charakterlosigkeit, wie sie Middendorf umschreibt, und die angezettelten Bürgerkriege führten nur allzu selten zu mehr Gerechtigkeit und weniger Korruption im Regierungspalast. Andererseits bewirkte Arequipas Trotzhaltung, daß die nationale Politik nicht Privatsache der Limeñer Kreolenaristokratie blieb.

Die Rivalität zwischen Lima und Arequipa besteht bis heute. Kein erfolgreicher Politiker oder Geschäftsmann aus dem Süden, den seine Karriere zwangsläufig nach Lima führt, wird seinen alten Wohnsitz völlig aufheben. Noch immer fühlen sich die Arequipeños unabhängiger und exklusiver als andere Landsleute. Noch immer finden sie ihre Stadt unvergleichlich, preisen ihre Architektur, das Frühlingsklima, den zartblauen Himmel und – selbstverständlich – die Silhouette des Misti. Sie rühmen sich, das klarste und gepflegteste Spanisch Perus zu sprechen, und messen der Schärfe ihrer Speisen, die dem Ají zu verdanken ist, beinahe sakrale Bedeutung zu.

Wir lernten das Zentrum Arequipas, die **Plaza de Armas,** aus der Perspektive eines Terrassenrestaurants kennen. Bei ›Palta rellena‹, einer mit Krevetten gefüllten Avocado, überblickten wir den riesigen Platz gegen Osten und bewunderten das Ebenmaß der orientalisch anmutenden Arkaden, das wohlgeformte Brunnenbecken, die dickstämmigen Palmen. Wir schauten dem D'Onofrio-Eisverkäufer zu, wie er gelangweilt seinen Dreiräderkarren mit der roten Kühlbox über die Promenierwege pedalte, während sich einzelne Familien auf dem Brunnenrand mit dem ›Tuturutú‹, der Bronzesäule in der Mitte, oder der Kathedrale als Kulisse für ein Erinnerungsfoto knipsten.

Die friedliche Szenerie hat einen tragischen Hintergrund: das Erdbeben von 1868. Es verwandelte die Plaza de Armas in ein Trümmerfeld und zwang zum Neubeginn. Der Platz, auf dem einst vizekönigliche Delegationen aus Lima feierlich empfangen, Ketzer im Zeichen der Inquisition verbrannt und Stierkämpfe abgehalten wurden, entwickelte sich später zum Markt. An Muße und Repräsentation dachten die Stadtväter erst nach der Katastrophe, welche die demütigende Degradierung zum Marktflecken noch zu unterstreichen schien. Der Wiederaufbau wurde zur Geste des Stolzes und der Unbeugsamkeit gegenüber allen Schicksalsschlägen, ein Bekenntnis zur eigenen Vergangenheit. Aus dieser Haltung heraus entstanden die Arkaden von maurischer Eleganz.

Niedergang und Glorie spiegeln sich ebenso in der **Kathedrale** wider. Die koloniale Hauptkirche, erst 1656 fertiggestellt und seit 1669 Bischofssitz, brannte 1844 aus. Der Neubau wurde durch das Erdbeben von 1868 schwer beschädigt – eigentlich Grund genug zur Resignation. War es der

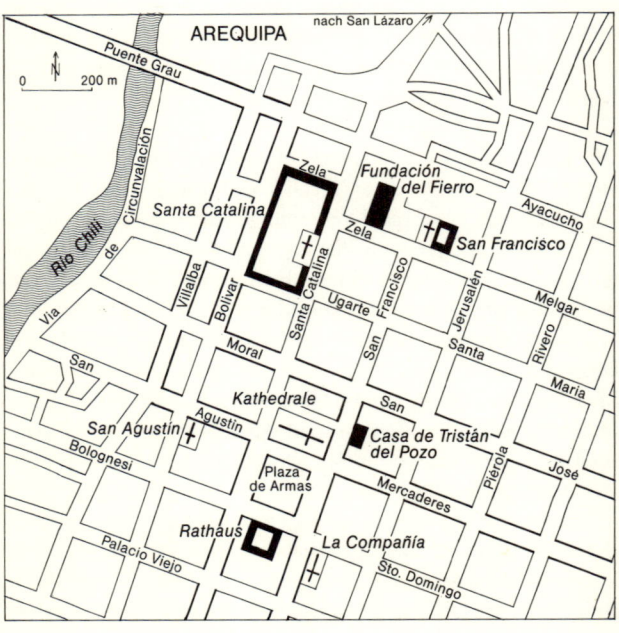

gekränkte Lokalstolz, der zur überbreiten Imponierfassade
führte und den Innenraum mit europäischen Modestücken
füllte, oder flossen Guanogelder aufgrund bedeutsamer Ge-
fälligkeiten in die Kassen von Cabildo und Episkopat?

Die über hundert Meter messende Fassade erweist sich als
Bluff: Beim Betreten der Kirche folgt einer kurzen Ratlosig-
keit rasch die Erkenntnis, daß der Bau dem Platz nicht die
Stirn zukehrt wie üblich, sondern die Flanke. Der Innenraum
wirkt daher keineswegs einschüchternd groß und trotz der
akademischen Steife des 19. Jahrhunderts hell und freundlich. Der Hauptaltar ist luxuriöser, als er aussieht – in Italien
aus massivem Carraramarmor gehauen. Die hölzerne Kanzel
dagegen stammt aus französischer Schnitzerhand in Lille.
Und die Orgel aus Belgien – eine der größten Südamerikas –
war Prunkwerk einer Pariser Weltausstellung. Die Statuen
der zwölf Apostel immerhin sind peruanische Schöpfungen.

Hinter der klassizistischen Basilika schließen sich ältere
Gebäudeteile an, die den verschiedenen Erdstößen standhiel-
ten, darunter die Sakristei mit Gemälden des 17. Jahrhunderts.

Von unserer Terrassengaststätte hatten wir schon einen
ersten Blick auf die weiße Arabeskenfassade einer Kirche an
der Südostecke der Plaza de Armas erhascht: ›La
Compañía‹, wie sie im Volksmund heißt. Damit ist die
Gesellschaft Jesu gemeint. In Arequipa wirkten die Jesuiten
als Trendsetter im Kirchenbau; unter Leitung des Ordensar-
chitekten Diego Felipe entstand ein architektonisches Meisterwerk. Es lebt vom verblüffenden Kontrast zwischen den
einfachen Großformen aus Sillarquadern und verschwende-
rischem Dekor an Fassade und Pfeilern in den Klosterhöfen.

Die beiden Prunkfassaden prägen die Jesuitenkirche zu
einem der Hauptwerke des Mestizenbarocks in Peru. Die
seitliche, ältere verherrlicht Sankt Jakob, den Kirchenpatron
und Maurentöter mit gezogenem Schwert. Ihm huldigen
Sirenen mit Engelsflügeln, in Blumengirlanden gebettet.
Der Haupteingang wirkt wie ein Dschungel aus Stein: Der
habsburgische Doppeladler sitzt eingeschüchtert in einem

Gewucher aus Blüten und Blättern, Kakteen, Muscheln, Insignien von Heiligen und – als später Nachfahre des Jaguargottes – einer vielfüßigen Raubkatze.

Im dreischiffigen Innenraum heben sich die prächtigen mit Blattgold überzogenen Altäre und die ebenso veredelte Kanzel von der schlichten Architektur ab. Hauptschiff wie Kapellen sind von flachen Kuppeln überwölbt, die einst – wie die großartige Sakristei noch zeigt – durchgehend mit Wandmalereien geschmückt waren. Tropische Üppigkeit repräsentieren schließlich auch die Arkadenpfeiler des Klosterhofes: Großäugige, dickwangige Engel schweben über verschlungenen Ranken mit Blumen, Trauben, Pfefferschoten und dem uralten Landessymbol für Fruchtbarkeit, dem Maiskolben.

Die Jesuiten, unter den Bourbonenkönigen in Ungnade gefallen und 1767 im ganzen spanischen Weltreich ihrer Funktionen enthoben, bauten nicht nur kunstvoll, sondern auch solid: Als einzige Kirche blieb ›La Compañía‹ von den zahlreichen Erdstößen, die Arequipa über die Jahrhunderte heimsuchten, unversehrt.

Von den anderen sakralen Juwelen läßt sich das nicht behaupten: **San Agustín,** einen Block westlich der Plaza de Armas gelegen, verlor seine Klosterbauten und verkörpert nur noch in Fassade und Sakristei den Glanz des späten 17. Jahrhunderts. Und **San Francisco** litt besonders 1960 unter dem Zorn der Erdgötter.

Das Franziskanerkloster im Norden des Stadtzentrums bildet mit der zugehörigen Plazuela, den beiden Kirchen und der gegenüberliegenden Fundación del Fierro ein urbanes Ensemble von zeitloser Schönheit und Eleganz: das einfache weiße Mauerwerk des Hauptklosters, hinter dessen wuchtigen Wänden ein zauberhafter Hof, ein kleines Museum sowie eine reichhaltige Bibliothek liegen; die Klausur des Dritten Ordens mit eisenbeschlagenen Portalen und den Arabesken eines Mestizensteinhauers über dem Kirchenportal, im übrigen ein asketischer, intimer Ort der Kontemplation; der über Treppen abgesenkte verkehrsfreie Platz mit schattenspendenden Palisanderbäumen, in denen behende kleine Vögel zwitschern. Die makellose Form, die lichte Strenge der Anlage, die Ruhe und Würde dieser Umgebung, das geordnete Nebeneinander von Gotteshäusern und Natur strahlen zutiefst franziskanischen Geist aus, vermitteln Gelassenheit, heischen Besinnung.

›**La Fundación del Fierro**‹, östlicher Abschluß des Platzes, wurde Ende des 18. Jahrhunderts im Auftrag des Predigers Jorge Antonio del Fierro y Velarde als Mädchenschule errichtet. Das war eine Pioniertat, galt Bildung doch zu jener Zeit fraglos als Männerprivileg und Besitzstand der Aristokratie. Bald nach dem Tod des Gründers siechte die Institution dahin, nachdem sie zeitweise über hundert Schülerinnen beherbergt hatte, und das Erdbeben von 1868 gab ihr den Rest. Die Ruinen dienten als Gefängnis und Werkstätten. Erst 1971 renoviert, umfaßt der Komplex heute das Städtische Museum, das neben patriotischen Reliquien zu Befreiungs- und Pazifikkrieg eine Gemäldesammlung, Fotos und Pläne des alten Arequipa birgt sowie einen *Handwerkermarkt* für gehobene Ansprüche. Für einmal zieren nicht durchweg Lamas die Jacken und Pullover aus Alpacawolle, es gibt auch phantasievollere Motive, pflanzengefärbtes Material – die Belebung einer vorinkaischen Tradition –, solide, formschöne Lederwaren heben sich von den Durchschnittsmärkten ab, und selbst Schmuck bedeutet hier mehr als plumpes Souvenir.

In den Straßen um die Plaza de Armas fallen einige niedrige Kolonialbauten auf, auch sie aus Sillar, mit tiefliegenden, vergitterten Fenstern und reich verzierten Portalen. Die meisten dieser einstigen Herrschaftshäuser dienen heute als Bankagenturen, die sich immerhin viel Mühe bei der Restaurierung gaben. Vielleicht die prächtigste ›Casona‹ ist die ›**Casa de Tristán del Pozo**‹, Sitz des Banco Continental an der Calle San Francisco. Neben dem üppig dekorierten Tympanon sind auch die Fenster mit Ornamentfeldern geschmückt, und diese Zierelemente setzen sich sogar im Patio fort. In stilvollem Ambiente ist eine Münzensammlung zu besichtigen, weitere Räume dienen befristeten Ausstellungen lokaler Künstler.

Die Calle San Francisco und die sie kreuzende Calle Mercaderes bilden die Hauptgeschäftsarterien der Stadt. Die Läden und Boutiquen verraten einen Standard, wie man ihn sonst nur in Lima trifft; Bars und Restaurants sind ihnen ebenbürtig. Doch das historische Zentrum Arequipas ist viel kleiner als das der ›Ciudad de los Reyes‹, es erstreckt sich nur wenige ›Cuadras‹ nordwärts bis zu dem Bach, der bei der Jahrhundertwendebrücke, dem ›Puente Grau‹, in den Rio Chili mündet. Das Viertel San Lazaro gilt als Keimzelle Arequipas; die gleichnamige Kapelle, ein unbedeutender Bau des 19. Jahrhunderts, ruht auf den Fundamenten des ersten Gotteshauses hier, 1539 errichtet. San Lazaro verrät etwas von der Pioniersiedlung der ersten Kolonisten – enge, gekrümmte Gassen, verwinkelte Häuser. Die Mühle dagegen aus Sillar stammt aus dem glänzenden 18. Jahrhundert. ›Molino de Santa Catalina‹ heißt sie, weil sie jahrhundertelang den Nonnen des nahen Klosters gehörte.

Santa Catalina ist wohl die lohnendste Sehenswürdigkeit Arequipas, einmalig und unverwechselbar, eine Stadt in der Stadt. Die Klosterpforten wirken wie eine Zeitmaschine – hinter den hohen getünchten Mauern findet man sich in einer anderen Epoche wieder. Vogelgesang übertönt den Verkehrslärm von außen; innen herrscht die Architektur des 16. Jahrhunderts, das Schrittmaß und heitere Kontemplation.

Dankbar folgt man den Wegweisern durch diesen vielfarbigen Mikrokosmos. Zu Beginn führt die Wanderung durch die größeren Gemeinschaftsräume: den Kreuzgang der Novizinnen mit reizenden Medaillons zum Marienleben – wohl als Lehrmittel und Inspirationsquelle für die angehenden Klosterfrauen gedacht; den lavendelblauen Orangenhof mit Darstellungen der Seelenzustände, zum orangefarbenen ›Claustro Mayor‹, in dessen Kreuzgang die Passionsgeschichte bildlich abgehandelt wird. Diese Höfe und die Häu-

serreihen, die sie bilden, verkörpern nicht das Genie von
Malern und Architekten, sondern menschliches Maß, volks-
tümliche Wurzeln und naive Frömmigkeit.

Die einstigen Schlafsäle beherbergen heute etwa vierhundert Gemälde der Cusco- und der Arequipaschule, darunter
einen Zyklus zum Leben der heiligen Katharina von Siena,
Patronin des Klosters, Visionärin und Krankenpflegerin des
14. Jahrhunderts. Doch alle diese kofferartigen Gemeinschaftsräume mit den schweren Tonnengewölben spiegeln
das gewandelte Klosterleben der vergangenen hundert Jahre
wider. Denn aufgrund des Ersten Vatikanischen Konzils
von 1869 blieb der Konvent seither ausschließlich Nonnen
vorbehalten, welche die Gelübde geleistet hatten, was eine
Öffnung gegen innen ermöglichte. Erst von da an war die
große, rußige Küche regelmäßig in Betrieb und wurden die
Mahlzeiten im Refektorium eingenommen.

Das alte Santa Catalina verkörpern die weißen, rostroten
und ockerfarbenen Häuserreihen der nördlichen Klosteranlage. Auf den steinplattenbelegten Gassen fühlt man sich
wie in einer andalusischen Kleinstadt. Niedere Türen in den
abweisend dicken Mauern gewähren Zutritt zu den Klausen,
die jahrhundertelang den Lebensrhythmus bestimmten:
zwei, drei Zimmer, kleine Küchen, Kräutergärten. Geradezu
luxuriös, wenn man sie mit den Gepflogenheiten der Bettel-
orden vergleicht. Kein Zweifel – das Dominikanerinnenstift
war eine Alternative für Frauen aus guten Familien. Stammte
die Gründerin Doña Maria de Guzmán nicht aus einem
Konquistadorengeschlecht? Nahmen seit der ersten Messe
am 2. Oktober 1580 nicht immer wieder Töchter der Kreolenaristokratie nach unglücklichen Liebschaften oder zur
Tilgung einer Sippenschuld den Schleier und kasteiten sich
als Bräute Christi, wie Bilder in den Zellen zeigen? Damit
vertrug sich durchaus, daß sie sich von Mägden und Sklavin-
nen bedienen ließen.

In winzigen Hintertreppengärten blühen Rosen, Flam-
menbüsche, sirren metallisch honigtrunkene Kolibris. In
solcher Umgebung, den zartblauen Himmel Arequipas über

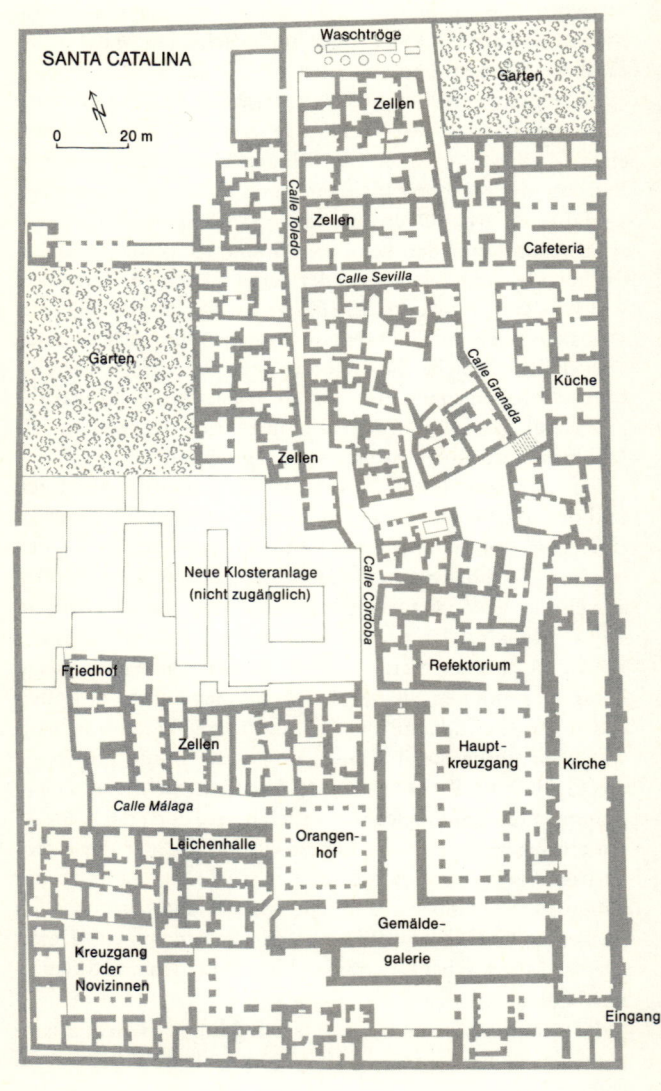

SANTA CATALINA

0   20 m

Waschtröge

Garten

Zellen

Calle Toledo

Zellen

Cafeteria

Calle Sevilla

Calle Granada

Küche

Zellen

Garten

Calle Córdoba

Zellen

Neue Klosteranlage
(nicht zugänglich)

Refektorium

Friedhof

Zellen

Haupt-
kreuzgang

Kirche

Calle Málaga

Leichenhalle

Orangen-
hof

Gemälde-

galerie

Kreuzgang
der
Novizinnen

Eingang

dem Kopf und die breite Silhouette des Chachani vor Augen, dürfte manche Seele ihren Frieden gefunden haben.

Eine von ihnen hat sich die Herzen des Volkes erobert. Schwester Annas Klause ist mit Blumen übersät; auf dem Bett liegen immer Hunderte von Münzen und Zettel mit Bitten um Fürsprache. Ihr Schicksal spiegelt Schatten- und Sonnenseiten des Klosterlebens wider: Als Dreijährige wurde Sor Ana de los Angeles Monteagudo y León zu gottesfürchtiger Erziehung in Santa Catalina eingeliefert, und als sie den von den Eltern bestimmten Bräutigam nicht heiraten wollte, blieb ihr mit Anstand nur die Zelle. Hier geißelte sie sich nun fleißig, stieg zur unnachgiebigen Hüterin von Zucht und Ordnung auf und entwickelte andererseits wunderbare Heilkräfte. Neidische und zu rüde gescholtene Mitschwestern zeigten sich mit Kampfmitteln nicht eben zimperlich, mischten mehrmals Gift in die frugalen Mahlzeiten der Priorin oder legten Feuer an ihre Klausur. Doch auch Anna soll herzhaft zugegriffen haben, wo der Antichrist zu grinsen schien: Ihrer ungehorsamen Katze habe sie einmal die Augen ausgerissen zur Strafe, dann aber reumütig wieder eingesetzt, ohne daß das Tier weiter Schaden erlitten hätte. Sand und Dornen auf dem Bett verlängerten ein Leben in Demut und Aufopferung. Sor Ana starb am 10. Januar 1686 als über achtzigjährige Greisin.

Das größte Geschenk, das Papst Johannes Paul II. bei seinem Besuch den Arequipeños 1985 bescherte, war die Seligsprechung Sor Anas. Für Santa Catalina bedeutete es nach Jahrhunderten selbstgewählter Isolation den einschneidendsten Moment in der Klostergeschichte, vergleichbar nur dem 15. August 1970, als es seine Pforten auch gewöhnlichen Sterblichen wie Touristen öffnete. Über dreihundert Nonnen lebten im 18. Jahrhundert in dem legendären Mauergeviert. Heute sind es zwei, drei Dutzend, die sich in erdbebensichere Neubauten an der Calle Córdoba zurückgezogen haben, während Besucher die malerischsten Winkel fotografieren.

Im Programm der meisten Touristen sind zwei, drei Tage für Arequipa vorgesehen. Die archäologischen und naturgeschichtlichen Sehenswürdigkeiten des Departements würden durchaus einige Wochen Aufenthalt rechtfertigen. Doch die Prospekte der Reiseveranstalter wollen es anders.

Die **Thermalbäder Yura** und **Jesús,** Schwefel- und Eisenquellen, werden fast ausschließlich von Arequipeños zur Kur aufgesucht, obwohl ein deutscher Botaniker, Thaddäus Haenke, 1796 erstmals ihren Chemismus untersuchte. Yura, dreißig Kilometer nördlich von Arequipa gelegen, besitzt in seinen Gemarkungen Steinbrüche, die den Spaniern reichlich Baumaterial für ihre Siedlungen lieferten, sowie fossilhaltige Schichten, die Skelette des Riesenfaultiers bargen. Megatherium war mit bis zu sechs Metern Länge größer als heutige Elefanten und bevölkerte die Gegend im Jungtertiär.

Tierfreunde dürften sich die **Pampa Cañahuas** nicht entgehen lassen, ein 3000 Quadratkilometer großes Punareservat zwischen den Vulkanen Chachani und Misti. Neben Vicuñas soll sich ein Restbestand von Guanacos halten, der selten gewordenen Wildform des Lamas. In der benachbarten Meseta liegt die Laguna de Salinas – Brutgebiet dreier Flamingoarten.

Der **Misti** kann ohne besondere alpinistische Fertigkeiten bestiegen werden, aber ohne eine gewisse Bergerfahrung und Akklimatisierung wird die Unternehmung leicht gefährlich. Der innere Krater mit einem Durchmesser von über fünfhundert Metern haucht noch immer warme Schwefeldämpfe aus – der Riese ist also nicht tot, er schläft nur.

Hundertfünfzig Kilometer nordwestlich von Arequipa erstreckt sich hinter einem der höchsten Gipfel des Landes, dem Coropuna (6613 m), eine ›Mondlandschaft‹ aus mehreren Dutzend kleiner, erloschener Vulkane, das **Valle de los Volcanes.** Wie Warzen sitzen die zwanzig, dreißig Meter hohen Kegelstümpfe zwischen den kleinen Feldern, auf denen Kartoffeln, Gerste, Bohnen und Quinua gedeihen. Der

Boden ist schwärzlich von der Basaltlava gefärbt, die vor etwa 50 000 bis einer Million Jahren an die Erdoberfläche quoll.

Ein Grabenbruch verbindet das Vulkantal mit dem bekanntesten Naturphänomen Südperus, der **Colcaschlucht.** Schwer zu fassen, daß sich der bescheidene Fluß tiefer in die mesozoischen Quarzitmassen seines Untergrundes gegraben hat als der Colorado River in den weltberühmten Grand Canyon. Streckenweise überragen die Gebirgswände das Flußbett um mehr als dreitausend Meter; die Straße zwischen Pinchollo und Cabanaconde ermöglicht immerhin einen atemberaubenden Blick in 1200 Meter Tiefe. Die Sonneneinstrahlung produziert unter diesen extremen Bedingungen oft einen so heftigen Talwind, daß man sich kaum auf den Füßen halten kann. Die Kondore dagegen nutzen ihn, um sich mühelos in die Höhe tragen zu lassen.

Streckenweise treten die Randketten allerdings zurück und lassen Raum für weite, fruchtbare Terrassen, auf denen etwa die Dörfer Chivay, Yanque, Cabanaconde, Ichupampa oder Madrigal liegen. Es ist altes Kulturland.

Denn zwischen Pinchollo und Maca liegen behauene Steine am Abgrund, die genau die Terrassierung am andern Ufer wiedergeben – ein Werk der Inkas. Und in senkrechten Wänden und Klüften gibt es Grabhöhlen aus früheren Zeiten – unerreichbar wie die Nester des Kondors.

Am Titicacasee

Der höchstgelegene mit Kursschiffen befahrene See der Welt breitet sich in der Form einer Erdnuß über 8300 Quadratkilometer aus. Er bildet eine Wanne im Altiplano, Rest eines wesentlich größeren Binnengewässers.

Es gibt zwei Hauptrouten zu diesem Brennpunkt des Altiplanos, um den sich spezielle Hochkulturen entwickelten: die eine von Arequipa, die andere von Cusco aus, beide auf Straßen wie auf Schienen. Die erste führt vorwiegend durch einsame Hochebenen über 4000 Meter Höhe und läßt sich mit einem Besuch des Naturreservats Aguada Blanca verbinden. Der höchste Punkt wird bei den Altos de Toroya mit fast 4700 Metern erreicht; in der Regenzeit wird die Fahrt auf der Naturstraße zum zeitraubenden Abenteuer.

Wirtschaftlich, touristisch und historisch viel wichtiger ist die Verbindung zwischen Titicacasee und Cusco. Es ist der Pfad Viracochas, des rätselhaften weißen Schöpfergottes, wie auch der Manco Cápacs und Mama Ocllos, der legendären Gründer des Inkareiches, die ihr ›gelobtes Land‹ in Cusco fanden. Das Vilcanotatal war Schauplatz der großen Indioaufstände des 18. Jahrhunderts; vorher hatten es die Silberkarawanen aus Potosí durchzogen. Und in grauer Vorzeit waren Einflüsse von Chavín ins Titicacaseebecken hinaufgedrungen, andererseits strahlte von hier aus die Tiahuanacokultur nach Norden aus.

Der berühmte Zug steigt kaum merklich flußaufwärts, immer überfüllt die Zweiteklasseabteile mit nackten Holzsitzbänken, unter denen Koffer, Säcke voller Feldfrüchte, manchmal auch Hühner mitfahren und ein überaus breites Geruchsspektrum verbreiten. Jede Station wird zum Markt; Kinder mit Appetithappen stürmen die Wagen, oft auch die Köchinnen selbst, behäbig in den mehreren übereinander getragenen bunten Röcken und sich aufgeregt schubsend, wenn die Sirene zur Weiterfahrt schrillt. Unmöglich, hungrig zu bleiben, unmöglich auch, sich stillen Betrachtungen hinzugeben. Wer sie sucht, muß den Büffetwagen buchen, den das Bahnpersonal vor dem Ansturm der ambulanten Händlerinnen schließt.

Fruchtbare Roterde nährt über weite Strecken Getreide- und Kartoffeläcker, Eukalyptushaine schützen Häuser und Saat vor Wind. Blaugrün fließt der Vilcanota zur Trockenzeit, von ewigen Firnfeldern gespeist; graubraun strömt er eilig im Südsommer. Nahe der Paßhöhe La Raya, wo Alpacas und Lamas, seltener Vicuñas weiden, steigen Dämpfe von Thermalwasser aus dem hügeligen Grasland.

Sehenswürdigkeiten unterwegs kommen bei der Bahnfahrt leider zu kurz. Wer würde schon der Kirche von **Anda-**

huaylillas ihre inneren Qualitäten ansehen, die ihr das Prädikat ›Sixtinische Kapelle Perus‹ eingetragen haben? Zweifellos ist das Kirchenschiff ein beeindruckendes Zeugnis
früher Mestizenkunst. Im Gegensatz zum unscheinbaren
Äußern sowie dem einfachen, aus groben quadratischen
Steinplatten gefügten Fußboden sind Wände und Torbogen
bunt bemalt; sogar der offene Dachstuhl verkündet himmlische Fülle und Farbenfreude. Geben die Fresken vor allem
Pflanzenmotive und christliche Symbolik wieder, vermitteln
die großen Gemälde der Cuscoschule in pompösen, mit
Blattgold veredelten Rahmen biblische Szenen. Barocke
Pracht verkörpern auch die goldüberzogene Kanzel und der
majestätische Hochaltar.

Das Gotteshaus des Nachbardorfes Urcos steht Perus
›Sixtina‹ an Schmuckreichtum und Schönheit kaum nach.

Kurz vor **San Pedro de Cacha** gerät die Silhouette einer
langen, hohen Mauer ins Blickfeld, die an einen römischen
Aquädukt erinnert. Um zwölf Meter hoch, mißt die Haupt-
wand etwa neunzig Meter in der Länge. Im untersten Viertel
aus behauenem Vulkangestein gefügt, sind die Mauern im
übrigen aus Adobeziegeln geschichtet. Die lächerlichen Ziegeldächer als Abschluß stammen selbstverständlich aus jüngster Zeit und dienen als Schutz vor der Witterung.

Die spanischen Chronisten überliefern den Bau einhellig
als Viracochatempel. Es ist das einzige bekannte Heiligtum
neben Pachacámac, das die Inkas dem alten Weltenschöpfer
beließen. Petro Cieza de León erwähnt einen Feuerregen als
Auslöser für die Konstruktion – vielleicht waren damals die
Vulkankegel auf der rechten Talseite aktiv. Möglicherweise
kamen die Inkaherrscher aber auch dem traditionellen Kult
der Aymarábevölkerung entgegen, deren Loyalität sie
brauchten.

Das stattliche Dorf **Pucará,** das die tönernen Stierfiguren
aus Santiago de Pupuja vermarktet, verrät nichts vom Glanz
einer weit zurückliegenden Hochkultur. Etwa zeitgleich mit
Chavín oder Paracas errichtete am Cerro Calasaya eine offensichtlich wohl organisierte Agrargesellschaft ihre Kultanla-

gen – Plattformen um einen abgesenkten Platz sind nach den Ausgrabungen des Nordamerikaners Alfred Kidder zu erkennen sowie etliche kleine Kammern. Statuen mit Reiß- zähnen verraten Verbindungen mit den nördlichen Sierrakul- turen, während die Architektur eigenständig erscheint. In der Umgebung überdauern auch Überreste dreier Pyra- miden.

Juliaca, die größte Stadt im Titicacabecken, bietet selbst wenige Attraktionen und kann für die Reisenden eigentlich nur als Alternative zum teureren Puno für Ausflüge in die weitere Umgebung dienen. Puno, der Departementshaupt- ort, bildet trotz des eher freudlosen Ortsbildes ein kaum zu umgehendes Etappenziel.

Sehen sich die Costeños, Peruaner der Küste, zu Geschäfts- reisen oder dringenden Besuchen in **Puno** genötigt, bekreu- zigen sie sich oder lamentieren lauthals über diesen Schick- salsschlag. »Que frío!«, jammern sie und beteuern, dort keinen überflüssigen Schritt ins Freie zu tun. Das Hochland ist für sie unverständlich und lebensfeindlich, kalt und trist, das Sibirien Perus.

Uns schien Puno etwas besser als sein Ruf. Das Klima läßt sich vereinfacht mit Aprilwetter umschreiben, und das sind wir Mitteleuropäer ja gewohnt. Hingegen vermißt man Annehmlichkeiten, die uns unter solchen Umständen selbst- verständlich sind: leistungsfähige Heizungen, wenn die nächtliche Kälte in die Knochen kriecht, oder warmes Was- ser für ein Bad zu beliebiger Stunde.

Die Stadt liegt mit ihren 50 000 Einwohnern auf nahezu 3900 Metern; baumlose, mit dürftigem Gras bedeckte Hügel schützen sie etwas vor den Winden. In den vergangenen Jahrhunderten wurden sie gründlich nach Bodenschätzen durchwühlt; immer wieder wurden die Bergleute fündig, doch die reiche Ader zum großen Aufschwung blieb aus. Die Hügel lieferten auch den Sandstein für die Kathedrale und die vornehmsten Häuser.

Vielleicht lag in dieser Gegend ein Fluch auf dem Bergbau. Eine Indiolegende führte zur Kolonialzeit ein Rudel Abenteurer zu einem Weiher mit dem Namen Laicanota, dem ›Hexenteich‹. 1657 ließ ihn der Oberst José Salcedo anstechen und auslaufen. Auf dem Grund entdeckte man eine Silberader, die weitere Glücksritter anzog. Eine Stadt entstand, doch sie blieb ruhe- und friedlos. Bandenkämpfe brachen aus und riefen 1668 ein Expeditionskorps unter Leitung des Vizekönigs Conde de Lemos persönlich auf den Plan. Immerhin verstieß der Ort auch gegen Spaniens Minenmonopol. Die Soldaten vollzogen 42 Todesurteile und zerstörten die Minenstadt. Manche der Vertriebenen fanden im neugegründeten Puno Unterschlupf.

Der Universitäts- und Bischofssitz am Titicacasee besitzt nur zwei bemerkenswerte Bauten: einen Triumphbogen und die Kathedrale. Der Bogen im Westen des Stadtzentrums entspringt dem patriotischen Bekenntnis eines Präfekten, der damit 1847 die »Helden von Junín, Ayacucho, Ancash und Punyan« glorifizieren ließ – Namen, die Schauplätze der Befreiungskriege bezeichnen.

Die Kathedrale entstand im ersten Viertel des 18. Jahrhunderts unter dem Missionierungsdrang der Jesuiten. In ihrer dunklen Massigkeit wirkt sie nicht unbedingt einladend, doch faszinieren die überlieferten Symbole, die sich im Figurenschmuck mit christlichen Elementen zum phantasievollen, volkstümlichen Mestizenstil verbinden. An der Fassade spielen Engel Charango, das kleine Saiteninstrument aus dem Panzer eines Gürteltiers, und neben dem Kreuz haben auch Sonne und Mond, die höchsten Inkagötter, Platz gefunden.

Punos Hauptkirche bildete den Prototyp für eine Reihe von Juwelen der Mestizenbaukunst am Titicacasee: San Juan in Julí etwa, Santiago in Pomata oder San Pedro y San Pablo in Zepita, nahe der Grenze zu Bolivien.

Die Relikte vorspanischer Kulturen häufen sich im Collao, dem angestammten Lebensraum der Aymarás. Ein interessantes Ausflugsziel von Puno oder Juliaca aus bildet der

Umayosee mit seinen Chullpas. Auf der Umayoinsel und der Halbinsel Sillustani erheben sich die Ruinen eigenartiger Rundtürme. Bis zwölf Meter hoch, verraten verfallene Bauwerke das Konstruktionsprinzip: Ein Mantel aus sorgfältig behauenen Blöcken umhüllt einen Kern aus durch Mörtel verbundenen Bruchsteinen. Er enthält Nischen und Höhlen, die als Gräber dienten. Das kuppelförmige Dach sowie eine Kragenmauer unmittelbar darunter lassen die Türme als Phallussymbole erscheinen. Die Mausoleen sind verschieden alt: enthielten einige Inkagerät, das auf das 15. Jahrhundert hinweist, verraten andere das Erbe Tiahuanacos, dürften also um ein Jahrtausend älter sein. Wie bullige Riesen stehen die Türme in der einförmigen Altiplanolandschaft.

Inselheiligtümer birgt auch der **Titicacasee**. Offensichtlich haben das Nebeneinander von Land und Wasser, ihre Durchdringung, wie sie für manche Uferabschnitte typisch ist, die Menschen besonders angeregt. Die Inseln Taquile und Amantani – von Puno aus in einem Tagesausflug zu besichtigen – tragen inkaische wie auch ältere Ruinen und Feldterrassen. Und die bereits auf bolivianischem Territorium liegenden Eilande Titicaca, die Sonneninsel, die dem See ihren Namen gab, sowie Coati, die Mondinsel, verbinden Merkmale des Tahuantinsuyo mit animistischen Vorstellungen.

Titicaca war der Garten Eden der Inkalegende, wo der Sonnengott seine Kinder Manco Cápac und Mama Ocllo auf die Welt der Tiermenschen setzte. Doch im Expansionsdrang der Herren von Cusco soll diese Abstammungsgeschichte vergessen worden sein, bis ein Greis aus dem Collasuyo sie am Hof erzählte. Darauf sei Túpac Yupanqui, der zehnte Inka, persönlich zur Insel gereist und habe den heiligen Fels barfuß betreten – ein Zeichen höchster Ehrerbietung. Er soll einen Tempel errichtet haben, dessen Hüter aus allen Teilen des Reiches rekrutiert wurden, sowie eine Residenz für sich. Die Ruinen auf Titicaca lassen allerdings nicht auf einen so hochgestellten Mäzen schließen. Auf jeden Fall vereinnahmten die Inkas in dem heiligen Stein ein bedeutendes Heiligtum der Aymarábevölkerung und nahmen auch hier die Taktik vorweg, welche die Spanier später ihnen gegenüber verfolgten.

Die Peruaner nennen Puno stolz »Folklorehauptstadt Amerikas« und betreiben damit Touristenwerbung. Das nichtssagende Attribut bezieht sich weniger auf ausgeprägte Festfreude der Einheimischen als auf die Vielfalt überlieferten Brauchtums. Hinter den exotischen und fotogenen Masken der Tänzerinnen und Musikanten stecken Rituale und Formen mehrerer Kulturschichten. Die Kollektivtänze beruhen auf magischen Handlungen: Fruchtbarkeitszaubern und Dämonenbeschwörung, Bannformeln und Totemkulten. So bilden etwa die Prozessionen mit der ›Virgen de la Candelaria‹ zur Lichtmeß nur den christlichen Rahmen für über zweihundert verschiedene Tänze, deren Choreographie in alten Ritualen der einstigen Agrargemeinschaften wurzelt, im Wettbewerb zwischen den unzähligen Gruppen aber auch neue Elemente und moderne Motive aufnimmt und variiert. Der Schriftsteller und Anthropologe José Maria Arguedas, der dieses Volksgut wissenschaftlich aufarbeitete, formulierte deshalb das Kompliment an Puno differenzierter, indem er es die »symbolische Hauptstadt des lateinamerikanischen Tanzes« nannte.

Während in dieser Beziehung trotz der allgegenwärtigen Fernsehkultur mit ihren Serien aus der nordamerikanischen Oberschicht überliefertes Brauchtum kräftig weiterlebt und immer wieder neue Blüten treibt, bieten die *Uru,* als ethnologische Sehenswürdigkeit vermarktet, ein trauriges Schauspiel. Auf schwimmenden Schilfinseln am Titicacasee lebend, bilden sie ein Freilichtmuseum für Touristen. Ein Blick in ihre armseligen Hütten, eine kurze Rundfahrt im Binsenboot, ein Gruppenfoto mit Kindern – alles ist für Dollars zu haben. Fischfang und Flechthandwerk sind zum Inhalt einer Bühnenaufführung verkümmert. Anthropologen stellten sogar fest, daß die Akteure nicht mehr zum alten Volk gehören, sondern Mestizen sind, in denen nur ein Rest von Urublut fließt.

Das vermeintliche Paradies verlor nicht erst durch die Tourismuswelle seine Unschuld. Soweit die Überlieferung zurückreicht, haben die Uru den Zorn der Herrschenden erregt. Linguistische Studien ergaben, daß ihr Stammwortschatz durchaus Begriffe für den Ackerbau enthielt. Sie müssen von ihrem Stammland vertrieben worden sein. Zur Zeit des Inkanats bewohnten sie bereits seit Menschengedenken die Schilfinseln des Titicacasees – eine Existenz, die den Wirtschaftsplanern in Cusco zu wenig sozial erschien. Gewaltsam gliederten die Inkapräfekten sie in die umliegenden Dörfer ein und wiesen ihnen Arbeit zu. Die Aktion erwies sich als Fiasko; die Uru sollen wie die Raben gestohlen haben. So wurden sie auf ihre Inseln verbannt, die sie fortan nicht mehr verlassen durften.

Die Spanier holten sie in die Minen von Potosí und machten damit ebenso schlechte Erfahrungen. Sie wiesen die Fronarbeiter dem Versorgungsdienst zu. Doch 1632 revoltierte das Seevolk und wurde durch die siegreiche Strafexpe-

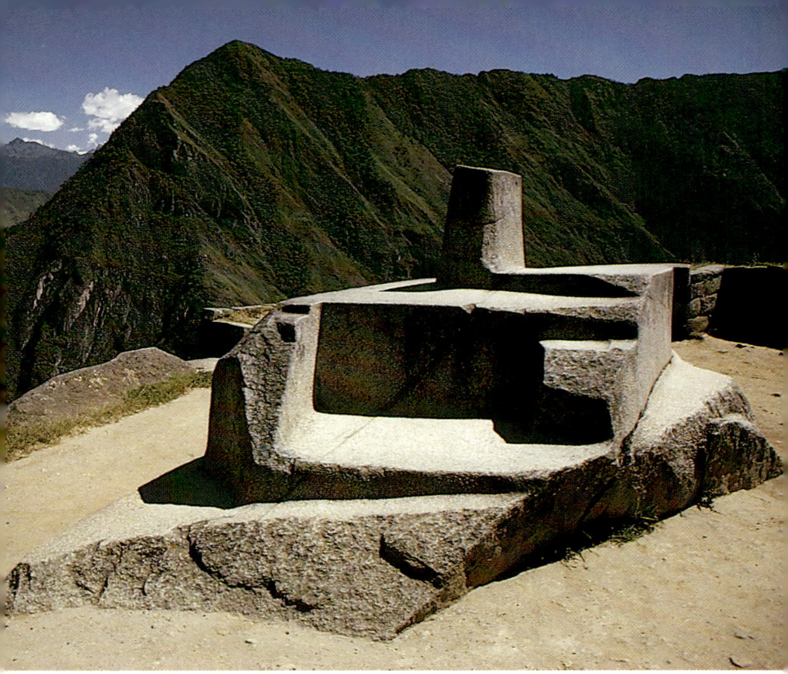

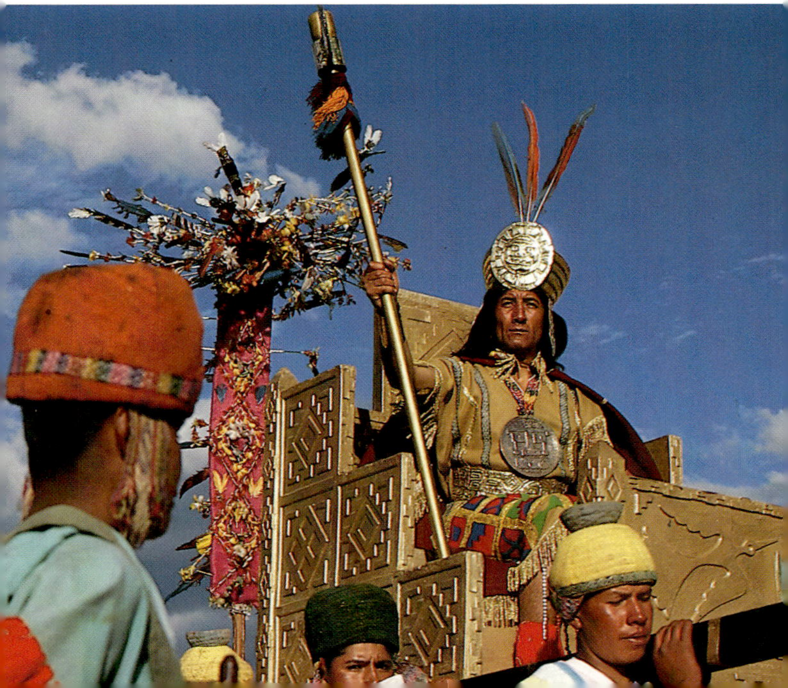

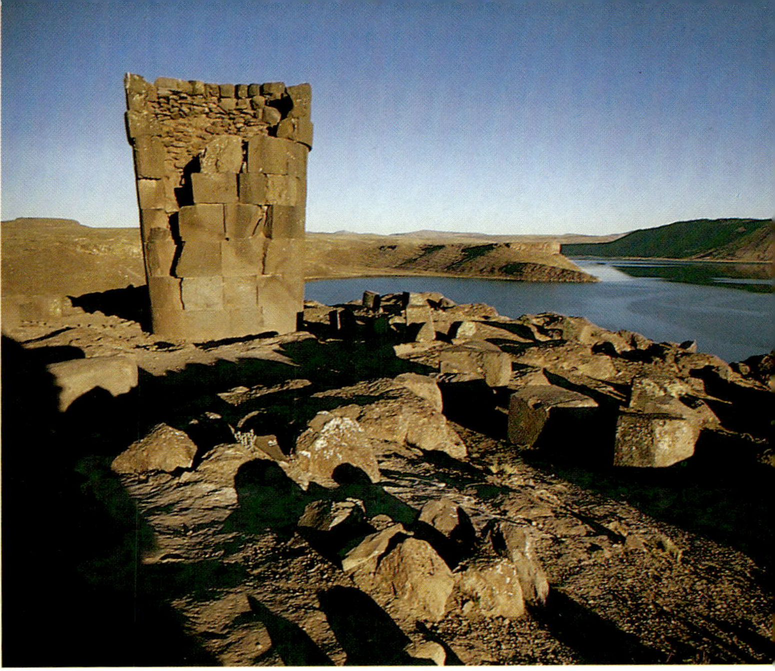

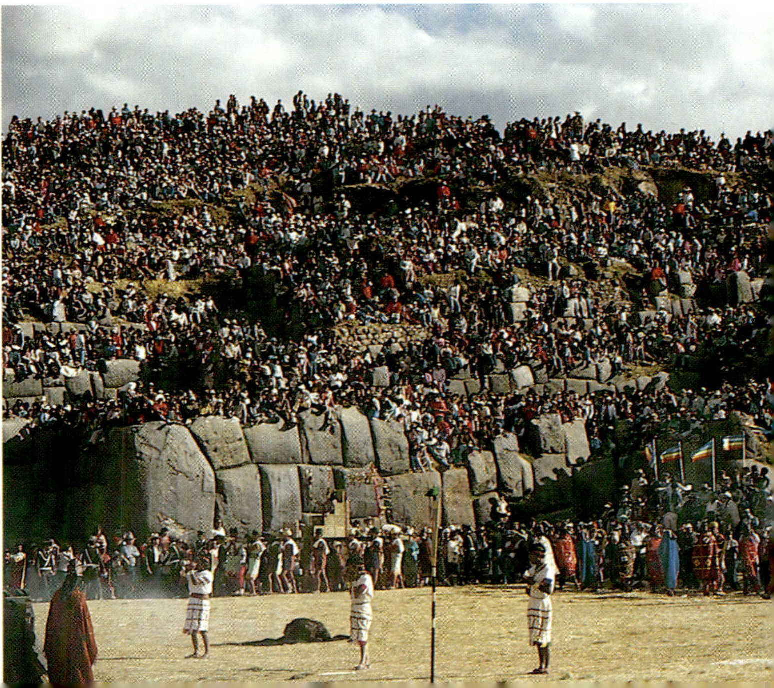

dition der Kolonialherren zur besseren Kontrolle auf das Festland bei Desaguadero umgesiedelt. Dort vermischten sie sich über Generationen mit der Aymarábevölkerung und mit Mestizen; einige wenige nur kehrten auf die Totorainseln zurück.

Das Leben der Uru war dieser ökologischen Nische verblüffend angepaßt; es basierte auf den Binsen. Die Boote aus Binsenbündeln, die dem Fischfang dienten, mußten etwa halbjährlich ersetzt werden, für einige geübte Schiffbauer ein bloßes Tagwerk. Aus feinen Grashalmen waren ursprünglich sogar die Segel gefertigt, bis billiger Stoff aufkam. Aus Totora-Binsen bestanden die Hütten, die Lagerstätten; Binsen dienten als Brennmaterial und das Mark junger Schößlinge als Gemüse. Als delikate Ergänzung des Speisezettels galten die Eier der Wasservögel.

Dem Bevölkerungszuwachs in der ganzen Region, dem Aufbau einer Forellenzucht im Titicacasee und der verlockenden Flut billiger moderner Konsumgüter waren die Erben des Fischer- und Sammlervolkes nicht gewachsen. Sie wanderten ab oder versanken in Resignation und Krankheit. Ob das Schulungs- und Hilfsprogramm der Siebentageadventisten, die sich für die Uru einsetzen, ein neues Selbstwertgefühl zu wecken und Zukunftsperspektiven zu öffnen vermag, bleibt leider fraglich.

Ein Abstecher nach Bolivien

Boliviens **Copacabana** zeigt wenig Gemeinsamkeit mit dem weltberühmten Strand Rio de Janeiros. Das Dorf mit kolonialem Charakter liegt auf der gleichnamigen amboßförmigen Halbinsel in der Südhälfte des Titicacasees, den kalten Hochlandwinden ausgesetzt und auf dem Landweg nur über peruanisches Territorium erreichbar.

Copacabana ist ein Wallfahrtszentrum. Am Anfang seiner Geschichte steht der indianische Mönch Francisco Tito Yupanqui, der sich zum bildenden Künstler berufen fühlte. Jahrelang rang der angebliche Neffe des Inkas Huayna Cápac

um lebensnahe Formen; in La Paz lernte er die Technik des
Vergoldens. Im Jahre 1583 waren ihm die Musen hold; seine
Madonna erregte Erstaunen und Unglauben unter Mitbrü-
dern und Vorgesetzten, die seinen Eifer immer etwas belä-
chelt hatten.

Die Schwarze Jungfrau verübte schon bald zahlreiche
Wunder: Kranke wurden gesund, dürre Äcker empfingen
Regen. Die Kapelle auf den Grundmauern eines Inkatempels
mußte einer Basilika weichen, als mehr und mehr Gläubige
nach Copacabana pilgerten. Neben ihren Opfergaben schlug
sich der Reichtum von Potosí an den Altären und in den
Meßrequisiten nieder. Das Hauptfest zu Ehren der Madonna
findet mit feierlichen Prozessionen am 5. August statt.

Wenige Kilometer vom Südende des Titicacasees entfernt
liegt die bedeutendste archäologische Fundstätte des Altiplanos: **Tiahuanaco.** Das kleine aktuelle Dorf ruht auf Blök-
ken, die ferne Vorfahren formten, vor der Kirche steht eine
Statue aus heidnischer Zeit.

An der Hauptstraße von Guaqui, dem bolivianischen
Grenzort, nach La Paz stößt man auf das berühmteste Monument einer Kultur, die ihren Höhepunkt etwa mit Nasca und

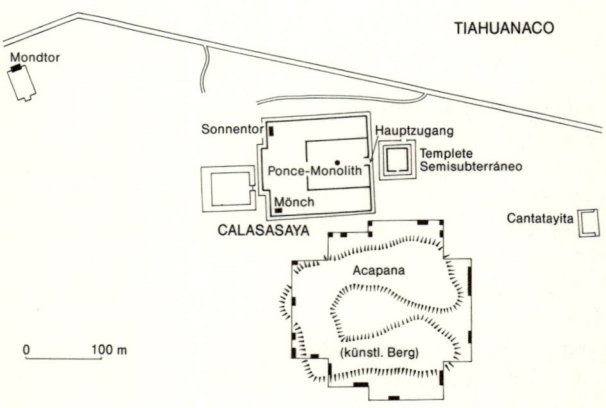

Mochica erreichte, in den ersten zwei, drei Jahrhunderten
unserer Ära also, und vielleicht ebensoviele Rätsel aufgibt
wie die Schöpfer der großen Wüstenbilder.

›La Puerta del Sol‹ nennen Anwohner wie Wissenschaftler
das mächtige Triumphtor am Wegrand, ein klotziges, eckiges
Monument, etwa vier Meter breit, knapp drei Meter hoch,
den horizontalen Teil reich mit Flachreliefs verziert. Hier
beginnen die Fragen: Wen verkörpert die verwitterte Haupt-
figur in der Balkenmitte, dem viele menschenähnliche, vor
allem aber vogelartige Wesen zu huldigen scheinen?
Viracocha? Welche Funktion hatte das Monument – durfte
es nur von Herrschern, Priestern durchschritten werden, bei
bestimmten Anlässen nur, Opfern, Initiationen? Diente es –
ziemlich genau westöstlich orientiert – tatsächlich dem Sonnenkult, oder war das eine opportunistische inkaische
Deutung? Denn man weiß nicht sicher, ob sein jetziger
Standort auch der ursprüngliche war, berichteten Reisende
des 19. Jahrhunderts doch davon, daß es umgestürzt am
Boden lag. Es wurde erst 1904 wiederaufgerichtet. Versonnen schaut man auf die Bruchstellen über der Türöffnung –
die Einheimischen meinen, der Blitz hätte darin eingeschla-
gen – und merkt plötzlich, daß das Ganze aus einem einzigen
riesigen Andesitblock gehauen und nicht etwa aus zwei Pfeilern und Sturz gefügt wurde. Auf zehn Tonnen wird die
Skulptur geschätzt; das Material kann im günstigsten Fall
aus Steinbrüchen bei Copacabana stammen, in Luftlinie siebzig Kilometer entfernt.

Das Sonnentor stellt nur ein markantes Beispiel für die
Monumentalität einer Kultur dar, deren Träger uns verborgen bleiben. Denn das weite Ruinenfeld, das sich südlich
und südwestlich an das stacheldrahtumzäunte Meisterwerk
anschließt, birgt keine Siedlungsreste oder Gräber. Das
durch ›Hinkelsteine‹ umgrenzte Calasasaya, in dessen Ecke
das Sonnentor steht, erwies sich als Zeremonialkomplex aus
großen Gebäuden, Plätzen, weitläufigen Treppenaufgängen
und wenigen kleinen Vorrats- oder Wohnkammern. Die
›Menhire‹ waren offenbar nur Stützen für die Außenmauern

der annähernd quadratischen Anlage. Ihr Hauptzugang befindet sich nicht beim Sonnentor, sondern in der Mitte der Westfront, der ein kleinerer, abgetiefter Tempel gegenüberliegt. In diesem ›Templete Semisubterráneo‹ grub 1932 der amerikanische Archäologe Wendell C. Bennett die nach ihm bezeichnete über sieben Meter lange Götterstele aus. Im Calasasaya selbst fand man den ›Monolito Ponce‹, dem Eingang gegenüber, sowie den ›Mönch‹ in der Südwestecke der Anlage. Alle drei stellen stereotyp steife, eckige anthropomorphe Wesen dar, die Szepter mit tierischen Motiven in den Händen halten.

Menschen scheinen der führenden Kaste Tiahuanacos wichtig gewesen zu sein; sie tauchen auch als häufiges Thema in der Keramik auf. Allerdings fehlen Frauen. Eine interessante Parallele zur großen Tempelanlage von Chavín weist der ›Templete Semisubterráneo‹ auf: in die Wand eingefügte Köpfe aus Stein.

Südlich des Calasasaya steigt das Gelände zu einer großen, buckeligen Plattform an, die in der Mitte einen Weiher trägt. Auf den ersten Blick kann man sie für einen natürlichen Hügel halten, doch Grabungen entlarvten die Schuttmasse als Stufenpyramide. Dieses ›Acapana‹, der ›künstliche Berg‹, wie der Name sagt, nimmt ein Quadrat von über 200 Metern Seitenlänge ein und muß fünfzehn Meter hoch aufgeragt sein. Man vermutet darin das Heiligtum, das den Ruhm Tiahuanacos begründete.

Jenseits der Bahnlinie, etwa eineinhalb Kilometer vom Acapana entfernt, dehnt sich ein weiterer Sakralbezirk aus. Als ›Pumapuncu‹ bekannt – in der Aymarásprache heißt das Löwentor –, verblüfft er durch Monolithen von außergewöhnlicher Größe und Feinheit der Bearbeitung. Ein liegender rötlicher Sandsteinblock dürfte über hundert Tonnen wiegen; Fugen sind sehr geschickt mit Kupferklammern überbrückt – Pedro Cieza de León war nur einer von vielen, die sich äußerst beeindruckt vom technischen Können der unbekannten Tiahuanaco-Baumeister zeigten. Als er die Bewohner nach der Geschichte der Ruinen fragte, erklärten sie nur, diese seien sehr alt und an einem Tag errichtet worden. Solche Legendenbildung ist freilich häufig. Doch selbst der gebildete und kosmopolitische Inkasproß Garcilaso de la Vega schreibt von »großen und unglaublichen Gebäuden«. Wo die Wissenschaft noch immer auf der Stelle tritt, blühen auch moderne Phantasien. Erich von Däniken etwa sieht die Erben außerirdischer Astronauten am Werk; die scheinbar sinnlos mit minutiöser Sorgfalt gefertigten Kanalstücke oder Skulpturenköpfe mit Helmen sind für ihn mit einer Agrargesellschaft unvereinbar.

Die Hochlandkultur dehnte sich bekanntlich ins nördliche Altiplano sowie bis an die Küste aus und ging in die landesweite Huarikultur ein. Wie bei Chavín de Huántar deuten alle Anzeichen darauf hin, daß Tiahuanaco vor allem ein Kultzentrum bildete, zu dem Menschen von Ferne pilgerten. Ob das Aymarávolk Träger dieser Hochkultur war, wie manche Forscher annehmen, bleibt ebenso ungewiß wie ihre Gesellschaftsstruktur und materiellen Ressourcen; die technische Raffinesse ihrer Architektur ebenso rätselhaft wie manche Merkmale für unvollendete Anlagen und Werke.

Wir hatten das Sonnentor an einem trüben, kalten Septembertag hinter uns zurückgelassen und fuhren in einem revisionsbedürftigen Bus durch die karge Kältesteppe des Altiplanos. Zwischen größeren flachen Seen weideten dünne Herden von Schafen und Lamas. Die Weite der beige-grauen Ebene verstärkte nur das Gefühl der Einsamkeit, aber auch die Majestät der schneebedeckten Cordillera Real, die in einem luziden Licht über der Erde zu schweben schien. Wir konnten plötzlich den hohlen, melancholischen Klang der Rohrflöten, der Quenas und Zampoñas, nachempfinden. Wenige winzige Siedlungen waren zu sehen, die sich an die Flanken flacher Hügel duckten, um etwas Schutz vor dem Wind zu finden. Nach zweieinhalbstündiger Fahrt blinkten unerwartet die Positionslichter eines Flughafens durch die Dämmerung, und eine Polizeikontrolle bot ein weiteres Zeichen von Zivilisation. Der Bus tauchte in nächtliches Dunkel

ein, erreichte plötzlich den Altiplanorand und gewährte einen grandiosen Überblick auf das Lichtermeer von **La Paz.**

Die bolivianische Landesmetropole und höchstgelegene
Hauptstadt der Welt – das Zentrum auf rund 3500 Metern –
wirkt wie eine Operettenkulisse: leicht übertrieben, etwas
kitschig und zu schön, um wahr zu sein. Die Lage in einem
vegetationsarmen Talkessel ist bizarr, die Höhe für Geschäftsleute, Touristen oder Diplomaten eine Zumutung,
und die Tatsache, daß La Paz eigentlich nur faktische Hauptstadt des Landes ist (die verfassungsmäßige ist Sucre), kapri-
ziös. Operettenhaft verlief die Geschichte der Republik mit
unzähligen kurzfristigen Auftritten schnurrbärtiger, sich auf
Kosten des Volkes duellierender Potentaten, die territoriale
Verluste an die Nachbarländer Chile, Paraguay und Brasilien
lediglich mit überflüssigen Bahnlinien wettzumachen
wußten.

Wenn abends eine müde Sonne den gewaltigen Illimani
rosa tönt, ist man allerdings versucht, in La Paz ein amerika-
nisches Shangri-La zu sehen. Ebensogut können jedoch eisi-
ge Altiplanowinde in den Talkessel einfallen, oder Wolken
stauen sich an den umliegenden Fünf- und Sechstausendern
und lösen einen mehrstündigen Nieselregen aus, der die
polierten Gehsteige des Stadtzentrums in Rutschbahnen verwandelt sowie Taxis und Busse zu Umwegen zwingt, weil
sie die steilsten Straßen nicht mehr erklimmen können.

Die Spanier gründeten den Ort 1548 des Goldes wegen,
das der Rio Choqueyapu in Strudellöchern hortete. Mit Ausnahme von Potosí blieb das heutige Bolivien während der
ganzen Kolonialzeit Provinz und genoß in Lima nur als
Erzlieferant Respekt. La Paz erlebte erst im 20. Jahrhundert
den Aufschwung zur Wirtschaftsmetropole des Landes sowie Parlaments- und Regierungssitz. Neben dem kleinen
kolonialen Kern um die Plaza Murillo wuchsen in den vergangenen Jahrzehnten einfachere Wohnquartiere die steilen
Hänge empor. Das europäische Privileg der Wohlhabenden,
aus luftiger Höhe das Panorama zu genießen und gleichsam
über den Niedrigkeiten gewöhnlicher Sterblicher zu schwe-

ben, ist hier ins Gegenteil verkehrt: Zuoberst am Altiplanorand, den Unbilden der Witterung am meisten ausgesetzt,
wohnen zwischen tiefen Regenfurchen im nackten Boden
und bei mangelhafter Infrastruktur die Ärmsten – Campesinos, die die allzu dürftigen Äcker ihrer Dörfer verließen,
um sich am vermeintlich gedeckten Tisch der Großstadt
einen Platz an der Sonne zu ergattern; Mestizen, Cholos,
die sich als Hausboten, Dienstmädchen, Krämer durch das
Leben schlagen. Talabwärts dagegen dehnen sich die garten-
grünen Villenviertel aus, durch hohe Mauern und Wach-
hunde geschützte Paradiese.

Architektonisch ist wenig aus der Kolonialzeit übriggge-
blieben – vor allem die Kirchen San Francisco und Santo
Domingo, die letztere diente zeitweise als Kathedrale; dane-
ben einige Residenzen wie die Casa de Murillo an der Calle
Jaén. Der Reiz von La Paz liegt mehr in seiner Lebendigkeit.
Mindestens die Hälfte der Bevölkerung ist indianisch und
bestimmt die Atmosphäre der Innenstadt: das Gedränge im
Lanzamarkt, auf dem Mercado Camacho, um das Kloster
San Francisco.

Neben dem ›Museo Nacional de Etnografía y Folklore‹
weckt vor allem das ›**Museo Tiahuanaco**‹ Interesse. Es
enthält in einem durch das Calasasaya und die Ruinen Puma-
puncus inspirierten Bau die umfassendste Sammlung der
Hochlandkultur am Titicacasee. Aufgrund der Keramik mit
überwiegend stilisierten, oft geometrischen Motiven unterscheiden die bolivianischen Konservatoren nicht weniger als
fünf Stilperioden zwischen 1200 vor und 1200 nach Christi
Geburt. Ein zweiter Schwerpunkt des Museums gilt Zeugnissen des Inkareiches, zu dem Bolivien ab etwa 1470 gehörte. Eine Verbindung zwischen diesen beiden Hochkulturen schaffen die Objekte aus mehreren Lokalfürstentümern
auf bolivianischem Territorium.

Die berühmte Bennettstele hingegen befindet sich im
›Museo Semisubterráneo‹, dessen Architektur kühn den
Grundriß des entsprechenden Ruinenfeldes in Tiahuanaco
ausschmückt. Der Monolith steht unter mehreren anderen

im Freien – in einem erkennt man das Emblem von Thor Heyerdahls Kon-Tiki wieder. Die steinernen Riesen mit den toten Augen und den Tränenspuren im eckigen Gesicht verharren stumm. Im jahrtausendealten Natur- und Weltverständnis der Indianer wurzelnd, lassen sie die städtische Hektik, das Konsumfieber und den Glauben an die Macht der Technik als bloße Episode erscheinen.

Die Selva

Die Welt Tarzans

Die Selva ist das Stiefkind unter den drei Hauptregionen Perus, schwierig, unzugänglich, unberechenbar. Selva bedeutet Wald, und die Mehrzahl der Peruaner verbindet damit nicht Vorstellungen von Hänsel und Gretel oder Rotkäppchen, wohl aber solche der Barbarei, der Gefahr, des Animalischen – als ob im ›Oriente‹ rudelweise Jaguare, Schlangen und Kopfjäger auf brave Geschäftsreisende oder Touristen lauerten.

Der peruanische Anteil am größten tropischen Regenwald des Erdballs ist gering. Dennoch umfaßt er nicht weniger als sechzig Prozent des ›Andenlandes‹, eine Fläche, die Frankreich und die Bundesrepublik zusammen bedecken würde. Schließlich rühmt sich Peru, die Amazonasquelle zu bergen, eins der Abertausende von Rinnsalen, die das komplizierteste und wasserreichste Stromsystem unseres Planeten bilden.

Wir wohnten im einzigen Hotel eines Dreihundertseelendorfes am oberen Rio Napo und übernahmen die Aufgabe, um Mitternacht den Generator auszuschalten, der den Ort mit Strom versorgte. Ein Handgriff ließ den Dieselmotor verstummen – Herzstück einer fragilen Zivilisation –, die nervös flackernden Neonlichter und gelblichen Funzeln verglühten, nachdem sie eben noch handtellergroße Falter angelockt hatten. Aus der Fastdunkelheit hob sich nun deutlich ringsum der Dschungel ab, ein schwarzer, vor Leben vibrierender unendlicher Wall, der die Siedlung als winzige Oase barg. Die Laute des Waldes wurden zum Lärm, einer Sinfonie von Fröschegequak und -geknarr, Zykadengezirp, Vogelkreischen, vermischt mit unzähligen unnennbaren, rätselhaften Tönen. Zwischen den raschelnden Bananenblättern blinkten Myriaden von Leuchtkäferchen, wie wenn sie einen imaginären Flugplatz anpeilten. Doch wir verließen diese aquatische, pulsierende Welt jeweils bald, um den ›Zancudos‹, den Stechmücken, zu entgehen, und nahmen dafür die Kakerlaken auf dem Nachttischchen im moskitogeschützten Zimmer in Kauf. Im Dunkeln huschten einem die Käfer über die Hand, das Gesicht; aber weitaus störender, erregender waren die nächtlichen Gewitter, die sich in sintflutartigen Regenfällen entluden, unvorstellbaren Wassermassen, die dieser riesige, gierige grüne Schwamm gurgelnd aufnahm. Es wunderte uns immer, daß die rost- und ockerfarbenen Straßen tagsüber binnen weniger Stunden trockneten, bevor das nächste fürchterliche Gewitter erneut das Ende der Welt einzuleiten schien.

Still und rasch floß der junge Rio Napo zwischen den Pflanzenpolstern der Ufer, ein Amazonaszufluß von mittlerem Rang und doch so breit wie der Rhein bei Basel. Braungrün schillerte sein Wasser; vom Schwimmen wurde uns abgeraten.

Wasser heißt der Betriebsstoff, der das Ökosystem des Regenwaldes in Gang hält und die Ostseite der tropischen Anden in einen triefenden Vegetationsteppich verzaubert. Den Motor bildet die Sonne, die um so mehr Feuchtigkeit zur Verdunstung bringt, je höher sie am Himmel steht. Brennt sie auf ihrer jahreszeitlichen Wanderung zwischen den Wendekreisen genau senkrecht auf die Erdoberfläche, erreichen Wolkenbildung und Niederschläge Maximalwerte – es herrscht Regenzeit. Straßen verwandeln sich in Morastbänder, ganze Hänge geraten ins Rutschen, die Flüsse treten über die Ufer und breiten sich gebieterisch aus.

An den Andenketten und in den östlichen Vorgebirgen läßt die Höhenkühle Nebelbänke wachsen, die schwer und düster in den Baumkronen liegen. Nirgends trifft das Bild vom Treibhaus besser zu als hier, wo dicke Moos- und Flechtenpolster die Stämme und Äste überwuchern und das Gewirr von Wirtspflanzen und Schmarotzern undurchdringlich wird.

Wir erlebten unsere ›Dschungeltaufe‹ in der ›Selva Baja‹, im Wald, der sich unterhalb von 500 Metern ausdehnt. Ohne Führer hätten wir von gepflegten, beschilderten Wanderwegen verwöhnten Mitteleuropäer nach wenigen Minuten die Orientierung verloren. In hohen Schuhen waren wir Alfredo durch eine unsichtbare Lücke in der grünen Mauer gefolgt, und gleich darauf begann ein schweißtreibender Hindernislauf über glitschige vermodernde Baumstämme, über Buschwerk, das die Beine peitschte, bevor sie wenige Schritte weiter knietief in einer Schlammkuhle einsanken. Um das Gleichgewicht ringend, griff man bald ohne große Vorsicht in handliche Lianenstränge und Äste, die sich gerade anboten. Von den Blättern ließen sich winzige rote Ameisen auf uns Eindringlinge niederfallen und bissen herzhaft zu, wo es ging. Überdies waren wir willkommene Opfer der Stechmücken. Doch diese lästigen Aspekte nahmen wir erst später deutlich wahr. Denn die Selva nahm alle unsere Sinne völlig gefangen: die Formenvielfalt des Zweig- und Laubgewirrs, die durch Licht- und Schattenspiel verstärkten Nuancen verschiedenster Grüntöne, das Schmatzen des Sumpfes, ein Tropfenstakkato, das lachende Krähen des buntgefiederten Tukans, Insektenzirpen und -sirren, der faulige Pflanzengeruch, eine Feuchtigkeit, welche die Haut zu durchdringen schien und trotz der Hitze zusammen mit Kratzern und dem Jucken der Ameisenbisse ein seltsames Gefühl der Kühle suggerierte.

Die Selva erweist sich als Archetyp der Fruchtbarkeit – immer blüht etwas, immer reifen irgendwelche Früchte. Das Wachsen, Keimen, Ringen um Licht ist augenfällig und bezieht den Betrachter mit ein. Die Selva ist auch Welttheater, ein Reich des Mimikry, der Illusionen. Schmetterlinge täuschen Raubinsekten oder Pflanzenteile vor, Kaimane umgestürzte Bäume, Schlangen Zweige; Frösche steigen in die Wipfel, und Gefahr droht kaum von den Riesen des Waldes wie Anakonda, Boa, Tapir oder dem gefürchteten Jaguar, sondern von Kleingetier wie Vipern, die sich in der Nähe von Rodungen häufen, der großen Wanderameise, deren

Volk in furchtbarer instinktiver Entschlossenheit seinen Weg in die Sicherheit kahlfrißt, wenn Überschwemmungen ihren Bau zerstören, oder den Piranhas als Geißel der Gewässer.

Aber auch die Fruchtbarkeit ist eine Illusion: Der Urwaldboden erweist sich als nährstoffarm und wenig tief, im Amazonasbecken außerdem praktisch kalkfrei, übersäuert. Die Selva gebiert sich stets selbst in einem jahrtausendelang eingespielten Prozeß von Werden und Vergehen. Der unheimlichen Wachstumskraft steht der ebensoschnelle und radikale Verfall gegenüber. Wo Fäulnis oder Blitz einen der Sechzigmeterlupunas oder -palos fällen, drängt Jungholz in erbarmungsloser Konkurrenz ans Licht; Tiere, die sich nicht zu schützen oder verteidigen wissen, fallen dem Appetit der stärkeren, schnelleren zum Opfer. Wie nirgendwo sonst hat hier die Schöpfung mit den Bausteinen des Lebens gespielt: kleinste ökologische Nischen besetzt, unzählige Wesen mit besonderen, einmaligen Gaben ausgestattet – den Regenwald als Genbank unseres Planeten. Nirgends werden heute noch soviele unbekannte Tier- und Pflanzenarten entdeckt wie hier.

Wie gewisse Schmetterlinge ihre Verfolger mit fluoreszierenden Flügeln narren, gaukelt die Selva unserer Zivilisation Reichtum vor. Doch wo der Mensch mit Investitionsplänen und Maschinen anrückt, bricht das biologische Perpetuum mobile zusammen. Moderner Großtechnologie fallen mühelos Hektar um Hektar zum Opfer – sie summieren sich jährlich weltweit zur Fläche der Bundesrepublik. Aber der Regenwald rächt sich mit seinem Tod: Zuerst narrt er die Frevler mit traumhafter Saat und guten Ernten; nach zwei, drei Jahren sind die Nährstoffreserven der Böden erschöpft, und nur Volldüngung kann weitere Erträge garantieren.

Peru hat weit weniger als Brasilien mit gewinnträchtigen Holzverarbeitungs- oder Viehzuchtprojekten fremden Investoren seinen Wald geopfert, doch die Illusion des großen Entwicklungspotentials besteht auch hier. In den Schulbüchern und bei Planern findet »die Entwicklung der Selva« schon statt, ist Teil des Patriotismus und Wunschtraum eines

Landes mit chronischen Wirtschaftsproblemen geworden. Wo die Wüste die Menschen auf Oasen zusammendrängt und die Hochtäler die wachsende Bevölkerung nicht mehr ernähren können, mag der ›Oriente‹ als gelobtes Land erscheinen. Weil die Devise wie üblich Erschließung und Unterwerfung heißt, nicht Anpassung und Fügung an eine ungewohnte, delikate Umwelt, dürften auch hier die Hoffnungen enttäuscht werden.

Die Ureinwohner waren Fatalisten, eingebettet in diesen feuchttropischen Zyklus von Leben und Tod. Sie fühlten sich als Teil der Selva und lebten gemäß ihrem Rhythmus und ihren Gesetzen − als vagabundierende Fischer, Jäger und Sammler. Sie kannten den Atem des Waldes, seine Wesen und Geister, die Nahrung, Heil- und Rauschmittel, die er ihnen bot, und nahmen ihn als Rahmen ihres magischen Weltbildes. ›Primitivität‹ erweist sich hier als einzige langfristige Überlebensstrategie.

Es gibt keine ›reinen Wilden‹ mehr in Peru, so viel man weiß. Goldsucher, Abenteurer, Missionare, Kautschuksammler, Jäger, Ethnologen und Soldaten haben überall mehr oder weniger einschneidende Veränderungen bewirkt. Und für Tarzan, die personifizierte Dschungelillusion, gäbe es kein Betätigungsfeld.

Am Rio Marañón

Es gibt nur zwei ernstzunehmende Kandidaten, die als Quellflüsse des Amazonas gelten können: Ucayali und Marañón. Die Entscheidung bleibt, weil sie letztlich auch unerheblich ist, ein typisches Streitobjekt der Geographen. Bei Nauta, wo sich die beiden langsam und behäbig gewordenen ›Konkurrenten‹ vereinigen und ihre Namen und Eigenart dem Hauptstrom preisgeben, hat der Marañón bereits einen Weg von 1800 Kilometern hinter sich – weit mehr als der ganze Rhein –, der Ucayali 2900 Kilometer, die Gesamtlänge der Donau. Doch der Marañón liefert etwa viermal soviel Wasser wie sein östlicher Zwillingsbruder.

Für den aus Böhmen stammenden Jesuitenpater Samuel Fritz war es freilich mehr als ein Streit um des Kaisers Bart, als er Anfang des 18. Jahrhunderts systematisch die Wasserstraßen der Selva erforschte und eine erste Karte davon zeichnete. Ihm ging es um die Gründung von Missionsstationen zur Heidenbekehrung sowie um die Wahrung der spanischen Interessen gegenüber dem expansionsfreudigen Portugal, das in Brasilien den Vertrag von Tordesillas torpedierte, der 1494 den Globus am 49. Längengrad West in zwei Einflußsphären teilte. Samuel Fritz sah den Ursprung des großen Stroms, der ins portugiesische Weltmeer, den Atlantik, mündete, in einem kleinen Gebirgssee auf über 4000 Metern Höhe. Von Gletscherbächen um den Nevado Yarupá gespeist, birgt das Plateau um die Laguna Lauricocha neben der Verbindung ins ferne Brasilien Relikte aus der Frühgeschichte: In den fünfziger Jahren wurden in einer Höhle mehrere Kulturschichten entdeckt, die bis 9000 v. Chr. zurückreichen. Die Siedler waren Jäger und Sammler, schufen kegelförmige Faustkeile, Pfeilspitzen, malten Jagdszenen auf den Fels.

Der junge Fluß erweist sich bald als wenig menschen-
freundlich: Zwischen Cordillera Central und Cordillera
Oriental zwängt er sich nach Norden vor, unterläuft auf der
Breite von Cajamarca die Tausendmetergrenze und läßt sich
von üppigem Bergwald begleiten. Nur zwischen Huamachuco und Tayabamba sowie Celendín und Chachapoyas,
bei Balsas, trägt er das Joch einer Brücke; 150 Kilometer
nördlich, bei Bagua, haben ihn die Ingenieure für die Fern-
straße von Chiclayo nach Tarapoto 1956 mit dem ›Puente 24
de Julio‹ bezwungen.

Nun wendet sich der Marañón in einem großen Bogen
zuerst nord-, dann ostwärts, nachdem er einige Hundert
Kilometer parallel zur Küste geflossen ist. Er erreicht seinen
nördlichen Scheitelpunkt in **Borja,** nachdem er sich durch
mehrere Reihen der Andenkette gesägt hat. Besonders spektakulär tut er das im letzten Teilstück, nachdem er die Wasser
des Rio Santiago empfangen hat: Auf nur etwa dreißig Meter
Breite eingeengt, zwängt er sich mit reißender Strömung
durch senkrechte Felswände, den Pongo de Manserriche,
um nach dieser Wiedergeburt ein träger Tieflandstrom zu
werden.

Für jene spanischen Soldaten, die 1616 ohnmächtig durch
diese Klamm getrieben wurden, endete die rasende Floßfahrt
mit dem Schrecken. Doch sie sahen sich in eine neue Welt
versetzt, die der heute verschwundenen Maynas und der
Jívaros. Mit den Vollmachten des Vizekönigs Francisco de
Borja ausgerüstet, folgte eine Expedition des Hauptmanns
Diego Vaca de Vega den Lageberichten der unfreiwilligen
Entdecker, nahm im Namen der Krone Besitz von der Selva
Baja und gründete am 8. Dezember 1619 ›Ciudad de San
Francisco de Borja‹. Die hoffnungsvollen Encomenderos
verrechneten sich nicht nur im Ertragspotential ihrer Ro-
dungen, sondern ebensosehr in den eilig rekrutierten
Arbeitskräften: Anstelle fleißiger Quechuas, durch die Inka-
funktionäre zum Frondienst erzogen, wurden hier freie
Waldindianer zu ungewohnter Feldarbeit beordert. Nach
wenigen Jahren, 1635, brachten die Maynas ihre Peiniger in

einem Überraschungsaufstand mit wenigen Ausnahmen um. Nach erfolgter Strafexpedition rief der ratlose Gouverneur die Jesuiten aus Quito ins Land und vertraute ihnen die Zivilisierung der ›Wilden‹ an. Gaspar Cujia und Lucas de Cueva hießen die beiden Padres, die Anfang Februar 1638 in Borja eintrafen. Sie bewiesen wesentlich mehr Fingerspitzengefühl und Intelligenz im Umgang mit den Einheimischen als Militärs und Landausbeuter, gründeten Hunderte von Stationen zur medizinischen Betreuung, führten allerlei praktisches Hausgerät ein, und wenn man auch aus heutiger Sicht die Missionierung dieser Stämme, verbunden natürlich mit christlicher Moral und Sitte, als ethnozentrische Anmaßung beurteilt, gehören diese Kontakte doch zu den positivsten der unrühmlichen Kolonialgeschichte. Etliche Jesuiten, darunter Samuel Fritz, nahmen Anregungen aus der fremden Kultur mit für die damalige Zeit erstaunlicher Offenheit auf und berichteten fast vorurteilsfrei über das magische Weltbild der Maynas oder Omaguas. Sie brachten die dauernden Bruderkriege benachbarter Stämme nahezu zum Erliegen, und ihre Schulen wurden zum Schmelztiegel für Mythen und Praktiken der Waldindianer wie für abendländisches Gedankengut. Und so wurde die ›Misión de Maynas‹ den königstreuen Aristokraten in Lima ebensosehr zum Dorn im Auge wie dem Mutterland der Jesuitenstaat in Paraguay. Die zunehmende Autonomie dieser Territorien und die bedrohliche Partnerschaft zwischen Ordensleuten und Urbevölkerung waren mit ein Grund für die Ausweisung der Gesellschaft Jesu aus sämtlichen spanischen Ländern 1767.

Zweitausend Menschen leben heute im Flecken Borja; nichts deutet auf seine einstige Bedeutung hin. Denn im Zuge ihrer Erschließungen verlegten noch die Jesuiten den Hauptsitz ihrer Diözese weiter östlich nach Jeberos an einem Seitenfluß des Marañón. Nach ihrer Vertreibung vermochten weder Franziskaner noch Laienbrüder das Vertrauen der Bevölkerung zu erhalten; diese entzog sich, wich in unzugängliche Regionen zurück und wurde erst im ausgehenden

19. Jahrhundert durch die Kautschukabenteurer aufgeschreckt und – zur Schande der Republik – weitgehend
ausgerottet.

Nur wenige Stämme in ganz Südamerika haben sich weißen Eindringlingen – ob Soldaten, Missionaren oder Wis-
senschaftlern – jahrhundertelang so nachhaltig und heftig
widersetzt wie die Jivaros. Nur ein kleinerer Teil ihres Territoriums berührt peruanisches Staatsgebiet an den linken Zu-
flüssen des Marañón; im übrigen besiedeln sie das südliche
Tiefland Ecuadors. In beiden Ländern pflegen sie noch immer weitgehend ihr Eigenleben – die Regierungen lassen
sie dabei einigermaßen in Ruhe. Die Kopfjägerei allerdings
scheint seit Jahrzehnten außer Gebrauch. Makabre Berühmt-
heit gewannen die Jivaros nämlich mit sorgsam hergestellten
Schrumpfköpfen. In seiner 1925 erschienenen ›Historia de
las Misiones Franciscanas‹ beschreibt Bernardo Izaguirre das
Verfahren: »Nachdem sie den Unglücklichen getötet haben,
trennen sie ihm den Kopf von den Schultern ab, nehmen
den Inhalt heraus, so daß nur das Fleisch, das Haar, Nase
und Ohren bleiben; dann füllen sie heiße Steine ein und
behalten ihn so 20, 30 und mehr Jahre in gewissen Gefäßen,
denen sie jährlich viele Köpfe entnehmen, um mit ihnen zu
tanzen und vierzehn Tage lang den Jahrestag ihrer Siege zu
feiern und nachdem sie sich vorher mit vielen Speisen und
Chicha versorgt haben.« Dieser Bericht erklärt allerdings die
eigentliche Schrumpftechnik nicht – sie besteht in einem
Absud von taninreichen Rinden und Kräutern.

Mario Vargas Llosa berichtet in seinem Roman ›Das grüne
Haus‹ von einer andersgerichteten Jagd: Im Auftrag fru-
strierter Missionen fingen noch in unserem Jahrhundert
Soldaten und Söldner Aguaruna- und Huambisamädchen
ein, um sie als Bräute Jesu heimzuführen. Die Hatz auf
die ›Nacktärsche‹, wie die Weißen diese Untergruppen von
Jivaros zu nennen pflegten, verlief nicht immer glücklich:
In einzelnen Fällen arteten sie in Massaker aus, oft in Verge-
waltigungen, und die ihrer Kultur entfremdeten Opfer stran-
deten wie die Heldin der Geschichte oft in einem Bordell.

Barranca, Concordia, Parinari heißen kärgliche Stationen am nun bis zu vier Kilometer breiten Unterlauf des Marañón. Während den Regenzeiten überschwemmt er regelmäßig die Niederterrassen sowie die Kies- und Schlamminseln, die sich in der niederschlagsärmeren Zeit wie dösende Walfische aus dem grünbraunen Wasser erheben. Wichtigster Ort am Marañón ist **Nauta,** vor dem Aufstieg von Iquitos der geschäftigste Anlegeplatz für die peruanische Amazonasschiffahrt.

Als säkulare Gründung des 19. Jahrhunderts empfing Nauta an jenem denkwürdigen 14. März 1854 die beiden ersten Handelsflußdampfer ›Tirado‹ und ›Huallaga‹, und die Hoffnung auf einen wirtschaftlichen Aufschwung lockte initiative Unternehmer wie Abenteurer aus anderen Landesteilen an. Sie wurden bitter enttäuscht. Wohl legte 1863 auch das erste Kanonenboot in Nauta an, doch wenig später gab das Marineministerium seinen Entschluß bekannt, den Haupthafen der Region in Iquitos aufzubauen. Während sich also der Departementshauptort, von dem noch die Rede sein wird, zum Universitätssitz und Brennpunkt eines internationalen Tourismus entwickelte, sank Nauta zur beschaulichen Kleinstadt und bloßen Anlegestation ab.

Ein Dutzend Kilometer abwärts muß der Strom sein rechtes Ufer weit öffnen, um die Wassermassen Zentral- und Südperus aufzunehmen, die Regen auf Machu Picchu, Ayacucho; etwas schmäler, doch mit stärkerer Strömung stößt der Ucayali in den Marañón. Von nun an – darin sind sich die Geographen einig – gibt es nur noch einen König: den Amazonas.

Am Rio Huallaga

Lange vor der Vereinigung mit dem Ucayali empfängt der Marañón von Süden her seinen mächtigsten Zufluß, den Huallaga. Über Hunderte von Kilometern fließen die drei Ströme beinahe parallel zueinander nach Norden. Der Huallaga ist der bescheidenste, belebt jedoch ein fruchtbares Längstal, das durch die ›Marginal de la Selva‹, die Piste von Tingo Maria nach Yurimaguas, auch für Touristen zugänglicher geworden ist.

Im Brennpunkt der beiden Quellflüsse liegt Huánuco. Wie ein Wildbach stürzt sich der Huallaga **Tingo Maria** entgegen; die Hauptstraße von Lima über Cerro de Pasco nach dem feuchtheißen Pucallpa kürzt die Flußschleife mit einem Abstecher in die Puna ab. Auch sie windet sich in unzähligen Kehren durch orchideenreichen Nebel- und Bergurwald steil hinunter in das Becken, in dem Tingo Maria liegt. Märchenhaft wirken die sanften kaffee- und teeüberwachsenen Hügel; an das Grimm-Märchen erinnert die dominierende Bergkette, in der Phantasiebegabte die Silhouette Dornröschens sehen und die deshalb ›La Bella Durmiente‹ heißt. Vielleicht ist das eher psychedelisch zu deuten, ist Tingo doch ein halblegitimer Hauptumschlagplatz für Coca. Die bewußtseinserweiternden Blätter wachsen an Sträuchern in der weiteren Umgebung. Legal ist der Handel mit den Indios der Sierra, die die Blätter seit alters her kauen; das viel einträglichere Geschäft der Kokaingewinnung und -vermarktung dagegen wickelt sich im Untergrund ab. Die rechtschaffene Betriebsamkeit der Kleinstadt als Zentrum für die Fincas, unterstützt durch eine 1964 gegründete Fachhochschule für Landwirtschaft, die ›Universidad Agraria de la Selva‹, vermischt sich hier also mit einer Grauzone des

Unerlaubten und nährt entsprechend viele Uniformierte am Ort, die nicht alle über jeden Zweifel erhaben scheinen.

Neben Tarapoto ist Tingo Maria zweifellos der wichtigste Ausgangspunkt für Reisen in die Selva. 250 Kilometer trennen Tingo vom großen Flußhafen Pucallpa am Ucayali, nahezu die doppelte Distanz vom anderen Zentrum am Fuß der Selva Alta, Tarapoto. Ende der siebziger Jahre erst wurde diese Landverbindung durch die Senke des Huallaga vollendet. Sie versorgt Kolonisationsgebiet – Fincas, die vor allem Kaffee, Zuckerrohr, Kakao, Bananen produzieren und auf den Absatz in der bevölkerungsreichen Küstenzone setzen. Die Marginal de la Selva hat allerdings ihre witterungsbedingten Tücken. Starke Regenfälle verwandeln sie nur allzu bald in eine Reihe von Schlammgruben, und mit Hochwasser hat der Huallaga auch schon Brücken weggefegt. Die Fünfhundertkilometerpiste, die sich als dünnes ockerfarbenes bis rötliches Band durch die üppige Vegetation zieht, bietet nicht die atemraubenden Szenerien und Ausblicke mancher Sierrarouten. Die Landschaft ist trotzdem keineswegs einförmig: Quertäler mit ihren Flüssen, alte Plateaustufen, Hügelzüge und der breit mäandrierende Huallaga rechtfertigen die lange Fahrt durchaus. Der Tradition entspricht allerdings die gemächlichere Flußfahrt mehr.

Wichtigste Stadt der Region und nach Iquitos und Pucallpa größte der peruanischen Selva überhaupt ist Tarapoto. Sie liegt einige Kilometer vom Huallaga entfernt auf einer Hügelterrasse – sicher vor Überschwemmungen und häufig mit einem Wind aus der Montaña, der die Schwüle mildert.

Wir hatten, von Moyobamba kommend, ein urbanes tropisches Juwel erwartet. **Moyobamba** blickt zwar auf eine lange, ehrenvolle Geschichte zurück – als Gründung des 16. Jahrhunderts war es Ausgangspunkt für die erfolglose Suche nach Eldorado gewesen und blieb bis ins vergangene Jahrhundert Verwaltungssitz für den Oriente –, doch war davon nichts zu sehen. Der Hauptort des Departements San Martín – immerhin größer als die Schweiz – erwies sich als unwahrscheinlich sauber, ordentlich und abends nach neun

Uhr wie ausgestorben. Von nächtlichem Leben zeugten nur die großen toten Schmetterlinge, die sich an der Straßenbeleuchtung wohl versengt hatten. Trotz einer beeindruckenden Bergkuppe im Westen, einer lieblichen Agrarlandschaft, aus der die vielfältig bepflanzten Felder wie ein Flickenteppich aus Grüntönen abstachen, trotz des stillen Rio Mayo, der beinahe englischen Kanälen gleicht, trotz seiner freundlichen, ruhigen Bewohner fanden wir Moyobamba etwas langweilig.

Tarapoto zeigte sich lebhafter, doch ohne urbanen Charme. Um die modern gestaltete Plaza de Armas mit einer wenig attraktiven Hallenkirche wachsen zu große, zu grelle Neubauten in die Höhe, unfertig viele; herausragende Armierungseisen markieren Finanzierungsschwierigkeiten. Auffallend viele geräumige Läden an den drei, vier Hauptstraßen boten den Segen der Konsumzivilisation dar: Farbfernseher aus Japan, Kassettenrecorder, Radios, landwirtschaftliche Maschinen, Kühlschränke, Wassertanks, Autos und vor allem Mopeds.

Nichts von müder Melancholie mancher Sierrastädte, kaum der gelassen präsentierte Wohlstand im Zentrum einiger Küstenstädte – Tarapoto, Mitte der achtziger Jahre, glänzte vor Optimismus und Lebensfreude. Ganze Familien drehten abends Promenierrunden um die Plaza, zu dritt und zu viert auf bunten Motorrädern aneinandergepreßt; aus Lautsprecherboxen von Kindergröße dröhnte mehr importierte Diskomusik als anderswo in Peru, das im allgemeinen den lateinamerikanischen Rhythmen die Treue hält, zu den Jeans trugen Jugendliche wie Eltern knallige T-Shirts.

Tarapoto glaubt an den Fortschritt, an den großen Boom. An den Absatz des Tabaks und des Kaffees, der, wie auch Coca, auf den kleinen Plantagen des Umlandes gedeiht, an Devisen von Touristenscharen, die sich doch niemand richtig vorstellen kann. Diese Hoffnung wird vor allem durch die 700-Kilometer-Straße nach Chiclayo genährt, die seit wenigen Jahren den Gütertransport stimuliert.

Wir erlebten diese transandine Hauptarterie nach einigen

kräftigen, aber keineswegs außergewöhnlichen Regenfällen. Da sich bisher kein Busunternehmer auf regelmäßige Kurse einlassen wollte, mußten wir uns auf der offenen Ladebrücke eines Lieferwagens einrichten. Stehplätze – nicht nur, weil uns ein Dutzend Mitreisende begleitete, vielmehr wegen der tiefen Schlaglöcher, die nur in den Knien abzufedern waren. Hut ab vor den Fahrern, Onkel und Neffe; wir hätten fortan für jede Rallye auf die beiden gesetzt! In Zürich ungehalten über eine halbstündige Straßenbahnfahrt ohne Sitz, mit einer Bahnreise im Seitengang durch Kalabrien als traumatischer Erinnerung, lernten wir hier in der Selva Alta Überlebenstaktiken im dreizehnstündigen, wildbewegten Stehen, die Hände affengleich um rauhe Blachenstangen geklammert. Der Gestank aus einem Hühnerkäfig zu unseren Füßen sowie die gutgemeinten Annäherungsversuche reizender Mestizenkinder mit Rotznasen und bananenverschmierten Fingern wurden zu selbstverständlichen Begleiterscheinungen in einer durch den Zufall zusammengewürfelten Schicksalsgemeinschaft. Ein namenloser Wildbach hatte eine Brücke weggerissen und die ›Pista‹ in einen zähen Schlammteig verwandelt. Hier wie einige Kilometer später vermochte kaum ein Fahrzeug aus eigener Kraft den Morast zu durchpflügen. Die viel zu schweren Volvotrucks mit Namen wie ›El Potente‹ oder ›Titano‹ wühlten sich im Übereifer ihrer Fahrer nur noch tiefer in den Morast und mußten sich schließlich mit Seilen umständlich gegenseitig herausziehen. Für Kleintransporter wurde schonungslos, unter Schimpfen und Stockhieben, ein Ochsengespann eingesetzt; die Tiere waren schweißnaß und schufteten mit angstvoll verdrehten Augen und zitternden Flanken. Unser Fahrer versuchte, mit Motorkraft durchzukommen, blieb jedoch im Fluß stecken; barfuß mußten wir Männer schieben. Mit fünf Stunden Wartezeit hatten wir noch Glück; bald sollte ein Lastwagen in der Schlammkurve umkippen und Dutzende von Menschen zur unfreiwilligen Übernachtung auf der Straße zwingen.

Kein außergewöhnliches Erlebnis für die Selva. Es läßt einen jedenfalls die Zukunftsaussichten des mittleren Huallagagebiets etwas zurückhaltender beurteilen. Den erhofften Touristen wird ohnehin der Luftweg eingeräumt. Selbst die Laguna Azul, Aushängeschild für Tarapotos Gästepromotion, soll in Kleinflugzeugen angesteuert werden. Busse gibt es nicht, die ›Camionetas‹ zum Huallaga warten mit dem Start oft stundenlang, bis genügend – zuviele – Mitfahrer die hohen Benzinkosten lohnen; die propagierten Touren kommen oft nicht zustande, weil der Führer ausbleibt oder aus Lustlosigkeit überhöhte Preise nennt. Zwischen Wunsch und Wirklichkeit des Möchtegern-Ferienorts klafft noch eine weite Lücke.

»Fahren Sie nach Lamas, das ist sehr interessant!«, rieten uns wohlmeinende Einheimische. In der kleinen Stadt hoch über dem Rio Mayo bieten Weiße und Mestizen eine Indiominderheit wie einen Vergnügungspark an: zur Inkazeit umgesiedelte Chancas in strohgedeckten Häusern und traditionellen Kostümen. Als wir einer Mestizenwirtin gegenüber Skrupel äußerten, Menschen wie Zootiere zu begaffen, meinte sie trocken, die merkten das kaum, »... die haben keine Kultur«.

Kurz vor der Missionsgründung Yurimaguas verläßt der Huallaga die letzten Ausläufer der Andenvorgebirge. Allerdings darf man sich auch die Selva Baja, das ganze riesige Amazonasbecken nicht als eintönige Ebene vorstellen; es ist ein Hügelland uralter Rumpfgebirge.

Yurimaguas erweist sich als unspektakulärer Ort, doch sehr schön am linken Huallagaufer gelegen. Fluß- und Hafenstadt, mit Tarapoto durch eine Straße verbunden. Doch im Gegensatz dazu reines Amazonia.

Am Rio Ucayali

Als Kind liebte ich Atlasreisen. Mit spitzem Bleistift, groß-
räumiger mit dem Zeigefinger, folgte ich den roten Bahnlinien in Großvaters ›Handatlas‹ (dabei war er schwer und
äußerst unhandlich) und fuhr gern den Flüssen nach. Der
Amazonas war ein besonders dankbarer Verkehrsweg: Er
hielt schön lang hin, und die Ortsnamen mit ihren seltsamen
Akzentzeichen tönten melodiös und exotisch. Genüßlich
›verirrte‹ ich mich in den Mato Grosso, ins Bergland von
Guayana, und jedesmal wenn Iquitos erreicht war, der Pazifik bereits nahe schien, verblüffte mich die gewaltige Links-
kurve des Stroms und die noch immer weite Reise zu seinen
Ursprüngen.

Doch was heißt schon Ursprung, wo doch im Grunde
genommen jede Quelle in dem Einzugsgebiet vom Ausmaß
kleiner Kontinente einen Anfang des Amazonas bildet? Die
Suche nach dem längsten Zufluß, dem fernsten Rinnsal, das
seine Moleküle in jenes Delta am Atlantik trägt, das die
Fläche Bayerns übertrifft, ist eigentlich unsinnig und eindimensional, entspricht eher den Bedürfnissen von Statistikern
als dem Charakter der Natur.

Unsinn oder lexikalisch verbürgte Tatsache: als Amazo-
nasquellgebiet gilt Peru. Und hier hat die Wissenschaft gegen
den wasserreicheren Marañón, für den längeren Ucayali als
Hauptarm entschieden. Verfolgt man die ausdünnende Linie
auf der Karte flußaufwärts, verharrt man bei Atalaya wieder
ratlos wie Herkules am Scheideweg; nur genaue Messungen
verraten, daß der südliche Ast – Tambo–Ene–Apurímac –
länger und daher für die Handbücher allein maßgebend ist als
der bis nahe an den Titicacasee reichende von Urubamba–
Vilcanota.

Von Atalaya an heißt die Mischung von Apurímac und Urubamba Ucayali. Die Cordillera Ultraoriental und das Brasilianische Scheidegebirge zwingen ihn zum Umweg in nordwestliche Richtung. Schon kurz nach dem Zusammenfluß mit dem Pachitea bei den Erdölfeldern von Ganso Azul wird er zum trägen, breiten Tieflandstrom. **Pucallpa,** für Dreitausendtonnenfrachter schiffbar, liegt – 5000 Kilometer von der Mündung entfernt – nur 220 Meter über Meer.

Es ist eine Stadt in voller Pubertät. Metropole des 1980 von Loreto abgetrennten neuen Departements Ucayali mit bald 100 000 Einwohnern, strahlt sie Grenzergeist und ungebrochenes Selbstvertrauen aus. Ihrem Quechuanamen, Rote Erde, ist sie treu geblieben: Nur wenige Straßenzüge im Zentrum sind asphaltiert, die Siedlung ruht hauptsächlich auf rostrotem Flußsand, der bei Trockenheit einen Staubschleier liefert und in der Regenzeit zum Morast verkommt, so daß Gummistiefel im Gepäck eleganten italienischen Schuhen allemal vorzuziehen sind. Es paßt zur Wildwest-, hier richtig Wildostatmosphäre.

Einige Pioniere rodeten in den sechziger Jahren des vergangenen Jahrhunderts ein Stück Land am Ucayaliufer und betrieben weitgehend Selbstversorgung. Eine Reise nach Lima dauerte damals Wochen und führte mit Kanus den Rio Pachitea aufwärts nach Pozuzo oder Oxapampa, von dort nach Tarma, La Oroya. Häufigere Kontakte mit dem offiziellen, zivilisierten Peru pflegten erst die Padres, die 1926 die Missionsstation Inmaculada Concepción in Pucallpa aufbauten. Man begann an die natürlichen Ressourcen der Selva zu glauben und die ersten Schienen für eine Bahn zwischen Pucallpa und Tambo zu legen. Bei steigenden Baukosten erlahmte jedoch der Eifer der Konstrukteure, das Projekt schlief ein. Mit der Entdeckung der Erdöllager von Ganso Azul in den vierziger Jahren stellte sich das Problem der schlechten Verbindungen erneut; nun wünschte man sich eine Straße.

Der Anschluß an Huánuco und Cerro de Pasco schien klar der kürzeste und sinnvollste, eine Schneise durch den

Bergwald zu schlagen, bot keine besonderen Schwierigkeiten. Kopfzerbrechen bereitete den Ingenieuren nur die Cordillera Azul, die als mächtige Barriere zwischen Huánuco und der Ucayalisenke liegt. Zahlreiche Trassierungsvarianten wurden projektiert und wieder verworfen, bis Prospektoren das Ei des Kolumbus fanden: einen tiefen Einschnitt rund hundert Kilometer nordöstlich von Tingo Maria. Nicht auf 3000 oder gar 4000 Metern, wie befürchtet, ließ sich nun die Kette überwinden, sondern auf knapp 2000. Ein Archivstudium im Kloster Ocopa hätte allerdings Kosten gespart: Die Aufzeichnungen des Franziskanerpaters Alonso Abad weisen ihn als Entdecker des Passes aus; erschüttert soll der Ordensbruder nach dem mühsamen Aufstieg am 25. Mai 1757 vor dem unendlichen grünen Teppich gestanden haben, der sich ihm aus der Höhe darbot. Der Boquerón del Padre Abad trägt zu Recht seinen Namen.

Wie nirgends sonst in Peru werden um Pucallpa die Schätze der Selva ausgebeutet: Edelhölzer, die in großen Sägereien zugeschnitten werden, eine Papierfabrik mindert die Importabhängigkeit des Landes; Öl und Erdgas werden aus dem Boden gepumpt, neuerdings auch Gold geschürft. Alles laute, häßliche Industriezweige, die den Strom verschmutzen und die Luft verpesten. Außerhalb von Lima und Chimbote ist Pucallpa deshalb der erste Ort, an dem sich zaghaft eine Diskussion über Umweltschäden und Raubbau an den natürlichen Ressourcen Perus entzündet.

Der Ort **Pozuzo** gilt als Kuriosum, weil dort noch teilweise deutsch gesprochen wird. Er diente, wie vorher erwähnt, als Transitstation für die Siedler aus Pucallpa, die die Gastfreundschaft der ›Europäer‹ am Rio Huancabamba rühmten. Ramón Castillas Idee, europäische Siedler herbeizulocken, versandete zwar bald, doch der 1854 mit Baron von Schütz Holzhausen abgeschlossene Einwanderungsvertrag wurde zumindest teilweise erfüllt. Am 25. Juli 1857 setzten rund zweihundert Tiroler und hundert Süddeutsche – mehrheitlich Bauern und Handwerker – in Callao erstmals Fuß auf

peruanischen Boden, nachdem sich in Antwerpen noch 23
Männlein und Weiblein die Hand zum Bund des Lebens
gereicht hatten. Mit über vierhundert Tieren und dem gesamten Hausrat brachen sie bald darauf zur Andenüberque-
rung auf. Im unfreundlichen Cerro de Pasco mußten sie
allerdings feststellen, daß die Regierung ›vergessen‹ hatte,
die versprochene Straße ins gelobte Land am Rio Huancabamba zu errichten. Diese Saumseligkeit kostete die Kolonisten nahezu zwei Jahre. Nicht alle harrten so lange aus, und
etliche erlagen Krankheiten, denen sie in dem ungewohnten
Klima keine Abwehrkräfte entgegenzusetzen hatten. Nur
etwa 170 Siedler erreichten das Ziel.

Sie brauchten Jahre, um den Urwald in einen Garten
umzuwandeln. Ihrer Gewohnheit entsprechend züchteten
sie Vieh, pflanzten Kartoffeln und Tabak, dazu legten sie
Zuckerrohr- und Kaffeeplantagen an. Zwischen Papayas,
Bananenbäumen und Palmen stehen – Tiroler Häuser, und
nur wenig darüber hinaus ragt der Zwiebelturm einer sehr
unperuanischen Kirche. Einige Kilometer flußabwärts über-
spannt eine Eisenhängebrücke den Rio Huancabamba, die
Kaiser Wilhelm II. der Gemeinde geschenkt haben soll.

Um 1890 sind manche der zweiten Generation wieder
ausgewandert, diesmal nur sechzig Kilometer flußaufwärts,
um mit Oxapampa eine Filiale von Pozuzo zu gründen. Mit
Holzhäusern selbstverständlich und Zwiebelhaube auf dem
Glockenturm.

Flußtanker treiben von Pucallpa aus stromabwärts, Frachter
mit Landmaschinen, Werkzeug, Haushaltsapparaten. Vor allem peruanische Fabrikate gehen den Weg von den Küstenstädten über die Anden nach Pucallpa. Achthundert Kilometer sind es auf dem sich in vielen Mäandern ausbreitenden
Ucayali bis Iquitos. Eine Wochenfahrt mit einem der Kutter,
die leicht monoton werden kann: die Weite des braungrünen,
trägen Riesen, die durchgehende mauerhafte Kulisse des
Waldes, in der nur bei den Anlegestellen einzelne markante
Bäume auszumachen sind, armselige Siedlungen, die sich

wie ein Ei dem andern gleichen, schließlich täglich Reis mit Bohnen, Kochbananen und lauwarmem Getränk.

Der Ucayali, die breiten Ströme überhaupt, bieten zwar etliche Plagen, aber kaum etwas von der Schönheit der ›Grünen Hölle‹. Um sie kennenzulernen und Waldindianern zu begegnen, die zwar Kontakt mit der Außenwelt pflegen, aber dennoch etwas von ihren überkommenen Bräuchen beibehalten haben, muß man in Booten die Seitenflüsse hochtuckern. Etwa auf dem Sarayacu oder Yapa-Ati, dem Tapiche und seinen Nebenarmen. Am Ucayali selbst besteht außer dem Shipibodorf Roaboya keine Indiosiedlung mehr.

Die armselige Verpflegung, die im allgemeinen mit Dosenkonserven, ›Gaseosas‹ (Sprudel) und teurem Bier etwas aufgebessert wird, entspricht nicht gerade dem Bild der üppigen, reichen Selva. Wohl häufen sich an den Landeplätzen große Büschel grüner und rötlicher Bananen; auch Papayas, die kiloschweren fleischigen Baummelonen, sind fast überall zu kaufen, doch insgesamt ist die Auswahl eher enttäuschend. Von den Grundnahrungsmitteln der Urbevölkerung gelangen höchstens die Stärkeknollen Yuca und Camote, Bohnen sowie die pikanten Pfefferschoten, Ají, auf den Speisezettel der Restaurants. Auf den Märkten der größeren Selvaorte werden die Früchte Guanabana, Chirimoya oder die Passionsfrucht und Mangos angeboten, doch wer kennt schon Anonas, Guayabas (mit Apfelgeschmack), Lucumas, Guabas (die bis meterlangen Schoten eines Schmetterlingsblütlers mit angenehmem Fruchtfleisch um die Kerne), Taperibas, Zapotes oder die heidelbeerähnlichen Mullacas, die an manchen Ufern wie Unkraut gedeihen.

Wir besitzen Möbel aus tropischen Hölzern, ohne etwas über die Bäume zu wissen, die sie lieferten. Peru exportiert vor allem Zedrelen, darunter das Holz der ›Cedrela odorata‹, das wohlriechende Zigarrenschachteln abgibt; Mahagoni; das an ätherischen Ölen reiche Kopaivaholz; Balsa; dazu Dutzende von anderen Nutzhölzern. Doch wer ahnt etwas vom praktisch korrosionsfesten Huacapu (Vonacapona americana), der sich besonders für den Hausbau eignet, vom öligen Mark des Itahuba (Swartzia pendula), aus dem Boote gefertigt werden? Wer erinnert sich noch an Kapok, der die Polstermöbel unserer Großeltern füllte? Das Material bilden Samenhaare des Kapokbaums (Ceiba pentandra), in Peru als Huimba bekannt. Die elastische Masse des Kaugummis wie des Naturkautschuks ist in der Selva zu Hause, wenn auch in Bäumen verschiedener Familien. Besonders wertvolle Rohstofflieferanten sind Palmen. Die Aguajes (Mauritia flexuosa) bieten eßbare Früchte, die Samen Speiseöl; aus den Blättern lassen sich Textilfasern gewinnen, und die fetten Maden im schwammigen Kern gelten bei den Indios als Delikatesse. Die birnenförmige ölige Frucht des Huicungo (Astrocaryum huicungo) läßt sich zu Margarine verarbeiten; die Blätter der Chambira (Astrocaryum chambira) enthalten besonders feine und leicht zu handhabende Fasern für Tuch, Netze, Hängematten. Eine Universalhilfe zum Do-it-yourself im Dschungel stellt die Yarina dar (Phytelephas macrocarpa), auch eine Palmenart. In der Guaranísprache heißt sie Tagua, ›Stein zum Essen‹. Diese Bezeichnung bezieht sich auf die kokosähnliche Nuß, die sich überreif zu einem elfenbeinartigen Kern verhärtet. In Iquitos stellte eine Fabrik daraus Knöpfe und Spielsteine her, die im Europa der zwanziger Jahre sehr geschätzt waren. Kunststoffe haben die Exporte seit 1940 völlig zum Erliegen gebracht.

Ein ebenso kurzlebiger Exportschlager der Selva war während der vierziger Jahre Barbasco (Lonchocarpus nicon). Die Wurzeln dieses Schmetterlingsblütlers enthalten ein Toxin, das Kaltblütler schädigt, bei Warmblütlern jedoch wirkungslos bleibt. Die Indianer nutzten dieses Gift seit Menschengedenken, um Fische zu erlegen; in unserem Jahrhundert verarbeitete man es zu Insektenvertilgungsmitteln. In Loreto entstanden ab 1934 Barbascoplantagen, doch kaum war das Überseegeschäft richtig in Gang gekommen, kam aus Basler Retorten das billigere DDT. Wieder zerrann eine Hoffnung für Peru.

Dauerbrenner aus dem Urwald auf dem Weltmarkt sind neben Edelhölzern eigentlich nur zwei geblieben: Zierfische

für die Aquarienfreunde und Kapuzineräffchen für die For-
schungslaboratorien. Der Pelz- und Häutehandel läuft nicht
mehr rund, seit mehrere Reptilienarten und die Flußrobben
vom Aussterben bedroht sind und für Jaguarfelle in einigen
Ländern Importverbote bestehen.

Am Amazonas

In Nauta vereinigen sich Ucayali und Marañón zum Amazonas; 130 Kilometer stromabwärts liegt am linken Ufer die Metropole der Region, **Iquitos.**

Die meisten Touristen entdecken die Stadt aus der Luft als Zivilisationsinsel im Vegetationsmeer, ein zufälliger braungrauer Fleck im großräumigen Muster von Land und Wasser. Die Wohnboote des schwimmenden Viertels Belén sind auszumachen, einzelne Hochhäuser des Zentrums. Die Schachbrettanlage der Straßen wirkt absurd in dieser Welt des Organischen, ebenso die Verkehrshektik in dieser verhältnismäßig kleinen Stadt, wo die Straßen nach wenigen Kilometern im Urwald enden. Und ein Spaziergang zwischen den rasch hingeklotzten Neubauten sowie einigen Versatzstücken europäischer Jahrhundertwendearchitektur läßt an der Echtheit des Ganzen zweifeln und den Verdacht aufsteigen, es könnte sich nur um eine Art tropischer Cinecittà handeln. Dem ist nicht so, doch liegt das Fassadenhafte, Fiebrige, Vergängliche, Kosmopolitische und Kokette diesem entlegenen Brennpunkt Perus im Blut.

Die Vizekönige der ›Ciudad de los Reyes‹ standen dem Phänomen Selva während der ganzen Kolonialzeit uninteressiert bis hilflos gegenüber. Die Region war sicher nur auf dem Wasserweg über Panama und den Amazonas erreichbar – eine Reise ins Nichts, die ebenso lang dauerte wie die zum Mutterland. Nachdem die Suche nach Eldorado erfolglos verlaufen war und bei manchen Abenteurern seltsame Persönlichkeitsveränderungen bewirkt hatte, nachdem etwa die Expedition Pedro de Ursuas von 1559 in den blutrünstigen Wahnsinn des Leutnants Lope de Aguirre umgekippt war und die feuchtheiße Weltgegend des Amazonas erst recht als unbekömmliche Wildnis erscheinen ließ, seitdem beschränkten sich die Stellvertreter der spanischen Krone in Lima auf Näherliegendes. Es blieb den Missionen vorbehalten, abendländisches Gedankengut an die Ufer der großen Ströme zu tragen und das Nutzungspotential der immensen Wälder abzuschätzen. Erst im 18. Jahrhundert wurde die Region offiziell dem Vizekönigtum zugeschlagen; Verwaltungszentrum dieser ›Provinz Maynas‹ wurde nach Jeberos Chachapoyas, dann Moyobamba, nach langem Hin und Her schließlich leistete sich die Republik 1897 das neue Departement Loreto. Iquitos, unversehens Hauptstadt eines Territoriums von der Größe Spaniens geworden, nahm die Ehre gelassen auf – war es doch bereits ein Begriff an den Rohstoffbörsen der Welt als ein Zentrum für Kautschuk.

Das Gummifieber hatte die Stadt aus der Versenkung gerissen. Als ›San Pablo de Nuevo Napanos‹ bestand sie als Jesuitengründung seit Mitte des 18. Jahrhunderts. Aus Respekt vor dem mächtigen Hauptstrom hatten die Ordensbrüder bewußt eine Terrasse des Itaya für die Siedlung gewählt, der damals in den Nanay mündete. Der Amazonas durchbrach jedoch die selbst aufgehäuften kilometerbreiten Sandbänke um 1755, um dem Dorf seinen Rhythmus aufzuzwingen. Wohl schuf er zwischendurch wieder neue Deiche, kehrte aber 1860 zurück, um das Weichbild von Iquitos zu bespülen.

Ohne diese Rückeroberung wäre das Dreihundertseelendorf geblieben, was es war. So aber bot es sich 1864 als Stützpunkt für den Dampfer ›Pastaza‹ an, der die Brigg ›Próspero‹ stromaufgeschleppt hatte und nun den Güterverkehr der Selva Baja beleben sollte. Die angekündigte Stationierung hatte sofort zur Grundstückspekulation geführt – gerissene Geschäftsleute kauften die Wohnparzellen ahnungsloser Mestizen und Indios für ein Taschengeld zusammen, um sie später teuer loszuwerden.

Bereits um die Jahrhundertmitte wurden die Räder von Luxuskarossen mit Gummi gepolstert. 1882 verließ die erste Kautschukladung den Hafen von Iquitos, doch erst mit der Serienherstellung von Automobilen in Europa und den

Vereinigten Staaten stieg der weltweite Bedarf an Kautschuk
rasant an und löste die Welle kopfloser und brutaler Plünde-
rung der Wälder und den Boom weniger Orte wie Manaus
und Iquitos aus.

Den Rohstoff Latex, ein zähflüssiger Rindensaft, lieferten
rund ein Dutzend verschiedene Baumgattungen. Dem spanischen Namen nach zu schließen, wurden anfangs vor allem
›Caucho‹ (Castilla elastica) ›gemolken‹ – mit wenig tiefen,
winkelförmigen Schnitten verletzt, aus denen die ›Milch‹
hervorquoll. Als feiner und wertvoller erwies sich allerdings
›Jebe‹ (Hevea brasiliensis). Da die bis fünfzig Meter hohen
und meterdicken Bäume in der Selva weit verstreut und nur
selten in geschlossenen Beständen vorkommen, setzte ein
hektischer Raubzug auf die Devisenbringer ein. Während in
den Verbraucherländern die Herrschaften in feinen Staub-
mänteln in ihre wohlgefederten, weichrollenden Wagen stiegen, trieb im Amazonasbecken ein Freibeuterkapitalismus
blutigrote Blüten: Agenten der Exporteure warben die Cau-
cheros mit Ausrüstung und Vorschüssen an, bestimmten
andererseits die Preise für den Latex. Diese wurden so niedrig gehalten, daß sich die Gummisucher – Abenteurer und
arme Teufel, die die Chance ihres Lebens witterten – immer
weiter verschuldeten, in immer tiefere Abhängigkeit ver-
strickten. Wen wundert es, daß diese Unterdrückten ihrerseits zu Ausbeutern wurden, die walderfahrenen Indios mit
Ramsch wie Spiegeln, Glasperlen, Messern aus Blech und
Schnaps köderten, damit sie den begehrten Saft herbeischaff-
ten? Wen wundert es, daß die Behörden einer im Krieg mit
Chile gedemütigten, im Guanohandel und Eisenbahnbau
übervorteilten und ausgebluteten, nahezu bankrotten Nation
den Berichten über den Totschlag in der Selva wenig Gehör
schenkten und so mit geduldetem Völkermord etwas mehr
Handlungsfreiheit erkauften? Während in Manaus der legendäre Tenor Enrico Caruso das neubarocke Opernhaus eröffnete und in Iquitos die Kautschukbarone Bordeauxweine
und Champagner kredenzten, bezahlten Zehntausende der
Waldindianer den Beutezug mit dem Leben.

Dem Geld- und Blutrausch folgte eine schwere Ernüchte-
rung: 1913 fiel der Weltmarktpreis für Kautschuk auf ein
Viertel des vorherigen Werts. Trotz strenger Kontrollen
war es dem englischen Botaniker Henry Wickham in den
siebziger Jahren gelungen, Samen der Hevea brasiliensis in
seine Heimat zu schmuggeln. Sie dienten als Saatgut für
malaiische Plantagen, die kurz vor Ausbruch des Ersten
Weltkriegs den Markt mit ihrer Produktion überschwemmten. Für die brasilianische wie die peruanische Sammelwirt-
schaft bedeutete das den Todesstoß.

In Iquitos ist heute wenig von Selbstbesinnung, Vorsicht
und Skepsis zu spüren. Umweltschäden sind hier kein
Thema. Man erwartet neuen Aufschwung aus Bodenschätzen und Tourismus. Yaguas und andere ›Wilde‹ stehen mit
Blasrohr als Fotomotiv zur Verfügung – ›Entwicklung‹ über
alles.

Madre de Dios

Etwa 150 Kilometer unterhalb von Manaus, ›nur‹ noch 800 Kilometer von seiner gewaltigen Trichtermündung entfernt, empfängt der Amazonas von Süden her einen seiner größten Zuflüsse, den Madeira. Dieser verhältnismäßig gerade verlaufende Strom entwässert mit seinen Armen Mamoré und Beni vor allem das nördliche Bolivien; ein Quellfluß entspringt jedoch in Peru und prägt das südöstliche Tiefland Madre de Dios.

Das Departement jenseits der Ostkordillere, den ›Hausbergen‹ Cuscos, nimmt die Fläche Bayerns ein. Und obwohl sich die Bevölkerungszahl in den vergangenen zwanzig Jahren verdoppelt hat, entspricht sie noch immer der einer Kleinstadt.

Mehr noch als Loreto verkörpert Madre de Dios Neuland. Zwar soll ein spanischer Entdeckungsreisender um 1560 in den Urwald der Montaña, den höhergelegenen Selvaregionen, vorgedrungen sein, doch im Gegensatz zu den Senken von Marañón und Ucayali folgte ihm kein Orden auf dem Fuß. Das weite Gebiet blieb praktisch bis ins 19. Jahrhundert unberührt, als ein Namensvetter oder Ururneffe jenes frühen Einzelgängers, der Oberst Faustino Maldonado, das ganze Flußnetz systematisch erforschte, 1861 den Madeira hinuntersteuerte, den Amazonas bereits im Blickfeld, Schiffbruch erlitt und dabei ertrank. Kleinere Zwischenfälle mit Bolivien waren wohl der Anlaß dafür, daß der Regierung Ramón Castillas das Vakuum des eigenen Grenzgebiets unangenehm ins Bewußtsein rückte. Daß die Marine wenige Jahre zuvor eine Weltumschiffung mit der teuren Fregatte ›Amazonas‹ unternahm und damit lediglich Kanonen spazierenführte, um die Nachbarstaaten zu beeindrucken, ist bezeichnend für die Prioritäten jener Epoche.

Um die Jahrhundertwende erfaßte das Kautschukfieber auch Teile des damals zu Cusco gehörenden Gebiets um den Rio Madre de Dios oder Amarumayo (Schlangenfluß), wie er auf Quechua hieß. Und mit dem Namen Carlos Fermín Fitzcarrald, für manche einer der großen Pioniere der Selvaerschließung, sind skrupellose Beutezüge auf Kosten der Waldindianer verbunden.

Im Jahre 1902 wurde Puerto Maldonado gegründet; der Missionierung und Akkulturation der umliegenden Stämme – Piros, Amahuaca, Mashtanahua etwa – widmeten sich die Dominikaner. Das ›Museo de la Selva‹ in Limas Kloster Santa Rosa enthält eine Sammlung von Alltags- und Kultgegenständen aus dieser Gegend: Federkronen, Tunikas aus gefärbter Waldbaumwolle, Schmuck aus Samenkapseln, Jaguar-, Krokodil- und Affenzähnen; Steinäxte und Ritualsteine, Rohr- und Knochenflöten, Trompeten aus Gürteltierschwänzen; Körbe und Nähnadeln (aus feinen Knochensplittern), Holzkämme, Keramik; ein Fußball aus Naturkautschuk.

Madre de Dios wurde 1912 zum Departement erhoben, der obersten Verwaltungseinheit, die den Bundesländern der Bundesrepublik und Österreichs oder den Schweizer Kantonen entspricht. Es blieb eine Randregion, von Siedlern als Filiale des Paradieses gepriesen. Sie legten Plantagen von ›Castañas‹ an, den Paranußbäumen (Bertholletia excelsa), pflanzten Reis, Bananen, brannten wie die Eingeborenen Mazato, den Yucaschnaps.

Die Straße von Cusco und Urcos über Quincemil nach Puerto Maldonado hat den Zivilisationsdruck verstärkt; Funde von ›Nuggets‹ lockten in den letzten paar Jahren Hunderte von Goldwäschern an – mit ein Grund für die hohen Lebenskosten in der Region. Der Rodungskranz um den Hauptort weitet sich rasch aus; manche Tierarten können ausweichen, andere sterben aus.

Zweifellos fordert der Fortschritt seinen Tribut. Im Bewußtsein, in Madre de Dios möglicherweise eine einmalige Naturlandschaft mindestens nachhaltig zu verändern, wenn

nicht gar zu zerstören, hat die Militärregierung Velasco Alvarados 1968 den Nationalpark Manú ausgeschieden. Er umfaßt auf 15 000 Quadratkilometern Biotope der Höhenlagen
von viertausend bis hinunter auf zweihundert Meter und ein
Gewässernetz mit den vielfältigen ökologischen Bedingungen der unterschiedlichen Wasserregimes: Hochterrassen,
regelmäßig überflutete Niederterrassen, Altwasserläufe,
Überlauftümpel. Bis heute sind mehr als dreihundert Vogel-
arten nachgewiesen. Gelegentliche Kaltluftvorstöße aus dem
Südmeer, die das Thermometer von den üblichen dreißig
Grad bis gegen den Nullpunkt sinken lassen, haben eine
besondere Fauna bewirkt. Kaltblütler wie Amphibien, Rep-
tilien oder Insekten fallen den Polarwinden regelmäßig zum
Opfer, einige Arten paßten sich dem speziellen Klima optimal an.

Madre de Dios, nach der Muttergottes benannt, läßt die
alte Herrin der Selva vergessen. Yacumama, Mutter des Wassers, heißt sie in der Sprache der Inkas, eins der mächtigsten
und beeindruckendsten Wesen der Schöpfung, die Anakonda. Normalerweise zehn, fünfzehn Meter lang, sprechen
glaubwürdige Zeugen von über zwanzigmetrigen Veteranin-
nen. Avencio Villarejo berichtet von einem Exemplar, das
an der brasilianisch-bolivianischen Grenze 1933 durch in
Panik geratene Soldaten erlegt wurde. Es soll vierzig Meter,
im Durchmesser achtzig Zentimeter gemessen und fünf Tonnen gewogen haben.

Ob Wahrheit oder Jägerlatein, es ist wohl ein schlechtes
Omen, wenn Füsiliere die Urmutter des Urwalds mit Ma-
schinengewehrfeuer durchsieben. Ihre Reaktion kennzeichnet die Haltung, die unsere Zivilisation gegenüber der
›Wildnis‹, den Geheimnissen des Lebens einnimmt, kennzeichnet den üblichen Weg des Fortschritts.

Weit mehr als die Yacumama fürchten die Waldindianer
Chullachaqui, den Geist mit den ungleichen Füßen. Wer
auf seine Fährte trifft und die riesigen Stapfen sieht, wird
unweigerlich der zierlichen menschlichen Nebenspur in die
entgegengesetzte Richtung folgen. Genau das bezweckt der

Dämon, der eben die große Ferse vorne trägt. Er erwartet die Waldläufer im Dickicht und bringt ihnen einen schrecklichen Tod.

Der Weg des geringsten Widerstands, des schnellen Gewinns, der vermeintlichen Sicherheit hat in der Geschichte Perus immer wieder in einen Hinterhalt geführt. Ob mit Gold oder Guano, Gummi oder Anchovetas, Kupfer oder Erdöl – zu häufig folgt kurzen Fieberschüben grenzenloser Euphorie der Kollaps. Wenn Planungsberichte wie Schulbücher noch heute von den unbeschränkten Ressourcen der Selva schwärmen und im östlichen Tiefland den Schlüssel zu erkennen meinen, der Peru von allen Widerwärtigkeiten wie Außenhandelsdefiziten, Verschuldung, Arbeitslosigkeit und sozialen Spannungen befreien werde, hat wohl wieder Chullachaqui den Fuß im Spiel.

Es steht dem Touristen nicht an, sich Idyllen zu wünschen, die auf unfreiwilliger Armut und verbreitetem Elend beruhen. Doch wir wollen hoffen, daß Peru seine Schätze weise zu nutzen versteht und seine Schönheit nicht ausverkauft. Denn Opfer an die Weltwirtschaft hat dieses faszinierende Land bereits zu viele gebracht.

Anhang

Als Tourist in Peru

Die großen Distanzen, das Klima, die Gegebenheiten eines Drittweltlandes machen das Reisen in Peru anders als in Europa. Sicher etwas abenteuerlicher, selbst wenn man sich auf organisierte, geführte Touren verläßt. Doch lauert auch außerhalb vollklimatisierter Hallen keineswegs das reine Chaos. Mit angemessener Ausrüstung und in Kenntnis südamerikanischer Verhaltensweisen reist man durchaus akzeptabel nach Landessitte.

Umgangsformen

Wichtigstes Requisit – dazu gewichtlos und diebstahlsicher – bildet die Sprache. Ohne Alltagsgespräche im Bus, auf dem Markt oder mit den Nachbarn auf einer Sitzbank bleibt die Reise ein Stummfilm. Und ohne Grundwortschatz fällt es schwer, sich die notwendigen Auskünfte über Weg, Fahrpläne, Preise und ähnliches zu beschaffen. Es gibt nicht für alles und jedes gedruckte Broschüren und Merkblätter wie in Europa. Man informiert sich mündlich – weil sich die Daten häufig ändern, Papier teuer ist und nicht jedermann schreiben und lesen kann. Doch der Mann am Wechselstubenschalter oder die Marktfrau sprechen nicht englisch, wie sich das Kosmopoliten wünschen, sondern spanisch. »Habla bien el castellano!« – »Sie sprechen gut kastilisch« –, anerkennen sie gerne nach zwei, drei Sätzen, die man in ihrer Landessprache hervorbringt. Englisch genießt nicht den besten Ruf, es wird als arrogant empfunden. Das liegt am zu lauten Auftreten mancher Besucher aus ›God's own country‹ und an einer US-Außenpolitik, die Lateinamerika als Aschenbrödel behandelt. Studenten und Mittelschüler frei-

lich überfallen jüngere Touristen in den Städten, um ihr
Schulenglisch zu erproben, und können es kaum fassen, daß
es Gringos mit anderen Muttersprachen gibt. Die Konversation stößt indessen rasch an Grenzen. Spanisch ist also unentbehrlich in Peru; kein Schaufenster, kein Museum, kein
Stadtplan, kaum eine Speisekarte ohne ausschließlich spanische Beschriftung.

Europäer und Nordamerikaner fallen auf in diesem Land –
durch Statur, Blässe, Kleidung und Auftreten. Dafür besitzen die Lateinamerikaner den unauslotbaren Begriff
›Gringo‹. Wir sind Gringos. Das Wort kann verächtlich
hingeworfen sein, bare Verblüffung über das angesprochene
exotische Wesen ausdrücken oder als ›Gringito‹ selbst Zwei-
metertypen liebevoll verkleinern. Es wäre also verfehlt, jeden Gringorufer der Frechheit zu bezichtigen. Es kommt
auf den Ton an.

Die Peruaner sind – unabhängig vom Blut, das in ihren
Adern fließt – höfliche Menschen. Im Bestreben, modern zu
sein, vergessen manche ab und zu ihre gute Kinderstube
gegenüber den scheinbar so unkonventionellen Fremden.
Man darf und soll sich ohne weiteres gegen Aufdringlichkeit,
vorschnelles Du und Kumpanei verwahren – in freundli-
chem Ton selbstverständlich.

Man trete höflich, aber auch bestimmt auf. Zu deutlich
zur Schau getragene Unsicherheit stößt nämlich genauso wie
Großspurigkeit auf Befremdung – und lädt die Langfingerzunft geradezu ein, ihr Glück zu versuchen.

Diese Gilde ist zahlreich und überaus geschickt. Man
sollte stets darauf achten, wer sich unmittelbar hinter und
neben einem befindet, Gedränge vermeiden und sich nicht
wie ein Selbstbedienungsladen präsentieren. Das heißt:
buchstäblich nur das Notwendigste mit sich tragen.

Die Gringorolle kann auf die Dauer zermürben. Dennoch
dürften positive Erfahrungen bei den meisten Reisenden in
Peru überwiegen. Für allgemeine Auskünfte wende man
sich an die zahlreichen Polizisten. Auch die Bevölkerung ist
hilfsbereit. Die Informanten geben jedoch ungern zu, wenn

sie etwas nicht wissen, und flunkern lieber, so daß man die Meinungen mehrerer Personen einholen sollte.

Fotografieren wird nicht überall gerne gesehen. Vor allem Hochlandindios in ihren farbenprächtigen Kleidern gelten als begehrte Motive. An den Touristenbrennpunkten fordern sie bereits Geld dafür, mancherorts entziehen sie sich den Kameras. Wir erinnern uns an eine entwürdigende Treibjagd unsensibler Gringas auf Indiofrauen, die ihr Gesicht mit dem Hut vor den aggressiven Objektiven zu schützen versuchten. Wir haben uns selten so geschämt, Weiße zu sein! Der Takt verbietet selbstverständlich Nahaufnahmen ohne die Zustimmung der Betroffenen. In Gesprächen ergibt sich manche Gelegenheit zu Porträts, über die sich nach dem Entwikkeln auch die ›Modelle‹ freuen.

Im gesellschaftlichen Umgang herrscht eine gewisse Förmlichkeit. Visitenkärtchen werden nicht nur bei Ämtern und Institutionen geschätzt, und einer Einladung sollte man nicht mit leeren Händen folgen. Süßigkeiten sind auch bei 30 Grad begehrt, Blumen erfreuen immer. Diese erfordern wenig Kopfzerbrechen: »Wir Peruaner lieben Rosen«, bekannte uns ein Blumenhändler, »vor allem rote.«

Kleidung und Gepäck

Die Zeiten sind vorbei, als man in Leder und Segeltuch gehüllt, einen Tropenhelm auf dem Kopf, mit Führer einer Maultierkarawane voranritt, die neben einem eisernen Feldbett und zentnerweise Proviant mehrere Kisten mit persönlicher Habe in schwindelerregende Höhen schleppte. Gewichtsbeschränkungen der Fluggesellschaften, die Kofferräume von Taxis und Bussen und nicht zuletzt die eigene Tragkapazität setzen heute recht enge Grenzen. Die liegen beim Economic-Reisenden bei zwanzig Kilo.

Koffer, Reisetasche oder Rucksack? Mindestens ein Stück sollte abschließbar sein und so fest, daß die Zahnpastatube nicht plattgequetscht wird. Die Gepflogenheiten auf Flughäfen und die rüden Transportbedingungen auf Perus Straßen sprechen für einen soliden Koffer, der nicht am ersten vorstehenden Nagel aufreißt und notfalls auch als Sitzbank dient. Solche aus Aluminium sind leicht und widerstehen selbst den Rasiermesservirtuosen, die bei Flugzeugwechsel oder in Bahnhöfen rasch Einblick nehmen möchten. Reisetaschen eignen sich für Wäsche und Dinge, die leicht ersetzbar sind. Mit Schulterriemen versehen, lassen sie eine Hand frei. Noch mehr Bewegungsfreiheit gewährleistet natürlich ein Rucksack. Seine Nachteile bestehen im leichten Zugang für Unbefugte, der unpraktischen Form (wenn mit Metallgestell versehen), geringer Festigkeit und – im schlechten Image. Rucksackträger gelten als Hippies, auch wenn die Blumenkinderwelle schon lange verebbt ist. Noch immer unterliegen Rucksäcke als besonders drogenverdächtig weit häufiger peinlichen Zoll- und Polizeikontrollen als andere Gepäckstücke.

Was anziehen? Für die Küste allein und die Monate Oktober bis März würden Sommerkleider ausreichen. Für die höheren Regionen – Arequipa liegt auf 2300, Cusco gar auf 3400 Metern – ist Herbstgarderobe unentbehrlich, zumal die Trockenzeit in den Südwinter fällt, wenn die meisten Pauschalreisen stattfinden. Tagsüber kann das Thermometer auf über 20 Grad klettern, nachts jedoch gegen den Gefrierpunkt absinken. Um Gewicht einzusparen und sich den wechselnden Verhältnissen rasch anpassen zu können, wählt man am besten Kleidungsstücke, die übereinander getragen werden können – zwei leichte Wollpullover etwa plus eine Wind- und Regenjacke. Im feuchtheißen Amazonastiefland erweisen sich Naturfasergewebe – Baumwolle oder Leinen – Synthetischem weit überlegen.

Kurze Hosen (Shorts) werden nicht gern gesehen und von den Peruanern selbst höchstens am Strand und privat getragen. Nachlässig erscheinende Touristen stoßen auf Geringschätzung; der Gammler-Look läßt sich nicht mit der urbanen Kultur Südamerikas vereinbaren, die Wert legt auf ein gepflegtes Äußeres. Jeans gelten freilich als chic, wenn sie gut instand und gewaschen sind.

Für Ausflüge zu Ruinenstätten, den Gang auf die Toilette unterwegs und im Hochland überhaupt bewähren sich feste hohe Schuhe. Zur Regenzeit verwandeln sich selbst Straßen innerorts in Morast und saugen sich die beliebten Tennisschuhe schnell voll Wasser.

Die Tropensonne knallt förmlich auf den Kopf herunter. Wer keinen Sonnenstich riskieren will, setzt einen hellen Hut auf.

Das liebe Geld

Peru geht verschwenderisch mit der Sonne um: es benennt sein Geld nach ihr. ›Soles‹ waren lange die Währungseinheit, heute sind es ›Intis‹, was auf Quechua dasselbe heißt. Die Geldentwertung gebiert leider immer neue Noten und Münzen, so daß Gleichwertiges in verschiedener Form umläuft. Die kleinen Noten leiden unter allzu salopper Behandlung – die meisten Peruaner pflegen sie als zusammengeknautschtes Bündel herumzutragen.

Peru braucht Devisen, doch tut sich die Bürokratie manchmal schwer mit dem Umtausch. Vor allem mit Reiseschecks, die bei Diebstahl – beachtet man die Anweisungen und reagiert rasch genug – ersetzt werden. In Lima gibt es allerdings kaum Probleme – zahlreiche private Wechselstuben tauschen Schecks gegen Vorweisen des Passes in Minutenschnelle ein. In anderen Küstenstädten und erst recht in der Sierra dauert die Prozedur eine Stunde und mehr, kann Paßkopien oder -fotos und langes Schlangestehen erfordern. Man wappne sich also stets mit Geduld und wechsle nie unmittelbar vor der Abreise.

Die besten Umtauschraten genießen US-Dollars. Es lohnt sich jedenfalls, die eigene Währung zu Hause zuerst in Dollars umzuwechseln.

Der Schwarzgeldmarkt empfiehlt sich nicht – die offiziellen Kurse sind vernünftig, und Banken und anerkannte Wechselstellen gewährleisten ungefälschte Noten.

Klima- und Höhenunterschiede sowie nicht immer einwand-
freie hygienische Verhältnisse sind die Hauptgründe für Un-
päßlichkeit. Auch ein kurzer Aufenthalt erfordert ungeteilte
Vorsicht. Über vorbeugende Maßnahmen gegen Tropen-
krankheiten sowie eine angemessene Reiseapotheke sollte
man sich vor der Abreise bei der zuständigen Impfstelle oder
bei einem Tropenarzt erkundigen. Mehrere Jahre zurücklie-
gende Erfahrungen nützen wenig; die Situation kann sich
verändert haben. Bei der Krankenversicherung erkundige
man sich, ob ihre Leistungen auch im Ausland voll gelten.

Vielleicht der wichtigste Gesundbrunnen für unterwegs
ist Zeit: Zeit für Umgewöhnung an die Hitze, an einen
anderen Lebensrhythmus, die fremde Küche, See- oder
Altiplanohöhe; Zeit für reichlich Schlaf und sorgfältige Kör-
perpflege. Der Transatlantikflug oder der Wechsel von Lima
nach Cusco, Puno, Iquitos oder La Paz erfordern einige
Stunden Rast ohne Alkohol und bei leichter Kost. Die eigentliche Höhenkrankheit, vor allem durch den Sauerstoffmangel bedingt, äußert sich ab etwa 3000 Meter in Form von
Kurzatmigkeit, Herzklopfen, Kopfschmerzen, Schwindel,
manchmal Erbrechen. Langsam geht alles besser; nach einigen Tagen steigt die Leistungsfähigkeit.

Die Sonne scheint mittags senkrecht herunter und ver-
brennt die Haut rascher als in unseren Breitengraden. Das
reflektierende Meer und heller Sand verstärken ihre Kraft
durch Rückstrahlung; in der Höhe dringt mehr ultraviolette
Strahlung durch – das zwingt auch unempfindliche Personen
zu starken Schutzcremen (aus Europa mitzunehmen) und
Kopfbedeckung.

Darmstörungen treten häufig als Reaktion auf die ungewohnte Küche und das Klima auf. Eigentliche Infektionen
dagegen verursacht meistens unreines Wasser. Das betrifft
das wenig verführerische Leitungswasser der Städte trotz
Chlorbeimischungen ebenso wie Blattsalat, offenes Eis, offene Fruchtsäfte oder Früchte wie Trauben, Äpfel oder of-

fene Ananasscheiben. Wer dem ›Fluch der Inkas‹ entgehen möchte, verzichtet auf Obst und Gemüse, das nicht gut mit abgekochtem Wasser gewaschen wurde oder aber leicht zu schälen ist, beschränkt sich auf industriell abgefülltes Mineralwasser, Speiseeis aus Großfabriken wie d'Onofrio oder Lamborghini. Ganz Keimbewußte spülen gar das Trinkglas zuerst mit Coca Cola aus und verwenden Sodawasser zum Zähneputzen.

Solche Getränke werden selbst in abgelegenen Dörfern angeboten. Camper und Trekker, die auf Quellwasser angewiesen sind, können es mit Sterilisierungstabletten und Filtern reinigen. Abkochen allein genügt in der Höhe, bei reduziertem Siedepunkt, nicht.

Mayonnaise, eine klassische Bakterienkultur, meidet man besser, und Fleisch sollte nur durchgekocht oder -gebraten genossen werden; so wird es im allgemeinen auch serviert.

Vor Wurmkrankheiten schützen vor allem gute Schuhe und Händewaschen mit Seife. Insektenmittel wehren nicht nur die Plagegeister ab, sondern verhindern auch die Übertragung gefährlicher Krankheiten.

Nach unseren Erfahrungen ist die medizinische Versorgung in Peru besser als ihr Ruf. Die dort gängigen Erkrankungen diagnostizieren die einheimischen Ärzte sicherer als die meisten europäischen Kollegen. Im Zweifelsfall vermittelt die Botschaft des Heimatlandes in Lima empfehlenswerte Adressen.

Nützliche Kleinigkeiten

Gepäck-Checklisten gibt es in Broschüren von Banken, Reiseagenturen sowie in einschlägigen Handbüchern. Die folgenden Empfehlungen beschränken sich auf einige bei uns nebensächliche Aspekte, die für Peru jedoch wichtig scheinen.

Sicherheit: Bei verbreiteter Armut und Arbeitslosigkeit wird Diebstahl für viele zur Notwendigkeit. Touristen gelten als lohnendes und leicht zu überlistendes Ziel. Man beschränke sich deshalb bei jedem Gang auf die Straße aufs nötigste. Es lohnt sich, extra für die Reise eine Billiguhr zu kaufen, die am Ende noch ein Geschenk abgibt, statt Wertvolles klauen und auf dem Schwarzmarkt verhökern zu lassen. Paß und Reiseschecks (ohne die Bankquittung mit den Kontrollnummern) trägt man am besten unter der Hose in einer flachen Stoff- oder Ledertasche. Um den Hals gehängte Beutel fallen auf; die Schnur ist von flinken Händen rasch durchschnitten. Sie eignen sich ebensowenig wie Gürteltaschen, die signalisieren: »Hier gibt's etwas zu holen« und daher im Gedränge mit Rasiermessern aufgeschlitzt werden.

Selbst Brillen wechseln zuweilen ohne beidseitiges Einverständnis ihren Besitzer. Schade also um das neueste Modell. Ersatzgläser gehören jedenfalls ins Gepäck, optimal geschützt in einem Metalletui. Auch Kontaktlinsenträger führen mit Vorteil eine Brille mit – der Wüsten- und Sierrastaub führt leicht zu Komplikationen mit Linsen.

Gedächtnisstützen: Es gibt eine bescheidene und vor allem willkürliche Auswahl eher schlechter Ansichtskarten in Peru. In Lima ist fast alles davon zu haben, in der Provinz außer in Cusco fast nichts; ein Argument für das Fotografieren. Filme nimmt man besser von zu Hause mit und läßt sie mit Vorteil auch dort entwickeln.

Schreibzeug: Füllfedern leiden unter den extremen Höhen- und Druckunterschieden; fachgerechte Reparaturen darf man nur in Lima erwarten. Billigkugelschreiber mit der Neigung zum Klecksen sowie Bleistifte erhält man dagegen auch in der Provinz. Wer Wert legt auf gutes Schreibpapier, etwa Luftpostpapier, das beidseitig beschrieben werden kann, sollte es von zu Hause mitnehmen.

Schlafen: Hotelbetten samt Bettwäsche sind für Europäer oft trostlos kurz und zwingen zur Fragezeichenposition. Wo dazu die Sauberkeit zu wünschen übrig läßt, wird ein eigener Maßschlafsack aus Baumwolle oder Leinen zum willkommenen Refugium. Er beansprucht wenig Raum im Koffer und wiegt kaum ein Pfund. Eine Garantie für tiefen Schlaf bietet er indessen nicht, solange von jenseits der Gasse Tanzmusik durch die dünnen Fenster dröhnt, aus den Hinterhöfen die Hunde den Vollmond anjaulen oder irgendwo ein Generator rattert. Erlösung gewähren Wachskügelchen, hier etwa als ›Ohropax‹ zu kaufen und in Peru offensichtlich für überflüssig gehalten.

Eine Taschenlampe sollte in Reichweite sein, denn funktionierende Lampen sind Glücksache, und die Stromversorgung bricht manchmal zusammen.

Im Badezimmer: Apropos Elektrizität: Die Spannung schwankt um 220 Volt, und nicht alle Steckdosen liefern Strom. Ohne Fön und mit Rasierklingen statt Elektrorasierer entgeht man solchen Tücken.

Wasser fließt in manchen Küsten- und Altiplanostädten nicht ganztägig durch die Leitungen. Man erkundige sich deshalb beim Hotelpersonal nach den ortsüblichen ›Naßzeiten‹, bevor man am versiegenden Strahl das Shampoo aus den Haaren zu spülen versucht.

Duschräume beherbergen häufig Fußpilze und werden zuweilen mit Pissoirs verwechselt. Mit billigen Gummisandalen läßt sich Distanz halten.

Die Aufhängevorrichtungen für Frotteetücher sind oft karg. Mit vier, fünf Meter Schnur und zwei Schraubhaken haben wir uns häufig eine Leine gespannt, die auch die abendliche Kleinwäsche aufnahm.

Kleine Geschenke: Reisebekanntschaften pflegen meistens mit dem Austausch von ›Recuerdos‹ zu enden, kleinen Erinnerungsgaben. Dazu eignen sich etwa Münzen des Herkunftslandes, Ansichtskarten, Kugelschreiber. Für Gastfreundschaft kann man sich auch mit Musikkassetten, Schokolade oder einem europäischen Toilettenwasser bedanken.

Dabei gilt es, ein vernünftiges Maß zu halten, um nicht übersteigerte Erwartungen zu wecken. Ein Indiojunge, der mit zwanzig Mark ›Trinkgeld‹ für eine Plauderei oder ein Foto nach Hause kommt, demütigt seinen Vater, der als Handwerker oder Bauer vielleicht in der Woche soviel verdient.

Die Wahl der Transportmittel ist für diejenigen, die nicht nach dem Programm einer Pauschalbuchung reisen, vor allem eine Zeitfrage. Wer bloß zwei, drei Wochen für Peru zur Verfügung hat, muß sich auf wenige Orte beschränken und die Inlandflüge benutzen. Denn für die 1200 Kilometer von Lima nach Cusco benötigen direkte Busse im günstigsten Fall anderthalb Tage (36 Stunden), häufiger zwei bis drei.

Wer auf eigene Faust mit beschränkter Zeit reisen will, um wertvolle Einblicke in peruanischen Alltag zu gewinnen, sollte sich bald nach der Ankunft in Lima um Tickets für die Weiterfahrt kümmern. Busse und Flüge sind manchmal Tage voraus ausgebucht, vor allem auf die Wochenenden hin und um Weihnachten.

Eine optimale Reisesaison für das ganze Land gibt es nicht. Wenn an der Küste herrliches Badewetter lockt (Dezember bis April), zeigt sich im Hochland und im Amazonasgebiet die Regenzeit mit täglichen heftigen Schauern; und bietet in der Sierra die Trockenzeit (April bis September) Gewähr für einigermaßen sichere Verkehrsverhältnisse und Sonne, steckt die Küste von Paramonga bis Tacna unter einer hartnäckigen, unfreundlichen Nebeldecke. Bester Kompromiß: November, Dezember, März und April.

Die Reisebüros in Limas Paradestraße ›Colmena‹ erfüllen jeden exklusiven Ausflugswunsch zu internationalem Preisniveau, und das ist im Verhältnis zu den Lebenskosten des Landes eindeutig zu viel. Immerhin: der Service funktioniert meistens.

Wer auf eigene Faust losziehen und die Kunst des Reisens vervollkommnen möchte, wendet sich in Lima besser direkt an die zuständigen Transportagenturen.

Es gibt zwei Binnenfluggesellschaften, die ähnliche Routen fliegen: Faucett und Aeroperú. Beide unterhalten Büros an der Plaza San Martín, die Auskunft über Fahrpläne und Flugpreise geben sowie Tickets ausstellen.

Busunternehmen funktionieren ganz ähnlich; ihre hauptstädtischen Agenturen konzentrieren sich um den Parque Universitario sowie an der Avenida Grau. Destinationen, Fahrzeiten und Preise sind oft groß angeschrieben. Bei der Reservation ist die Paßnummer, Nationalität und das Alter anzugeben – der Himmel weiß, wozu. Die Straßenpolizeiposten unterwegs erhalten jeweils eine Kopie der säuberlich getippten Passagierlisten. Wer mit Bussen reist, kann in Peru kaum verlorengehen.

Auf die treuherzig versicherten Ankunftszeiten ist kein Verlaß – es ist sinnlos, Bekannte an den Zielterminal zu bitten oder im vorreservierten Hotel eine genaue Eintreffzeit anzugeben. Straßen und Motoren sind zu störungsanfällig.

Obwohl Verpflegungshalte selbst auf entlegenen Routen üblich sind, lohnt es sich, etwas Proviant mitzuführen.

Das Eisenbahnnetz ist sehr lückenhaft geblieben, und die Züge fahren langsamer als Busse, bieten auch kaum mehr Komfort. Doch sie zockeln ruhig durch die Landschaft und gewähren spektakuläre Ausblicke – eine Sache für Liebhaber.

Es gibt Routen, die vorwiegend nachts befahren werden, ein Grund, sich nach ›Colectivos‹ zu erkundigen. Das sind Sammeltaxis, die ebenfalls regelmäßig bestimmte Strecken bedienen. Sie besitzen feste Standplätze in der Nähe der Plaza de Armas oder der Zentralmärkte und starten, sobald der Wagen voll besetzt ist. Das ist denn auch der Haken an der Sache: Unter Umständen wartet man zwei, drei Stunden, bis sich endlich eine dritte oder gar vierte Person in den Fond quetscht und der Fahrer aufs Gaspedal tritt. Bei soviel Tuchfühlung ergeben sich allerdings aufschlußreiche Gespräche. Colectivos – meistens von Genossenschaften betrieben – sind in der Regel nur wenig teurer als Busse, doch sollte man den Fahrpreis vor der Abreise festlegen.

Auf der untersten Stufe des Reisekomforts stehen Last- und Lieferwagen. Man begegnet ihnen überall in Peru: hoch beladen mit Getreidesäcken, Kartoffeln und Baumwollballen, auf denen zwischen Schafen und Truthühnern Fahrgäste sitzen und stehen. In entlegenen Gegenden ist das oft die einzige Transportmöglichkeit, abgesehen von Pferden und Maultieren. Auch hier lohnt es sich, über den Fahrpreis vor dem Aufsteigen zu verhandeln, um sich ärgerliche Dispute am Ziel zu ersparen.

Bei allen diesen Reisen wäre gutes Kartenmaterial von Vorteil. In europäischer Qualität und Detailtreue ist indessen nichts zu finden. Am besten fährt man mit der Übersichtskarte des ›Touring y Automovil Club del Perú‹ (Av. César Vallejo 699, Lince, Lima) im Maßstab 1 : 3 000 000 sowie deren Ausschnitten im Maßstab 1 : 1 000 000. Detailkarten von Cusco und Umgebung, Puno, Huarás bietet unter anderem der ›South America Explorers' Club‹ (Av. Portugal 146, Lima).

Andenken

Zu den lohnendsten Landesprodukten zählen Gewebe und Strickwaren aus Lama- und Alpacawolle. Selbst sehr gute Qualität ist verhältnismäßig billig. Sie zeigt sich in weicher, feiner Faser, frei von mitversponnenem Stroh und regelmäßiger Wirkart, soweit das Handarbeit zuläßt. Die natürlichen Farben sind warme Brauntöne, Beige, Grau, Weiß. Vicuñawolle, das Feinste vom Feinen, ist kaum zu erlangen.

Die Silber- und Kupferminen sowie das Gold Eldorados dienen unter anderem auch dem Andenkenhandel. Krüge, Teller, Löffel, mit Lamas, Tumis oder Viracocha dekoriert, verkörpern die kunsthandwerkliche Tradition Perus – leider mehrheitlich an der Grenze des guten Geschmacks.

Auf Volkskunst des Hochlandes beruhen die buntbemalten Schreine, die Festszenen oder die Krippe von Bethlehem bergen. Nicht alle Figuren sind sorgfältig geformt – es lohnt sich, die verschiedenen ›Retablos‹ zu vergleichen. Weit in vorinkaischer Vergangenheit verlieren sich die Ursprünge der geritzten und gesengten Kürbisse.

Kopien der großartigen Keramik Altperus sind in jeder Größe und Qualität zu finden. Bei Stücken mit künstlicher Patina behält man mit Vorteil die Quittung des Verkaufsgeschäfts, um langwierigen Untersuchungen bei der Ausreise vorzubeugen. Die Ausfuhr echter Antiquitäten wird nämlich streng geahndet.

Korb- und Lederwaren gehören zu jedem Kunsthandwerkermarkt. Bei letzteren handelt es sich manchmal allerdings nur um lederüberzogenen Karton, und Metallteile bestehen oft aus billigstem Blech.

Dem Mestizenstil nachempfunden sind buntbemalte und vergoldete Holzobjekte wie Dosen, Spiegel oder Serviertabletts. Sie geben preiswerte, hübsche Mitbringsel ab.

Mehr Schwierigkeiten bei der Wahl bereiten Musikinstrumente. Billige Panflöten (Zampoñas) und Quenas für Kinder oder zum Aufhängen kann man überall kaufen, aber sorgfältig gearbeitete und abgestimmte Instrumente sind nur über Kenner zu entdecken. Originalcharangos – die zehnsaitige kleine Mandoline aus dem Rückenpanzer des Gürteltiers – werden kaum mehr verkauft, weil die skurrilen Insektenfresser unter Schutz stehen.

Schallplatten und Kassetten mit Volksmusik schließlich findet man in Lima in großer Auswahl.

Was noch vor der Rückreise? Limonen, einige Bananen oder Mangos bilden eine kurzlebige kulinarische Erinnerung. So frisch und reif genießt man sie in Europa lange nicht mehr.

Glossar

Acllahuasi (Inkakultur) Haus der auserwählten Sonnen-
jungfrauen
Ají pikante Pfefferschoten
Alcaldes Richter
Almuerzo Mittagessen
Ambulantes fliegende Händler
Anticuchos Herzspießchen
Audiencias Amtsgerichte
Ayllu indian. Schollengemeinschaft

Caballitos del mar ›Seepferdchen‹, schmale Binsenboote
Cabildo Stadtverwaltung, Stadthaus
Campesino Bauer
Castillo Schlößchen
Cataclismo Weltuntergang
Caudillo Anführer
Cerro Bergspitze
Chicha Maisbier
Choclo gekochte Maiskolben
Chullachaqui ›Geist mit den ungleichen Füßen‹
Chullpas Turmgräber
Chuños kleine getrocknete Kartoffeln
Chupes dicke Suppen mit Milch
Ciudadela Städtchen
Colcas (Inkakultur) Vorratshäuser für Lebensmittel, Dek-
ken und Gerät
Colectivos Sammeltaxis
Consejo Real y Supremo de las Indias Königlicher und oberster
Indienrat
Coricancha (Inkakultur) Goldhof
Corregidores Bezirksstatthalter
Corvina Schlangenfisch
Corvina al macho Schlangenfischfilet mit einer dicken, pikan-
ten Meeresfrüchtesauce
Coya Hauptfrau des Inka
Cuadra Straßenblock

Desayuno Frühstück

Encomienda Lehnsgut

Falda   (Paracaskultur) Tuch um die Hüften
Feria   Sonntagsmarkt
Finca   Bauernhof, kleine Plantage
Fritura de cuy   geröstetes Meerschweinchen

Garua   winterlicher Nebel über der Küste
Gaseosas   Sprudel
Guardianes   Wächter

Hacienda   großer Gutsbetrieb
Huacas   Geister, im heutigen Sprachgebrauch meist Gräber
oder Tempelmonumente
Huaqueros   Grabräuber
Huaycos   Stein- und Schlammströme
Humitas   mit Käse im Wasserbad gegarte Süßmaisschnitten

Inti, ›Sonne‹   peruanische Währungseinheit
Intihuatana   ›Ort, wo die Sonne angebunden ist‹, Sonnen-
observatorium
Inti Raymi   ›Tag, da die Sonne angebunden wird‹, Fest zur
Wintersonnenwende

Kaziken   Dorfvorsteher
Kingkones   Süße Torten mit Schichten aus Pflaumen- oder
Aprikosen- und üppiger Karamelmasse

Lenguado   Seezungenart

Mantos   große Umhangtücher
Marinera   Volkstanz
Mita   Pflicht der Indios zu Fronarbeit

Ollucos   kleine Kartoffelart
Orejones   ›Großohren‹, eng verschwägerte Fürstenfamilien,
die von Anfang an den Aufstieg der Inkadynastie begleitet
hatten und als Statussymbol schwere Ohrpflöcke trugen

Paititi   Paradies
Paltas rellenas   mit Gemüse, Mayonnaise, Huhn oder Krab-
ben gefüllte Avokados
Papas a la Huancaina   kalte Vorspeise aus gekochten halben
Kartoffeln, mit einer steifen Sauce aus Zwiebeln, Frisch-
käse, Öl, etwas Milch und Ají

Peones Tagelöhner
Picante de cuy Geschmortes Meerschweinchen
Pisco sour Aperitiv aus Weinbrand, Limonensaft, Zucker, geschlagenem Eiweiß und nach Belieben einigen Tropfen Angostura Bitter
Plaza de Armas ›Waffenplatz‹, Hauptplatz eines Ortes
Pueblos jóvenes ›junge Dörfer‹, Slums um Lima

Quebradas Trockentäler
Quena Rohrflöte
Quinua Gänsefußgewächs, unzutreffend ›Andenhirse‹ genannt

Recuerdos kleine Geschenke, Erinnerungsgaben
Regidores regierende Stadträte
Retablos Altäre in Hausform, in der Volkskunst etwa buntbemalt mit der Geburt Jesu oder einfachen Volksszenen

Soroche Höhenkrankheit

Tamales mit Käse im Wasserbad gegarte Süßmaisklöße, angereichert mit Hühner- oder Schweinefleisch
Tambo (Inkakultur) Rasthaus
Tapada schwarze Schleier der Limeñas im 18. und 19. Jh.
Tumi mondsichelförmiges Messer

Unco eine Art Hemd
Uncucha kleiner Poncho

Ventanillas Fensterchen

Yacumama Mutter des Wassers, Anakonda

Zampoña Panflöte
Zancudos Stechmücken

Zeittafel zur peruanischen Geschichte

18000 v. Chr.
Älteste menschliche Spuren in Peru (Steinwerkzeug, Beute-
knochen) bei Ayacucho.

um 9500 v. Chr.
Relikte von Jägern und Sammlern in Lauricocha bei Huánuco (menschliche Skelette, Asche, Steingerät, Beutekno-
chen) und Toquepala (Felsmalereien von Jagdszenen, Pfeilspitzen).
In einer Höhle bei Guitarrero (Callejón de Huaylas) Reste
von Bohnen und Ají.

um 4500 v. Chr.
Früheste Hinweise für eigentlichen Ackerbau im Luríntal.

um 2500 v. Chr.
Präkeramische Siedlung in Huaca Prieta (Chicamatal) auf
der Basis von Ackerbau und Fischfang. Erste Textilien aus
Baumwolle.

um 2000 v. Chr.
Tempel von Kotosh (Huánuco) mit Darstellung der ›gekreuzten Hände‹.

um 1500 v. Chr.
Anfänge der formativen Phase mit großen Tempelbauten im
Casmatal (Las Haldas, Sechín), im Chillóntal (El Paraíso)
usw.

ab 1000 v. Chr.
Chavínkultur als erste panperuanische Zivilisation. Bewässe-
rungsfeldbau, Keramik, Monumentalarchitektur, Bildhauer-
und Textilkunst mit Wollstickerei, Goldverarbeitung. Bis
etwa 300 v. Chr.

700 v. Chr.-300 n. Chr.
Paracaskultur mit mutmaßlichem Zentrum Ocucaje. Höhepunkt amerikanischer Webkunst.

300 v. Chr.-600 n. Chr.
Frühe Regionalkulturen: Mochica (Nordküste, Zentrum
Moche), Nasca (Südküste, Zentrum Cahuachi), Tiahuanaco
(Titicacasee).

700-1200
Huarikultur als zweite panperuanische Zivilisation aus Verschmelzung von Tiahuanaco- und Nasca-Elementen. Zentrum: Huari (bei Ayacucho). Zahlreiche Stadtgründungen.

1200-1438
Späte Regionalkulturen: Chimú (Nordküste, Zentrum Chan-Chan), Lambayeque, Chancay (bei Lima), Chincha (Südküste), Chanca (um Ayacucho), Inka (um Cusco).

1438-1532
Inkareich als dritte panperuanische Zivilisation. Zentrum: Cusco.

Legendär überlieferte Herrscher:
Manco Cápac (um 1200)
Sinchi Roca
Lloque Yupanqui
Mayta Cápac
Cápac Yupanqui
Inca Roca
Yahuar Huaca
Viracocha

Historisch überlieferte Herrscher:
Pachacútec (1438-1471)
Túpac Yupanqui (1471-1493)
Huayna Cápac (1493-1526)
Huáscar (1526-1532)
Atahualpa (1532-1533)

Herrscher von Vilcabamba:
Mánco Inca (1533-1544)
Sayri Túpac (1544-1560)
Titu Cusi Yupanqui (1560-1571)
Túpac Amaru (1571-1572)

1532
Gefangennahme Atahualpas in Cajamarca durch spanische Konquistadoren unter Francisco Pizarro.

1533
Einnahme Cuscos durch die Spanier.

1536-1537
Belagerung Cuscos durch ein Inkaheer unter Manco Inca.

1542
Einrichtung des Vizekönigreiches Peru mit Hauptsitz Lima. Christianisierung der Indiobevölkerung; Landnahme durch ›Encomenderos‹. Bergbau mit indianischen Fronarbeitern.

1572
Eroberung des inkaischen Rumpfreiches von Vilcabamba durch die Spanier. Hinrichtung Túpac Amarus.

1579
Inquisition auch in Peru.

17. Jh.
Blütezeit Limas.

1780-1781
Indianeraufstand unter José Gabriel Condorcanqui (Túpac Amaru) gegen die spanische Kolonialherrschaft.

1820
Unabhängigkeitserklärung für Peru durch den argentinischen General José de San Martín.

1824
Kapitulation des letzten spanischen Vizekönigs nach der Entscheidungsschlacht bei Ayacucho. Peru wird Republik.

1825
Kurze Diktatur des venezolanischen Befreiers Simón Bolívar. Es folgen endlose Machtkämpfe der Caudillos.

1860-1870
Höhepunkt des Guanoexports. Eisenbahnbau und zunehmende Staatsverschuldung.

1866
Abwehr einer spanischen Expeditionsflotte durch peruanische und chilenische Verbände.

1879-1884
Pazifik- oder Salpeterkrieg mit Chile. Peru verliert die Provinzen Arica und Tarapacá.

1890-1900
Kautschukboom um Iquitos.

1895
Bürgerkrieg. Nicolás de Piérola verteidigt erfolgreich die ›Demokratie‹.

1908-1929
Reformpolitik des allerdings mehrmals abgelösten Präsidenten Augusto B. Leguía: Zulassung mehrerer Parteien (u. a. der APRA), Indianerschutzgesetze usw.

1968-1975
Revolutionäre Militärregierung unter Juan Velasco Alvarado. Grundlegende Reformen scheitern schließlich an zunehmendem Druck der Opposition und Überforderung der mobilisierten Landbevölkerung.

1980-1985
Zweite Präsidentschaft von Fernando Belaunde Terry von militanter Guerillatätigkeit des ›Sendero Luminoso‹ überschattet.

1985
Alán García Perez (APRA – Alianza Popular Revolucionaria Americana) wird zum Präsidenten gewählt.

Literatur

Alegría, Ciro: El Mundo es ancho y ajeno. Lima 1981.
Ans, André-Marcel d': L'Amazonie péruvienne indigène. Paris 1982.
Anton, Ferdinand: Altindianische Textilkunst aus Peru. München 1984.
Arguedas, José Maria: Todas las Sangres. Lima 1973.
Arguedas, José Maria: Señores e indios; acerca de la cultura quechua. Montevideo 1976.
Atlas histórico geográfico y de paisajes peruanos. Lima 1970.
Benavides Estrada, J. Augusto: Geografía del Perú y del Mundo, Lima 1984.
Bernales Ballesteros, Jorge: Lima; la ciudad y sus monumentos. Sevilla 1972.
Boletín de Lima. Revista Cultural Científica. Lima 1980 ff.
Bollinger, Armin: Spielball der Mächtigen. Geschichte Lateinamerikas. Stuttgart 1972.
Bollinger, Armin: Die Inka. Lausanne 1977.
Bollinger, Armin: So bauten die Inka. Diessenhofen 1979.
Bourque, Susan C.: Women of the Andes; patriarchy and social change in two Peruvian towns. Ann Arbor 1981.
Bürger, Otto: Peru, ein Führer durch das Land für Handel, Industrie und Einwanderung. Leipzig 1923.
Cieza de León, Pedro: Auf den Königsstraßen der Inkas. Stuttgart 1971.
Cuche, Denys: Pérou nègre. Paris 1981.
Disselhoff, Hans-Dietrich: Die Erben des Inkareiches und die Indianer der Wälder. Berlin 1974.
Dourojeanni, Marc J.: Los parques nacionales del Perú. Madrid 1978.
Duviols, Pierre: La lutte contre les religions autochtones dans le Pérou colonial. Paris 1971.
Engl, L. und Th. (Hg.): Die Eroberung Perus in Augenzeugenberichten. München 1975.
Galeano, Eduardo: Die offenen Adern Lateinamerikas. Wuppertal 1977.
García Calderón, Ventura: Das Weinen des Urwalds. Novellen aus Perus Wäldern. Zürich 1928.
Garcilaso de la Vega: Comentarios Reales de los Incas. Madrid 1960-1965.

Garscha, Karsten; Klein, Horst G.: Einführung in die Lateinamerikastudien am Beispiel Peru. Tübingen 1979.

Golte, Jürgen: Bauern in Peru; Entwicklungsfaktoren in der Wirtschafts- und Sozialgeschichte der indianischen Landbevölkerung von der Inka-Zeit bis heute. Berlin 1973.

Graf, Kurt: Klima und Vegetationsgeographie der Anden. Zürich 1986.

Guamán Poma de Ayala, Felipe: Nueva coronica y buen gobierno. Caracas 1980.

Guide Bleu: Pérou. Paris 1980.

Heim, Arnold: Wunderland Peru; Naturerlebnisse. Bern 1957.

Kauffmann Doig, Federico: Manual de Arqueología Peruana. Lima 1983.

Lehmann, David: Ecology and exchange in the Andes. Cambridge 1982.

Lemaire, André: Peru. Freiburg i. B. 1983.

Luchting, Wolfgang A.: Mit Jimmy in Paracas und andere peruanische Erzählungen. Tübingen und Basel 1968.

Mejía, Adán Felipe: De cocina peruana. Lima 1969.

Middendorf, Ernst Wilhelm von: Peru; Beobachtungen und Studien. Berlin 1893-1895.

Palma, Ricardo: Tradiciones peruanas completas. Madrid 1964.

Palmer, David Scott: Peru. The authoritarian tradition. New York 1980.

Peru durch die Jahrtausende. Kunst und Kultur im Lande der Inka. Recklinghausen 1984.

Pulgar Vidal, Javier: Geografía del Perú. Las Ocho Regiones Naturales del Perú. Lima 1973.

Robinson, David A.: Peru in four dimensions. Lima 1964.

Statistik des Auslandes: Peru. Wiesbaden 1984.

Stein, William Warner: Peruvian contexts of change. New Brunswick 1985.

Tamayo Herrera, José: Nuevo Compendio de Historia del Perú. Lima 1985.

The South American Handbook. Bath (England). Jährlich neu.

Tschudi, Johann Jakob von: Peru. Reiseskizzen aus den Jahren 1838-1842. St. Gallen 1846.

Vargas Llosa, Mario: Tante Julia und der Kunstschreiber. Frankfurt 1985.

Vargas Llosa, Mario: Das grüne Haus. Ü.: Wolfgang A.

Luchting. © Suhrkamp Verlag Frankfurt am Main 1976.
Villarejo, Avencio: Así es la Selva. Iquitos 1979.
White, W. F.; Alberti, G.: Power, politics and progress; social change in rural Peru. New York 1976.
Wilder, Thornton: Die Brücke von San Luis Rey. Frankfurt 1960.

Register

Dank

Viele haben Mosaiksteinchen zu diesem Landesporträt beigesteuert: Freunde in der Schweiz, Reisegefährten, Marktfrauen, Wirte in Peru. Ich erinnere mich dankbar an manches freundliche Gesicht, an aufschlußreiche Gespräche in Bussen, auf Plätzen, an einfachen und wohlgedeckten Tischen.

Besonders danken möchte ich hier den Familien Yari-Iquira (Arequipa), Fiestas-Iquira und Bürkli-Malqui (Lima) für ihre großherzige Gastfreundschaft; Herrn PD Dr. Kurt Graf (Zürich) für seine stetige Anteilnahme, seine wertvollen Hinweise und die Durchsicht des Manuskripts; Herrn Rudolf Schmid (Rüschlikon) für Tips und Bilder.

Den Mut und die Liebe zum Thema schöpfte ich aus der langjährigen Freundschaft mit Julia, Santi, Roman, Willy und vor allem Nelly Yari de Schmid. Muchas gracias para todo!   J. P. H.

Bildnachweis

Die Farbaufnahmen stammen von Axel Bornheimer, München (2, 3, 7, 8, 11, 13, 14, 16, 17, 19, 21, 22, 24, 25, 27-30); Mainbild, Frankfurt a. M. (Ingrid Autenrieth: 26, 32; Ernst Müller: 1, 12); Werner Neumeister, München (4, 9, 10, 31); Rudolf Schmid, Rüschlikon/Schweiz (6, 15, 18, 23); Manfred Schreiner, München (20) und Manfred Stark, Lima (5).

Die Vignetten sind dem Buch ›Altindianische Textilkunst aus Peru‹ von Ferdinand Anton, VEB E. A. Seemann Verlag, Leipzig/Paul List Verlag, München 1984, entnommen.

Die Stadt- und Lagepläne auf den Seiten 76-77, 120, 268, 288, 296, 302, 322 und die Übersichtskarte am Buchende zeichnete Astrid Fischer, München.